Queen *of the* World

女王的旅程

伊丽莎白二世

作者 [英]罗伯特·哈德曼 译者 洪萃晖

文化发展出版社
Cultural Development Press

图书在版编目（CIP）数据

伊丽莎白二世：女王的旅程 /（英）罗伯特·哈德曼著；洪萃晖译. — 北京：文化发展出版社，2021.6
ISBN 978-7-5142-3438-1

Ⅰ. ①伊… Ⅱ. ①罗… ②洪… Ⅲ. ①伊丽莎白二世—生平事迹 Ⅳ. ① K835.617=5

中国版本图书馆 CIP 数据核字（2021）第 078878 号

北京市版权著作权合同登记号 图字 01-2020-6166

Queen of the World
Copyright © 2018 by Robert Hardman Limited

伊丽莎白二世：女王的旅程

著　　者：[英] 罗伯特·哈德曼
译　　者：洪萃晖
出 版 人：武　赫
统筹监制：范　炜
责任编辑：尚　蕾
责任校对：岳智勇
责任印制：邓辉明
营销编辑：崔　烨　张雨嫣
装帧设计：郭　阳

出版发行	文化发展出版社（北京市翠微路 2 号　邮编：100036）
网　　址	www.wenhuafazhan.com
经　　销	各地新华书店
印　　刷	嘉业印刷（天津）有限公司
开　　本	710mm×1000mm　1/16
字　　数	433 千字
印　　张	29.5
版　　次	2021 年 9 月第 1 版　2021 年 9 月第 1 次印刷
定　　价	76.00 元
ＩＳＢＮ	978-7-5142-3438-1

◆ 如发现任何质量问题请与我社发行部联系。发行部电话：010-88275710

目录
女王的旅程

序言·001

第一章：巡游之中·001

第二章：迎接整个世界·044

第三章：启航·077

第四章：英联邦元首·107

第五章：领地·144

第六章：特殊关系·192

第七章：欧洲·224

第八章：非洲女王·253

第九章：皇家游艇·282

第十章：伊丽莎白、玛格丽特和纳尔逊·310

第十一章：打破僵局·351

第十二章：威尔士亲王·386

第十三章：家庭·422

致谢·445

序言

"我是标准的最后守护者。"

此刻的白金汉宫,是在场所有人——包括女王在内——记忆中最繁忙的时候。没有人的记忆能比这位君主更为久远。

皇家宴会厅里,英联邦各大宗教及主要机构的代表纷纷落座,等候有史以来最盛大的一次会议开始。在蓝色会客厅里,昔日大英帝国下属的53个国家的首脑正受到女王、威尔士亲王及王室其他成员的欢迎。气氛显得那么轻松、友好,又有些许嘈杂与随意。大多数时候,白金汉宫的访客们在这些会客厅里都是毕恭毕敬的,充满了敬畏,仿佛身在伟大的博物馆,努力地不去碰触任何东西。但此时的这些人,懒洋洋地靠在乔治四世时期摄政风格的蓝色锦缎沙发和座椅上,脚还高高跷起,不停地闲聊开玩笑,就好像在家里一样。从某种意义上来说,他们的确是在家里。毕竟,这里是英联邦元首居住的地方。

1844大厅里,工作人员正在做准备,女王会在中午招待这些首次参加英联邦会议的首脑们。同时,皇家主厨及其团队也正在准备135个人的自助晚餐。为了这些来自不同国家的客人,女王准备了西洋菜意式奶冻、比目鱼和大黄姜味慕斯。遗憾的是,爱丁堡公爵不会到场,他做了髋部手术,现在还没有完全康复。公爵在温莎公园里建了一个葡萄园。今晚，女王和客人们将首次用产自那里的气泡酒举杯祝酒，而不是香槟。

2018年英联邦政府首脑峰会将是近年来皇家历史上最重大的聚会——也是一个非常辛酸的时刻。英联邦各国的首脑们从来没有聚得这般齐整，但他们都知道，这个女王从21岁就全身心投入的"国际大家庭"，已经走到了十字路口。

距离92岁生日还有两天，女王召开了这次可以说是她最后一次的英联邦会议。她十分活泼，甚至有点轻佻地跟那些领导人聊天，他们之中有些人跟她从小就认识。这种聚会每两年举办一次，但每次都会换到不同的国家，几乎可以确定的是，下次轮到英国至少要再等二十年。女王早已宣布，她将不会再有长途飞行，因此，她肯定不会参加2020年在卢旺达、2022年在萨摩亚的会议。2024年很可能是在加勒比，而那时她98岁了。

这意味着，这将是一场非常古怪的聚会——对于一个既不离开也不退休的人来说，这是一种告别。不过话说回来，在大型地缘政治集团中，英联邦向来是最奇怪的一个。它有着不断扩展却并不成文的章程，就好像英国没有成文的宪法一样。最类似于规则手册的是一份开明的愿望清单，体现为一篇宪章。这篇宪章只有一个签名，那就是女王的。但它的成员国——大多数都是共和国——却不必效忠于她。她对这些国家的事务没有话语权。她作为英联邦元首的作用是实现一种平等、自由的联合，提供可续性、尊严与平静。正如新西兰前总理大卫·朗曾经说过的那样："我们在争斗，而她在团结。"英联邦以往任何一次聚会都没有现在这样的家庭气氛，三代王室成员齐聚一堂欢迎各国领导人来到伦敦。今天还有一个例外。70年间，女王从未公开插手过英联邦的任何内务。但今天，她要破例了。她会要求英联邦各国首脑认可威尔士亲王为她的继任者，告诉他们，这是她"诚挚的愿望"。没有人会吝于满足她的愿望，因为对这个依旧被称为"俱乐部"的英联邦的存亡，无人比她付出更多。

长期以来，在一些政治和外交圈子里，人们倾向于认为英联邦无关紧要、过时，认为它的支持者是被蒙骗的、矫情的。它的拥护者则说，希望加入该组织的国家排起了长队，它的轨道上早已有了无数的全球性民间组织。

女王喜爱英联邦，自然是不言而喻的。今天这一场皇宫盛事要显示的只是英联邦有多喜爱她。她的统治将被载入史册，原因有很多，尤其是它的时间跨度超过了之前所有人，这是伊丽莎白二世打破的众多王室纪录之一。但未来的历史学家对她的赞誉将远远不止于长寿。从诺曼征服[1]到第二次世界大战结束，英国的君主都被任命为统治者。外交政策要么是扩张，要么是合并，都是以国王的名义，这一点在大英帝国时期达到顶峰。我们的女王是独一无二的。她是第一位从登基的那一刻起，就期望逆转这一进程的君主。但是，这并不是一种不情愿的倒退。相反，一直以来，它重新定义着英国及君主制本身在平权后帝国时代中的角色。这种角色的转换并不容易。女王继承了王冠、教会和军队，但她的"国际大家庭"却不是继承来的。她要赢得它的认可，经常要面对英国大臣们含蓄的反对。这一进程将有助于把英国转变为今天的多元文化社会，女王本人在其中发挥了关键作用。20世纪70年代，当英国向崭新的欧洲未来迈进时，女王的任务是化解英联邦老成员们的痛苦。在英国公投决定脱离欧盟后，面对形势逆转，再次帮助化解痛苦的重担又将落在女王和她的家人身上，无论是在国内还是在欧洲大陆。

世界各地有许多人，即便在与她的王冠毫无关联的国家，都对这个屹立不倒的人物心怀亲近之情。在女王即将迎来90岁生日的时候，有一天晚上，在白金汉宫，美国驻英国大使说起了她的跨国——或者说全球性——亲和力。"女王不仅是这个国家的常数，"马修·巴尊说，"也是我们的。"

女王的德语传记作家、《世界报》常驻伦敦记者托马斯·基林格说，很多德国人都认为她是一位"世界"君主。"我无法想象，如果前德联邦总统也是加拿大和澳大利亚领导人的话，他会怎么做。"前大学教师基林格还说，他的

---

[1] 诺曼征服，以诺曼底公爵威廉（约1028—1087）为首的法国封建主对英国的征服。——译者注

同胞们对英国的少数几样东西很有认同感，女王就是其中之一。"德语的精髓来源于三处：《圣经》、歌德和莎士比亚。所以说莎士比亚其实是德国人！女王也是我们的女王，就好像莎士比亚是我们的作家一样。我们倒不是说她真的是德国人，但我们觉得与她很熟悉、很亲近。如同莎士比亚，她在我们的脑海里，在我们的心里。"

女王的前私人秘书对其横渡英吉利海峡的行程也有类似回忆："出访法国总是非常感人。走在大街上，听到'女王万岁'的呼喊声，你脖子后的寒毛都会竖起来。"法国人从来没有具体说明他们指的是哪一位"女王"，没有这个必要。

前总理约翰·梅杰爵士在旅行中也遇到过许多类似的时刻。"世界上每个人都把女王视为自己生命中的一部分。"他说，"几年前，我在赞比亚，去了一个离赞比西河很近的村庄。我去见那里的酋长，见面后才知道那是一位女酋长。这位非常尊贵的老太太伸出手说：'我叫伊丽莎白——跟我们的女王一样。'"

1981年对斯里兰卡进行国事访问之后，英国驻科伦坡高级专员约翰·尼古拉斯爵士报告说，许多人依然无法适应这个前殖民地九年前转变成民主社会主义共和国。"标语牌上的'上帝保佑我们的女王'，并不是因为人民对宪制改革一无所知，"他向外交部报告说，"而是反映了一种真挚的情感：尽管有这些变化，女王陛下依旧在斯里兰卡人民心中。"约翰爵士接着描述了一个值得纪念的场景：女王抵达曾经是王国的康提城时，受到了热烈的欢迎。五十头盛装打扮的大象，还有盛装的康提首领们，以康提王国的隆重礼节欢迎一位君主。在斯里兰卡的许多人尤其是总统看来，这是2500年以来皇家史上最后一位君主。

威廉·黑格[1]认为，2012年奥运会的开幕式就能说明女王在世界的地位。

---

[1] 威廉·黑格，1989—2015年约克郡议员，1997—2001年保守党领袖，2010—2014年外交大臣，2015年被授予勋爵之位。

跟大多数人不一样的是，他指的不是她在邦德电影短片里与007一同亮相[1]，而是几个小时前白金汉宫的招待活动。以往的任何一届奥运会主办方都没有吸引来如此多的世界领导人。没有一个城市像伦敦一样举办过三届奥运会——1908年、1948年和2012年——更别提每次都是由同一个家族来主持。黑格勋爵回忆道："女王可以在致辞的时候说，她即将揭幕奥运会，像她的父亲和曾祖父一样，这绝对是举世无双的。"当人们意识到"确实如此"时，大家都屏住了呼吸。奥运会的总设计师，前奥林匹克勋爵塞巴斯蒂安·科，在最初的奥运会申办过程中就用君主制诱惑国际奥委会。国际奥委会的评估小组被邀请到皇宫会见女王。即便如此，直到2012年，科才充分感受到她的吸引力。"在奥运会结束之前，我还不太了解她的影响力。"他解释说，"205个奥委会委员都想来英国。除此之外，最重要的是，他们想看到的是女王陛下，而不是尤塞恩·博尔特[2]。"

哈佛政治学家约瑟夫·奈伊曾经提出"软实力"理论，即"通过吸引而不是威压或金钱来达成成果的能力"。他认为，随着世界上越来越多的国家按照民主路线发展，"软实力"变得更加重要。他指出，君主制在美国的支持率和英国一样高，这就是一个最好的例子。这里面还有一个新的王室宝宝。"乔治王子影响了英国在世界上的软实力，无论好坏，君主制在全球政治中仍然很重要。"奈伊在2013年乔治王子出生后写道，"在信息时代，权力不仅有令军队获胜的功用，也有令故事获胜的功用，君主制提供了一个令人信服的故事，比名人们享受的15分钟辉煌要持久得多。"他还指出了"充裕悖论"，即过多的信息反而会导致注意力不足。"本世纪最大的讽刺之一就是，"奈伊写道，"曾经

---

[1] 对世界上大多数人来说，伦敦奥运会最值得记住的瞬间，与运动没有丝毫关系，而是在开幕式上，女王和詹姆士·邦德的扮演者丹尼尔·克雷格跳伞降落到奥林匹克体育场。这个客串的角色被严格地保密，以至于王室看到后都大吃一惊。坐在威廉王子和哈里王子身边的奥委会主席科爵士听见他们大喊："加油，奶奶！"女王也是有史以来唯一一个给两届奥运会开幕的人——2012年伦敦奥运会和1976年蒙特利尔奥运会。
[2] 牙买加短跑运动员。——译者注

等级森严的君主制残余，仍然是当今英国吸引眼球的一种非常划算的方式。"

网飞公司根据女王生平改编的《王冠》大获成功，则是另一个实例。这部电视剧制作精美，获奖无数。它的成功自然是因为背后有着极富创造力的团队。但它的主要吸引力仍然在于它是基于真人真事改编的，而这个真人，碰巧就是世界上最有名望的女性。它的有些情节很牵强，有些则完全是虚构的，但它描述的是某个不仅在世而且当权的人。因此，有些人认为，它把戏剧改编乃至品味推到了极致，也就不足为奇了。

当被问到把女王列进战后世界名人榜时，前工党外交大臣杰克·斯特劳立即回答说："当然是最顶端——不仅是因为她的长寿，还因为她六十六年来的为人处世。"他说她就是"软实力"的象征。"她能够促进英国的提升，远远超过任何一个政治家。外交依旧是权力的投射。"斯特劳说："你不得不切实地去做，而且恐怕国家的体量很重要。我们身处的这个世界，有20个国家比我们更大（从人口方面来说）。大国的衡量标准正在变化，财富正被分化，这是好事，但权力的投射也非常非常重要。如果你运气好，你会拥有一位领袖，她可以代表你们国家的权力和影响力。"

历任首相都有充分的理由感谢这一非常可观的、额外的外交资产。2016年3月，美国总统贝拉克·侯赛因·奥巴马毫不留情地将英国在利比亚的外交政策称为"狗屎秀"，令英国外交官难堪、沮丧无比。他还轻蔑地说，英国首相戴维·卡梅伦"心思都花在别的事情上了"。多年来，从来没有一位美国总统对英国如此刻薄。传说中的英美"特殊关系"已经走到了尽头吗？即便是的话，也没有持续太久。一个月后，奥巴马将为英国独立电视台的纪录片录制一段特别的致辞，以纪念女王90岁生日。他说，他很高兴成为第一位祝女王陛下90岁生日快乐的美国总统。他还说，她不仅是英国人民还是全世界无数人的力量和灵感源泉。美国非常感谢她稳定而充满力量的领导能力。最重要的是，在女王生日的第二天，他亲自飞抵英国，成为第一位为她祝寿的世界领导人。

"他对她很忠诚。"戴维·卡梅伦说："他是真的很想来，成为最先祝她生日快乐的人之一。他经常谈起她。他如此忠诚，真的很有意思。"换句话说，这就是最强大的软实力。

外交大臣鲍里斯·约翰逊还记得在前以色列总统西蒙·佩雷斯的葬礼上听过的奥巴马总统致辞。"令人震惊的是，贝拉克·奥巴马居然提到了当今世界的其他伟大领袖，"他说，"他第一个想到的就是伊丽莎白二世女王。"另一位前外交大臣玛格丽特·贝克特则认为，女王和英国广播公司（BBC）全球服务电台是英国最重要的两大软武器。这也是她与政治家及公务员们意见相左的地方。他们觉得，从节约花费的角度，英国应该出售庞大的旧资产，不论是宏伟的使馆大楼，还是皇家游艇。"我的确认为，对待此类事情，财政部的态度非常愚蠢。"她说，"总是有家伙说，'你已经有地方住了。卖掉这些吧。'但大使们会告诉你，人们是真的很想来老使馆参加女王的生日聚会。"她联合几位前外交大臣，阻止了继任者大卫·米利班卖掉外交大臣在伦敦的官邸卡尔顿花园（路易·拿破仑亲王，也就是法国拿破仑三世的故居）。

女王对英国来说是重要的软实力，在英联邦，她扮演着同样的角色。英联邦皇家学会主席豪威尔勋爵[1]，指出了一个王室悖论：王室的权力不断下降，君主制的影响却日益增大。他说，英联邦这种组织与数字时代非常契合，他还引用了奈伊的另一名言："军事资源或许可以在坦克战中达成你想要的结果，在互联网世界却并非如此。"

豪威尔勋爵指出，该组织包括了世界上七个增长最快的经济体，为许多小国家提供平台，充当自助团体的"终极网络"，涵盖了从牙科到高等教育等现代国家几乎所有可能的需求。反过来，这又给了英国这种大国一个机会，使之可以展现自己各种软实力：文化、非政府组织、司法、艺术、设计等。而支撑这一切的正是女王。她想与世界接触，英联邦就是她理想的渠道。

2018年英联邦伦敦峰会的几个月前，女王和哈里王子为此开了招待会。

---

[1] 前内阁大臣吉尔福佳·豪威尔，是唯一一个历经三届政府（爱德华·希思、玛格丽特·撒切尔和戴维·卡梅伦）的内阁大臣。作为国会议员，他担任了十年的下议院外交委员会主席。

女王的英联邦信托基金将会越过政客，直接拨款资助有进取心的年轻人，使其在英联邦的各个社区有所作为。它将类似于最初的亲王信托基金——一开始是用威尔士亲王的皇家海军补贴发放小额赠款，后来成为英国最大的青少年慈善网络。女王不只是挂名，她还指派了两位私人秘书克里斯托弗·盖特爵士[1]和萨曼莎·科恩出任创始托管人，从这一点就能看出她对此事多么认真。

当晚到场的第一批获益人里有一位叫乔纳斯·伊姆伯萨鲁。这位来自喀麦隆的青年科学家用自己的积蓄，成立了喀麦隆儿童希望组织，一个在乡村学校建造厕所的小机构。他知道，没有厕所，让老师和学生，尤其是女孩，没法去学校，同时还会滋生许多疾病。当地政府对此并不感兴趣。但信托基金现在已经筹集了3.5万英镑，让他能够在7所学校建造厕所，覆盖1300个孩子。这个项目的效果既迅速又惊人：缺课率下降了27%，致病率也有相似比例的降低。女王很清楚这些。很难想象，以前会有哪位君主在王室的招待会上与客人谈论厕所。但她对乔纳斯的成果非常了解。"太棒了，不是吗？哈里跟我说了你的成绩，说了你做得有多好。"她爽朗地对他说。哈里王子正忙着把乔纳斯的事迹推销给当晚被邀请的潜在捐赠者。"天知道每天有多少好主意被浪费，就因为年轻人得不到帮助。"他恼怒地说。乔纳斯仍然无法相信，女王及其家人和团队居然会在皇宫里推广他这个小小的慈善项目。"她不仅信任年轻人，她还把我们视作进步的推动者。"他说。他希望今晚之后喀麦隆政府会有人回复他的电话。

在这之前，乔纳斯已经在女王的另一个英联邦倡议"女王青年领袖"中获得过认可。与此同时，还有一个项目，"英联邦女王苍穹"把地球上许多地区指定为受保护的森林。在她的统治期间，她和家人一直在资助英联邦的各种项目，提供赞助与支持。那么为什么最近的活动都以她的名字命名呢？原来自

---

[1] 克里斯托弗·盖特爵士被女王授予过四次爵位，2017年离开皇宫时，他已经是盖特勋爵了。跻身勋爵后，他用自己的首次演讲来促进英联邦的工作。

从2012年她的钻石禧年[1]之后，皇宫有了一个新措施，要把她对英联邦及其人民的私人捐赠直接体现出来，而不是通过什么机构、部门或政府。

给英联邦造成最大问题的，是政客而不是公众。女王想把她的名字借给那些不会深陷政治泥潭、精干的、意义明确的组织和机构。毕竟，正如我们应该看到的那样，是女王一次一次被召唤，厘清他人制造的混乱，修复和弥补关系。

作家兼主播安德鲁·马尔形容她是英国"略带神秘气息的友好窗口"。然而，这需要的可不仅仅是微笑和无关痛痒的交谈。英联邦老顾问桑尼·兰帕尔爵士曾经带领英联邦走过最动荡的岁月，谈到女王解决"国际大家庭"内部争端时的"沉默的坚持"，他难掩赞赏之情。

有好几次，她发现她的本意和职责被拉向了不同的方向，尤其是在欧洲问题上。

戴维·卡梅伦在英国决定脱欧后辞去首相的职务。他坚持认为，对女王来说，最大的挑战并不是脱离欧洲（Brexit）[2]，而是进入欧洲——英国在六七十年代加入欧洲经济共同体，令英联邦各国沮丧不已。"那本该会困难得多。"他说。

如今，欧洲或许会继续分裂英国，但再也不会夹在英国和英联邦之间。这让女王大松了一口气。新西兰前总理约翰·基认为，战后新西兰人民需要接受与昔日"母国"关系的恶化，她在这方面发挥了重要作用。"他们能够理解，当时英国只是做了对英国来说最好的选择。"他说，是女王阻止了裂痕的进一步加深。"女王是亘久不变的声音，还有黏合剂。"

那么，女王对于脱欧是什么看法呢？戴维·卡梅伦说，当他谈起与欧洲

---

[1] 即女王登基60周年。——译者注
[2] Brexit（或Brixit）是对英国退出欧盟的一种戏谑说法，即British exit or Britain exiting from the EU。——译者注

的谈判过程时，女王总是不置可否。"我每周跟她解释我们进行到哪一步了。她非常有同理心。我不记得她什么时候有过很强烈的观点。"他说。他认为谨慎是整个王室的默认立场。"我的感觉是，他们在规避风险。我不认为他们像希思那样狂热地想要加入欧洲共同体，因为那曾是一个痛苦的抉择。"他说，"那是关于欧洲的重要性。但对于英国来说，那一直是一个痛苦的选择。我们从来都是不情愿的。"那些自信满满、把女王放在脱欧这样两极化问题上特定一端的人，无疑是目光短浅的。他们忽视了她那静默的实用主义，她坚定保持中立的年头，比世界上绝大多数人活的年头都要久。这一切，她真的早都看到过了。无论何时，只要说起女王的长期统治，就会提到同一个问题："她究竟喜欢什么？"值得称赞的是，在她在世的第十个十年里，这个问题还是没有得到回答。

前工党外交大臣（现在是勋爵）大卫·欧文，称赞她"敢于变得无聊"。他说，在君主立宪制下，权力的分化是至关重要的。"每个人都喜欢自己是有趣的，但你得足够坚守原则，才能变得无聊。在正式的晚宴上，坐在她身边时，你不会也不应该把真实的自己展现出来。"在他当大臣的那些年里，在不同的宴会场合和出国访问期间，他都能看到女王的不同面貌。"能看到独特的她，并且看到这位女性拥有巨大的能量，这是一种莫大的荣幸。如果她上大学的话，她肯定能拿到最高的学位。对此我毫不怀疑。"

为了评估女王在世界上的地位，以及她对此的看法，正如本书所要做的，我们首先要欣赏她的观点。

这位君主，父亲曾在第一次世界大战中服役，丈夫曾在第二次世界大战中服役。然而现在她会见的却是千禧年后才出生的士兵。1947年，她第一次出访南非时，见到了维多利亚时代伟大探险家大卫·利文斯通博士78岁的侄子。第一次出访澳大利亚时，女王在每个城市都为参加布尔战争的老兵举办了招待会，还接见了一位1885年在苏丹服役的老兵。正是在1885年，戈登将军在喀土穆战死。1951年第一次出访加拿大时，她被介绍给本杰明·曼塞尔，一位太过年迈而没有参加布尔战争的老兵。曼塞尔来自斯普林菲尔德与新斯科舍省的交界处。19世纪70年代,他曾在阿富汗服役,后来他见过维多利亚女王、爱德华七世、乔治五世和乔治六世。因此,女王肯定是唯一一个既听说过1878年英阿战争,又听说过21世纪阿富汗对塔利班战争的第一手资料的人。

无论如何,她的人生阅历与统治经验都构建了一个巨大的宝库,世界上任何领导人都无法匹敌。因此许多人即便不是保皇派,也都称赞她献身尽责。欧文勋爵说:"我不信奉世袭制,也不是君主主义者,但如果君主制适合国家,那就有君主制。看到她处理得如此出色,你就知道,这是一个伟大的技能。"

"她是见证英联邦成长的一代人。"英联邦前秘书长桑尼·兰帕尔爵士说。他列举了坦桑尼亚和赞比亚等后殖民国家的许多开国元勋。"他们是她的同龄人——我也是——我觉得女王是跟英联邦一同成长的。"他非常重视的一点是:女王生命中的关键时刻——登基继位——是在非洲腹地,当时她正好在肯尼亚新建的阿伯代尔国家公园参观树顶公园。"这对其他领导人产生了很大影响。"他说,"这让她更容易成为他们中间的一员。她真的成了树顶的玩家。她也是英联邦的孩子!"

安妮长公主第一次海外之旅就选择了这里。她一直对自己的母亲在25岁时在肯尼亚偏远地区继承王位的情景感到好奇。"当时一定很诡异。在这么简陋的环境下,你被告知,你的父亲已经去世了,还有这意味着的一切。"

冷战还在初期,喷气机时代才刚刚开始。太空时代还需要好几年才能到来,而数字时代甚至还没有出现在科幻小说作家的想象里。然而,女王将统治一切。长公主说,在她目睹的所有变化中,从王室的角度来看,最令人恼火的是手机及其同类产品的出现。"我很庆幸我不是现在才开始履行王室职责的,因为那时候至少还有人跟我聊天,"她说,"现在真的找不到人说话了。手机已经够糟了,但是iPad——你甚至看不到他们的头!你不知道你在和谁说话。"她直截了当地回应那些用相机对着她脸的人:"我要么懒得说,要么就直接说:如果你想见某人,我建议你把它放下。太奇怪了。你就站在他们面前,却没法聊天。人们不相信自己的所见所闻，除非他们拍过照片。"

新任美国大使马修·巴尊来到皇宫递交国书时，女王对于科技在她与公众之间新树立的屏障感到非常抱歉。这位新大使提到，当他坐在女王的马车上穿越伦敦时，人们没完没了地给他拍照。巴尊回忆道："女王说，'这里一向到处都是游客。他们习惯了用相机。他们会举起相机，拍照，然后放下。可是现在……'——她举起手遮住脸——'他们举起这些东西，却不再放下来了。我想看到他们的眼睛。'我觉得这很温暖——她想看到他们的眼睛。给名人拍照，你觉得是单方面的事，但其实是双方的，有一种联结与能量在其中。而现在，科技挡住了它们。"

女王很传统，却并不多愁善感。新西兰前总理约翰·基爵士说，有一次他问过她，为什么即便在没有很多人或照相机的场合，她仍然穿正装。"我是标准的最后守护者。"她回答说。她并不是为了做这件事而做，这是她的一部分。"人们问我：你见过的最优秀的人是谁？我说，女王。你的所见即所得。同时，她真的是一个不知疲倦的人。如果你是首相，你的工作时长令人吃惊，但你是被推选出来的。时间到了，你就不用做了。我们跟贝拉克（奥巴马）出差几周，他还会打打高尔夫球。我们会玩得很开心。女王就不一样。对她来说，这是一辈子的奉献，是一辈子的付出。"

约翰爵士仍然对她的记忆能力感到由衷的惊讶，认为这证明了女王并不仅仅把君主当作一份工作。"这些年来，我跟她有过多次讨论。她的学识和理解力远远超出了任何人给她写的简报。事例太多，我无法一一列举。但是，做一份工，跟对自己所做的事情心怀深切、激情的信仰，是完全不同的。"

曾与女王共事过的人经常说起她的博闻强记。共和党和某些怀疑者认为这都是无稽之谈。2017年，网飞公司《王冠》的编剧彼得·摩根附和了这种说法，将女王形容为"智力有限的农村妇女"。包括女王本人在内，没有任何人说过她是什么智者。但是，跟许多智者不同的是，她对世界事务有一种真正的兴趣与天生的掌控力——往往比她手下的首相们还要出色。1993年，在布达佩斯，女王在铁幕政策后第一次进行国事访问。在此之前，前驻匈牙利大使约翰·伯奇爵士只见过女王几次。显然，她令他十分意外。退休后，他在《口述英国外交史》栏目中说："她对东欧十分了解。这与撒切尔夫人形成了奇怪的对比。"1990年，撒切尔夫人来访时，详细询问了他战后共产主义的方方面面。"人们都说，她从来不倾听，只知道说。实际上，她很喜欢倾听。她是真的很想知道这些事情。"伯奇说，"但我很吃惊——或许不该这么比较——女王的学识和首相的学识。不过，在那个时候，那个话题上，女王的确占了上风。"

女王喜欢回忆过去，却不爱沉溺其中，毕竟那只是留给退休者的奢侈品。她也不打算这样做——"除非我得了老年痴呆症。"她这样对表姐玛格丽特·罗德斯说。作为在任的国家领袖，她想要活在当下，着眼未来。这也是为什么，在她的晚年生活中，她出席的场合明显地倾向于年轻人。她的苦心得到了充分的回报。在她的钻石禧年英国巡礼的第一天，她的第一个停靠点是莱斯特的一所大学。校园里聚集了大批学生欢迎她的到来。在所有关于英联邦的演讲中，她都喜欢提醒听众，英联邦的大多数工作人员都不到30岁。

"每个人都认同，她是超级重要的人，是人们立志效仿的人。"在白金汉宫一次青年招待会上，英国—南非著名青年视频博主卡斯伯·李说。他说，"她对我们来说，就好像是母亲，是一个拥有一切，却也给予一切的人。"就在几英尺远的地方，女王正与这项倡议的支持者之一、慈善家比尔·霍尔罗伊德讨论。"太令人兴奋了。我想让年轻人参与进来。"她爽朗地说道。霍尔罗伊德说："我想不出更好的遗产。""他们非常有进取心。"女王赞赏地指着她的年轻客人们说。"这些优秀的人已经做了很多。"王室及其工作人员不喜欢用"遗产"这个词。"你活这一辈子只是在为了留下遗产吗？"爱丁堡公爵在2004年的一次采访中问道。"我宁愿别人来评判我留下了什么遗产。我是说我不会努力去留下遗产！"

然而，女王却总是在考虑她要传承什么。她对加纳独立后的第一任总统克瓦梅·恩克鲁玛的观察，既揭示了他的性格，也揭示了她自己的。在写给朋友波切斯特勋爵的信中，她说，"恩克鲁玛'天真、虚荣'，眼光无法超越自身时代的局限。"那是1961年，她才35岁。

如果要为恩克鲁玛说句公道话，那么，当你是一家有着千年历史的机构的管理者，而这个机构的核心目标又是延续下去，眼光超越自身时代局限当然会自然得多。每个继任者的首要职责都是确保安全地移交给下一个继任者。当然，君主制曾经在女王在位期间风雨飘摇。在20世纪90年代的黑暗时期，持共和党思想的政治理论家兼评论员斯蒂芬·哈斯勒博士自信地在文章里将女王称为"最后的伊丽莎白"。在2002年金禧年[1]结束时，他的论点充其量也只是有些古怪。但在2012年钻石禧年结束时，就成了荒谬的。

正因为如此，近年来，女王似乎总是高高兴兴的，像那些最了解她的人所记得的那样。她是自维多利亚女王以来第一位能够四世同堂的君主。英国皇家邮政纪念她90岁生日的邮票上有一张女王在白金汉宫白厅里的照片，旁边是威尔士亲王、剑桥公爵和为了凑高度站在一堆盒子上喜气洋洋的两岁的乔治王子。这是一个散发着永恒气息的场景。

"我的一生，她都在那里。我无法想象她不在那里。我就是做不到。"女演员、女爵玛吉·史密斯夫人说（还有很多人可能也会这么说）。《唐顿庄园》的这位明星认为女王是"英国最优秀的人"。她在汉普顿宫与女王一起庆祝荣誉爵士勋位的百年庆典。"荣誉爵士"是乔治五世为那些值得国家认可，但不想要"头衔带来的诋毁"的杰出人士创立的。目前的荣誉爵士包括前政治家约翰·梅杰爵士、乔治·奥斯本爵士和霍华德勋爵、赫塞尔廷勋爵和欧文勋爵，以及大卫·阿滕伯勒爵士、朱迪·丹奇女爵和科伊勋爵等国宝级人物。他们与女王一起在皇家小教堂举行感恩仪式。伦敦前主教理查德·沙特尔博士发表了演讲，他提醒这些杰出的听众，"授勋不仅仅是为了你们的成就，也是为了你们的正直和对原则坚定不移的承诺，这种承诺召唤我们超越眼前的私利。"沙特尔博士还说："有些授勋者已经名扬天下，但这不是为了那些以知名度著称的名人设立的，而是为那些长久不歇为国家服务

---

[1] 女王登基50周年。——编者注

的人设立的。"他指的是谁,就再明显不过了。女王看了看,最后还是面无表情。大卫·阿滕伯勒爵士事后说,虽然有些矛盾,但他想到的一个词,那就是谦逊。"她从不张扬。"

正是这些品质使这个勤奋的人成为世界上最著名的女性。托马斯·基林格说,对外界,特别是对他的德国同胞来说,她日益成为英国最大的财富。他说,她似乎是最后一个屹立不倒的人。"其他的一切似乎都在崩塌。民主制度似乎在衰落。君主制突然崛起,而这可以解读为对她的尊重。"

他说,1965年女王首次对德国进行国事访问时,她被视为"辉煌国家"的代表。他认为,现在不再是这样了,英国现在被视为一个衰弱、受损的国家,尤其在脱欧后。然而,他并没有过分悲观。基林格说,历史表明英国人总是能克服这些困难的。"在德国,我们不能忍受这样的不确定性。我们会精神崩溃的。"他引述纳尔逊的话说:"一切必须有不确定性;海上作战,没有什么是确定的。"他认为,如今支撑这种心态的,是女王本人所体现的稳定感。

对大多数英国人来说,与历史上所有其他君主相比,她领导国家和君主制经历了前所未有的人口、社会和技术变革,留下了自己的遗产。然而,在全球范围内,她的遗产表现形式将会多种多样。对有些国家来说,她一直是老朋友。对其他国家来说,她是代表和解的真诚脸庞。对于那些从过去痛苦的极权主义中走出来的国家来说,她象征着鼓励。然而,对大英帝国的大部分地区来说,她在从征服到自治再到独立的漫长而明确的过渡中起到了桥梁的作用。绝大多数前殖民地选择留下,成为英联邦的忠诚成员国,在很大程度上是因为她。英联邦能够完好无损地幸存下来,并继续做一些伟大的事情,从反对种族隔离到消除可避免眼盲,这也是她的功劳。

2018年,有消息称,英联邦一些小国正在讨论提名女王获得诺贝尔和平奖。有人会觉得这个想法很可笑。另一些人则认为这个想法非常新颖,非常恰当,比方说美国国务卿基辛格、美国前副总统戈尔、美国总统奥巴马(上任几天内)和欧盟领导人们。女王也不会是第一个被提名的王室成员,安妮公主曾因其与"拯救儿童"组织的合作而被提名,菲利普亲王因在创立世界野生动物基金会和爱丁堡公爵奖时所做贡献而被提名。

迄今为止，女王得过的奖项都是与她的马和其他牲畜相关的，还有一张金碟，是唱片业为了纪念她的钻石禧年音乐会而赠送给她的。作为"荣誉之泉"，她认为她的职责是给出奖项，而不是收获奖项。像阿尔弗雷德·诺贝尔一样，她也创立了一个全球卓越奖，在诺贝尔本人1895年给世界留下自己遗产时忽略的一个领域。伊丽莎白女王工程奖成立于2013年，每次以100万英镑的奖金（比诺贝尔奖高出30%）表彰对人类有重大影响的"突破性创新"。与诺贝尔奖一样，它对所有国家的申请者开放。

这个世界上有许多人，对某个同自己没有任何直系、历史或语系关系的人能感到某种联结感。她被称为"世界的女王"的说法，对某些低调的英国国民，当然还有本书的读者来说，似乎有些傲慢（甚至一点也不"英伦范"）。不过，这个想法并不是起源于英国，而是源自世界上无数的对话与观察。它在国外没有遇到任何阻力。人们对它的认同，是那么广泛而深切，却又完全在意料之中。

2015年，对德国的第五次国事访问的第一天，女王和菲利普亲王访问了柏林理工大学。在1965年对德第一次国事访问期间，她就以自己的名义设立了一个年度演讲。现在，她回来参加"女王演讲"的50周年纪念。该大学邀请了大英博物馆即将离任的馆长、柏林洪堡论坛即将上任的馆长尼尔·麦格雷戈致辞。在他开始之前，门口有轻微的骚乱。令组织者及英国外交官们欣喜不已的是，德国总理安吉拉·默克尔突然到来。她先前在参加一个讨论欧元区危机的会议，因为没有进展，她感到恼怒不已，中途翘班，想要跟王室来访者多一点相处时间。在拥挤的剧院里，麦格雷戈就"国家象征"这一话题进行了一次风趣的演讲。他探讨了英国人和德国人在宠物、政治和园艺方面的相似品位，而后转向了终极象征，也就是女王本身。此外，女王还正式进入了德语词汇表。麦格雷戈指的是《杜登德语语法词典》的最新版本。德语里，表示"女王"的正确词语一直都是"die königin"，他说。但新版本里额外加上了一条："Die Queen"，而且明确表示："没有复数形式"。

第一章
巡游之中

"没有真正的后宫……"

旅途

那是一个闷热的西非之夜。当天的值班长官乔克·斯莱特中尉[1]密切关注着码头沿线的动向。"不列颠尼亚"号皇家游艇停泊在冈比亚首都巴瑟斯特[2],冈比亚河与大西洋交汇之处。女王1961年访问西非的行程接近尾声,此前她对刚刚独立的加纳进行了一次紧张的访问。虽然有炸弹威胁和加纳总统克瓦梅·恩克鲁玛的情绪波动,但最后它还是一次巨大的成功。女王和爱丁堡公爵从那里启航前往塞拉利昂和利比里亚,威廉·塔布曼总统穿着厚厚的晨衣,头戴黑色大礼帽,乘总统游艇出来迎接他们。最后,"不列颠尼亚"号抵达了巴瑟斯特(现在的班珠尔)。长途旅行结束时,人们情绪高涨。"不列颠尼亚"号的船长马上要退休,女王刚刚授予了他爵位。在女王启航前往塞内加尔

---

[1] 接下来,他将成为女王的侍从,然后是海军上将乔克·斯莱特爵士、第一海务大臣、海军参谋长。他的叔祖,海军上将、海望的坎宁安子爵,是菲利普亲王在马塔潘角战役的指挥官。
[2] 巴瑟斯特为冈比亚首都的旧城,名字来自于英国的殖民部大臣·巴斯特,带有殖民色彩,1973年后改名为班珠尔。

首都达喀尔并乘飞机回国之前，政要们正源源不断地赶来参加女王的告别晚宴。突然，一个肯定不在宾客名单上的人靠近了斯莱特，那是一个小男孩，手里拿着一个盖子上有洞的饼干罐。他向斯莱特解释说，这是他送给安德鲁王子（一年前出生）的礼物，需要好好照顾。斯莱特打开盖子一看，里面是一条鳄鱼宝宝。斯莱特感谢了男孩，赶紧去找女王那无所不知的私人秘书马丁·查特里斯。"马丁让我把它放在他的浴缸里。"斯莱特回忆说。在回英国的旅程中，它一直待在那里，直到他们为它找到了更合适的去处。斯莱特记得，"它在伦敦动物园里，长成了庞然大物。"

记录显示，女王至少访问过126个国家和地区，其中许多都是多次访问。没有人确切知道她的旅程有多少英里。仅仅皇家游艇在海上航行的40多年时间里航程就达到了100多万海里，而皇家航班的航程是它的许多倍。访问的国家数量也有待商榷，因为在女王的不同访问期间，许多国家的名字和状态都发生过改变。因此，白金汉宫对此并没有官方的数据。

1947年，女王第一次以公主的身份访问时，南罗德西亚还是殖民地。44年后，她作为女王第二次访问时，它成了了不起的津巴布韦共和国。女王1997年访问的巴基斯坦，比1961年访问的巴基斯坦明显要小得多，大部分地区分裂成了孟加拉国——1983年她曾访问过。她对德国的五次国事访问，两次是去西德，三次是去联邦共和国。1994年女王到访时，加勒比的安圭拉岛已经从殖民地变成独立国又变回殖民地（她在短短几天的时间内，会见了总人口的将近1/4）。最能证明她的统治期间世界发生了巨大变化的是，现在世界上的大多数国家是女王登基后才出现的。而她几乎访问过所有这些国家。

因此，2017年，皇家收藏协会想要举办一个展览，展现女王在65年间与不断变化的世界如何互动时，它选择了通过礼物来反映。即便只挑选了她收到的一小部分礼物，白金汉宫的几个议会厅也都被占满了。这些礼物放在一起，也完美地回答了一个人们自1952年来就不停地问自己的问题：对于一个拥有一切的女人，你能送她些什么？以鲍里斯·叶利钦为例，答案是，一把俄式银壶。教皇方济各的是17世纪忏悔者爱德华的封圣令。2012年，太平洋马绍尔群人民认为，他们应该送女王一个用椰子叶制成的杰奎琳·肯尼迪[1]风格的基利手提包。60年前，新西兰女童军送了她一大套新西兰拼图玩具，还有一本可爱的书，里面有所有女童军的手写留言。出访非洲时，女王经常能收到座椅——不同的椅子含义也是独一无二的——比方说，一把来自肯尼亚、繁复的串珠椅子，还有一把颜色鲜艳的厨房式座椅，2007年在乌干达召开英联邦会议时她坐的就是这把椅子。

整个世界，尤其是英联邦，对女王是非常慷慨的。因此，除了继承来的珠宝，她还拥有许多"伊丽莎白二世"专属首饰，包括1947年她还是伊丽莎白公主时南罗德西亚的孩子们送的"火焰百合"胸针，1954年澳大利亚送给她的203克拉的安达摩卡猫眼石，1961年非洲阿善堤国王送的金色豪猪胸针，还有2017年加拿大人民送她的精致蓝宝石和钻石雪花。无论是女王1957年首次对美国进行国事访问时收到的雕花玻璃杯，还是1997年从一位沙特王子那里收到的在银制棕榈树下小憩的、缀着紫水晶椰枣的金骆驼，还是画着她在卢旺达香蕉叶间、令人惊叹的肖像，每一份礼物都被登记在册，存放在安全的地方，给子孙后代留作纪念。也许有一天，有人会把它们都放进一个博物馆，专门纪念英国历史上最长的统治时期。

许多礼物从未进过白金汉宫的大门。那个装在饼干罐里的鳄鱼宝宝绝不是最奇特的。1968年，对巴西进行国事访问时，女王收到了两只美洲虎，马奎斯和艾兹塔。1972年，喀麦隆总统阿希乔送给她一头大象。像美洲虎和鳄鱼一样，它也去了伦敦动物园。可悲的是，不是所有友好的表示都会有幸福的结局。女王还记得在吉布提收到过两只瞪羚。"那是一个悲惨的故事。有时候有些东西你真的不想收到，"她说，"四十多年来，我们从未从非洲之角进口过三趾动物。它们出现在伦敦机场时，差点在跑道上被枪杀。我们说服法航把它们带回巴黎。它们先是去了动物园，最后回到了内罗毕的一个游戏公园，但恐怕

---

[1] 杰奎琳·肯尼迪，美国第35任总统约翰·肯尼迪的夫人。——编者注

没活多长时间。"女王现在把所有的活礼物都留在原地。"我想，我还有三匹蒙古马——但幸运的是，它们还在蒙古。"

1956年，女王在加拿大收到一对黑嘴天鹅，她把它们送给了彼得·斯科特爵士在格洛斯特郡的鸟类保护区。很少有国家像加拿大这样慷慨或周到，所以后来她访问加拿大的次数比出访其他国家都多。她的爱马"缅甸"，也是加拿大皇家骑警队送给她的礼物。[1]

也是在加拿大，女王收到了她收到过的最大的礼物（不包括南极洲60万平方英里的伊丽莎白女王之地）。它是一个重达12吨，高100英尺的图腾柱，是夸克尤特人首领为1958年不列颠哥伦比亚省百年纪念所准备的礼物。在女王面前展示过之后，它便乘船沿着太平洋航线，穿过巴拿马运河，横跨大西洋，踏上了漫长的旅程。一艘驳船载着它在泰晤士河上行驶了一段路，然后两辆卡车以步行的速度把它运进了温莎大公园。在那里，在距离它诞生地4600英里的地方，皇家工程师们受命把它竖起并安装。图腾柱的神圣地位意味着只有原始缔造者的亲属才能对其进行维护工作，就像2018年春天时那样。由于担心其他省份可能会攀比，白金汉宫在女王下次访问加拿大之前做出了一些温和的提醒。她的工作人员说，将来如果有更大的礼物能转化成奖学金的捐赠，她会更高兴。从那之后，"伊丽莎白二世女王加拿大研究基金"就一路攀升。但人们向一位强大而重要的客人赠送礼物的基本愿望从未变过。

历史上没有一位君主——或许没有一位世界领导人——像伊丽莎白二世一样，到过地球上那么多地方，见过那么多人。从她执政的最初到最近一次海外出访（距离她90岁生日不到6个月），每次旅程都有出人意料的挑战与乐趣。她的目的与优先事项每年都不一样。那些建议女王与独裁者交朋友，或者邀请

---

[1] 1986年"缅甸"退休时，女王在自己的生日游行上放弃了骑行。在那之后，她都是乘坐皇家马厩的四轮敞篷马车前往皇家军队阅兵仪式。

伊迪·阿明[1]共进午餐，或一同去尼泊尔猎虎的外交部官员们早已退休，或者被外派。观看她的访问纪录片或者外交文件，便能看到整个世界，以及一种心态，有时候听上去更符合爱德华时期而不是当今的思想。尽管如此，还有很多东西有着惊人的现代感。岁月流逝，围绕在她身边的人越来越年轻化，她的英联邦更加壮大，对她的依恋也成倍增长。

　　但是，这位世界君主的重心却从未发生丝毫改变。除了用一只手都能数过来的例外——全都跟赛马有关——女王从未有过玩乐性质的海外旅行。其他王室成员，从维多利亚王后到威廉王子和哈里王子，可能都很喜欢国外度假这件事。唯有女王，假日向来意味着苏格兰。出国都是为了正事。她在英国接见的国家元首和其他世界领导人也是最多的。当然，这在很大程度上要归功于她的长寿，也多亏了弗兰克·惠特尔爵士发明的喷气发动机。但这也要归功于这位世界领袖的魅力，她那绝对的吸引力。在世界上大多数人还没有出生的时候，她就以同样的方式做着同样的工作，并且，在她的儿子及继承人还有王室其他成员的支持下，她还将愉快地做下去。那么，这种持久不变，要如何与不断变化的世界及其人民共存呢？

目的地

　　任何一次访问，在还没有决定之前，一个小组就会聚集在外交部会议室里，参加皇家访问委员会的季度会议。他们都是全国最资深的公关专家。委员会的主席是外交大臣、常务副秘书长，还有些委员是女王、威尔士亲王和剑桥公爵的私人秘书。外交使团的副团长，也就是礼宾司司长，白金汉宫和外交部的中间人，罗杰·杜·布雷爵士回忆说，在70年代，委员会里还有两位要员，内阁秘书长和内政公务员负责人。它必须是一种平衡之举，一边是以英国为中心的英国政府的需求，另一边是女王15个领地的期望。他们很少会考虑王室真

---

[1] 乌干达独裁者。——译者注

正想去哪里。但委员会仍然需要知道他们不想去的地方。

"我们先是从英国的外交政策出发：我们想去哪里，以什么顺序？"罗杰爵士说。在会议之前，外交部与英联邦办公室将成立自己的内部委员会，确定哪些领导人适合成为女王及其家人的东道主或客人。即便在冷战最激烈的时期，也曾有消息称，玛格丽特·撒切尔领导的政府在考虑把女王送到铁幕后方。1979年10月的外交部内部委员会会议记录显示，皇家访问委员会正在考虑对"中国、苏联和东欧"的皇家访问。外交部想要邀请苏联领导人勃列日涅夫在1982年或1983年进行国事访问，这需要女王先对苏联进行访问。刚刚招待了罗马尼亚的尼古拉·齐奥塞斯库，女王似乎并不热衷于去苏联。"主要问题在苏联。"记录显示："女王不想去那里，虽然她想去中国。"[1]

1979年，出访意大利、挪威和瑞典的行程已成定局，但久悬未决、将女王送往埃及的提议却因"争议太大"被取消。或许这就能解释为什么，两年后，威尔士亲王和王妃被要求把与萨达特总统[2]共进晚餐加入蜜月计划。

说到王室的客人，墨西哥总统波蒂略的排名非常靠前，而菲律宾总统马科斯则在保留名单上。后来，委员会决定，总的来说，他应该被放到名单最后，至少在1982年之前，这不是因为他的盗窃癖或独裁统治或人权记录，而是"因为他的政权不稳定"。无论如何，到1986年，马科斯就下台了，根本没有国事访问的机会。

至于第39任美国总统卡特提出的访问计划，委员会决定，先不做任何确定的安排，直到即将举行的美国总统大选之后。委员会最后说，美国总统的任何访问都可以"临时"安排。第45任总统唐纳德·特朗普于2017年开始执政，从那时起安排美国的国事访问变得更加棘手。

多年来，在规划行程时，财政方面的问题将变得更加重要。如今，委员会里

---

[1] 七年后，女王如愿访问了中国。她将成功避开东欧国家，直到苏联解体和东欧剧变。
[2] 埃及总统。——译者注

还有负责王室财政的财务保管人，以及英国贸易和工业的首席执行官。在可能的情况下，王室出行必须物有所值——无论是商业上还是政治上。"他们是重要的外交资产，因此，我认为我有责任尽可能多地进行外交利用。"2010年至2015年担任英国外交部负责人的西蒙·弗雷泽爵士说，"特别是我非常希望将其与当时有关后经济危机和国际经济关系的议程联系起来。显然对于国事访问，你必须寻找能够实质性增加政治和外交价值的东西，而不仅仅是增进友谊。"

2008年金融危机之后，人们对海湾国家、中国、印度尼西亚和墨西哥非常重视。2012年的女王钻石禧年，她一决定减少长途旅行，就立即邀请遥远国家的元首来伦敦访问。接下来，她将对德国、意大利和法国等短距离国家进行国事访问，而其他王室成员则定期出现在澳大利亚、加拿大和新西兰等国。没有最高层的密切磋商，这一切都不会发生。如果女王的首相建议她访问通布图[1]，那么女王将有义务前往。她的历届政府，除了少数例外，都确保了女王拜访她真正想见的人或被她真正想见的人拜访。

戴维·卡梅伦说，每个世界领导人都很高兴见到她，尤其是在国内形势不太好的情况下。他谈起2014年焦头烂额的法国总统奥朗德是如何围绕女王安排诺曼底登陆70周年纪念活动的，甚至在1944年6月英国登陆的地方主持了这一国际盛事。"如果你在遭受折磨，就像奥朗德总统一样，还有什么比和女王一起坐在剑滩更好的呢？他们做得很好。"他解释说，在这种情况下，人们对王室的需求要比对政客们多得多。"天哪，他们完全投入其中，到处都是王室成员。"他说，"他们还没结束，我就回家了。"

邀请

女王在去任何地方之前，都需要有正式邀请。如果没有邀请，她哪里都

---

[1] 尽管女王从未访问过马里或其著名而偏远的中心城市通布图，但她访问过它的邻国塞内加尔和阿尔及利亚。

不会去。接受邀请也绝非易事。很有可能的是，女王原本很乐意访问A国，但其邻国B国可能会因为被忽视而深感不快。因此，B国领导人可能需要被邀请在晚些时候访问伦敦，或者得到威尔士亲王会亲自去访问的保证。1979年，肯尼亚从女王的非洲目的地名单上掉落，不足为奇的是，短短一年后，肯尼亚总统莫伊就与女王一同乘坐马车行驶在摩尔大街之上。1996年，据英国驻曼谷大使的一封电报称，女王即将在泰国国王登基50周年时对泰国进行国事访问，国王对此不仅感到十分兴奋，而且认为这是一份"特别的荣誉"，因为女王此行专门访问泰国，不再去别的国家。每一次访问的每一个细节都会被外交礼仪专家仔细审查，从蛛丝马迹上确定是偏爱还是冷落。

如果女王一次要访问好几个国家，就会有外交人员争夺行程的先后顺序。早在女王1968年南美洲之行正式宣布之前——这是历任君主的首次访问——有关访问巴西和智利的机密计划被传开，整个欧洲大陆的英国大使馆就发生了骚乱。智利发现它不是女王的唯一目的地，有点不悦。正如英国大使塞西尔·梅森告诉他的上司们的那样，弗雷总统"似乎认为这次访问仅限于智利"。如果弗雷总统得知巴西也在行程内而感到恼火，得知巴西是女王的第一站，他将会更加不高兴。巴西外交部长则坚持认为，巴西必须是第一站，否则他的国家将被视为对智利访问的"附带品"。

智利与巴西的竞争是外交部最不担心的。内部文件显示，让外交部倍感压力的，其实是把阿根廷加入此次访问。这种压力，尤其来自最近亲自访问过阿根廷的爱丁堡公爵。尽管他一直是反对英国拥有福克兰群岛[1]的愤怒民族主义者的目标——英国大使馆官邸遭到枪击，有人试图向他投掷水果——但他仍然渴望再去一次。女王的私人秘书马丁·查特里斯写信给外交部负责人保罗·戈尔-布斯爵士说，公爵担心在行程中略去布宜诺斯艾利斯，"可能会引起

---

[1] 福克兰群岛，阿根廷称之为马尔维纳斯群岛，英阿两国在群岛的归属权上有争议，1982年为此发生过战争。

阿根廷人的误解"。正如英国驻布宜诺斯艾利斯大使迈克尔·克雷斯韦尔爵士所说，如果女王不去阿根廷，将被视为"无端的怠慢与恶意"。

当时这些还都没有公开。女王的观点是，敏感的访问计划应该尽可能长时间地保密，尽管戈尔-布斯对这样的延误持谨慎态度。他在一份外交部内部备忘录里警告说，有些兴奋的拉丁人可能会有相当大的泄密风险。

1968年4月，当访问的消息公布时，阿根廷问题终于达成了一致。访问还是有可能的。这又带来了新的问题。英国驻蒙得维亚大使写信给他的上级警告说，乌拉圭得知英国可能访问自己的邻国却不来乌拉圭，感到"非常失望"。英国外交部专门向驻南美洲的所有英国大使馆发出正式指示，如果自感被冒犯的总统和独裁者们问他们为什么女王不去他们的国家，大使馆应该如何应对。

5月，英国外交部助理大臣约翰·贝思致信驻布宜诺斯艾利斯的大使克雷斯韦尔，带去了王室的消息。女王要是去阿根廷，就不得不再去福克兰群岛中英国的几个领地。克雷斯韦尔感到震惊。不可思议的是，第二天他就表现出嗤之以鼻。他警告说，阿根廷人会认为这样的举动是"令人难以置信的笨拙之举，或者更可能是蓄意挑衅"。如果女王踏足她的岛屿，"这将对我们与这个国家的关系及贸易产生持久而有害的影响"。有资料显示，迈克尔爵士已经忙于与阿根廷商谈一份谅解备忘录，作为分享甚至放弃英国对福克兰群岛主权的第一步。他辩称，既然他是背着岛民们这么做的，他们发现后一定会大发雷霆。这将对女王的任何访问产生"最不可取的后果"，并使她在政治上陷入尴尬的境地。5月22日，女王的私人秘书迈克尔·阿德恩爵士给戈尔-布斯写信说，他已经和女王讨论过这些问题，她对此事有非常清晰的看法。如果不去阿根廷，去福克兰群岛是"不明智的"。阿德恩接着写道："从国内的观点来看，访问阿根廷而不去福克兰群岛会更糟。"

除此之外，还有一些严重的实际问题。这些岛屿没有适合皇家航班的跑道，这意味着女王不得不乘坐皇家游艇，"可能会有很多痛苦的海上行程"，女王要到11月30日才能回家。"这将造成各种各样行政上的困难，虽然不是无法克服的，但也将是非常怪异的。"阿德恩写道，"皇宫日程上最大的室内活动,外交招待会,已经安排在11月28日。"由于种种原因,阿德恩总结道:"女王不准备出海访问福克兰群岛。"在这种情况下,访问阿根廷也是不可能的。

此后的几周里,人们一直在抱怨。英国《每日快报》以"不要背叛福克兰群岛"为标题大声疾呼:"政府建议女王不要访问福克兰群岛,这是不光彩的行为。"它接着说:"如果不是收到了两千名福克兰岛民的敬意,女王根本不会想到要访问那个地区。那些阿根廷佬们反不反对,根本不重要。"事实上,女王巧妙地利用了出行方面的困难,避开了一个无法解决的外交问题。

"侦察"

访问的下个步骤是由王室的一小部分人执行"侦察"任务。领导这个团队的是女王的三位私人秘书、三位高级顾问之一,至少是某一位在当年每一天每个地方都露面的人。有些人可能是从公务员、外交部或企业中抽调的。有些则是从皇宫新闻办公室内部提拔上来的。这份工作需要同时具备外交官、宪法律师、公共关系主管、慈善工作者和军队教官的技能,再加上一点男仆的觉悟。"你别以为自己是个大人物。你也是个保姆。"前首席私人秘书迈克尔·阿德恩爵士解释说,带着私人秘书典型的谦逊,"这一刻你可能在给首相写信,下一刻,你可能就在帮一个小男孩拿电脑。"这位私人秘书可能会试图为女王去曼彻斯特的"走出办公室日"找到公民价值观、公益事业和年轻人之间的结合点,同时也在除英国政府之外的15个不同政府之间周旋。私人秘书是女王和所有领地之间的直接联系通道。如果一个政府做了一些女王非常不赞成的事情,比如2003年托尼·布莱尔试图废除大法官的职位,那么私人秘书将与他或她在政府中的对接人联系,解决麻烦。这一切都会尽可能谨慎地进行。私人秘书在所有事情中的最终作用是充当一种不引人注目的润滑剂。

在每次"侦察"之前,私人秘书都会收到东道国政府的行程建议。如果是对外的国事访问,英国大使或高级专员[1]会密切参与。如果是对领地的访问,那么事情就简单多了。皇宫可以通过女王的代表——总督——直接与东道主政府接触。那里通常会有女王幕僚熟识的人。威廉·比尔·赫塞尔廷爵士先是澳大利亚的公务员,后来才加入皇宫,成为女王的首席私人秘书。他回忆起斐济首都苏瓦等地截然不同的气氛说,"我已经开始觉得斐济是我的家了。"他解释说,从长期任职的总理拉图·马拉到市长和《斐济时报》的编辑,每个人都已经成了我的老朋友。

无论去哪里,女王和公爵都会在行程的早期阶段仔细查看行程表,并给出适当的建议。例如,1979年女王和菲利普亲王计划访问非洲时,赞比亚政府非常热衷于在整个行程中加入一个"狩猎日"。作为负责那次旅行的私人秘书,比尔·赫塞尔廷受命把女王想要有一个真正的"休息日"的意思传达出去。"我说,女王陛下和殿下都不想出去狩猎,但都愿意在舒适的环境中度过一天的宁静时光,而不必受到主人好意而精心的照料。"他说。

随着岁月的流逝,女王渐渐上了点年纪,赫塞尔廷会努力在日程安排上多留一些空白,尽管他发现她并不喜欢这样做。他解释说,后来我经常试着让行程轻松一点。"但女王和公爵都更喜欢在访问时全力以赴,不管行程有多长时间,等到结束后,再回到温莎、桑德林汉姆或巴尔莫勒尔度几天假,放松一下,恢复一下,而不是在长途行程中断断续续地休息。我们经常会在长途旅行中安排出一两天,没有任何预约或活动,但我想两位大人都认为赶紧工作然后回家更好。"

除了私人秘书,"侦察"团队里还会有一名警官和一名新闻官,他们需要从自己的角度规划行程的每一步。女王的侍从官也经常被邀请参加。他通常是某位有前途的年轻官员,从女王的三个服务人员中轮换挑选。在整个访问期间,他都将穿着制服陪在女王身边,当她的眼睛、耳朵和——更常见的是——

---

[1] 某个英联邦国家驻另一个英联邦国家的大使,被称为高级专员。

双手，接受并登记礼物，检查时间安排，在人群中为女王开道。乔克·斯莱特爵士在1968年至1971年间就是女王的侍从官。他回忆说，在女王1969年前往挪威之前，他被派去检查日程安排。她将乘坐皇家游艇前往那里，在设得兰群岛停留，在那里参观当地产品的展会。斯莱特仔细地检查了每一个细节，询问了爱丁堡公爵将获赠一双射击长袜的安排。他甚至被介绍给一位还在编织礼物的老妇人，她着急地想知道自己应该在什么时候献出礼物。斯莱特向她保证，他会在适当的时候冲她眨眨眼，还写了个备忘录。到了那一天，他真的这么做了。"我还没来得及拦住她，"他回忆道，"她就冲到菲利普亲王跟前，大声说：'这是你的袜子！'"

如果女王要宴请（通常都会），那么侦察团队里还会有王室御用的高级人员，比方说女王的大厨，去检查烹饪设施、陶器、供水乃至一切。焦急等待终极"老板"到来的大使们，通常会热烈欢迎王室团队。"他们有好多好主意。"1991年女王首次访问纳米比亚（迄今为止，仅此一次）时，英国驻纳米比亚高级专员弗朗西斯·理查兹爵士说。看上去很随意的活动——比如在专员府邸草坪上举行的花园派对——只要女王来参加，都会突然变成礼节雷区。就连人群控制也是个问题。理查兹回忆说："皇宫有很多好办法，比如在地上放两排粉刷过的石头，给女王造出一条路来。太聪明了。"

后勤

任何一个接待过女王的大使或高级专员，在安排访问和客人名单方面，都遇到过很多棘手的问题。从莫斯科到直布罗陀（他曾任总督），在各地都任职过的弗朗西斯·理查兹，坚信他所谓的王室访问"理查兹定律"。"很简单。你得罪的人总是你邀请的人的两倍。"他解释道，"所以你尽量不要邀请错误的人。"

在对纳米比亚进行国事访问之前，理查兹必须尽可能地以外交的方式解释，女王不喜欢某些国家元首那样的访问方式。为了女王为期三天的停留，纳米比亚总统萨姆·努乔马和他的幕僚下令在首都温得和克周围建立一圈防空工事。纳米比亚人还认为，在王室行程中，速度至关重要。"他们的计划是，让女王以每小时100英里的速度进城，骑手们在前面以Z字形开路。""我不得不解释，女王不喜欢这样。"理查兹说，"所以我和他们一起去了赛马场，确定车队前进的合适速度。"在大多数访问中，女王都会要求警察护卫队在她的车前或车后护卫，而不是在她的旁边，因为她觉得街道上的人们是为了看她一眼，而不是看摩托车。

女王从英国去东道国的交通方式其实更为重要。作为G7国家里唯一一位没有专机的国家元首，女王大部分海外行程都依赖皇家空军或包机。近年来，皇宫会根据出行距离和团队规模租用各个航空公司的客机，直到2014年戴维·卡梅伦指定英国皇家空军多用途RAF飞机为政府及王室贵宾专用。女王继位以来，典型的国事访问通常会带35个人左右，包括外交大臣、两个侍女、两个私人秘书、一个侍者、一个医生、一个新闻团队、四个警察、女王的造型师、爱丁堡公爵的侍者、一个理发师，还有几个秘书（以前的"女职员"），还有几个行李员。如果女王要举办大型宴会（就像在英联邦峰会期间一样），但又没有皇家游艇供她使用的话，那么随行人员可能会在50人左右，侍者和厨师们也会在飞机的后舱。

有时候，制服、礼物和纪念用罂粟花圈填满了座位，即便有150个座位的包机也会显得拥挤。除了重新配置布局，给女王和公爵一些额外的空间，所有包机都会配备两个额外的东西：一面全身长镜和一个圣克里斯托夫奖章。众所周知，女王对王室生活固有的危险非常坚忍。她把随行车辆数量控制在最少；当得知可能发生恐怖迫击炮袭击时，她拒绝从白金汉宫撤离；有一次从塔楼掉下一块混凝土，砸在她的车上，她很平淡地说："这是一辆结实的车。"不过，她从来就不喜欢坐飞机。如果旅行者的守护神圣克里斯托夫能提供额外的保护，那就更好了。摄影师雷金纳德·戴维斯在女王初继位那几年曾报道过她许多访问，他清楚地记得在一次招待会上与女王讨论过这件事。"我坐飞机从来都无法放松。"她告诉他。尽管两个儿子和两个孙子（查尔斯王子、安德鲁王子、威廉王子和哈里王子）都曾是专业的直升机飞行员，但她对乘坐直升机一向非常谨慎。继位25年之后，她终于坐进了直升机，即便如此，她也丝毫不感兴趣。在她的银禧年[1]，从安全角度考虑，乘坐直升机是往返北爱尔兰最安全的方式，因为那个时候恐怖主义盛行。如今，她是王室租来供日常使用的西科斯基直升机的常客。即便如此，她也尽量不在10月至3月间乘坐，因为那段时间浓雾、薄雾和光线不好更为常见。这位在2012年伦敦奥运会开幕式上因与詹姆斯·邦德一起从直升机上"跳下"而震惊世人的君主，更喜欢固定翼飞机。

继位后的大部分时间里，她更喜欢乘坐威克斯VC10，无论是皇家空军的空中支援司令部的，还是英国航空公司（以前是国有企业）的。这种飞机每行驶两三千英里就要停下来加油。1972年女王对法国进行国事访问时乘坐的是皇家1007航班，英国皇家空军操作手册中介绍了飞机内典型的布局。女王和菲利普亲王坐在皇家空军VC10MK1的前舱，右舷有一张C形沙发，左舷有一张四座餐桌，另外还有一个厨房和酒吧，过道两边都有折叠床。驾驶舱后面的"VIP"卫生间是旁边"机组人员"卫生间的两倍大。但飞机上最大的隔间是皇家"更衣室"，就在布帘后面。皇家舱室的后面是38个给皇家工作人员和机组人员准备的后置座椅，还有一个较小的更衣室。

虽然去法国是白天不超过一小时的短途飞行，但英国皇家空军为这次飞行准备的物品有"VIP瓷器、玻璃器皿、亚麻餐巾、桌布"和一个"综合"吧台。虽然它有威士忌、杜松子酒、白兰地、伏特加、雪利酒、甜干马提尼、啤酒和香烟，以及安哥斯图拉苦酒、苦柠檬水、汤力水等混合而成的鸡尾酒，却没有一滴葡萄酒，更不用说一杯香槟了。或许是因为人们觉得，这对于法国之行来说是多余的。

继位初期，她的访问重点是英国殖民地和英联邦领地或保护区域。在女王继位的头三年里，她会在自己的领土待上近六个月，在非英联邦国家只待上

---

[1] 女王登基25周年。——编者注

六天（其中三天还是跟英国的老朋友，挪威国王在一起）。然而，像印度这样的英联邦共和国，不得不等上九年，才能得到女王的访问。在英国做出各种努力想要加入欧洲共同体期间，王室对欧洲国家的关注度明显上升。随着统治的延续和喷气发动机的发展，女王的行程变得更加大胆，旅途时间也大大缩短。例如，女王在1970年从澳大利亚返回时，乘坐英国海外航空超级VC10飞机，飞行时间只有26个小时多一点，再加上地面时间3个小时，因为飞机要停下来加4次油。英国海外航空公司的航班详细信息显示，女王从悉尼飞到南迪（晚餐：烟熏三文鱼、牛排和那不勒斯冰淇淋），飞行时间4小时；从南迪飞到檀香山（宵夜：冷鸭和香橙沙拉），飞行时间6小时20分钟；从檀香山飞到温哥华（全套英式早餐），飞行时间5小时25分钟；从温哥华飞到甘德（午餐变成下午茶，晚餐是加拿大三文鱼蛋黄酱和玛莎拉小牛肉），飞行时间6小时20分钟；最后从甘德到伦敦（热早餐），飞行时间4小时45分钟。与法国之行不同的是，这次的酒单里有1967年的夏布利葡萄酒、1964年的莫顿城堡和玛姆科登胭脂红葡萄酒。

不过，女王什么东西都不会吃太多。她坚信凡事都要有节制。在安排了正式午餐和晚餐的长途旅行中，她更是非常自律。1979年，女王中东之行后期，弗兰克·贾德[1]是随行的外交大臣。返程的皇家航班上（英国航空公司的包机），他被邀请与女王共进晚餐，为此他感到很高兴。他回忆说，飞机被分成两个部分，一部分类似于商务舱，供官员们乘坐，另一个相对私密的部分供女王专用。我们六个人围坐在桌旁。英国航空公司真是拼了命了，制作了这张精美的菜单，我们都在看。女王看了看圆桌，带着放松的微笑，看着我们说："这一路上的盛情款待之后，我只能吃一道菜！"

有些行程确实有暴饮暴食的风险。威廉·赫塞尔廷爵士还记得1972年对

---

[1] 弗兰克·贾德当过十三年的工党议员，曾是哈罗德·威尔逊和吉姆·卡拉汉政府的大臣，后来成为乐施会负责人，1991年成为贵族。

法国进行国事访问后乘坐皇家游艇回国的情景：蓬皮杜总统和克里斯托夫·索米斯爵士（英国大使）较上了劲。两人都是美食家，决意在宴席上胜过对方。离开时，我记得我对女王说："如果我不来吃饭，您会介意吗？"我一口都吃不下了。我受不了了。

简报

所有陪同过女王出访的政治家和外交官都知道，她会做很多准备工作。前外交大臣杰克·斯特劳2003年陪同女王前往拉各斯时，就知道了这一点。他说，在去尼日利亚的路上，他在飞机上和女王、公爵和医生共进午餐。"她了解了很多背景情况，我知道我也要了解很多情况。不是说她要为难你，而是你必须有一个知识基础。我们谈到了尼日利亚的事态发展，以及它被分成北部穆斯林区和南部基督教区——帝国的残留领地——的事实。"

他注意到，女王在飞行的大部分时间里都在埋头看一个厚厚的、有许多索引条的活页文件夹。斯特劳说，这是专门给她准备的，她看得很认真。这些手册里通常有特定活动的细节，包括时间表（精确到秒）。但它们在外交与英联邦办公室官员的笔下可能会变得非常有趣。在电子邮件和信息还不容易泄露的时代，外交部的官员们可不会笔下留情。说到津巴布韦早期的外交大臣曼文德博士，外交部的备注上写道：一位差劲的外交大臣。他可能是靠人脉才坐到这个位子的。大块头、爱虚张声势、智商有限、缺乏幽默感。他的世界观，是一种下意识的"反帝国主义"，尤其是反美主义。对英国持怀疑态度。说话几乎不假思索。有个聪明漂亮的妻子叫埃伦。

1979年英联邦卢萨卡峰会之前，有一系列简报读上去就好像肥皂剧里的人物简介。其中，有一个非洲的内阁大臣，"把自己的时间分成两部分，一部分在办公室，另一部分在自己的矿泉水工厂……喜爱享乐，他那易兴奋又或许仇外的个性，让他不易相处。他的现任妻子是个阴谋家"；马来西亚的外交部长，"他为人友善，讨人喜欢，诚实得像一个英国乡绅。一个儿子在切尔滕纳姆，一个女儿在博耐顿。"还有巴布亚新几内亚的某个内阁大臣，"有严重的酗酒问题，经常做出骇人听闻的举动。而巴布亚新几内亚国内经常对此视而不见。"

有些备注可能比主题更能揭示作者的内心。在女王1971年对土耳其进行国事访问之前，东道主塞维德特·苏奈总统被形容为："一位老派的战士，高效、忠诚、坚毅、缺乏想象力，潜藏的人性的温暖和调皮的幽默感，表现出来时会很有意思……对国际事务很有兴趣……并不像表面上那样乡土气息浓郁。"

关于苏奈夫人（她的名字甚至都没有被提及），有位官员备注道：亲切、慈爱……忠于家庭……一个儿子是外科医生，另一个是海军军官……苏奈夫人在美貌、才能、智慧方面并不出色，但有一定的机灵劲，为人谨慎、幽默并且友善。可以肯定地说，1967年苏奈夫妇在白金汉宫做了八天的国事访问之后，女王和公爵对他们的了解可能比这些备注要多得多。除了访问前的简报之外，女王还可能会收到"避免提及的话题清单"。比如说，在土耳其问题上，外交部的文件显示，以下话题在1971年属于禁区：

1. "少数民族。尤其是，对土耳其人而言，土耳其是没有库尔德人的。或许在最东南边有些'特殊起源'的人（300万），但他们也是'土耳其人'……"

2. "土耳其文物。"

3. "一战后英国占领伊斯坦布尔。还有苏奈总统在英国当战俘的日子，除非他主动提起……"

4. "土耳其伊斯兰教。土耳其法律严格禁止宗教宣传……土耳其民法规定男人只能娶一个老婆，并禁止戴头巾和毡帽。"

5. "塞浦路斯。"

6. "地名：伊斯坦布尔——绝对不要说君士坦丁堡。"

7. "土耳其人不是阿拉伯人。"

8. "土耳其没有真正的后宫……"

杰克·斯特劳十分清楚女王在各国风土人情方面的"百科全书式知识"。

他在担任内政大臣的日子里，被正式要求参加她对主教的宣誓仪式，并对她记得教区琐事的能力叹为观止。如今，作为外交大臣，他又亲身经历这一切。2003年访问尼日利亚时，女王的简报备注提醒她，1957年第一次访问尼日利亚时，有一个9岁的小公主献给她一束鲜花，这一次，还是这个公主，将会再次给她献花。"她居然还记得她！"斯特劳说。

女王还喜欢把奇怪的问题抛给通常沉浸在书本或文书工作中的菲利普亲王。有时候，她只是恶作剧。前外交大臣马尔科姆·里夫金德爵士记得，1996年随女王和公爵访问布拉格时，英国皇家空军的一名机组人员递给他们一份飞行路线的复印件。"菲利普，"女王喃喃地说，"这是什么地方——Praha？""就是布拉格。"公爵反驳说。"那他们为什么不干脆写布拉格？"女王继续问。"就好像'Paree'就是巴黎一样。"公爵还是埋头看书。里夫金德都不知道该看向哪里了。"我妻子和我都假装什么也没听到，不过就像看巨蟒剧团的表演一样。"他笑着说，"我想，女王是在逗乐子。她太聪明了，不可能不知道为什么要叫Praha。"

女王也会利用这些机会收集额外的信息，一些从首相那里可能得不到的消息。"我们有一种感觉，你得非常小心，不要干扰首相的听众们，毕竟他才是他们的消息来源。但她总是想要交谈，尤其是在飞机上。这是跟她谈话的最佳时机。"20世纪70年代的外交大臣大卫·欧文说。

登场亮相

飞机一着陆，女王通常会受到大使的迎接，在机场的红毯上会有一系列短暂的介绍。大多数的国家元首，包括女王本人，都喜欢在比机场更适合电视报道、更有气氛的地方，无论是华盛顿白宫的草坪上，还是罗马的奎里纳勒宫，接受正式的国事迎接。而有些元首，比如泰国的国王普密蓬，则喜欢在两个地方都办。女王1996年对泰国进行国事访问时，普密蓬国王及其家人特意赶到机场迎接女王和公爵。当租来的英国航空767飞过红毯，错过欢迎仪式时，场面一度很尴尬。接着两个王室不得不飞驰在曼谷的街道上，车队长度是女王从未见过的，一共50多辆车，大多都是泰国王室特有的黄色劳斯莱斯，奔向另一场欢迎仪式。

随着时间的推移，这种大型的仪式让女王感到越来越吃力。1972年，女王第一次访问泰国，乘坐皇家游艇，开始了为期六周的东南亚之旅。时差不算什么问题。1996年，女王70岁生日那年，她刚刚跨过7个时区，就不得不立即投入工作。落地后几个小时，她就要出席国宴，向她称为"我的兄弟"的君主举杯庆祝他的金禧年。当年，维多利亚女王也是这么跟普密蓬国王的祖先拉玛四世致辞的。如果有感到疲惫的时候，她或许会想想自己的好运气。相比之下，她的朋友普密蓬国王，在半个世纪前兄长离奇死亡（据外交部内部评估，究竟是谋杀、意外，还是自杀至今尚未确认）后继承王位以来，先后经历了17次军事政变，21位总理和15部不同的宪法。

第一天将是对每次访问主要目标的考验：演讲稿的写作，礼物赠送，给媒体提供报道材料，展示皇家服装。皇家V10飞机上有那么大一个更衣室并非毫无道理。刚开始跟王室打交道的人总是被公务场合需要换装的次数吓一大跳。英国的第一位女外交大臣玛格丽特女爵还记得，她和丈夫里奥第一次跟女王和公爵同乘一架航班。"我没想到的是，当时我们正在飞机的前舱，"她回忆说，"我丈夫对女王换装的速度震惊不已。飞机的后部有一个更衣室，她进去后，唰唰唰，很快就穿着一身完全不同的衣服出来了。"

在泰国访问期间，35摄氏度的高温下，女王在一天的行程中至少要换四身不同的衣服。所有衣服都是她的化妆师安吉拉·凯利挑选的。化妆师一直是伊丽莎白二世宫廷里相当有权势和影响力的人物。从早年起，女王就非常信任波波·麦克唐纳。这个苏格兰农民的女儿，在女王还是个婴儿时就跟她睡一个房间，长大后更是能分享秘密的好友。当时还是公主的女王去度蜜月时，随身带的就是她的柯基犬苏珊，还有波波。"替我照顾公主，波波。"1952年，乔治六世国王最后一次挥别女儿时，曾经这样低声嘱咐过波波。波波可以跟女王说一些其他人（有时候菲利普亲王除外）都不敢说的话。王室的新工作人员可能会被警告："别惹恼麦克唐纳小姐，不然你就会毁了女王一天的好心情。"

在皇家游艇上，她有个代号"QE3"，还有自己专属的船舱，她要是不上船，这个舱室就会被锁起来，谁也不能用。在女王继位后的多年间，每一次王室访问的每一步，都是波波规划日常妆扮、舞会礼服和珠宝首饰。随行团和政府的高级别官员也会听从她的意见，寻求她的帮助。一位前私人秘书想到在加拿大访问时盛大晚宴前的一件小事，忍不住笑了起来。"女王说，她不想戴王冠，因为那意味着她得重新做头发。不幸的是，加拿大人想要全套的。"他回忆说，"有人说：'你找波波谈谈。'所以，我就去找了她，她说：'哦，我的小女孩被宠坏了。'问题就这样解决了。果然，女王下楼赴宴时，看上去光彩照人。"波波终身未婚，一直住在白金汉宫，直到1993年去世，享年89岁。

不管服装设计师有多出名，如果"麦克唐纳小姐"不喜欢某样东西或某个人，那这套服装就注定是失败的。女王加冕后的第一次世界环游期间，波波负责了一百多套礼服，其中包括女王将穿三次的加冕礼服。它的创作者诺曼·哈特内尔制作了这次出行的大部分礼服，包括女王的"合欢花"礼服——饰有澳大利亚国花的经典礼服。它永远留在了威廉·达吉爵士画的澳大利亚女王画像中。从她最早的访问开始，她就热衷于将时尚作为一种外交工具，这是其他国王和王子们所不具备的能力。因此，在1956年的尼日利亚之行中，哈特内尔为女王在众议院的演讲设计了一件丝硬缎晚礼服。但他用珍珠和珠子做了一个皇家收藏协会所谓的"围在脖子上的长带，让人想起非洲部落的项链"。在1961年的印度和巴基斯坦之行中，哈特内尔为她在新德里的第一晚制作了一件镶有珍珠的印度莲花图案晚礼服。女王在巴基斯坦的第一个晚上，效果更加戏剧化。哈特内尔设计了一件象牙色和翡翠绿色的丝硬缎晚礼服，配色与当天早些时候阿尤布·汗总统给她的巴基斯坦勋章完全吻合。最重要的是，她戴了镶有剑桥绿宝石的皇冠。波波那天晚上帮了大忙。

哈特内尔的另一个经典作品是1976年女王前往加拿大参加蒙特利尔奥运会开幕式时穿的绿松石色真丝绉裙。裙子的图案是完整的环环相连（就连爱打官司出了名的国际奥林匹克委员会也没有起诉这位国家元首的礼服侵权）。

随着岁月的流逝，哈特内尔将逐渐被哈迪·阿米斯取代。阿米斯也是一位老派设计师,他的名字成了皇家时尚的代名词。"很简单。"多年后,阿米斯对记者说,"他打造的是一个傻傻的老女王,而我打造的是一个聪明的老女王。"阿米斯和他最重要的客户一样,对所有可能流行或不流行的东西都不为所动。他清楚地知道,君主既不应该时髦,也不应该过时,她应该凌驾于时尚之上。1997年,也就是他去世的六年之前,他说:"女王的态度是,她必须为场合而妆扮,通常是为一大群中产阶级,她希望对他们来说,她看上去是亲切友好的。时髦的衣服总有一些冷酷、残忍的感觉。她不想穿。"无论时髦与否,阿米斯都不便宜,正如女王在回应其最新一份账单时所说:"感谢你发来的巨额账单,它需要一点时间才能被支付。"正是通过阿米斯,女王遇到了接下来几十年一直为她设计帽子的人,澳大利亚出生的弗雷迪·福克斯。在他们第一次见面之前,阿米斯给了他三条建议:"不要碰女王,不要问问题,不要回头。"到了一定时候,福克斯将会有适合三代人的设计风格——女王母亲、女王和威尔士王妃。他对女王所有帽子的设计宗旨是,帽檐能挡住阳光,却不能挡住公众看到她的脸。

福克斯的实力在1996年那场炎热的泰国之行中得到了充分的证明,那次一起的还有乔恩·摩尔的礼服。摩尔在哈迪·阿米斯退休后接任了其同名品牌的设计总监一职。[1]

如果去泰国这样色彩斑斓的地方,设计师可以随意选择颜色——一天的时间里会出现白色、橙色、浅蓝、覆盆子色和金色的皇家套装。通常来说,国宴时,女王需要佩戴东道主送她的装饰品。摩尔设计了一件白色珠子晚礼服,来搭配恰克里王室赠送的芥末色腰带、大十字架和假领。

如今,波波的衣钵已经传给了新化妆师安吉拉·凯利。她是女王的另一

---

[1] 哈特内尔和阿米斯都在晚年获得爵士爵位。"我80岁的时候,"阿米斯告诉一位记者,"我对我的工作室说,看在上帝的分上,一个80多岁的人不能在女王的房间里爬来爬去。所以我写信对她说:'女士,我会一直留意,但我认为你应该让年轻一代来伺候你。'"

位亲密知己，也是直言不讳的王室衣橱守护者。作为一个设计师，她将大放异彩。正是凯利小姐，（女王叫她安吉拉），设计出了女王所谓的"非常有用的礼服"，还有皇宫里其他人所谓的"信贷紧缩时装"。在一系列国事场合，女王穿着同样的礼服，只是点缀了不同的图案和象征物，以适用不同的地方——比如说，加拿大的枫叶，加勒比的代表性鸟类。其他的衣服就是简单的再利用。女王最喜欢的一件安吉拉·凯利设计的有梅子图案镶边的暗粉色外套，至少在十几个不同的场合出现过。

女王继位以来，在某些阶段，时尚评论员们不太友善。不过最近，她对个人风格的明显自信——比如她对产自沃尔萨尔的劳纳手袋和伦敦的雷恩鞋（方跟是为了更好地分散足部的压力）情有独钟——可以碾压那些负面评论。女王2000年对意大利进行国事访问时，在米兰参加了一场服装巨头们的招待会，包括普拉达、克里齐亚、芬迪、米索尼和费雷等品牌。王室新闻官们紧张地想让英国记者们远离这些时尚巨头，担心他们会对女王有负面的评论。幸运的是，他们没能得逞。这些品牌对女王赞不绝口。"她的穿着打扮真是太完美了。"费雷的詹弗兰科·费雷说，那天女王穿的是银灰蓝的礼服，卡尔·路德维希·雷希设计的外套，戴的是菲利普·萨默维尔设计的草帽。"女王是在时尚之上的。"克里齐亚的玛丽乌西娅·克里齐亚宣称。普拉达的缪西娅·普拉达则赞同地说："她，简单地说，是世界上最优雅的女性之一。"

近年来，深受女王信赖的设计师还有女帽设计师雷切尔·特雷弗·摩根和设计师斯图尔特·帕文。"她的肤色非常神奇，我可以给她用上任何颜色。"帕文说，虽然女王喜欢选择那些可以让她光彩夺目的颜色。她曾经对女帽设计师说："我不能用米色，因为人们会不知道我是谁。"她说得一点不假。正如威塞克斯伯爵夫人曾经说的，这是出于对公众的考虑。"别忘了，无论她出现在哪里，人群都是熙熙攘攘的——有些人想跟别人说，女王经过的时候，他们看到女王的帽子了。她需要为了人们光彩夺目，让人们可以说，'我看到女王了'。"在2012年的钻石禧年之前，《时尚》杂志对女王十二个月内的服装做了调查，得出的结论是，人们显然偏爱女王穿蓝色（29%），其次是花色

（13%）、绿色和奶油色（都是11%）。

女王也非常清楚，她出行的衣服需要挂好。安吉拉·凯利很擅长寻找不容易起皱的面料和设计。遇见雨天衣服被淋湿时，女王宁愿站着晾干，因为她知道坐下来更容易起褶。斯图尔特·帕文说过，他从前任们那里学到了一个重要的秘诀。他从彼得·琼斯购物中心的窗帘部买来许多铅制的小砝码，缝在裙摆里，不仅为了保持礼服的形状，还能防止所谓的妆扮事故。1963年的新西兰之行，首都的一阵风掀起了女王的裙摆。名为"风雨飘摇的惠灵顿"的照片出现在世界各地的新闻头条。摄影师雷金纳德·戴维斯为英国媒体捕捉到了这一瞬间——"它只是显示了她的失误"。然而，当他给1963年的年度摄影师奖提交作品时，评委们拒绝了他，理由是品位太低。1991年，女王抵达纳米比亚时，同样的事情发生了。她下飞机时，裙子被风吹起。风，一直是女王出行的风险。不过，那些小砝码却帮了女王的大忙。

媒体

虽然媒体可能会时不时地激怒外交官和皇宫的官员，但女王一直都理解媒体在她的访问中扮演的角色。王室出行，大多数时候会提前安排媒体招待会。在招待会上，所有即将报道访问的媒体都会被邀请放下摄像机和笔记本，花一个小时左右的时间私下会见女王和公爵。在继位初期，白金汉宫甚至会举行出访前的新闻招待会（王室成员不会在场）。这种招待会通常会很周到，以至于1961年新闻招待会结束时，醉酒的摄影师们在皇宫四周赛车。

尽管当地安全部队、热心的保皇派和外交部更多的恭敬分子多年来一直在竭力阻挠媒体，认为自己是在帮女王的忙，但实际上王室并不希望把媒体排除在行程之外。有时候，王室希望地面人员能盖过媒体。爱丁堡公爵一生中的大部分时间都在与媒体发生冲突，最早可以追溯到1947年他结婚前夕，当时他和朋友们在多切斯特酒店外办派对，被摄影师们开着闪光灯一阵猛拍。但王室知道，如果没有人知道他们在国外，那么就没法宣传英国。关于1991年对美国的国事访问，英国大使安东尼·兰德在一份绝密文件中提醒其外交部的同事说:"组织访问的人和报道访问的人有着共同的兴趣,那就是想要尽可能地覆盖访问的方方面面。""每天至少给媒体一个好故事,"他建议,"让他们有事可忙,别去找那些愚蠢的故事。"

在女王的统治初期,许多王室官员喜欢引用沃尔特·巴格霍特的维多利亚式的提醒:"我们不能让魔法的窍门大白于天下。"而女王同样喜欢说:"我要想被人信任,就得先被人看见。"她和私人秘书们还对维多利亚时代索尔兹伯里勋爵的一句话念念不忘。"隐居是王室成员无法纵情拥有的少数奢侈品之一。"他写道:"源自感情或忠诚的力量,需要几近从不间断的宣传来维持。"正如女王明智的顾问们一直深知的那样,他们面临的最大威胁不是共和主义,而是无关紧要和漠不关心。

媒体所谓的"公众兴趣"与皇宫卫队所谓的"入侵",两者之间的平衡仍在不断变化。在女王执政的前十六年里,女王的新闻秘书是理查德·科尔维尔·德斯克指挥官。这位哈罗公学的老校友曾是皇家海军军官,他从不掩饰自己对媒体的蔑视,更不用说吹捧他们了。"我不是你们北美人以为的那种公共关系官员。"他曾经宣称,这让某次访问有了成功的开始。正如菲利普·墨菲教授指出的,并非只有媒体认为他令人恼火。1948年9月,殖民办公室正在伦敦安排一次非洲领导人会议,常任秘书长问代表们是否可以与国王合影。科尔维尔轻蔑地回答说,这是不可能的,会开创一个危险的先例。殖民地办公室直接越过科尔维尔,向私人秘书艾伦·拉塞尔斯爵士抱怨。有人指出,由于国王之前很高兴地与澳大利亚板球队合影,如果他不与非洲领导人们合影,情况将非常糟糕。国王同意了,在之后的宣传中,殖民地办公室很高兴地报道了他们的"无比狂热与忠诚"。

科尔维尔将留任二十多年,于1968年退休。在科尔维尔离开之前,英国外交部写了一份令人难堪的报告,说皇宫缺乏想象力,无力与国际媒体合作。英国外交部新闻司司长乔治·利特约翰·库克写道,"对新闻记者和摄影师的严格限制"和枯燥的活动往往会造成某种程度的冷漠,还有"我们早都见识过了"的感觉。他还说道,媒体对女王1965年对比利时的国事访问非常缺乏兴趣,这让东道主深感被冒犯,"与我们和比利时人付出的巨大努力是不相称的"。

更糟糕的是,科尔维尔"几乎从不允许在皇宫进行任何新闻摄影",以至于刚果总理来访时唯一一张照片竟然拍的是他的背影。库克写道:"我们真正需要的是热情、友好的休闲照片,展示女王和公爵与客人是多么亲密的照片。"英国外交部发布的王室官方照片也相当过时,其中一张照片只显示了女王和三个孩子(完全忽略了1964年出生的爱德华王子)。

然而,60年代文化、政治和社会变化对公众生活的累积影响并没有被皇宫忽视。电视越来越普及,而社会遵从性却背道而驰。1968年,宫务大臣办公室(白金汉宫的礼仪部门)的稽核官终于放弃了自己作为所有戏剧作品审查员的历史角色,虽然这一异常事物可以追溯到1737年。某种程度上,这对稽核官及其团队是一种解脱。即便是狂热的保皇派也不得不承认,不应该让皇宫里退休的军官来裁决戏剧作品里关于上帝、同性恋或者警察腐败的情节是否得当。同年,女王提拔了科尔维尔的副手,也就是那位果断机敏的前澳大利亚公务员,替代了科尔维尔。威廉·赫塞尔廷最初是由澳大利亚总理罗伯特·孟席斯爵士发现的人才,他对传统和公共关系的重要性有着直观的理解。彩色电视刚刚问世,查尔斯王子和安妮公主正要进入主流社交生活。赫塞尔廷对君主政体与社会脱节的危险一直保持警觉。在外交部,许多人迫不及待地想看到新闻界称之为可憎的无名小卒的人的背影。

利特约翰·库克在报告中总结道:"我们所呈现的现代君主制的形象,是我们在海外(不仅是英联邦,还包括复杂的欧美市场)塑造今日英国正确形象的重中之重。"他说,他希望,"任命赫塞尔廷为新闻秘书可能会开启一个新时代"。

赫塞尔廷做起事来肯定会不一样。他会监制第一部皇家电视纪录片《王室》,而且经常要跟从没有接触过王室的当地媒体打交道。他说,他记得最清楚,还是女王1972年对土耳其进行国事访问那一次。在去以弗所之前,土耳其摄影师们发生过骚乱。我在那里跟他们讲道理,就在圣保罗传福音的地方!

与圣保罗不同的是，赫塞尔廷传递的信息很简单：如果摄影师们只聚集在礼堂的一端，他们每个人都能在另一端得到一张女王与公爵的照片。这样做真的见效了。

20世纪七八十年代，随着人数不断增加，王室与媒体的关系曲线继续攀升，让英国在政治动荡的时代有了值得欢欣的东西。接着曲线就崩了。几乎没人记得1992年其实是女王的红宝石禧年[1]。女王称之为"灾难年"，它充斥着婚姻闹剧、关于王室财政的公开辩论，还有温莎城堡的大火。五年后，威尔士王妃戴安娜的去世标志着王室与媒体的关系进入低谷。三个月后，在女王金婚纪念日的活动中，皇宫与媒体的关系到了冰点，在两千人的活动中，英国媒体只有一个席位。不过，2002年的金禧年，却开启了王室与媒体共存式关系的新纪元。这个时期横跨了三次王室婚礼（威尔士王子的，还有他两个儿子的）、钻石禧年，直到现在。

每次访问，永远令外交部感到沮丧的是，媒体很容易对琐事而不是宏大的双边战略感兴趣。食物就常常令他们分心，尤其是1985年伯利兹总督招待的烤豚鼠（一种丛林啮齿动物）（引发了"女王吃老鼠"的头条新闻），还有一年后中国招待的海参。2000年对意大利国事访问时，意大利总理招待女王吃羊肉，令她的古罗马广场之行黯然失色。女王倒没有抱怨什么，但她的工作人员总是建议她不要吃贝类和辛辣或者脏乱的食物，不过出行途中想要吃点别的东西也是可以原谅的。她的菜单，半个世纪几乎都没有变化。1963年出行澳大利亚时，她给高级官员们准备的午餐（苏格兰鲑鱼、鸡胸肉），跟1970年在澳大利亚博特尼湾的午餐（冷鲑鱼、炖羊肉），或者2000年在澳大利亚巴拉腊特的午餐（塔斯马尼亚鲑鱼、羊肉）几乎没有什么不同。王室出行的另一个不变特点是饮用水——都是马尔文水，不管当地的供水标准如何。长途出行时，只要

---

[1] 女王登基40周年。——编者注

条件允许,都会有一次烧烤,而且是菲利普亲王做的。他不愿意别人帮忙。[1]

团队合作

虽然在访问途中女王会收到各种各样的礼物,但她自己也会给东道主和工作人员带很多礼物。"她对礼物非常用心。"一位工作人员说。2017年,西班牙菲利佩国王对英国进行国事访问时,女王为给西班牙王后挑选礼物花了很多心思。"她给西班牙王后选了一条巴宝莉的围巾。她说,王后是一个非常时尚的年轻女人。然后她提出在巴宝莉选一件礼物。"

出访之前,有很多礼物要买。1996年的泰国之行,女王收到了丝绸和黄金。作为回礼,她送给国王一套刻有皇家标记的纯银餐具,还送给王后西里基特一套皇家德比茶具。不过,王室还有其他成员也要照顾到。女王送给泰国王储一瓶好酒,还有一对红酒壶;送给知名学者诗琳通公主一个爱德华时代的墨水台和艾伦·图灵写的关于人工智能的文章原件。皇宫里一个老人回忆起女王是多么喜欢送玩具给东道主的孩子们,无论是摩洛哥国王哈桑的后代,还是第四任加拿大总理皮埃尔·特鲁多的儿子贾斯汀,都收到过女王送的玩具。多年后,还是这个男孩,成了她的第十二任加拿大总理,在2015年英联邦会议上向她致敬,称她是"加拿大生活中的常客",说她"几乎比所有加拿大人都更了解加拿大"。

除了礼物,女王还喜欢在行程中增加一些个人接触——比如说,在东道主的生日时送上贺卡和蛋糕。1976年,女王对卢森堡进行国事访问时,举办了一次晚宴,感谢卢森堡大公对她的盛情款待,她准备了一个小惊喜。卢森堡大公向来是个亲英派,战时曾在英军服役,对自己在爱尔兰卫队的上校职位深感

---

[1] 女王最接近"拿手菜"的是她在野餐或者烧烤时准备的沙拉酱。加拿大前总督米歇尔·让回忆说,有一次烧烤时,有人给了她一个提示:要夸赞女王的沙拉酱,不仅因为是女王亲手做的,还因为这是她的独家配方。这个提示是菲利普亲王给出的。

自豪。晚餐结束时,女王突然派爱尔兰卫队的风笛手绕着餐桌表演。"大公简直不敢相信自己的眼睛。"安东尼·阿卡兰德说,"那些是我的风笛手!"如果有人能组织这样的活动,对国家元首如此体贴,那真的是意义重大。在1991年女王在华盛顿进行国事访问时,安东尼爵士又一次见识到风笛手的魅力,他是当时的英国大使。在她给东道主准备的礼物中,有一段音乐,是她的风笛手吉姆·马泽维尔作曲献给乔治·布什总统的。盟军在海湾战争获胜后,女王给这首曲子起了名字。阿卡兰德向外交部汇报说,布什"听到这首《沙漠风暴》非常高兴"。(令作曲者及演奏者、风笛手马泽维尔中士吃惊的是,第二天早上,他收到了总统亲笔写的感谢信。)

不过,每次访问的绝大多数礼物都是送给操办一切的工作人员和官员的。1963年澳大利亚和新西兰之行的礼物清单就有好几页:有给澳大利亚总理夫人蒙西斯女士的精雕银烟盒;给阿德莱德皇家管家欧内斯特·维尼亚德的烟灰缸;给新西兰羊毛协会主席的一本关于乔治三世的麦兰奴种绵羊的书;甚至还有给但尼丁大酒店安排服侍女王的侍女的围巾。在国事访问中,通常还会涉及给英国外交官准备勋章。通常外交官们会收到外交部颁发的圣米迦勒及圣乔治勋章。但在这些场合,他们会收到女王本人颁发的皇家维多利亚勋章。那意味着,一般来说,那些姓名前面有VO(Victorian Order,维多利亚勋章)的外交官,都有机会帮助组织一次王室访问。如果出访的是大国的话,组织者通常可以获得爵士头衔,成为骑士指挥官(KCVO)或女指挥官(DCVO);如果是小国的话,大使则能成为司令官(CVO)。外交官的层级阶梯上,往下还有中尉(LVO)和成员(MVO)。

无论是过去还是现在,令女王的许多工作人员印象深刻的是她在访问当中的团队精神。与她亲近的人指出,女王的一生都在军事环境中度过。除了本人是军队首领,她的父亲、丈夫和儿子们都曾是皇家海军军官,她出门时很少会不带穿制服的军官。她每年的生日聚会都是阅兵式。虽然她自己的军旅生涯非常短暂,但她对曾在"二战"期间服役的经历感到十分骄傲。出访的时候,她觉得自己就像是自己这支部队的指挥官。琳达·查克尔[1]，前海外发展部大臣，就曾参加过女王1994年的加勒比之行。

当时，他们正往教堂走去，查克尔的脚踩在人行道的一块木板上。木板是为了遮住路上的一个大洞。"警察们把我拉了出来，我们走进了教堂。女王问我有没有受伤。我说，'脚有点疼。'女王说：'先生们，来点冰块。'她非常关心他人。类似的事情还有很多。"

作为指挥官，在访问途中，女王几乎没有时间"闲聊"。加拿大政府官员阿尔文·汉密尔顿在去萨斯喀彻温省时发现，随行团所有人的待遇都差不多，那些苦苦挣扎想要跟上行程的人也得不到什么同情。"我注意到，我们一整天都在赶路，女王陛下却从未要求过休息。"他对她的私人秘书说。"你不用担心。"他被告知，"女王陛下早就习惯了八小时连轴转。"琳达·查克尔很快就对女王的侍女们有样学样，"她们非常友善，教会了我许多技巧，比如随身携带一个日用包，里面放着梳子、备用丝袜防止勾丝，诸如此类。这些技巧在后来我独自长途旅行时也非常有用。"不过少数情况下，女王坚持要求陪在身边的都是女性。1996年邓布兰小学惨案发生后，她要求她的助理私人秘书玛丽·弗朗西斯陪她一起去见受害者家属和工作人员。[2] "她真的在那里崩溃了。"一个工作人员说，"她说，我想要一个女人陪着我，因为她能理解我。她知道自己会有什么样的感受。"

尽管在正常工作日的办公室里，女王绝不会与忙着干活的工作人员闲聊，但在访问途中，女王的心情往往大不相同。当然，随行团的每一个人都清楚地知道，无论是在国内还是国外的官方活动中，焦点始终都应该是女王。

---

[1] 撒切尔/保守党执政的十八年里，始终在位的四位大臣之一，1992年去职，成为沃拉西的查克尔女爵。
[2] 1996年3月13日上午，托马斯·汉密尔顿在邓布兰小学枪杀十六名学生和一名教师，打伤十五人，随后自杀。这是英国历史上最致命的大规模枪击案。——编者注

弗兰克·贾德还记得他本人在1979年皇家海湾之行中违反这条铁律的事情。外交大臣大卫·欧文要求他离开随行团几个小时，私下谴责一名违反针对罗德西亚国际制裁条例的穆斯林酋长。贾德还被授权向记者做一次非公开的事件背景介绍。然而，第二天，他的评论全部被刊登出来，他和他的秘密会面成了铺天盖地的新闻。相比之下，王室访问黯然失色。"我只能说，女王的随行团或者女王都没有责备我。"他回忆说，"但我有种感觉，那就是她在鼓励我离她更近一些。"贾德只是在做他该做的工作，他被一名记者出卖了，女王非常明确地表示，她并不会因此责怪他。他是团队的一员——她的团队。"我非常感动。"他说，"我想，这就是我的君主！你知道我什么意思。"

在皇家游艇上，随性的大臣总是被视为王室成员。贾德记得，"不列颠尼亚"号游弋在波斯湾时，他被邀请跟王室一起享用菲利普亲王在空荡海滩上做的烧烤。几个月后，当他回到白金汉宫时，他又一次被感动了。当时，玛格丽特·撒切尔的保守党刚刚赢得1979年的大选，贾德和其他即将卸任的工党前大臣们被邀请参加女王为他们举办的告别仪式。经过漫长而艰苦的竞选，在女王到场之前，没了工作的政客们站着闲聊，气氛十分愉快。"我们都很开心，也很放松。"他说，"我突然感觉到，有人正在我们这一拨人旁边等着，那正是女王。我说，'您好，女士。'她说，'我有东西要给你，欢乐时光的回忆。'她递给我一个信封，上面是她亲笔写的'美好时光的回忆'。信封里是她拍的烧烤时的照片。照片上，我和她的私人秘书坐在躺椅上吃牛排——非常有趣的照片，我至今仍然珍藏着。"

作为一个终身不遵循主流思想的"国际社会主义者"，贾德对自己与女王一起穿越海湾时发现的东西很感兴趣。很明显，虽然她的外交辞令用得非常娴熟，说得很热情，还赠送了珍贵的地毯，但她也很清楚地知道她所访问的国家存在哪些问题。皇宫有个老笑话说，王室觉得全世界闻上去都有一股没干的油漆味。贾德认为，女王没有这种想法。"我这么说吧，那次行程中，我对她的自由人性毫不怀疑。"他说，"她没有被蒙蔽双眼。她看到了一些根本问题——也就是我们现在所说的人权问题。私下里，她会表露她的感受。"

女王说了些什么，他不会透露，这是出于对女王中立性的尊重，但他依旧非常钦佩女王的自我管理，不管是在国内还是在国外。"君主立宪制的关键点就在于，它是完全不讲道理的。它没有最基本的逻辑。"他说，"这是宪法的痛点。碰巧有个人是君主，碰巧他们就有这个角色。这样一来，很可能就会是灾难。但我们的女王绝非灾难。"

意料之外

王室生活中有很多东西，像钟表一样重复，年复一年。但在出行和国事访问期间，事情往往会偏离正轨。毕竟在1970年的新西兰之行中，正是在惠灵顿，女王决定改变往常抵达的官方仪式，变成随意地向人群致意问好。报道这次访问的《每日邮报》记者文森特·莫瑟隆称之为"巡行"，还说一种全新的王室活动就此诞生。与所有王室成员一样，女王也喜欢这些不拘泥于计划的时刻。

1982年，她应邀前往加拿大，在一个盛大的公开仪式上签署了新的《加拿大法》，该法体现了主要的宪法改革。加拿大政府随后不得不签署一份相关文件，签字的时候，总理皮埃尔·特鲁多不小心弄坏了笔尖。下一个是司法部长让·克雷蒂安，他发现自己什么也签不了。"他妈的！"他在王室成员身边喃喃自语，突然，他回过味来，抬起了头。女王乐不可支地看着他。在1961年的加纳之行中，女王被介绍给一个小男孩，他与查尔斯王子同日出生并因此也叫查尔斯。但是，如果有人认为他要把他应该献给贵宾的那束花交出来，他们可就想多了。多年来，献花和不献花，一直是王室快乐的源泉，停电也是如此。

"在黑暗中穿衣服太可怕了。我刚戴上我的头饰！"2002年金禧年访问期间，牙买加总督霍华德·库克爵士在他位于金斯顿的住所端着蜡烛领女王就餐，女王笑着说。当天晚上一共停了两次电，其中一次，公车在外面排成一排，开着前灯来照亮大厅。不过，尊贵的客人似乎很享受这意料之外的小插曲。

毕竟，在国事访问的筹划与执行中，我们经常忽视的是，两个国家的元首本该享受访问才对。在1979年的沙特阿拉伯之行中，大卫·欧文最快乐的回忆是，在达兰，女王在皇家游艇上为哈立德国王准备了晚宴。"我们开了一个非常好的派对，大家都觉得一切进展顺利。"欧文勋爵回忆说，"老国王跟爱丁堡公爵颤颤巍巍地走下楼梯，我站在女王身边。国王坐进了劳斯莱斯轿车，突然，他的拐杖从窗口戳了出来。车子开出去三百多码了，拐杖一直在窗外挥舞，显然，他玩得非常开心。"

在这种时刻，外人可以瞥见女王真实的一面。许多人都注意到她有一个特点，那就是冷静。即便是她统治期间最重要、最敏感的行程之一，2011年对爱尔兰的国事访问，女王也没有流露出丝毫紧张，尽管她的随行人员都在崩溃的边缘。"她没有任何紧张的迹象。"随行的外交大臣威廉·黑格回忆说，"就好像我们只是出去玩一天。她非常冷静。她已经掌握了一切。"

她的英联邦第一任秘书长阿诺德·史密斯会记录下她对任何负面消息的"冷静接受"。他会经常告诉她，又有某个殖民地想要独立，不想让女王成为他们的国家元首。他认为女王的"平静"反应与她祖父乔治五世的"占有型"愤怒截然相反。对王室权威哪怕是最小的挑战，都会让乔治五世爆发。1923年，当他得知加拿大在没有征求他意见的情形下擅自与美国签署了比目鱼的捕捞条约时，他大发雷霆。

在温和、非对抗性的背后，她始终有一种坚定的目标感，也就是英联邦秘书长桑尼·兰帕尔看到的"安静的坚持"。她周围的人永远不会轻视她或者她的意见。"在女王面前我总是很紧张。事实上，我现在还是。"琳达·查克尔说，"我觉得她一直都很清楚，如果她说了些什么，哪怕只有几个字，哪怕只有几秒钟，都会产生戏剧性的影响。"

20世纪90年代有位颇为傲慢的英联邦领导人，也是当时世界上最年轻的国家元首。1992年，瓦伦丁·斯特拉瑟曾是塞拉利昂军队的一名初级军官。他和几个士兵在总统府，向总统抱怨他们的部队缺少军饷和装备。怕死的总统跳上直升机逃往国外，于是斯特拉瑟宣布自己为领袖，当时他只有25岁——事实上，女王本人成为国家元首时也是这个年纪。

转年，他来到在塞浦路斯召开的英联邦峰会。与所有领导人一样，他被邀请参加女王在皇家游艇上举办的招待会。"不列颠尼亚"号的船长罗伯特·伍达尔德爵士记得，斯特拉瑟"行为非常恶劣"。他从伍达尔德身边冲过去，根本不理会伍达尔德伸出的手。伍达尔德礼貌地提醒他注意台阶，他也视若无睹。他摔了一大跤，趴在地上。"我真的乐坏了。"伍达尔德说。第二天，斯特拉瑟回到船上跟女王做一对一的会谈。"这一次，他上船来，跟我握了握手，他的手就好像一条湿漉漉的臭鲱鱼。"伍达尔德说，"他整个人被恐惧占据，因为他知道，他要独自面对女王陛下。"

跟所有会谈一样，这是私下的，但很快，人们就能看出，女王给了这位头脑发热的独裁者一些严厉的建议。她告诉他，如果他想留在英联邦的话，实际上是如果他想活着的话，他需要有民主精神。她还告诉他，她可以帮助他，她会介绍一个人帮助他规划路径。几小时后，在女王为领导人们举办的宴会上，她的策略很清晰了。斯特拉瑟发现自己坐在津巴布韦的罗伯特·穆加贝旁边。宴会的主人事先要求穆加贝跟这个年轻人[1]好好谈谈。

有时候，女王也会宣泄一下情绪，比如1976年在卢森堡进行国事访问那天晚上，在一顿愉快的晚餐之后，女王打起了鼓，让客人们震惊不已。不过她的随行团绝不会因此认为自己与女王很亲密。

在他们令她失望时，他们也不会看不出来。1976年5月，从芬兰返程时，皇家游艇"不列颠尼亚"号从波罗的海穿越基尔运河。女王要求船组人员在经过一个著名的马场时提醒她一下。

他们没有做到。女王错过了她喜欢的马。就餐时，她显然憋着怒火。气氛变得冰冷而安静，官员们紧张地就座。很快，他们就见识到了皇家卓越的愤

---

[1] 斯特拉瑟，喜欢王室的服装品牌腾博阿瑟，却没有听从女王的建议，在1996年的一场政变中被赶下台。英国试图让他恢复正常生活，让他去沃里克大学读法律课程。但他的同学纷纷投诉，不愿与他这个被指控犯有战争罪的前独裁者一同上课，随后，他退了学。酗酒并辗转留宿于朋友家中多年后，他回到塞拉利昂，现在与母亲一起生活在弗里敦一个破败不堪的地方。

怒管理能力。女王突然拿起餐巾遮住了脸。然后她慢慢地放下餐巾，露出一张带着温和笑意的脸。她轻松地转换了话题。"就好像魔法一样。"一个客人说，"突然之间，变出了一个全新的笑嘻嘻的女王。太了不起了。菲利普亲王也能做到同样的事情。"它不仅体现了女王超强的自我控制能力，也说明了女王认为，人生就是一场无止境的表演，即便是在自己的领土上，在自己亲近的人身边。"不列颠尼亚"号的船组人员松了口气，以后绝不会再犯这种错误了。

虽然，她可能是世界上最著名的女性，但从心底里，女王始终是个羞涩的人，像她父亲一样。她极力地保护自己，非常清楚自己的地位，却对自己的能力十分谦虚。"我懂什么呢？"她在"不列颠尼亚"号上吃午餐时对一个外交大臣叹气说，"我只是一个坐在这个位置上的女人而已。"

这个想法总是能帮她理解那些觉得跟王室相处很恐怖的人。女王总是让人感觉轻松自在，这句话或许已经成了老生常谈，但多年来它的确反复被人提起。皇家摄影师雷金纳德·戴维斯记得，访问途中的招待会上，女王会非常腼腆，令人毫无戒备。"她表现非常好，但在新闻招待会上，她总是低头看你的脚。或许是因为紧张。"他说。许多人都说过，女王是多么喜欢掩饰尴尬的小事故。1961年出访西非的途中，在巴瑟斯特，皇家游艇上举办的国宴上，曾经有一个尴尬的时刻。某位赞比亚贵宾的妻子，把肉汤倒进了红酒杯里。女王眼睛都没眨一下。

类似地，1981年，在"不列颠尼亚"号的一次新闻招待会上，一名摄影师不小心把一杯雪利酒全洒在了地毯上，女王假装没有看到。几小时后，还是这个摄影师，想在女王参加一个活动时给她拍照，却弄出尖锐的咔嗒咔嗒的声音，还掉了一个镜头。"哦，亲爱的，今天可真不是你的好日子。"她像是安慰地说。

在1970年的澳大利亚之行中，乔克·斯莱特爵士是女王的侍从官。他记得他曾安排参加授衔仪式的客人们排好长队。一位受衔者越来越紧张，不知道接受荣誉时他应该做什么、说什么。斯莱特试着让他平静下来。他解释说，最简单的方法就是照着前面那个人那样做。当斯莱特发现排在他前面的是个女人时，一切都晚了。"他尽其所能地行了个屈膝礼[1]。"斯莱特说，"我想，直到今天，他可能都不知道自己做了什么，因为女王陛下太了不起了，她伸出手，把他扶起，好像是世界上最自然不过的事情。"

除了让人们"轻松自在"之外，女王还有一个非常卓越的品质，那就是她能让人们觉得自己是当场最有魅力的人。前英国大使汤姆·弗莱彻回忆起他担任英国外交部私人秘书时首次在英联邦峰会上与女王会面的情景。他给女王看了一张女王1956年访问尼日利亚时与他祖父见面时的照片。"我知道每个人都有这样的故事，"他说，"但她的眼睛亮了起来，有几秒钟的时间，她完全沉浸在这一刻，她的眼睛在闪闪发光。"

"你和她说话时，她会让你觉得，你是唯一存在的人。"女王的第五任英联邦秘书长卡玛莱斯·沙玛说："我见过她和许多人交谈，关键就是要把注意力全都放在对方身上。"

措辞

与礼物、衣服还有许多东西一样，有一点是所有访问都需要深思熟虑的，那就是演讲。按传统来说，第一天晚上的国宴上可能会有一个重要的致辞，在访问期间可能还会有一两个简短的讲话。如果在她的某个领地，那就是该国政府的事，英国外交部的话语权不会比从布鲁塞尔或波哥大来的大使大多少。如果她是以英国女王的身份出访，那么当地的英国大使馆和外交大臣会先写好一份演讲稿。经过"御笔朱批"之后，演讲稿不太可能原封不动。除了圣诞节广播之外，女王在公共场合所做的或所说的任何事情都需要先得到民选大臣的批准，这是一个神圣的传统，也就是所谓的"根据建议"说话或行动。当然，这并不意味着她是一个只会宣读政府剧本的机器人。威廉·赫塞尔廷爵士说："你从大使或外交部得到一份草稿，女王有自己的观点。"在大使听来

---

[1] 女人行屈膝礼。——译者注

威严程度适宜的话语，女王却并不赞同，因此演讲稿可能会有很大改动。"马丁·查特里斯过去常说演讲稿被'女王化'了。"赫塞尔廷说。他还说，华丽的比喻和溢美的形容词"不会超过一分钟"。正如我们看到的那样，在英国进入共同市场之前，英国外交部试图在女王的演讲稿里写进大量对欧洲经济共同体的赞美之词，而最终的版本却朴实得多。

女王的演讲里，通常都有一个重要的影响因素，那就是爱丁堡公爵。从宪法上来说，在这种事情上他当然没有话语权。但是，女王非常看重他的建议。罗伯特·伍达尔德记得，那是一个普通的休息日，在"不列颠尼亚"号上，女王和公爵像一个团队一样各自在上层甲板两侧的房间里工作。女王明亮漂亮的客厅在右舷，公爵镶柚木板的书房在左舷。"女王在写第二天的演讲稿，她在自己和公爵的书房之间来来回回，给他看自己重写的稿子。"伍达尔德说。

女王可以利用演讲的机会，发表一些大使或政治家都不愿意说的重要观点，她很喜欢这样做。在1979年访问马拉维之前，英国高级专员迈克·斯科特写信给外交部，抱怨说马拉维总统哈斯廷斯·班达博士非常不愿意公开承认英国给他们的财政支持。自1964年获得独立以来，这个前英国殖民地已经获得了1.4亿英镑的援助，可以说，这是任何一个国家能够收到的最大的外援，但他们却连一句感谢的话也没有。"更严重的是，班达总统经常拿殖民时代的条件和如今的条件做比较，却从来不会提到这一点。"斯科特说。女王能治好总统的健忘症吗？在国宴当晚，她向班达博士领导下的马拉维"经济和社会飞速发展"致敬，并补充道："我国为成为这项重要工作的主要贡献者而感到自豪。"怕还有人不知道这一消息，女王还说，"我们提供了1.4亿英镑的资本援助，以此表达了对你们未来的真诚关注。"

女王的演讲也能迫使其他领导人更加努力。英国前外交大臣威廉·黑格表示，陪同女王出访时，他只会"东改改西改改"。但他回忆说，在女王2014年对法国进行国事访问期间，在诺曼底登陆70周年纪念活动之后，东道主内部出现了一定程度的慌乱。黑格收到了弗朗索瓦·奥朗德总统为当天晚上准备的演讲稿，随后他将女王的演讲稿通过爱丽舍宫送了过去。奥朗德总统看到女王的晚宴演讲稿后，要求重写自己的演讲稿。他必须更加重视，提高演讲稿的质量。本来他只打算说些"欢迎来到法国，干杯"之类的话。现在，他不得不使演讲更加令人深刻一点。

身后两步

爱丁堡公爵在访问中的关键作用远不止于演讲稿撰写。正如女王本人经常清楚表明的，如果没有她那"用生命效忠的臣民"，她就不会有今天的成就。无论何时，只要女王出访，公爵都会同行，陪她赶路，出席各种仪式。同时，他也十分清楚，女王才是行程的中心。如果他发现哪个小孩因为他们选了特定的步行路线而特别失望时，他就会帮助他们越过障碍，给女王献花。

一旦国事访问的头等大事已经完成，公爵就有空做自己的项目，把外交影响最大化。例如，1996年女王对捷克共和国进行国事访问的第二天，当瓦茨拉夫·哈维尔总统带她去布尔诺的第二个城市会见民众时，公爵在布拉格举办了一个英国设计展，参观了银矿古镇库特纳霍拉，还参观了克拉德比的国家马场。第二天，他中断了主要行程，前往该国最大的酿酒厂参观。女王的一位前私人秘书指出，女王在国事访问期间总是对任何商业活动非常谨慎，"我们在贸易方面总是要小心，因为你不想破坏特殊的气氛。"不过，公爵不仅可以为大使馆的贸易和工业部门做更多的工作，而且他也很喜欢这样做。媒体总是在寻找机会，想要抓住公爵失态的小辫子。有一些显然只是笑话。据报道，1963年他曾对巴拉圭独裁者斯特罗斯纳说，在一个不受人民统治的国家里生活是一种乐趣。有些人会试着在棘手的谈话中开点小玩笑，但他们可能会适得其反，就像传说中在首都巴西利亚时公爵关于巴西海军上将的谈话。公爵问，这位海军上将是在当地的湖上赢的奖章吗？"是的，先生，"有人回答说。"不是因为婚姻。"

然而，在大多数情况下，当地人对失态的反应，跟英国的头版头条几乎没有什么可比性。有一个关于匈牙利食物的笑话,"你不可能在这里待那么久,你都没有大肚腩"——在英国就算是大新闻了,但在布达佩斯却没有人注意到。开曼群岛总督迈克尔·戈尔很恼火,因为在1994年的一次王室访问中,国际媒体唯一报道的是公爵在一个著名沉船展览上开的玩笑,说岛民是海盗的后裔。"这没有冒犯到当地人,因为正如澳大利亚人喜欢当罪犯的后代,而不是典狱长的后代一样,开曼人也不反对被贴上海盗后裔的标签。"戈尔在给伦敦的电报中写道,"我经常跟他们开玩笑说,十艘沉船,是开曼人从他们的康沃尔祖先那里学来的!"[1]正如公爵曾向传记作家承认的那样,有时他是在"铤而走险",还说:"有时候我能过关。"

公爵对琐事的关注让他的幕僚感到疲惫而失望,却并不意外。他们会看到他们的老板在国际公共事业上已经超越了大多数政治家。公爵是世界野生动物基金会(WWF)的联合创始人和国际主席。这个基金会催生了绿色和平组织和地球之友等组织。专门为年轻人创立的爱丁堡公爵奖遍布全世界140多个国家。追求奖章和拥有奖章的人到处都是。爱丁堡公爵告诉马尔科姆·里夫金德爵士,那天他花了几个小时跟踪一头雄鹿,穿过巴尔莫尔的苏格兰山坡,正要瞄准时,他的猎物突然飞快地跑掉了。不一会儿,一群漫步者从山头走过。"你们他妈的在干什么?"他怒吼道。"爱丁堡公爵奖。"有人回答。"他喜欢说这个故事,嘲笑自己。"马尔科姆爵士笑着说。

截止到2017年95岁退休时,公爵还支持了其他700家国际慈善机构和组织。这意味着他在野生动物世界留下的印记比大多数在世的战后人物都要深远。在这种情况下,几年前一些来自不同国家的朋友发起一场谨慎的竞选活动为他提名诺贝尔奖,就不足为奇了。

---

[1] 1794年2月8日,十艘从牙买加前往美国和英国的船舶在大开曼岛以东海域触礁沉没。康沃尔郡在英格兰西南方,南面是英吉利海峡,西、北方是大西洋。据估计,康沃尔附近有3000艘以上的沉船。——编者注

然而，在他一生的大部分时间里，他的角色一直是英国王室（也是世界上）任职时间最长的配角，总是跟在妻子身后两步的距离。杰克·斯特劳惊讶地发现，在长途飞行中，公爵也会坐在女王身后的座位上。他也会帮助其他随行人员保持警惕，即使他并不总是完全相信他们在那里的理由。"他会给访问注入一种阳刚的气质。他的脾气可能会让事情发展得相当顺利。"一位前王室成员回忆说，"因为当公爵独自旅行时，身边就只有一个警察和私人秘书。所以在女王出访时，看到裁缝和男仆等人时，他会说：'这些人在这里干什么？'"公爵去过很多地方，这对女王很有帮助。"当女王要去一个从没去过的地方时，比如匈牙利，公爵以前去过。"一位前私人秘书说，"他了解那个地方，这对女王很有帮助。如果出了什么问题，他会说：'是谁弄得这一团糟？'"他还能在危机中缓和大伙儿的情绪，比如1994年阿罗芒什的沙滩上诺曼底老兵游行。当王室收到通知说密朗特总统要晚到一小时的时候，人潮已经蓄势待发。"他以为自己是谁啊？"公爵低吼道，"克努特国王？"[1]最后，游行按原来的时间点举行。

公爵也不反对担任外交职务。女王1972年对法国的国事访问是她统治期间最重要的访问之一，它有效地为英国进入欧洲共同市场铺平了道路。公爵应邀在巴黎联合商会发表演讲。他准备了一篇温和的演讲，声称有些问题——特别是世界上最贫穷国家面临的挑战和全球环境污染的威胁——比英国即将进入欧洲的意义更大。他写道，我不认为我们要被有关英国和共同市场的大辩论迷惑。他指出，英国的加入已经"引起激烈辩论"，目前仍在讨论之中。他认为"欧洲的繁荣程度远远高于许多国家和地区"，并补充说他希望看到欧洲帮助"世界上不那么幸运的地区"。

尽管今天很少有人会对他的演讲稿提出异议，但在当时的外交部，它被

---

[1] 克努特国王（995—1035），又称克努特大帝，丹麦的克努特二世和英格兰的克努特一世。——编者注

视为危险的异见。时任英国外交部欧洲一体化司司长的威廉·亚当斯写信给他的上司说，公爵的讲话是"送给议会和国内反入市人士的礼物"。他还说："我想知道，爱丁堡公爵是否真的希望就欧洲对第三世界的态度发表一份政策声明。"英国外交部礼宾司司长利斯·梅亚尔接到的任务是，给公爵办公室写一封信，直截了当地警告说"我们必须小心，不要落入反入市者的圈套"。他希望大改演讲稿，包括删掉所有关于英国被共同市场"迷惑"的内容。显然，公爵一点也没改，因为到了那天，他还是说了。有关"迷惑"的内容没有被删掉。它没有引起轰动，反而得到了英国媒体广泛而有利的报道。英国《金融时报》称，公爵告诉欧洲不要忘记贫困国家。《每日电讯报》以"亲王说，不要被市场迷惑"为标题报道，公爵用"流利的法语"发表了一篇"令人耳目一新的演讲，没有官方的陈词滥调"。

一般来说，如果公爵高兴，那么女王也高兴。不过有时候她会出面干预，避免当地出现一些奇怪的困难。工党政治家、作家克里斯·穆林在担任初级外交大臣时曾经陪同女王和公爵出访尼日利亚。在访问英国文化协会当地办事处时，公爵对会长的一篇充满行话的欢迎辞不以为然。他转过身对着一群外籍员工说："你们是老师，不是吗？"穆林能听到他的声音。"你们能告诉我这是什么意思吗？"其中一位老师——穆林注意到，他有点得意地——回答说："不，先生。其实我们不是老师。""不是老师？"公爵说，"那你们是什么？""好吧，先生，我们是给人们赋权的。"正是这种软弱的场面话，激怒了公爵。众所周知，公爵只要听到"人力资源""经济适用住房"和"利益相关者"这种话就会生气。"赋权。"他哼了一声，"在我听来，这都不像是英语。"到现在为止，女王精心调整过的预警系统已经发出了信号。"你看，"她指着阳台欢快地说，"……看那个陶器。"皇家宴会开始后，穆林去阳台那边看了看。那里根本没有什么陶器。

虽然公爵将于2017年宣布退出公共生活，但他将继续陪同女王出席重要活动，并成为女王安排活动的核心。在忙碌的上午结束时，大家都知道她会说："现在，我必须给菲利普吃午饭了。"作为王室历史上服务时间最长的双人组,他们是无与伦比的。世界上没有别的王室夫妇在一起做过这么多的事情。在她1954年的澳大利亚加冕之旅中,估计有700万人亲眼看到了女王和公爵。1999年,在阿克拉的一次驾车旅行中又有100万人看到了他们。总的收视数字仍然无法估量,总的影响无法量化,但就软实力而言,效果是毋庸置疑的。

后果

大多数访问过后,大使或高级专员都会给外交部提交一份绝密报告,评估皇家访问的影响。被授予爵士、女爵或司令官等爵位后,他们知道这种报告总会送一份到皇宫里,就很少会写什么批评的话。另一方面,即便他们自作多情地夸大影响,也不会有人感谢他们。这些报告将在外交部内部秘密分发,供今后筹划访问的人和喜欢事后复盘的人使用。詹姆斯·霍奇爵士在1996年的报告中骄傲地说,泰国国王去英国大使馆参加女王晚宴,这是他有史以来第一次访问外国大使馆。然而事情并不是一帆风顺的。詹姆斯爵士补充说:"有一些小麻烦。泰国王室通常有几十名高级官员陪同,包括负责王储的衣帽和烟管的。这样一来就不容易管理,尤其是在答谢晚宴上。"

在关于1956年对瑞典国事访问的报告中,英国大使罗伯特·汉基爵士毫不奇怪地说,这次访问受到了"整个瑞典的极大关注"。不过他的推断得到了事实的支持。他引述瑞典媒体的话,即使是反王室的报纸也热情地报道了这些事件。大使注意到,坚定的社会主义和女权主义者、福利部长乌拉·林德斯特罗姆一向非常尊重女王,但她选择鞠躬而不是行屈膝礼,并坚持这一原则。这一点让媒体觉得她很幽默。

他还引述一些报道说,面对日益高涨的共和主义,这次访问甚至"拯救了瑞典的君主制"。人们对君主制日益反感,部分源于"瑞典人理性和唯物主义的心态",但主要是因为已故国王古斯塔夫五世和"国王私生活的特殊性"的丑闻。报告没有详细描述古斯塔夫那广为传闻的同性恋史,也没有提及1950年国王去世后一个自称是国王情妇的人因勒索而被起诉的细节,但它强调英国君主制的存在"让瑞典人更加为自己的君主制感到骄傲"。罗伯特爵士补充说，在瑞典，英国受到的尊敬比其他任何力量都要多。这丝毫不是吹嘘。

可以预料，所有这些访问都需要以英国的名义做很多摇旗呐喊和宣传的工作，但女王同样很清楚，这些事情是为了提高东道主的自尊，特别是那些正从战争或压迫中恢复的国家。英国大使约翰·伯奇爵士在回顾1993年对匈牙利的国事访问——女王在铁幕后（柏林墙倒塌后不到四年）的第一次访问时，在信里对英国外交大臣说："人们仍然对国家的未来缺乏自信，对过去感到有些羞愧。女王和爱丁堡公爵的出现深深地触动了匈牙利人的心弦，显示出英国对他们的关心。"

这些访问可能会提前几个月吸引整个大使馆或高级专员公署的注意力，女王本人也清楚这一点。这就是为什么她的行李里会有给大使馆工作人员的装饰品、奖章、相框和纪念笔。她喜欢看到每个人都得到认可，所以一定很享受安圭拉总督艾伦·沙夫在她1994年访问后的报告。除了称赞自己的团队，他还特别想把对夫人的谢意记录在案。当时总督官邸刚刚紧急完工，只留给莉迪亚·沙夫三天时间为王室到访做准备。就在参观的前三天，建筑工人们撤出了官邸，莉迪亚终于可以开工了。"为400个人准备一个招待会是可以的；但要在我们的第三个临时住所办这件事，的确是一个挑战。把卧室改造成皇家休息区，重新安排整栋房子，然后立即用建筑工人剩下的瓦砾打造花园，这是她32年来无偿支持外交生涯中最杰出的成就。"

有的外交官可能会因为报告的语气而受到指责。1979年对坦桑尼亚进行国事访问后，英国女王的私人秘书菲利普·摩尔显然对高级专员彼得·穆恩爵士的报告不以为然。"我有点惊讶地发现，这份报告对尼雷尔总统、坦桑尼亚人和高级委员会工作人员有很多赞美之词，却没有关于女王的！"摩尔在给外交部的罗杰·杜·布雷的信里非常生气地写道。作为王室的联络负责人，杜·布雷给同事们分发了一份备忘录。"皇宫并不寻求或喜欢别人的谄媚，"他安慰他们说，"但当我第一次读到这封信的时候，我就觉得，现在我依然觉得，它暴露了一种倾向，人们把女王及其随行团还有他们的成就视为理所当然。摩尔爵士的话就是及时的警告。"

约翰·拉塞尔爵士1968年从巴西发出的一封生动的报告中，不乏赞美和幽默。他说，巴西人觉得女王"很不错"，而公爵被称为"pao"（字面意思是奶酪卷，但在俚语里表示"优雅的年轻男子"）。约翰爵士写道："他时尚的风格，对科技浓厚的兴趣，信手拈来、有时略显刻薄的机智，休闲优雅的打扮，都让他深受巴西人的喜爱。"他举了许多例子，说明它们汇聚在一起，创造了一个绚烂的胜利："总督府停电时，人们就着烛光也要继续欢乐；总督的遮阳伞，总是撑在女王的头上；国会的庸俗围攻；女王在宴会上的演讲；总统招待会上，5000个客人涌向自助餐，马刺和点燃的雪茄到处都有。我意识到，上辈子，我肯定是一匹警马……"这次访问，不仅对上层社会，而且对大量穷人也有重要的影响。尤其是在马拉卡纳体育场，女王赞扬了巴西的全民信仰——足球——在14万人面前。"报告的封面是笑吟吟的女王与巴西黑'球王'贝利握手的照片。"

当时也有些小问题。约翰爵士对圣保罗人群的行为特别恼火，"在那里我丢了两个纽扣和一个爵位"。有一次，骑兵护卫队的军官在"刀刃下"被迫乘坐一辆身份不明的车。

然而，在政治上，这次访问在很多方面都是"巴西的大幸事"。"学生们停止了暴乱，右翼停止了报复；所有党派的情绪都得到了很大的改善，因为大家都觉得他们的国家非常优秀，表现得也很好。"他最后引用了一位巴西名人的话："这是自1822年独立以来，这里发生的最大的事情。"

第二章
迎接整个世界

"那个可怕的小个子。"

宾客名单

女王访问过的国家和人民比所有君主都多，反之亦如此。女王迎接的世界领导人、举办的晚宴和马车游行、召开的招待会比她的前任要多得多。她在国内的外交职责，不管代表英国还是代表英联邦，对她来说就跟她以特使身份进行海外考察一样重要。有书面记录的是，她为109位国家元首组织了113次国事访问（其中两个被邀请过两次）。每一次国事访问，都涉及王室的每一个部门，经过几个月最复杂的计划，然后是几天的完美执行。但这些数字低估了真实情况。官方公布的访问次数不包括许多与国事访问一样精心安排的访问，包括对英国最老、最亲密的盟友之一的访问。自1918年12月伍德罗·威尔逊到访英国以后，美利坚合众国总统可能经常访问英国，却没有收到过全面国事访问的正式邀请，直到2003年小布什连任总统。1982年罗纳德·里根总统的那次著名访问，从各方面看起来都像是国事访问——在温莎举行了白领结宴会，并与女王一起骑马穿过温莎大公园。不过就程序而言，这不是国事访问，只是"正式"访问。类似地，尽管教皇是国家元首，但教皇约翰·保罗二世和教皇本尼迪克特（只有这两位教皇踏上过英国的国土）都不算进行过国事访问。他们被划分成"教皇"访问。

当然,历史性的双边访问,并不一定需要马车、皇冠、华丽、花哨的装饰。1989年,苏联领导人戈尔巴乔夫及夫人瑞莎对英国进行了36小时的历史性访问,当时英苏关系还远未达到国事访问所需的外交亲密程度。然而,这次访问将是结束冷战和铁幕落下的关键。它的象征性高潮是戈尔巴乔夫访问温莎城堡,还有34人的午餐会,其中包括首相撒切尔夫人和坎特伯雷大主教。午餐会的着装规范是基本的:"西服"。但女王和她的幕僚们喜欢把事情做到极致。冷溪卫队的荣誉士兵向戈尔巴乔夫一家致意。然后,他们参观了国家公寓。午餐是烟熏三文鱼、螃蟹、牛肉和鸭片。随后,女王带着客人们参观了一个特别的展览,那是她为了他们在皇家图书馆专门举办的展览。它精选了俄罗斯王室艺术品,包括伟大王室宠儿法贝热的作品[1],还有乔治六世关于斯大林格勒之剑的苏联时期的信件。斯大林格勒之剑是国王在第二次世界大战最激烈时送给斯大林以示敬意的礼物。戈尔巴乔夫夫妇离开时,发生了两个里程碑式的事件:戈尔巴乔夫邀请女王在未来某个时候对莫斯科进行国事访问,以及她接受了这个邀请。这一次午餐会的外交影响力,比之前或之后110次豪华国事访问中的许多访问都要大。

有些世界领导人永远不能进行国事访问,不管他们和女王多么希望进行国事访问,原因很简单,他们不是国家元首。印度总理纳伦德纳·莫迪就是一个很好的例子。他或许控制着亚洲和英语世界正在崛起的经济强国,但他不是国家元首。像德国、意大利和许多其他国家一样,这一职位由总统占据。但这并没有阻止英国政府给莫迪安排与王室面对面的时间。2018年英联邦峰会前,莫迪访问英国时与王室在皇宫共进午餐,在克拉伦斯宫喝茶。

---

[1] 彼得·卡尔·法贝热(1846—1920),俄罗斯著名珠宝首饰工匠、工艺美术设计家,他制作的工艺品复活节彩蛋被称为"法贝热彩蛋",成为奢侈品的代名词。——编者注

"近年来有一个限制,那就是,女王倾向于减少长途外海旅行。"卡梅伦时期2010年至2015年担任外交部负责人的西蒙·弗雷泽说。考虑到女王年纪渐长,世界各国开始反过来拜访她。因此在这段时间,卡塔尔、美国、印度尼西亚、科威特、阿拉伯联合酋长国、韩国、新加坡、墨西哥和中国的领导人(还有一些在位时间很短的爱尔兰和土耳其总统)要么在白金汉宫,要么在温莎城堡,受到八旬女王及其九旬丈夫的接见。

虽然邀请是政府的事,但戴维·卡梅伦说过,他经常受到女王的指示:"我曾经跟女王陛下聊过很多,怎么才能让这些访问最大限度地取得成功。下一个是谁?如果他们来不了,接下来又该是谁?我会说,'加纳人马上就要来了。显然,我们想要强调这点和那点。'她对他们是什么样的经常有自己的想法。一般来说,她都去过他们国家,做过国事访问,所以她的知识非常渊博。我们所有要外派的大使,他们所有要来的大使,她都见过,所以如果你生命里每个礼拜都在做这些事,你也会很懂的。"

卡梅伦发现,女王的召唤从来都是供不应求的。"国事访问一贯是一种工具。随着她日益偶像化,国事访问也越来越有影响力。"前首相说,"我认为,近来的几次可以说是有着改天换地的影响。"

"即便是在全面运行的现代共和国家——大多数国家都算不上——领导人们受到的待遇,以及他们认为他们受到了什么待遇,都是关系重大的事情。"前外交大臣杰克·斯特劳说,"每个在位的领导人都比普通人更加自负,所以这真的很重要。我们在接待访问方面做得非常好。"斯特劳在任期间,女王只接受过俄罗斯总统弗拉基米尔·普京的国事访问。虽然之后因为叙利亚、乌克兰问题还有英国境内普京的敌人试图暗杀普京,两国关系急转直下,但斯特劳坚称,这是一次值得的尝试。"两国关系虽然一直有问题,但双方都在尽力,想要让访问取得成功。我认为,在当时它改变了世界格局。在一段时间内,两国关系是坦诚的,它给你一个建交的平台。事情到了后来才开始变得糟糕。"

抵达

英国对其他国家所能做出的最高外交姿态，就是邀请该国的元首与女王会面。无论是朋友，还是模棱两可的敌人，受到的都是同样的待遇。第110号国事访问（西班牙菲利佩国王），在很多方面都跟1954年的第1号国事访问一样。那一次也是欧洲的君主，瑞典国王古斯塔夫六世，虽然他是乘瑞典海军三王冠巡洋舰来伦敦的。而2017年，菲利佩国王是坐私人飞机来的。女王对菲利佩发出邀请是英国政府的策略之举，旨在用王室的魅力抵消2016年英国脱欧公投的一些政治后果。威尔士亲王和康沃尔公爵夫人、剑桥公爵和公爵夫人、萨塞克斯公爵和公爵夫人也被要求在这一弥补性活动中发挥他们的作用，[1]进行了一系列欧洲之行，以强调延续性，并传递同一个信息：英国可能会离开欧盟，但它还是那个英国。

1954年对瑞典国王及王后的邀请背后，则没有这样宏大的战略。在统治初期，女王在国际上的重点主要是巩固与英联邦各国的关系，而她本人也是英联邦的元首。因为她不能对自己进行国事访问，这就留下很多空间给非英联邦的领导人对英国进行国事访问。为什么不从某个友好的君主朋友开始呢，特别是某个碰巧娶了菲利普亲王的姨妈的人呢？[2]瑞典王室在威斯敏斯特码头上岸，女王非常正式地迎接了他们，然后前往白金汉宫。而六十多年之后，2017年，女王在皇家骑兵卫队阅兵场迎接菲利佩国王时，无论是皇家马厩的敞篷四轮马车和半敞篷四轮马车，还是皇家骑兵的制服，都没有改变。

多年来，进行国事访问的客人们都会飞到伦敦盖特威克机场，然后乘坐皇家火车前往维多利亚车站，女王会在站台上迎接他们。后来，欢迎仪式会转

---

[1] 现任剑桥公爵为威廉王子，公爵夫人为凯瑟琳·密道顿。现任萨塞克斯公爵为哈里王子，公爵夫人为蕾切尔·梅根·马克尔。2020年1月18日，英国王室宣布萨塞克斯公爵及其夫人将退出王室核心工作，自2020年4月起不再使用殿下头衔。——编者注
[2] 私下来伦敦时，路易丝王后、蒙巴顿勋爵的妹妹，会在手提包里放一张便条，以防被汽车撞倒。便条上非常正确地写道："我是瑞典王后。"

移到更优雅更复古的皇家骑兵卫队阅兵场。无论在哪里,这个环节对每一位访客来说都是一样的——王室介绍、政府问候和皇家卫队检阅。任何偏差或遗漏都有可能造成外交事故,尤其是对那些更加注重礼仪的客人而言。戴维·卡梅伦记得,2015年他们就中国代表团的需求进行了很长时间的协商。……"中国人非常重视礼节。"卡梅伦继续说,"他们说:'我们必须有全套的仪仗队,有两支皇家卫队。'我说:'这太荒谬了!'他们说:'不,这是礼节。你们去查吧。'我查过了。他们是对的。他们真的很重视这些细节!"

有时候最微小的细节,也会让最伟大的人感到不快。在1960年泰国国王普密蓬的国事访问之前,女王通过她的私人秘书向所有参与访问的乐队发了一封信。她写道:关于《国王和我》的任何曲子都不能弹。这部罗杰斯和哈默斯坦改编的音乐剧讲述的是一个泰国古代国王的故事,可能在伦敦很受欢迎,但女王很清楚,她的客人觉得它不尊重王室,在泰国禁止演出。

欢迎仪式结束后,所有国事访问中最戏剧化和最具电视性的元素始终是前往皇宫的马车游行。在皇家骑兵的护送下,女王和她的客人将乘坐第一辆马车,而公爵将带领客人的配偶乘坐第二辆马车。王室其他成员和随行人员会跟在后面。

游行队伍总会吸引大批人群,有时也会有抗议活动。……1971年,日本战时领导人裕仁天皇访问英国时,许多在日本的战俘营残忍虐待下幸存的英国退伍老兵(和他们没有经历过那段时光的家人)都来到游行现场。现场有几声嘘声,还有一名男子因为向马车扔外套而被拘留。但当女王的马车经过时,大多数人都轻蔑地保持沉默。当时还是女王侍从官的乔克·斯莱特坐着马车跟在后面。"我跟日本大使馆对接官员说,我希望这种沉默不会冒犯到天皇,他看着我笑着说,在东京沉默意味着尊敬。"

在1969年芬兰总统乌尔霍·科科宁的国事访问中,爱丁堡公爵有一次特别难忘的马车之旅,不过对总统夫人来说可就不一样了。芬兰第一夫人西尔维·科科宁在正式抵达之前非常紧张,不小心把安眠药当成心脏药吃了下去。她一上车就开始打瞌睡,而跟她乘同一辆车的旅伴爱丁堡公爵和安妮公主,则想尽办法在回皇宫的路上让她坐直身子保持清醒。

一到白金汉宫,女王就带着客人来到比利时套房。这个主宾套房旁边就是皇家游泳池。它是以维多利亚女王的叔叔、比利时国王利奥波德命名的,它的主卧室是蓝色奥尔良房间,还有一个明亮通风的卧房,里面挂着维多利亚时代的肖像,(现在)还有一台大平板电视。然而,它是西方世界唯一没有独立卫生间的国家元首住所。穿过走廊,有两个卫生间,一个是绿色的,另一个是粉色的,非常适合那些喜欢泡澡而不是淋浴的人。前些年,中东国家的某个国王访问英国时,他的先遣队坚持说他们的国王需要一个宽敞的淋浴间,而不是连在浴缸水龙头上的花洒。于是,他们在其中一个浴室的中间安装了一个临时淋浴间,昵称"塔迪斯",花费巨大(所有费用都由来访的国王支付)。它只用了两个晚上,就被拆掉了。

国事访问的客人们一安顿好,就会参加王室的小型欢迎午宴,并且交换礼物和勋章。2017年,与1954年的第一次国事访问一样,女王授予客人嘉德勋章和"荣誉骑士"的称号,并赠予他著名的蓝色饰带。"嘉德骑士"是一个罕见的荣誉,只能授予君主。非王室国家元首通常会收到巴斯大十字勋章和红色饰带。不过,女王近年来在欢迎仪式上又多加了一个环节,就像她对戈尔巴乔夫所做的那样,在画廊里布置一个特别的展览,展示与访问国有关的皇家珍宝和纪念品收藏。西班牙国王和王后来访时,皇家图书管理员奥利弗·厄克哈特·欧文就被特别关照,要在准备展览时多花心思。展示范围从1520年西班牙查理一世访问英国的木刻作品,到萨尔瓦多·达利亲自送给爱丁堡公爵的水彩画。它以英国国徽为原型,画的是一只独角兽(顶着一个血迹斑斑的角),还有一个英国王冠,看上去很像直布罗陀巨岩。厄克哈特·欧文带着外交口吻说,这是对英国国徽非常有趣的解构。而在早前英国王室成员访问西班牙留下的日记和照片旁边,摆着1988年对西班牙进行国事访问期间,女王在马德里讲话的演讲稿。那是在位的英国君主第一次对西班牙进行国事访问。她称赞西班牙是一个"强大的对手,也是一个真诚而勇敢的盟友",还开了一个西班牙无敌舰队的玩笑:"这两点,我的国家都领教过了!"

宴会

如果国事访问只是为了让来访者眼花缭乱，那么国宴才能达到最佳效果——一个戴皇冠、戴饰品，使用乔治四世时代金银餐具的绝佳机会。宴会现场会有大量的花卉布置，反映的是来访国家的颜色。U形桌最前面的鲜花里会藏着演讲用的麦克风。与马车游行一样，自女王继位以来，这个环节基本没什么变化。但是这些年来，女王做了一些微妙的调整。第一次国宴是四道菜，先是乌龟汤，接着是"伊丽莎白拼盘"，炖鸡肉配豌豆和土豆，还有"路易丝蛋奶酥"。到2017年，国宴减少为三道菜——去骨鲑鱼片、苏格兰奖章牛排、巧克力和覆盆子馅饼。

女王从不喜欢花很长时间进餐。因此在她统治后期，王室的总管建议，如果没有汤的话，宴会可以缩短20分钟。女王欣然同意了这个想法。在过去的20年间，还有一个显著的变化，那就是礼仪。在1954年第一次国事访问时——以及接下来的许多年里——皇宫遵守的是宫务大臣办公室和外交部制定的用餐座位顺序。按照神秘的社会等级、每个人的关系，人们都有明确的位置，无论他们是公爵夫人、主教、内阁大臣、男爵或准将的小儿子。按照预先定好的规则安排座位，当然会让事情变得容易些。然而，这意味着王室成员不可避免地会集中在餐桌的前端，他们会挨着坐，而170人的宾客名单上的其他人都可以通过他们与女王的距离来判断他们在社会层级中的位置。国家间的交流也很好，其实它才是国事访问的意义所在。女王总是坐在来访的国家元首旁边。但以1954年的瑞典来访为例，英国客人占据了餐桌前端14个位置，从玛格丽特公主到坎特伯雷大主教，一直到掌玺大臣。终于，有一位外国客人（瑞典大使）出现在座位图上。而英国的外交大臣，本该利用国宴这个机会，促进双边关系，却像三明治一样，夹在斯卡伯勒伯爵夫人和昂斯洛伯爵夫人之间，度过了整个晚上。

这些场合的拘泥古板，难免让人渴望发生一点趣事。一位王室成员记得，有一天晚上，以保守著称的外交大臣迈克尔·阿德恩的妻子海伦·阿德恩生性活泼自由，想活跃一下宴会的气氛，决定在国宴的时候把一坨假狗屎扔在地毯上。穿制服的侍者炸了锅。国宴会场怎么会有只柯基？后来这个玩笑被笑了很久。……而其他情况下某些随行工作人员的行为就让人笑不出来了。"女王说，国宴时，他们都掏出电脑，在桌子上发起邮件来。"戴维·卡梅伦说，"太没礼貌了。"2015年，她被拍到在安慰当时负责安全的伦敦警察厅高级警官。"噢，真是倒霉。"她在花园里对露西·德奥西警官说，有些人对英国大使"非常粗鲁"。[1]

不过，一般来说，王室会尽力满足所有特殊要求，虽然在2016年禁止在皇家场所吸烟后，他们为烟民做不了什么。不喜欢白领结的国家元首可以选择黑色领带、休闲服或民族服装。如果客人迟到了，餐桌上也不会有令人尴尬的"空当"。皇家餐厅为双方随行团的其他成员准备的是"保留"宴会。他们将吃同样的食物，穿同样的衣服，如果有人不能如约出席，他们将另派一人来凑数。迟到的最原始借口或许出现在1989年为尼日利亚总统巴班吉达举办的国宴上。据前外长帕特里克·赖特爵士（现为赖特勋爵）说，总统的一名高级官员在晚宴结束时才到场。他立即向女王道歉，解释说他当天早些时候没有赶上总统专机，因为他还没有结婚，没有妻子能准时叫他起床。

到了21世纪，座位顺序终于被搁置了。在2000年为丹麦女王准备的国宴上，女王决定把她的家人分散在各个餐桌上。这样就没人会有"坐下席"的感觉了。2017年，每一个王室成员和政府官员旁边都坐着一个西班牙国王的随行人员。比如，哈里王子就坐在西班牙首相的幕僚长旁边。

还有一个调整，那就是把演讲从宴会结束后调到了宴会开始的时候。所有客人都非常喜欢这个变化。1992年温莎城堡发生火灾，在这不幸的情况下，

---

[1] 当女王觉得有人不尊重她的工作人员时，女王从不会忍气吞声。在1980年对马格拉布那次混乱的访问中，摩洛哥国王傲慢地忽略行程安排，不断地让女王空等，然后跟她说都是她的助理秘书罗伯特·费罗斯的错。"如果你不这样说我的工作人员，我会更感谢你。"她坚定地回答。

女王开创了这一先例。她本来要在伦敦的一个午餐会上致辞，庆祝她继位40周年，但她感冒了，喉咙痛。她的家族城堡损毁，再加上数月来有关王室婚姻和王室财务问题的报道纷扰不堪，她陷入了低谷。她本来想要菲利普亲王代表她发表演讲，但她的私人秘书坚持说这些话一定要出自她之口。折中的办法是，她会在饭前发言，而不是饭后。从那以后，她就坚持这种安排了。这不仅意味着两国元首可以更加享受他们的晚餐，还能确保他们的讲话受众更加广泛，因为媒体可以更早地在报纸上报道，广播公司也有更多机会让它上晚间新闻。不过，1954年可不是这样。那一次，客人们已经喝过塔里法雪利酒，1949年的约翰尼斯堡雷司令，1937年的拉菲古堡，1937年的库克私藏香槟，正要开始喝1935年的桑德曼波特时，女王起身向她的客人们和国际电台的听众们致辞，介绍两国之间的历史关系。"在多年来慢慢建立起来的自由制度的基础上，我们变得繁荣昌盛。"她对瑞典国王说，"我们对既分离又团结我们的海洋有着永恒的爱。"作为回应，国王向英国在长期战争中的"坚强防御"和"巨大牺牲"致敬。

2017年，酒单——康沃尔卡梅尔谷桃红起泡酒和2000年的西班牙杜埃罗葡萄酒——让两个国家都非常满意。但宾客们还没坐好，女王就开始了演讲。"鉴于我们之间与众不同的历史，我们不可避免地在某些问题上有分歧。"她说，她指的是直布罗陀。西班牙国王在早些时候向议会发表的讲话中已经提出了这个问题。这里不需要再多说了。女王接着说："我们友谊的力量孕育了弹性十足的合作精神和善意。我们深切感谢西班牙继续做出重大贡献。"全球在位时间最长的君主祝酒后，欧洲最新（也是最高）的君主起身向她表示感谢。国王承认了英国和西班牙在欧盟问题上的"不同选择"，并补充说，这是"我们民主传统的一个组成部分，根植于我们两国永远遵从的欧洲文明价值观"。

媒体肯定会对这一场合大肆报道，特别是对展出的珠宝。所有的国宴，王室都会从收藏中拿出珍贵的首饰，但是这一次涉及两个王室，因此是多年来最耀眼的一次。第二天的报纸会刊登莱蒂齐亚女王的许多照片，她戴着1906年的百合王冠，剑桥公爵夫人身穿粉色马切萨礼服，戴着满是钻石和珍珠的"珍珠泪"王冠。

在世界各地参加了许多国宴之后，戴维·卡梅伦仍然认为，没有什么比得上皇宫的晚宴更能赢得最现代世界领袖的称赞："他们才华横溢，冷酷高效。餐前酒，迎宾队列，每个人都可以和女王握手，你去吃饭，做演讲和祝酒，吃你的三道菜，喝一杯，你就可以走了。砰，砰，砰。你一点也不觉得自己很匆忙。很快就完成了。尽管我们都知道白金汉宫正在分崩离析，但它看起来很漂亮。一切都是你希望的样子。"

第一天的传统礼节之后，接下来几天，大多数来访者都会沿着常规路线走下去——强制性地去唐宁街进行会谈、吃午餐，有些人假装喜欢跟大伦敦的金融部门打交道，参观一所大学。有些访问可能会以贸易协定或政治协议结束，但这从来不是国事访问的主要目的。重点是两国的情绪、气氛和温度。

在不断宴请世界领袖的70年中，女王观察到许多变化，最引人注目的是日程的缩减。在统治初期，她会在皇家歌剧院为她的客人举办一个晚会，例如1954年为瑞典人办的"雄鸡之夜"。随着时间的推移，很少有世界领导人有时间或心情在歌剧院度过整个晚上。然而2004年，希拉克总统和他的妻子贝纳黛特到访温莎城堡，庆祝英法《友好协议》签订100周年。圣乔治大厅的宴会结束后，女王领着客人到滑铁卢厅喝咖啡，并观看了音乐剧《悲惨世界》的缩减版。对于演员们来说，这是一个漫长的夜晚，他们必须在伦敦西区完成自己的常规演出，然后和警察们一起跳上长途汽车，奔向温莎——仍然穿着戏服、化着妆——给王室再演一遍，就在客人们喝咖啡的时候。演出是成功的。不过这一切的成功也是因为女王关注这些小细节，就像她多年前对泰国国王所做的那样。她知道这是一个纪念法英友好100周年的夜晚，知道在一个以法国最大一次战败命名的房间招待客人有点不合适。只有这一个晚上，温莎城堡的滑铁卢厅被叫作"音乐厅"。

王室关系

那些为女王工作了多年的人都说,她是真的很喜欢当主人的感觉。对于王室团队,以及无论是谁到访他们都能从容应对的方式,她感到非常骄傲。她的前私人秘书威廉·赫塞尔廷爵士说,多年间,不同的访问反映了英国外交政策的变化:你可以看到一种模式:因入市谈判而对欧洲重要国家的专注已经过去了;对阿拉伯国家的兴趣越来越浓厚,最早的来访者之一是伊拉克国王费萨尔,1956年7月,就在苏伊士危机之前;还有欧洲其他君主偶尔的"家庭访问"。这些访问,他说,从王室的角度来看,"无疑是最愉快的"。除了千丝万缕的亲戚关系之外,这些君主可以理解彼此的挑战和问题,这是选举出来的政客或独裁者所不能理解的。从王位继承到首相的干预,从铸币到传令再到皇家游艇的有趣目的地,只有同为君主才能彼此寻求或提供建议。丹麦的玛格丽特女王是在英国上的学,她很喜欢低调地来伦敦,也经常去白金汉宫看望她的表姐。她甚至承认说,她在英国的时候,连做梦都是说英语的。"二战"时,英国及王室为欧洲许多落难的君主提供了庇护,这份恩情至今令他们铭记于心。

工作人员也很喜欢君主之间的访问,因为他们了解自己的对接人。时不时地,欧洲所有的皇家私人秘书们会聚在一起交换信息。与此类似,欧洲所有皇家新闻官、皇家厨师和皇家护卫官们都会有年度聚会。"君主协会"貌似运行良好,虽然埃及国王法鲁克在1952年被推翻前不久曾有过悲观的预测:"很快,就只有五个国王了——方块、桃心、黑桃和梅花,还有英国国王。"2018年,仍有27个君主统治着43个国家。同时,最新公布的联合国人类发展指数按预期寿命、教育和收入三个因素,给188个国家做了综合排名。在前20名中,有一大半是君主立宪制国家,国王即是国家元首,挪威排在首位(英国排在第16位)。在女王看来,即使是被废黜的君主仍然是"君主协会"的一部分。在2012年的钻石禧年,她邀请了世界上所有的君主在温莎共进午餐。即便是礼仪方面的专家,也会觉得为这次午餐制定座位表是一个难以克服的挑战。毕竟,你要把日本明仁天皇这样一个成熟的君主排在哪里?女王有一个非常简单的解决办法。她会坐在中间,其他所有君主将根据他们的登基日期被安置座位。结果，她身边坐的是罗马尼亚国王和保加利亚国王。这两个国王在很多年前都失去了王位，他们的国家现在都是共和政体。无论如何，女王的观点是：一朝是君主，就永远是君主——除非你自己放弃。

前英国驻美国大使安东尼·阿卡兰德爵士清楚地记得，1975年西班牙恢复君主制后，女王立即热情地给西班牙国王胡安·卡洛斯提供了许多支持。"国王非常尊敬女王，经常给她打电话。"他说，"我记得她对他说过，他需要走出去巡视全国。曾经也有人劝说她多在英国走走。他也应该这么做。他接受了她的建议，去了安达卢西亚。他原本很不爱走动，尽管他在建立现代民主西班牙的过程中扮演了非常重要的角色。"对身为英国大使的安东尼爵士来说，君主之间的亲近当然是一种额外的福利。"我经常能见到国王。他非常开朗。我记得我去找他，说我马上就要回伦敦了。他说：'见到女王的时候，请转达我对她的爱。'我没跟他承认，我也不是能随随便便走进白金汉宫，没事就喝杯茶的。"

那个时期，安东尼爵士的上司是大卫·欧文。这位前外交大臣还记得，西班牙国王胡安·卡洛斯是如何帮助西班牙重新在民主阵营获得一席之地的。"他非常非常能干，很有手段。他绝对阻止过一次军事政变。"而另外一位年轻君主就没那么令欧文勋爵佩服了。虽然女王同样非常积极地鼓励他，但他却没能夺回王位。"女王十分支持年轻的塞尔维亚国王——她是他的教母。但就在他想要夺回权力时，他连塞尔维亚语都不会说。我跟他说过：'我想，你最好先学会塞尔维亚语！'"

女王对2013年开始爆发的退位潮非常坚忍。四位君主，包括胡安·卡洛斯还有教皇在内，在一年之内相继退位。然而，女王在上帝面前做过加冕宣誓。在那之前，21岁的时候，她就已经把"整个一生"都献给皇家职责。所以，她不可能会退位。

难缠的客人

如果说其他王室的来访者一直深受欢迎的话，那么多年来，也有一些残暴的客人来过英国。有趣的是，他们大多数都是在同一时期出现的。总览白金汉宫访客手册，说到令人反感、粗鲁和十足的精神错乱者时，70年代的人脱颖而出。

自从1971年乌干达陆军少将伊迪·阿明掌权，英国政府就对他有很大的担忧。乌干达一直是英国的殖民地，直到1962年在米尔顿·奥博特总理领导下独立。1966年，奥博特就任总统，公开批评英国在非洲的外交政策，特别是爱德华·希思的保守党政府在1970年上台后决定恢复对南非的军售。1971年乌干达甚至在新加坡举办的峰会上威胁要离开英联邦。然而奥博特的错误从他去开会就开始了。他一出国，作为军队首领的阿明就看到了机会，迅速发动了一场成功的军事政变。英国不失时机地承认了新政权。阿明是个牛皮大王，他声称自己曾参加过第二次世界大战，虽然他只是1946年在国王的非洲步枪队当厨子。但英国外交官希望他能尽快上道。1971年7月，他四处宣扬，说他想来伦敦会见女王、首相，还有英联邦秘书长阿诺德·史密斯。尽管英国已经意识到阿明的政府对人权的严重侵犯，但外交部还是欣然同意了。在他们的要求下，女王礼节周到，并在白金汉宫宴请他。但当他对她吐露心声时，她很快就意识到，她是在跟一个疯子打交道。他告诉她，他正计划发动一场战争。此外，他还计划入侵邻国、英联邦属国坦桑尼亚，为的是打造一条通往海洋的通道。正如阿诺德·史密斯后来所记录的：“他说他想从他的国家内陆划出一块狭长的领土，直通印度洋。这让她震惊不已。”通常女王都会把她的午餐谈话当作机密。然而这一次，她觉得从道义上她有义务报告阿明在干什么。她对坦桑尼亚总统朱利叶斯·尼雷尔非常尊敬，并对阿明觉得有权入侵其邻国的主权领土，夺取坦桑尼亚北部450英里的地区而感到震惊。

午餐一结束，她就让她的工作人员联系外交大臣亚历克·道格拉斯·霍姆爵士，并提醒他阿明说了些什么。道格拉斯·霍姆早就知道阿明正在组织武装，因为他曾单独要求英国帮助他获得新武器，包括一个装甲车队。后来道格拉斯·霍姆及时与阿诺德·史密斯分享了这些信息。"很明显，阿明是一个非常危险的人，吹嘘着他那些宏伟梦想。"史密斯在回忆录中写道。

尽管如此，1971年年底，阿明仍然在女王寄送圣诞卡的名单上，虽然卡片因为文书错误而迟到了。1972年1月，英国驻乌干达高级专员哈里·布林德沮丧地写信给外交使团副团长里斯·梅亚尔说，当我昨天把卡片交给总统时，他很高兴，但如果它在圣诞节前送到，他会更高兴。几天后，阿明邀请女王出席乌干达独立十周年庆典。女王回复说，"非常抱歉"，但她早有了别的安排。这个阶段，她给他写信时，还会落款："你的好朋友，伊丽莎白·R。"

然而，很明显，英国与阿明的关系注定破裂。几个月后，阿明宣布驱逐8万名乌干达亚洲人，其中许多人都与英国关系密切。他们的财产和生意被没收，其中2.8万人将搬到英国，因为各种形式的反阿明暴力行动层出不穷。爱德华·希思的政府，本来已经准备好拥抱易怒的米尔顿·奥博特的敌人，现在却开始游说，想要将乌干达驱逐出英联邦。但阿诺德·史密斯警告说，这将被许多非洲领导人认为，英国又回到了旧帝国的老样子。阿明可能是个怪物，但至少他是他们的怪物。

因为指控他侵犯人权的文件堆积如山，他没有出席1973年和1975年的英联邦会议，只是派部长代替他参加。到1977年的会议时，世界上大多数人知道了阿明发动的屠杀，还有他的刑讯队。在一个只有1200万人口的国家里，大概30万人被处决，通常是以最怪异的方式——被迫用棍棒将对方活活打死，或从飞机上被推下，或从悬崖上被推下。他的行为明显比南非这个被排斥的国家更加恶劣。不过，乌干达仍然可以靠着泛非主义的团结来维持他的英联邦资格。英联邦的双重标准处于历史最低水平。

所以，当阿明对外宣称他准备参加1977年在伦敦举行的英联邦政府首脑峰会时，人们感到恐慌。原本会议是要在赞比亚召开的，但在女王的个人要求下改成在英国，正好与她的银禧庆典一起。阿明的到场，不仅会让当时由工党领袖吉姆·卡拉汉领导的英国政府非常尴尬，还会让民主程度更高的英联邦成员国们，尤其是女王深感尴尬。如果他来了，她将不得不与他会面，以英联邦元首的身份。

必须从各个方面施加压力，让他远离伦敦。不过，阿明会听吗？英国女王前私人秘书威廉·赫塞尔廷爵士回忆说，白金汉宫试图利用关系网，他们派遣了一名军官，他和阿明一样曾在国王的非洲步枪队中服役。"他被派去跟阿明讲道理，我记得他说过这肯定没用。"赫塞尔廷说，"他们在一个泥棚里接待他。泥棚的入口是一根管子。他们让他爬过去和阿明谈话。这是一次非常失败的外交尝试。"

阿明根本不会听他鄙视的帝国主义英国政府的话。因此，英国外交大臣欧文试图说服其他非洲国家不让他参加英国女王在伦敦举行的派对。这也是一个徒劳无功的任务。

吉姆·卡拉汉向新任英联邦秘书长桑尼·兰帕尔征求意见。"他吓坏了。"兰帕尔说，"我警告他：'你不能把阿明赶走。'毕竟，希思是在唐宁街接待他的。"兰帕尔启程前往乌干达，这将是他担任秘书长十五年来最离奇的一次会面。"阿明邀请我们参加伊丽莎白女王游戏公园一家旅游酒店的开业仪式，还让我们用他的直升机。"兰帕尔的新闻秘书帕特西·罗伯逊回忆说，"我记得有人说：'他就是从这架直升机上把人推下去的。'这让我很担心。然后一个新闻人员说：'他们为什么带这些孩子来？'后来才知道，那些是阿明的侏儒舞者。"

兰帕尔温和而坚定地告诉阿明，如果他来到伦敦，他只会让女王难堪，疏远他在英联邦内部的盟友。

阿明似乎很喜欢猜谜游戏和吸引注意力。就在英联邦的领导人们陆续抵达伦敦时，他从公众视野中消失了，这不可避免地引发了许多传言。他真的会在女王的聚会上抢她的风头吗？就在各国政府首脑聚集在圣保罗大教堂举行感恩仪式，纪念女王登基25周年的时候，人们明显感到不安，担心他可能在最后一刻露面。蒙巴顿在日记中写道，女王仿佛变了一个人。"后来我问她，为什么她看起来那么紧张那么担心。"他写道，"她笑着说她只是在想，如果阿明把聚会搞砸会有多可怕。"蒙巴顿大胆地问她会怎么做。女王说，"她注意到市长的珍珠剑就摆在她面前，她会用它'狠狠地打他的头'。"

尽管圣保罗大教堂没有出现阿明的踪迹，但随着客人们来到之后的市长午餐会，气氛越来越紧张。新闻界得知阿明的飞机刚刚进入爱尔兰领空。他还赶得及吃布丁。吉姆·卡拉汉和他的部长们当然吃不好饭，正如前外交大臣大卫·欧文回忆说："梅林·里斯（内政大臣）走过来对我说：'大卫，阿明要在伦敦机场降落了！'我们已经制订了计划，以防他真的疯到飞过来，所以我说：'我们会把他赶到机场的角落，不让他下飞机。'午餐的大部分时间，梅林都在打电话。在这件事上，阿明把大家都骗了。他根本就没离开乌干达。"

一年后，欧文笑到了最后。"阿明是个祸害，我摆脱了他。"他骄傲地说，"我可能会因为我做的事而坐牢！"当阿明如1971年跟女王吐露的那样，终于入侵了坦桑尼亚时，坦桑尼亚总统尼雷尔来到英国寻求帮助。"尼雷尔怎么说都不是好惹的，但他没有什么弹药。"欧文说，"我说，我不能给你买弹药，但我可以增加你的援助预算，这样你就可以买弹药。你现在会因为用援助资金买弹药而坐牢。但是报纸上没有任何报道。"有了英国资助的武器，坦桑尼亚继续对乌干达发起反击，迫使阿明流亡，再也不会回来。

阿明虽然在国内是一个反复无常、残暴的独裁者，但他对女王始终保持着尊敬和爱戴。桑尼·兰帕尔认为，他没去搅和她的禧年庆典就是这个原因。狂妄自大的津巴布韦总统罗伯特·穆加贝也有类似的故事。即使在他在位后期，他狂怒反抗之前囚禁了他11年的英国政府和帝国，他也从来没有说过女王的坏话。在独立后他领导国家的前几年，他一直是王室的座上宾。一位前王室成员被他迷住了，他有着"男人身上能看到的最修长的手指"。1994年，女王正式邀请他对英国进行国事访问，他甚至推动了庆典礼仪的变革。维多利亚火车站的传统欢迎仪式终于被抛弃了。多年来，国事访问的新奇感逐渐消失，在维多利亚街两旁观看的人群也越来越少。对于穆加贝这样敏感的国家元首来说，只要几个不怀好意的人，就可能把迎接仪式搅和成严重的侮辱。因此，女王批准了一个计划，从皇宫出发，在林荫大道另一端的皇家骑兵卫队阅兵场迎接穆加贝。这么做不仅是因为这个阅兵地点看起来更漂亮，而且路线也更短。那一次仪式非常成功，因此女王从那以后就一直坚持这种模式。

当时的英国外交官回忆说，穆加贝的性格已经在转变之中。他的第一任妻子萨利,是来自加纳的一名教师。众所周知,她对穆加贝的人生产生了至关重要又持久稳定的影响。"她是个了不起的女人,萨利·穆加贝。"尼古拉斯·索米斯爵士说。他的父亲索米斯勋爵在担任罗德西亚最后一位总督时,跟穆加贝夫妇很熟。"她在世时,他从未走错过一步。后来,他就变了。"许多了解穆加贝的人都说,1992年,萨利在遭受长期的肾衰竭后去世,从那之后,他就开始堕落。"萨利是他的精神支柱。"桑尼·兰帕尔说,"我妻子见过她很多次,我们知道她对他有多大的影响。"

1996年,穆加贝与比他小41岁的前秘书格蕾丝结婚。在萨利还活着的时候,他就跟格蕾丝生了两个孩子。据另一位熟悉他的王室内部人士透露,他已经变了一个人:"他只认钱,与现实脱节了。我问他的第二任妻子,他在政治之外还有什么兴趣?'购物!'她说。"

1997年之后,托尼·布莱尔的新政府宣布不再资助津巴布韦土地改革项目,穆加贝对英国的敌意越来越大。这个项目本应帮助小农场主,但显然实际受益的是穆加贝的亲戚和他的核心圈子。正如托尼·布莱尔对英联邦新任秘书长唐·麦金农说的:"他真的是一个老派马克思主义者。"这个新西兰人记得,进入21世纪后,穆加贝越来越狂躁。麦金农在回忆录中写道:"他不停地摇晃,手不停地拍打,摇头晃脑,我从来没见过一个人如此地紧张。"不过,时至今日,他仍然对穆加贝的智慧感到敬畏。"永远不要低估他的智慧。"麦金农在新西兰的家中说,"永远不要低估他比任何人都更了解英联邦的能力。"他认为,自从纳尔逊·曼德拉获释并在南非当选后,穆加贝就越来越痛苦。曼德拉在全世界都广受尊重,但他却没有。作为非洲黑人自治运动的领袖,穆加贝受不了自己被忽视。到2003年,在无数次违反英联邦规定之后,英联邦还没来得及把津巴布韦赶出去,穆加贝就让津巴布韦退出了英联邦。麦金农相信,津巴布韦将在新的后穆加贝时代回归英联邦。他也相信,女王将为此激动不已。不过在这个过程中,他从未指责过女王。前海外发展部大臣查克尔女爵也很了解穆加贝。她说,他总是把君主和大臣分得很清楚,他会告诉你:"她是最优秀的女人之一。可怜的是那些政客们。"

不过，这一时期的另一位非洲来访者对女王就没那么尊敬了。就在1971年女王令人震惊地与伊迪·阿明共进午餐的同时，爱德华·希思政府邀请了极度腐败的扎伊尔总统蒙博托·塞塞·塞科对英国进行国事访问。访问日期定在1973年。蒙博托和妻子玛丽·安托瓦内特一起来到白金汉宫，后者表现出的愚蠢与无知，与两个世纪前与她同名的法国女人一模一样。[1]她把宠物狗装在总统的行李里偷运到英国。鉴于严格的检疫法和当时狂犬病在欧洲大陆的流行，这是非常严重的违法行为。当她向宫廷厨房要一些牛排来喂她的宠物时，她的诡计很快就被发现了。女王的工作人员说，在得知比利时套房里藏着四条腿的违禁品的那一刻，女王的愤怒到了极限。"把那条狗从我家里弄出去！"她对皇宫副总管怒吼道，并命令立即把皇家柯基送到温莎照看。蒙博托夫人的宠物被迅速隔离，而国事访问仍在冰冷的气氛中进行。

虽然蒙博托夫妇如此公然地滥用王室的好意，但他们还算不上女王最糟糕的客人。这份"荣誉"还是要落在五年后来访的东欧夫妇身上。

最糟糕的客人

经过深思熟虑，对于她那拥有不同意识形态的客人，女王已经准备好了她认为的完美礼物。罗马尼亚总统齐奥塞斯库可能是有史以来白金汉宫邀请的最令人厌恶的访客之一，但在他1978年夏天抵达白金汉宫之前，宫廷还是要保持一定的标准。因此关于礼物，女王的官员征求了罗马尼亚大使的意见。大使回复说齐奥塞斯库最想要的是英国某个著名枪支品牌的猎枪。女王不仅订制了一支带望远镜瞄准器的步枪，还订制了一个漂亮的皮箱，上面印有她的"E II R"标记，还有"尼古拉·齐奥塞斯库"的名字。访问前夕，她的私人秘书威廉·赫塞尔廷邀请罗马尼亚大使到皇宫参观，确认最后的安排，并查看女王的礼物。"他立刻掉了脸，脸色灰白。"赫塞尔廷回忆说，"他说，你们是用俄语写

---

[1] 玛丽·安托瓦内特（1755—1793），路易十六的王后。——编者注

的尼古拉的名字。我可以清楚地看到，他认为，要是就这样把拼写错误的礼物递过去，他肯定会掉脑袋。幸运的是，我们在温莎有一位了不起的工匠，他能在一夜之间把'i'变成'e'。"

在这次访问之前，大使并不是唯一一个紧张的人。外交部东欧及苏联组的大卫·兰伯特花了几个月的时间为罗马尼亚第一夫人埃琳娜·齐奥塞斯库准备了一份更为棘手的礼物。这位反复无常、自称"学者"实则半文盲的夫人放出消息，她希望在拜访女王期间，能获得英国一所著名大学的荣誉学位。如果她的学术才华得不到认可，这次国事访问将显然被视为一次痛苦的失败。不幸的是，英国的学府可不是排队就能进的。

更令人震惊的是，我们现在知道，兰伯特的上级也就是外交部，其实想过取消这次访问。大卫·欧文收到过他的私人秘书埃文·费尔格森的一份机密备忘录，警告说，对于共产主义东欧的首次国事访问，媒体的敌意越来越大。欧文的私人回应虽然诚实，却是非同寻常的，考虑到当时距离国事访问只有两天。因为外交部的档案显示，他也对迎接齐奥塞斯库一家感到震惊。"是谁同意的这次访问？"他在费尔格森的备忘录边上潦草地写道，"是我吗？如果是的话，我后悔了。"至于媒体，欧文没有怨言。"他们的批评是有几分道理的。"他补充说。

至少他不必为齐奥塞斯库安排食宿。这个讨厌的任务落到了女王的肩上。世界各国领导人来到联合王国时，总是这样的，政府发出邀请，女王施展皇家魔法。她和她的工作人员会毫无怨言地安排齐奥塞斯库的国事访问，因为这一直是她的职责。虽然要是她知道，把这一切强加给她的大臣戴维·欧文，现在觉得整件事是一个糟糕的想法，她肯定会感到不快。但无论如何，已经太晚了，再也回不去了。马匹和马车都安排好了，宴会也准备好了，皇宫的比利时套房已经打扫干净，准备了鲜花。终于，1978年6月13日，女王和爱丁堡公爵向两位令人不快而难忘的客人打开了家门。

齐奥塞斯库夫妇的国事访问生动地说明了英国在冷战最激烈时期的外交优先度。在那个时期，如果能达成任何短期政治协议，英国政府情愿对任何不当行为视而不见，甚至不怕令女王难堪。在这件事上，一切都是为了卖出去几架英国飞机。而买主是华沙条约组织中最专制的独裁者（甚至苏联人也认为他是专制主义者），这个事实一点也不重要。

齐奥塞斯库一家将在吉姆·卡拉汉这位麻烦缠身的工党首相任期的最后一年到来。但这次访问，像许多可疑的邀请一样，起源于爱德华·希思的托利党政府。外交部档案显示，早在1973年，英国就建议对罗马尼亚进行正式或国事访问，这是外交部国务大臣朱利安·艾默里的礼貌之举。尽管艾默里是右翼组织"周一俱乐部"的坚定成员，但齐奥塞斯库愿意与其他共产主义东方集团国家分道扬镳，这让他感到震惊。1968年，苏联入侵捷克斯洛伐克，罗马尼亚没有提供支持。这位领导人热衷于推行自己的贸易和政治议程，不管苏联会怎么想。英国内部曾经有过争论认为，通过与齐奥塞斯库接触，英国可能在华沙条约组织中获得某种立足点，并获得某种商业上的好处。

工党领袖哈罗德·威尔逊在1972年访问罗马尼亚期间就已经有过类似的想法，当时他作为反对党领袖从莫斯科返回英国。在1984年2月，威尔逊击败爱德华·希思担任首相。不久，他向这位罗马尼亚总统做出了新的示好。5月3日，他在唐宁街会见了齐奥塞斯库政权的一些高层人物，包括罗马尼亚共产党书记斯特凡·安德烈。一份机密会议记录显示："安德烈表示，齐奥塞斯库总统希望去伦敦拜访首相，但这需要女王的正式邀请。"威尔逊回答说，他非常欢迎齐奥塞斯库前来拜访，但国事访问将"很难安排"。他还说，如果只是普通的"正式"访问的话，"安排起来会更快"。然而，这位罗马尼亚领导人显然希望得到王室的全套待遇。正如内阁文件披露的那样："安德烈没有对这些言论做出回应，但在会议结束时，他把威尔逊拉到一边，强调了齐奥塞斯库总统对国事访问的重视。"

两国关系继续推进。1975年，齐奥塞斯库对英国做了一次简短的正式访问，当时他还拜访了契克斯庄园（首相乡间别墅），与他讨论了几个问题，包括英国对罗马尼亚新航空项目的支持。这位总统让大家知道，他仍然希望进行国事访问，并愿意等待女王的日程空当。同年，威尔逊成为战后首位访问罗马尼亚的英国首相。现在，是时候确定齐奥塞斯库拜访女王的日期了：1978年6月。这次国事访问不同寻常，因为它有一个非常明确和直截了当的商业话题。齐奥塞斯库将签署一份价值2亿英镑的合同，在罗马尼亚建造82架BAC 1-11飞机[1]，并配备英国飞机公司（不久将成为英国航空航天公司）的许可证，再加上另外一份价值1亿英镑的合同，购买225台劳斯莱斯斯贝发动机，装备那些飞机。当时，英国疲弱的经济正在一场又一场的危机中挣扎，在几乎持续不断的工业动荡中（当时距"不满之冬"只有6个月，[2]很快，工党将被驱逐18年），这对卡拉汉政府来说是一场实质性的胜利。但这一切都取决于女王。因为作为回报，英国将给予罗马尼亚暴君所能受到的最隆重的接待。尽管齐奥塞斯库可能在梵蒂冈、教皇保罗六世和白宫的吉米·卡特总统那里受到过款待，但没有什么比在伦敦受到皇家热烈欢迎更能打造他全球政治家的雄伟地位。

"我们认为罗马尼亚相当自由。"前外交部长西蒙·弗雷泽爵士回忆说，"这说明你对这些事情必须非常谨慎。"

唐宁街和外交部文件显示出英国政界人士、外交官和商业界乐于在多大程度上迎合齐奥塞斯库的自负和偏执，以确保访问顺利进行。英国航空公司甚至提出，访问结束时，他们可以用协和式客机将齐奥塞斯库送回布加勒斯特。外交部负责礼宾和皇家联络的罗杰·杜·布雷很快提出，此事需要谨慎考虑。他在信中写道，这将为未来的国事访问访客"树立一个非常奇怪的先例"，他们都会要求乘坐协和式飞机回家。不过他补充道："当然，如果能够证明，免费的协和式飞机回程，可以改变BAC 1-11飞机谈判的规模，我们可能不得不重新考虑。"

然而麻烦更大的是总统夫人的荣誉学位。英国驻罗马尼亚大使馆发出的信号响亮而清晰，他们说这是埃琳娜·齐奥塞斯库一直期待的，特别是哈罗

---

[1] 1965年推出的BAC 1-11，是一款短途客机，不久被波音737取代。
[2] 1978年12月到1979年2月的冬天，工党政府的经济政策引发大规模罢工。——编者注

德·威尔逊1975年访问罗马尼亚时也提出了这一想法。虽然威尔逊已经从政界退休，但他当上了布拉德福德大学的校长。因此1977年12月，外交部写信给威尔逊的私人秘书马西娅·法尔肯德女爵，提出了一个坦率的建议。既然最开始是威尔逊提出的这一想法，他能否请布拉德福德大学考虑授予齐奥塞斯库夫人荣誉学位，以表彰她在"高分子科学和科学教育"领域的"杰出工作"。接下来的一个月，英国驻布加勒斯特大使馆一等秘书安德鲁·伯恩斯告诉他的上司，罗马尼亚科学技术委员会再次"发出了一些强烈的暗示，暗示齐奥塞斯库夫人将乐于在访问期间获得某种学术荣誉"。很快，整个外交部将致力于这项艰巨的任务。法尔肯德夫人回复说，布拉德福德大学对这种提议需要投票表决，而威尔逊对结果持悲观态度。外交大臣大卫·欧文意识到，如果被拒绝的话，将会是一场外交灾难，他决定不再在布拉德福德大学推进此事。

外交部档案显示恐慌在日益加重。外交部东欧组的安东尼·菲吉斯向赫里奥特·瓦特大学求助，但没有成功。萨塞克斯大学和利物浦大学也一样。布加勒斯特的安德鲁·伯恩斯写信给伦敦的对接人大卫·兰伯特。"帝国理工肯定能帮上忙吧？"伯恩斯恳求道，他发现齐奥塞斯库的一个儿子在那里上过学。他们不能。与此同时，兰伯特遭到了英国皇家学会的拒绝，但正在接触南安普顿大学，他听说他们正在寻找新的国际合作伙伴。他们可能只愿意给齐奥塞斯库夫人一件长袍和一张卷轴，"作为走进罗马尼亚的一种途径"。

东欧组负责人肯尼斯·斯科特被这些拒绝弄得很紧张。1978年2月15日，他写信给英国驻罗马尼亚大使雷吉·苏尔迪说，如果"某所大学理事会的某位不满的成员，把英国外交部向多所大学兜售齐奥塞斯库夫人一事泄露出去"，那么外交部将面临的尴尬局面比没拿到学位还要糟糕。

如果说英国学术界对即将到来的来访者已经表现出不友好的话，其他组织则没有。国民西敏寺银行董事长罗宾·利·彭伯顿和董事会想邀请齐奥塞斯库共进午餐。考文垂的工党市长请求外交部把齐奥塞斯库一家送到考文垂。现任劳斯莱斯外事顾问的约翰·罗素爵士写信给外交部的罗杰·杜·布雷，坚称劳斯莱斯应被纳入所有"主要礼宾职能"之中。他补充说，公司的董事长肯尼斯·基思爵士曾是齐奥塞斯库某次"猎熊"活动的嘉宾。"我并不认为6月份伦敦会有类似活动。"杜·布雷回答说,客人名单还在讨论中。"至于猎熊,我能想到的是在海德公园围捕流浪狗,但我觉得更可能的是,我们将不得不寻求其他方法来转移总统的注意力。"

警钟

从一开始,英国外交部就非常希望皇宫和白厅的每个人都能认识到,他们要面对的是一个多么肤浅的自大狂。齐奥塞斯库有着极强的控制欲,喜欢搞个人崇拜,以至于罗马尼亚媒体甚至不敢提及他的身高(5英尺6英寸),[1]因为害怕遭到报复。在他面前哪些话不该说,英国外交部就此提供了一些有趣的指导。前罗马尼亚王室是不可以提及的,因为"提及此事对当前的政权可能不太有利"。不能把罗马尼亚人称为"东欧人",应该是"自成一格的罗马尼亚人"。东道主应该"因为总统富有活力和想象力的外交政策而给予特别的尊重"。英国尤其应该阻止所有的示威游行。齐奥塞斯库的礼宾主管在这个问题上非常敏感。最近,这位总统不肯离开他在美国的大使馆,直到抗议者被驱散。

英国外交部也收到了一些警告信号,说这位总统也有蒙博托式的不良行为。1978年3月,大卫·兰伯特接到英国外交部南欧部门的艾弗·罗林森的举报说,齐奥塞斯库的一个儿子在陪同父亲访问希腊时,欠下了许多账单未支付,引起了极大的不满。罗林森还说:"如果他来了,我们或许可以和威尔士亲王组织一些跳伞活动!"

皇宫的工作人员曾向罗杰·杜·布雷抱怨罗马尼亚随行团的规模。3月中旬,罗马尼亚大使告知他们,齐奥塞斯库计划带一支55人的队伍,其中包括10名宠信的记者、私人飞机机组人员和4名额外保镖,他们都要住在皇宫。王室工作人员回答说,这些人得睡在其他地方,因为即便整个白金汉宫,也不可能

---

[1] 相当于1.67米。——编者注

住下这么多人。

荣誉学位的事依旧没有着落。4月7日,肯尼斯·斯科特写信给英国驻布加勒斯特大使馆,又说了一个坏消息:南安普敦大学拒绝了他们的请求。尽管如此,英国外交部东欧组的大卫·兰伯特仍然没有放弃。下一站:约克大学。

4月24日,英国大使雷吉·索德发了两封非常坦率的电报,上面有他对女王客人的印象。第一封是发给外交大臣大卫·欧文(也就是给皇宫)的,直言不讳却又令人钦佩地描述了齐奥塞斯库这个人。这位大使警告说,他是当今世界上最绝对的独裁者,还说埃琳娜·齐奥塞斯库"毒如蛇蝎",他们的孩子"没有出息",齐奥塞斯库没完没了地对奴颜婢膝、高呼口号的政党官员讲话,就像是阿道夫·希特勒和乔治·奥威尔的混合体。"险恶的是,像齐奥塞斯库这样精明而有成就的政治家能够接受这样精心安排的奉承。这让人不禁想起1938年和1984年。"索德写道。他警告说,这位总统在此前的一些访问中会出现"灾难性"场面,其中包括在比利时的一次,他的警卫对待当地人非常粗暴无礼,"在饭桌上抢座位。"从积极的一面看,齐奥塞斯库对英国很有好感,尽管他也感到焦虑,但他还是有机会,如果能受到公众的欢迎,他会克制自己的本能冲动。他总结说:"我们很幸运能让齐奥塞斯库总统坐在马鞍上。他有着勇敢独立的思想,愿意在各个领域与西方国家打交道。"在页面的空白处,有位高级官员加了一句:"救命!"

索德还写信给罗杰·杜·布雷,告诉他一些有用的美国情报。关于如何处理这些最棘手的客人,他刚刚收到美国驻罗马尼亚大使的简报,因为齐奥塞斯库前不久刚访问过美国。首先,饭前的仪式要避免。"他不会做任何宗教祈祷。"索德写道,并补充说,在美国的一次活动中,饭前祷告时齐奥塞斯库居然走了出去,祷告结束后才回来。"让齐奥塞斯库夫人高兴是非常重要的,"他说,"夫人喜欢购物——她显然会付钱,但由谁来付钱事先应该说清楚;基本上你给她什么她都会收下。"工作人员又是另一回事。"美国人遇到了一些麻烦,罗马尼亚先遣队无耻地要求运送毛皮大衣等。"齐奥塞斯库对任何形式的照顾都非常敏感——也就是英国大使说的"贵族派头"——尽管他很容易被奢侈的礼仪和体面的仪仗队诱惑。

任何时候都要遵守的金科玉律就是大量地奉承他们。"不断地赞扬齐奥塞斯库的国际政治家风度是非常重要的。"索德建议说,"没有比这更好的润滑剂了,而且可以无限量地使用。"这位大使的建议在英国外交部和白金汉宫流传开来。"很有用。"肯尼斯·斯科特说,后来他成了女王的私人秘书,在皇宫工作。他很快把这些建议转达给了伦敦市长彼得·万内克。市长正在发愁,迎接这位客人时他到底该说些什么。他听取斯科特的建议修改了演讲稿并发给斯科特批准。市长在演讲稿里,称赞齐奥塞斯库"作为一位经验丰富的国际政治家,享有巨大声誉",并补充说,齐奥塞斯库夫人"不仅是一位享有国际声誉的科学家和化学工程师,而且是女性权利的伟大代表"。他引用了西奥多·罗斯福的话:"我们需要有远见卓识的领导人……他们能用燃烧自己的灵魂的火焰点燃人民。""先生,你真是个好人。"就连肯尼斯·斯科特也觉得这太过分了。"我都写不出这样的话来。"他在草稿上写道,"但也许我们都会喝得酩酊大醉,注意不到这些!"然而市长大人的夸大其词,在即将到来的胡言乱语面前也会显得苍白无力。

在所有国事访问之前,英国大使馆通常会向皇宫发送有关随行人员的简报。布加勒斯特的一等秘书安德鲁·伯恩斯对齐奥塞斯库夫人的描述非常坚忍、克制——"意志坚定,清教徒式风格",但对核心圈的其他成员的形容则直接得多。"机械制造业部长"伊恩·艾夫拉姆是一个"秃顶的矮胖子,一个快活的人,外表丑陋却隐藏着非凡的智慧"。不过,值得关注的是礼宾部负责人尼古拉·埃科贝斯库。众所周知,除了在许多外国访问中造成"相当大的冒犯",他还喜欢使用人身暴力限制试图接近总统的大使或记者。

接着,外交奇迹出现了。终于,英国的一家学府认为齐奥塞斯库夫人值得一顶学术桂冠。5月3日,伦敦中心理工学院的特伦斯·伯林教授写信给大卫·兰伯特说,学校委员会不仅打算授予"第一夫人"荣誉学位,还打算授予她荣誉教授职位。他说他们预计不会有任何问题。还有另一个好消息。虽然约克大学拒绝授予她荣誉学位,但它的一位化学教授理查德·诺曼碰巧也是皇家化学研究院的院长。凭着这个职位，他有十足的自信能说服他的化学家同事们，他们不仅应该授予"第一夫人"荣誉学位，而且应该给她一份奖学金。消息一传到布加勒斯特，齐奥塞斯库夫人立即接受了这两个邀请，并取消了行程中对其他学术机构的访问。

就在抵达前几天，罗马尼亚人仍然要求英国进一步卑躬屈膝，以满足总统的自负。正如英国大使雷吉·塞奥塞斯库指出的那样，齐奥塞斯库总是喜欢以"一份无休止、浮华的联合声明"来结束访问。可是这一次，除了飞机交易之外，没有什么可发表声明的。不过，吉姆·卡拉汉和他的大臣们很乐意玩这个猜谜游戏。因此，唐宁街起草了一些毫无意义的"谅解备忘录"，关于文化和教育联系的重要性。然而内阁文件显示，几乎没有人试图提及人权，毕竟在这个国家侵犯人权是家常便饭。罗马尼亚人递给外交部一份名单，上面都是些不受欢迎的异见者和"民族统一主义者"，希望英国能在访问期间把这些人驱逐出英国。外交部没有反对。罗马尼亚政府甚至警告英国当局，上议院的一名"匈牙利"议员巴洛格勋爵，可能会惹麻烦。英国外交部国务司长戈龙威·罗伯茨勋爵没有拒绝这种对英国司法的无耻侮辱，而是"乐意得知这一信息"。至于巴洛格勋爵，他向罗马尼亚人保证，"英国议员不会以不体面的方式行事"。

红毯

对于外交部来说，现在最紧迫的问题是客人名单。壳牌、英国帝国化学工业集团（ICI）和霍克·西德利公司的董事长们，还有英国广播公司的司长，都是顶级人物，他们都收到了女王的国宴邀请。排在第二梯队的是应邀参加首相午餐会的人（包括《星期日泰晤士报》的编辑哈罗德·埃文斯和英国独立电视新闻公司时事主管彼得·斯诺）。接着是市长大人的宴会，最后是各种招待会。几年后，英国的当权者们提到齐奥塞斯库都会大肆批评，但1978年，他们都排队等着与他握手。肯尼斯·斯科特收到了前驻罗马尼亚大使、英罗银行董事长莱斯利·格拉斯爵士一封令人愉快的乞求信。莱斯利爵士说，他还没有收到任何邀请。"我没指望能收到皇宫的邀请,但如果有比较大的招待会,我想我能不能毛遂自荐一下。"他在莱姆斯特镇的家里写道,他不太想在飞钓旺季离开家里。"当蜉蝣出没时,离开赫里福德郡是件痛苦的事,但我想,如果我们没有收到邀请,罗马尼亚人可能会感到有点惊讶。"这个请求说明,莱斯利爵士想要在访问期间留在自己赫里福德郡河边的家里。

英国外交部受理的议员和公众的投诉越来越多。他们为什么要把另一个暴君强加于女王?杰弗里·豪写信给外交大臣大卫·欧文(几年后豪将坐上欧文的位置),抱怨罗马尼亚对基督徒的迫害。布里斯托尔一位著名物理学家转述了罗马尼亚一位老教授的警告,她说,埃琳娜·齐奥塞斯库"根本没有什么化学家的美名"。外交部的备忘录中,带着某种势利的意味,记录了这样一件事:这位物理学家非常欣慰地得知,唯一被齐奥塞斯库夫人的虚假成就蒙蔽的,就只有伦敦中心理工学院。

到现在为止,女王已经从某位国家元首那里得到了一些可靠的内部消息。法国总统瓦莱里·吉斯卡德·埃斯廷给她打电话,说起几个月前齐奥塞斯库访问巴黎时他的随行人员的行为。负责照顾罗马尼亚人的官员从未见过这样的事。总统回忆说:"他来见我,他被吓坏了,说:太可怕了,这个地方完了,他们把所有的东西都拿走了。"原本那里有很多台灯、花瓶、烟灰缸和浴室用品。他们离开后,所有东西都不见了。一切都被带走了。就好像窃贼闯进来在这里住了整个夏天。更糟糕的是,齐奥塞斯库的卫兵甚至在墙上凿了许多洞,寻找隐藏的电线和窃听设备。

女王提醒皇宫的总管,要把比利时套房内所有有价值的零散物品都搬走。经历过三位首相的前私人秘书巴特勒勋爵回忆说:"他们被提醒把皇宫梳妆台的银刷子收起来,否则罗马尼亚人会全部偷走。"媒体的批评声越来越多。距离访问还有两天的时候,外交大臣戴维·欧文在他的外交部备忘录上写下了那张奇怪的字条,对这次访问表示悔恨,恨不得它不会发生。回顾往事的时候,他解释说他别无选择。早在他上任之前,当时的政府就发出了邀请:"我不得不为(保守党大臣)朱利安·艾默里的决定辩护,他是为了拿到

BAC 1—11的订单，所以当《每日电讯报》等报纸对这位外交大臣的傲慢决定大肆抨击的时候，我只能袖手旁观。这个决定，我无能为力！"

然而，齐奥塞斯库在左翼媒体中却得到了一些好评。就在离开罗马尼亚之前，他在接受《卫报》海拉秀的专访时漫无目的地说了很久，对人权问题进行了粗略的讨论。"你对西方的批评有何看法？"他被问到。齐奥塞斯库回答说，罗马尼亚在人权问题上采取了"民主—人道"的态度，而且"所有人民全力支持我国的政策"。第二天，《卫报》刊登了一封热情洋溢的"布加勒斯特来信"，说的就是英国下一个国宾的事："他和他的妻子似乎赢得了民众真正的喜爱。齐奥塞斯库是一个矮小、绷紧的人，似乎总是很自律。他在主张罗马尼亚脱离俄罗斯独立和鼓励罗马尼亚民族主义方面表现出巨大的勇气。他们似乎怀着愉快的心情接受了罗马尼亚严厉的紧缩政策，并相信拯救终会到来。"拯救的确到来了，不过是十一年后，通过一个行刑队。

同一天，伯纳德·莱文在《泰晤士报》上撰文，严厉抨击齐奥塞斯库迫害基督徒的行为。他在文中写道："在你读完这篇专栏文章之前，会有一位外交部官员对齐奥塞斯库总统随行团的对接人说，'现在的《泰晤士报》越来越不可靠了'。"这一预言也会被证明是正确的。

在1978年6月那个晴朗的日子，齐奥塞斯库一家飞抵伦敦盖特威克机场，迎接他们的是肯特公爵夫妇。公爵夫妇护送他们乘坐皇家火车前往维多利亚车站。女王和菲利普亲王以及查尔斯王子和安妮公主在等着迎接他们，还有首相、外交大臣和内政大臣、武装部队首长和第一营仪仗队、掷弹兵卫队等。七辆马车排成一排，等着将贵宾送到白金汉宫。女王和总统在第一辆马车上，罗马尼亚礼宾负责人尼古拉·埃科贝斯库和女王的侍从坐在第七辆马车上。

维多利亚车站外只有两个小规模的无声示威。其中一个是由某个团体组织的，他们举着的条幅上写着"罗马尼亚基督徒的人权"。另一个由受迫害的罗马尼亚匈牙利少数民族及其支持者组成——两百万人可能仅仅因为庆祝他们的匈牙利血统而被监禁甚至处决。

在白金汉宫，当总统的行李被送到时，王室的工作人员已经发现，他们正在照顾一个非常奇怪的客人。齐奥塞斯库一家把所有的衣服都装在密封的容器里,防止英国特工冒充仆人在他们的衣服上下毒或偷放窃听器。像往常那样,皇宫里准备了午宴,然后是交换礼物。据说,齐奥塞斯库收到步枪和订制的枪盒时非常高兴,埃琳娜收到女王送给她的金胸针时也是兴奋不已。作为回礼,齐奥塞斯库夫妇赠送了两张手工地毯。这位总统在威斯敏斯特大教堂的无名战士墓前敬献了花圈,随后与伊丽莎白王太后喝茶,并听取了威斯敏斯特市市长和议员的讲话。

表面上,一切都和其他国事访问完全一样,尽管机警的工作人员在国宴的准备工作中会注意到一些点头和眨眼的动作。大多数的国事访问访客都希望能享用皇宫酒窖最好的红葡萄酒——初酿红葡萄酒或类似的红葡萄酒。1960年,女王为戴高乐总统准备的是1949年的拉菲;为德国总统准备的是拉菲和柏翠之花。然而给齐奥塞斯库,女王开始时准备了非常体面却无聊的白葡萄酒,1971年的奥克芬纳-博克斯坦白葡萄酒,配鱼,然后是一种非常普通(国宴术语)的红葡萄酒:1966年的五级歌碧庄园红葡萄酒。菜单上也有一些恶作剧的秘密。尽管外交部禁止提及罗马尼亚王室,但女王不会让胆小的外交官抹去她的罗马尼亚/匈牙利血统。在豌豆汤和温莎堡特供阿尔勒羊里脊之间,上了一道鱼,名字叫"克劳迪娜双色鱼卷"。女王通常用客人的名字给菜肴命名,以表敬意,比如给伊朗国王的"德黑兰比目鱼",给瑞典国王和王后的"路易丝舒芙蕾"等。在这场宴会上,唯一向罗马尼亚致敬的,是提及这位出生在特兰西瓦尼亚的伯爵夫人克劳迪娜·莱迪,她是女王的曾曾祖母[1]。齐奥塞斯库和他粗鲁的礼宾主管埃科贝斯库似乎都没有注意到,女王正在表明自己的匈牙利血统,犯下了死罪。即使他们发现了,也不会在这里上演闹剧。这是唯一一次,齐奥塞斯库有了敬畏之心,正如外交部希望的那样,非常配合他们。"我

---

[1] 克劳迪娅·莱迪,又名克劳迪娜,出生于匈牙利贵族家庭,嫁给了伍滕贝格的亚历山大公爵。他们的儿子弗朗西斯是玛丽王后的父亲。年仅29岁的克劳迪娜在奥地利观看阅兵式时被踩死。

们想吓住他,非常清楚地表明,这是一项非常特殊、不可思议的特权。"埃科贝斯库的对接人罗杰·杜·布雷爵士说,"我们让他做什么,他就得做什么。"我们会说:"先生,你得先去趟洗手间,因为我们不想你在晚餐时内急。"然后他就会去。他被我们耍得团团转。

宴会有点失衡。英国客人穿着最正式的西装,女王戴着亚历山德拉王后的俄罗斯钻石流苏王冠,而罗马尼亚人则选择穿休闲装。总统戴着女王早些时候授予他的巴斯大十字勋章(GCB),而她戴着他给她的社会主义罗马尼亚饰带(一等)。晚宴上,王室承担了重任,齐奥塞斯库被夹在女王和王太后中间,齐奥塞斯库夫人坐在爱丁堡公爵和威尔士亲王之间。

吃完羊肉和芒果蛋糕后,女王起身开始演讲。她的演讲词就像这次晚宴的葡萄酒一样平淡无奇。大臣们准备的稿子,女王照着念。她说她很高兴能迎接总统的全面国事访问。她的主题是,齐奥塞斯库是一位独具自由精神的人,还有他要购买很多飞机。她赞扬罗马尼亚为独立而进行的"英勇斗争",赞扬"你为保持独立所采取的坚定立场"。她将这一最脆弱的双边关系推向极致,并补充说:"多年来,我们与贵国有着非常好的合作,尤其是在航空领域。"齐奥塞斯库用五段式的套话回复说,他期待着进一步的双边合作。

交易

不出所料,罗马尼亚的新闻报道热情洋溢。第二天,齐奥塞斯库在唐宁街和吉姆·卡拉汉进行了会谈。但这一天的亮点是,齐奥塞斯库夫人被誉为"当代最伟大的科学家"之一。在皇家化学研究所,理查德·诺曼教授几乎拿出了欢迎诺贝尔奖获得者的架势,他向这位"异戊二烯立体定向聚合"的"杰出"专家致敬,因为这项工作有两个优点,一是增加了我们对化学过程的基本了解;二是让我们为了全人类的福祉更加努力地探索化学领域。诺曼对她说,她加入的是世界上最古老的化学专业机构,他期待着将来与她合作。令人好奇的是,接下来的五年内,诺曼将担任国防部首席科学顾问,并密切参与罗纳德·里根的反苏联"星球大战"计划。然而现在,他却在赞扬铁幕另一端一个残忍而腐败的假科学家。

如果说皇家化学研究所太天真，伦敦中心理工学院似乎已经失去理智。他们一共有三个人发表演讲，歌颂这位贵宾的才华，其中就有校长科林·亚当森。他赞扬道，"罗马尼亚在国际关系和外交方面的能力享有盛名"。但是，没有什么能比得上高级副校长特伦斯·伯林教授的演讲，他将齐奥塞斯库夫人誉为"海森堡警句的实例——科学开辟了一片天地，技术由此创造"。伯林赞美了第一夫人在罗马尼亚学术界的迅速崛起。"从国家科学研究委员会，到中央社会经济预测委员会，她只是轻轻一跃。"他宣称，丝毫没有讽刺意味。"这是一个极具洞察力的女人，"他总结道，"难道她不是比其他罗马尼亚人更早地辨别出齐奥塞斯库先生的能力吗？"

在白金汉宫，另一个极具洞察力的女人，却已经看够了这两位国宾。在白金汉宫的花园里遛狗时，女王看到另一条小路上走来的齐奥塞斯库夫妇（他们喜欢在室外聊天，生怕皇宫里藏着窃听器）。正如女王后来对作家安东尼·杰说的那样，她躲在灌木丛后面，在她自己的花园里，只是为了避开他们。

然而她还是没能躲过去。当天晚些时候，她不得不参加齐奥塞斯库在克拉里吉酒店为她举行的答谢宴会。正是在那里，英国政府的行为达到了最低点。酒店外发生了一场由英国籍罗马尼亚异见人士艾恩·拉图领导的小规模示威活动。警方不仅在示威者和大楼之间停了一辆长途汽车，还以"妨碍公务"的罪名逮捕了拉图。他被押上货车带走，直到宴会结束才被释放。虽然第二天，拉图在马尔伯勒街地方法院被判无罪，但该案后来被《新法报》选为"政治警务"的"可悲"案例。

政府的紧张是可以理解的。齐奥塞斯库还没有签署订购飞机的合同。英国驻罗马尼亚大使雷吉·索德在采访时承认，罗马尼亚与英国宇航公司和劳斯莱斯的合同，"直到最后一刻都是悬而未决的"。英国人把齐奥塞斯库带到布里斯托尔附近菲尔顿的英国宇航公司工厂，共进庆祝午餐，并在电视摄像机前正式签署合同。正如索德所说，双方到最后一刻都在讨价还价，以至于午餐"看起来像是被棍子戳过的蚁丘"。这次访问将以签署各种毫无意义的公报而结束,这些公报就像预期中的一样"浮华"。齐奥塞斯库盛气凌人地对吉姆·卡拉汉说,罗马尼亚与英国的贸易额将从1977年的1.33亿英镑增加到1985年的10亿英镑。卡拉汉礼貌地回答说,你设定了一个非常有野心的目标。英国外交部的文件显示,私下里英国政府认为他在胡说八道——事实证明也是如此。不过当时英国外交官们对自己感到非常满意。"总统对这次访问感到很满意,这在罗马尼亚得到了空前广泛的宣传。"索德在信中说。"齐奥塞斯库总统是个棘手的客人。"他承认,并且如释重负地说,"反对罗马尼亚的标语横幅寥寥无几,也没有令人尴尬的示威活动。而头号坏蛋——在英国外交部看来,一贯都是——英国媒体。在这件事情中,伯纳德·莱文被特别点名,因为他写了关于齐奥塞斯库迫害罗马尼亚基督徒的"偏颇且具有冒犯性的文章"。

索德还说,这次访问如此顺利是因为罗马尼亚人受到了女王的精心照顾:"英国方面,无论是衣着还是礼节,都没有偷工减料。罗马尼亚人穿的是休闲服。但是,女王陛下、爱丁堡公爵和王室所有成员明确希望他们的客人能感受到自己是受欢迎的,任何觉得东道主'势利、耍贵族派头'的误解都要立即澄清。我们的'主演'地位很高,大家都承认,在国事访问方面,英国有一个别人无法比拟的秘密武器。"

在齐奥塞斯库一家回家后很久,温暖的余晖仍在。四个月后,自由党领导人大卫·斯蒂尔访问了罗马尼亚,把国事访问的相册送给了总统。当时他被邀请和齐奥塞斯库一起拍照。他非常开心,送给总统一只黑色拉布拉多犬,名叫"格莱斯顿"。那位独裁者很喜爱这只狗(改名叫乌鸦),并授予它上校荣誉军衔。

然而,女王却不想再和她经常提到的"那个可怕的小个子"有任何关系。他可能并没有像吉斯卡德·埃斯廷总统预测的那样,洗劫皇宫的比利时套房,但女王一点也不喜欢当政府的"秘密武器"。"她很明确地表示,她非常不喜欢齐奥塞斯库来英国。他真是个可怕的客人。"大卫·欧文说。尽管欧文勋爵一直担任外交大臣,但他自己的回忆录中却从没提到过这次国事访问。被问及原因时,这位纵横半个世纪国际政治风云的老人摇摇头,笑着回答说:"我想假装它从未发生过!"

可是,它仍将铭刻在女王的脑海中。十五年后,也就是1993年,她终于对东欧进行了第一次国事访问。她去了匈牙利。她得知英国驻匈牙利大使约翰·伯奇此前曾在布加勒斯特任职。"她说起了齐奥塞斯库来访的可怕经历。"他在接受《英国外交历史口述》节目采访时说,"她对战后罗马尼亚发生的事情很感兴趣,对迈克尔国王也了如指掌。"[1]

然而,她的一切努力——更别提外交部东欧组这么多工作人员的努力了——都是徒劳的。尽管人们对在东欧建立一个全新的、由英国支持的航空业抱有很大希望,但英国宇航公司和罗马尼亚之间的"ROMBAC"联盟却是一个大惨败。合同签订了十多年后,英国只建造了9架飞机,而不是预计的82架。1989年,女王曾经的贵宾被推到墙边用枪活活打死时,"ROMBAC"也随之瓦解。那时,在保守派、人权活动家贝塞尔勋爵的一次竞选活动后,齐奥塞斯库的巴斯大十字勋爵头衔被剥夺[2]。几个月后,伦敦中心理工学院取消了齐奥塞斯库夫人的教授职位,称之为"恶心的标志"。时至今日,齐奥塞斯库之行仍然被视为女王访客名册上最令人后悔的条目。这也显示了公众和社会的态度在这几年中发生了多大的变化。难怪女王对公众情绪的波动完全不担心。她真的什么都见过了。

---

[1] 女王的长子也有着同样的兴趣。1998年访问罗马尼亚之后,威尔士亲王对特兰西瓦尼亚的撒克逊村庄非常着迷,也非常关心他们的困境。他买了两栋农舍作为度假屋,现在对外出租给公众。
[2] 贝塞尔勋爵继续寻找每个头衔拥有者都有的金银勋章。这些勋章永远是女王的财产,死后要还给女王。1994年,它在布加勒斯特的一个抽屉里被找到,然后还给了女王。

第三章
启航

"疗愈意味。"

年轻的领袖们

白金汉宫的国宾公寓再次爆满。女王要跟300多个人握手，这些人排队从她面前走过需要30分钟时间。然后她要在客厅和画室里接见他们。当纪念她登基60周年的活动从英联邦各地筹得1亿英镑资金时，她创建了伊丽莎白女王钻石禧年信托基金。它不是一个长期的捐赠。相反，他们的想法是在几年内把所有的钱分配给两个优先事项：消除整个英联邦可避免的眼盲和发掘英联邦未来的杰出领袖。英联邦的新成员国也能加入进来。总的来说，这个基金会的影响是迅速且令人印象深刻的。例如2017年10月，英联邦宣布博茨瓦纳的每个儿童都可以接受第一次视力检查。

与此同时，发掘英联邦未来领导人计划，已经识别了数百名杰出的年轻人。他们都会飞到伦敦接受为期一周的辅导，与女王会谈，接受颁奖。每个人都有故事和来历，总是让组织者感动不已。董事会主席约翰·梅杰爵士说，如果他们中的某些人，在二十年或三十年内，没有当上本国的领导人，他会感到非常惊讶。"他们有些人的故事令人难以置信。在这个恶劣的世界里，这些年轻人是希望的灯塔。"他们做什么的都有，从在塞拉利昂推动童兵救援计划的年轻人，到来自汤加的26岁的伊丽莎白·凯特。她为残疾人士开办课程，还办了一个广播节目，给汤加女孩普及女性健康。等待女王会见之前，她情绪非常激动。她母亲送她去伦敦的时候，带了一件树皮布衣服，是家里的女性世代相传的。伊丽莎白（以女王的名字命名）说，女王1953年访问汤加时，她母亲穿的就是这件衣服。现在为了女王，她又穿了出来，在整整一代人之后。

又一次，英联邦大家庭的其他成员今夜都在这里支持这位君主。哈里王子向女王介绍奥运会长跑冠军、青年领袖计划大使莫法拉爵士。"他年底就要退休了。"哈里王子提醒祖母，虽然他的祖母并不需要提醒。"好吧，他跑过的路着实够长了。"女王说。法拉显然很高兴。"我跑过的路，大概可以去趟非洲，然后又回来。"他告诉她。

皇宫的舞厅布置得和授勋时一样。年轻的领袖们排着队等待女王颁发奖章，然后是拍照和盛大的招待会。他们将参加哈里王子举办的晚宴。第二天，有一部分人被邀请回来跟女王见面，包括伊丽莎白·凯特在内。"很高兴再次见到你们。"女王说，"你们不会太累吧？"女王会见首相和其他人时，他们就待在同一个书房里。巴布亚新几内亚总督刚刚被授予了爵位。女王立即开始与他轻松地闲聊起来。"这个项目很有趣，不是吗？"她对孟加拉国的拉哈特·侯赛因说。他运营着一个紧急急救网络，目前已经培训了2600名志愿者。"是你创立的吗？"女王问道。拉哈特解释说，他是在一栋大楼倒塌导致1500名同胞丧生后建立这个网络的。他说这改变了他的生活，他必须为人民做点什么。女王深表同情。"我认为，这么多年来，孟加拉国可能是世界上最不幸的国家，不是吗？"她说，然后愉快地回忆起1983年自己对孟加拉的访问。"我认为孟加拉国有一个有趣的地方，那就是城市和乡村之间的差异。太神奇了。它非常——有市井气息，不是吗？"确实如此，拉哈特也赞同。

女王转向伊丽莎白，向她道歉说最近没有去她的家乡。"汤加——恐怕我已经很久没去了。"女王说。"我知道，但你曾经去过！"伊丽莎白说，"我看过纪录片。你在那里玩得愉快吗？""哦，是的，太棒了。"女王愉快地打破了一个古老的"传说"，即人们不应该向君主提问。"窗外有人吹鼻哨笛。这是最特别的事情。用鼻子演奏,听上去很难受,但他们吹得很好听。"她回想起1953年汤加女王萨洛特[1]为她举行的盛大野餐。"我唯一感到困难的是盘腿而坐——很难。"女王说,"对于从没盘腿坐过的人来说,是很痛苦的。"

伊丽莎白向女王问起萨洛特女王。"当然,我在这里见过她。"女王说,估计在心里盘点她见过的汤加君主。"我见过两位国王——哦,但我没见过新国王。"她几乎在道歉了,"我在这里待了这么久,见过了很多人!"然后,话题转到了推特上。

离开皇宫时,伊丽莎白和她的朋友们仍在努力消化这一切。"最好的语言也无法表达我们现在的感受。我明天一觉醒来就会想:'这是真的吗?'这样结束我们的伦敦之行,我们真是太幸运了。"女王对他们的国家有着如此生动的记忆,这让所有人都感到震惊。伊丽莎白迫不及待地给她母亲打电话。"我要哭了,肯定会哭的。在那儿我就快哭了。"她将带着口信回到汤加,对听她广播的年轻女孩们说:"一切都是可能的,你梦想的一切。我一直梦想能跟女王陛下一起喝茶。现在我跟她一对一地面谈了,这真是太神奇了。"

这又一次证明了女王的新模式。年纪越大,她就越喜欢年轻人和他们的工作。这也是为什么,当女王的青年领袖计划在2018年开始运行时,她就迅速让女王联邦信托基金会跟进,哈里王子是她的得力助手。为什么,在90多岁的高龄,她还能发明这样的联邦资助形式?也许因为,就像伊丽莎白·凯特和其他人一样,伊丽莎白二世是英联邦最初的年轻领袖,她从未真正停止过前进。

外面的世界

1947年,21岁生日,伊丽莎白公主发表了著名的宣言:"我的一生,无论长短,都将献给你们和伟大的王室。"正如我们看到的那样,这个举世瞩目的

---

[1] 汤加的萨洛特女王在女王加冕典礼上深受英国公众的喜爱,在一场倾盆大雨中,为了不挡住人们的视线,她不肯加高马车的车顶,这让她出了名。

演讲极具神秘色彩。然而，她仍然坚定不移地信守诺言。她的信息特别针对与她同时代的人。"我尤其考虑的是现在所有的年轻男人和女人，跟我同龄的人。"她说，她针对的是"英联邦和帝国的所有人民，无论他们生活在哪里，来自什么种族，说什么语言"。提到"人民"时，她用的是复数形式，再加上她的目标听众本就是多种族的，她为新的英联邦定下了基调。两年内，"大英帝国联邦"这个称呼里将会去掉"大英"和"帝国"。从那时起，它将是一个完全不同的组织，将占据和塑造伊丽莎白二世的大部分生活和思想。

相比较她那些很小就开始环游世界的儿孙，这位历史上游历最多的君主起步是晚的。20岁的时候，伊丽莎白公主第一次离开英国，这是她与父母唯一的一次海外旅行。然而正是这次旅程教会了她皇家外交的艺术，为她将来破纪录的统治奠定了基础。那一次演讲，也被如今的人们称为"使命宣言"。

第二次世界大战后，英国筋疲力尽，几乎破产，心情忧郁而惊恐地看待即将解体的帝国。印度马上就要成为独立的共和国。被少数白人统治的南非联盟也传出了共和党人的声音。战争的压力，加上身体不好，国王乔治六世亟需休息。他想亲自感谢南非在战争期间的忠诚，并对南非总理、战时布尔指挥官扬·史末资[1]表示支持。1945年，史末资起草并推动了《联合国宪章》。他的亲英联盟主义者正准备在明年的选举中与讲南非语的极右翼民族主义者进行决战。尽管表面上凌驾于政治，国王的拜访对他最心爱的南非政治家的前途并无坏处。

于是，1947年1月31日，国王和王后还有伊丽莎白公主和玛格丽特公主

---

[1] 1900年的斯皮昂山战役中，史末资曾站在布尔一边。斯皮昂山战役无疑是现代史上最伟大的小型战役之一。它不仅涉及两位未来的首相，史末资和温斯顿·丘吉尔（英国战地记者），还包括圣雄甘地（当担架手而获得勋章）。这座位于纳塔尔的小山，也成了英国体育界一个著名看台的昵称。直到今天，利物浦最狂热的球迷仍然聚集在"小山"上。

一起乘火车到朴次茅斯，登上了英国舰队的皇家先锋号战舰[1]。王室带着两个私人秘书、三个侍女还有一个小团队，一路南下，天气十分恶劣。国王的新闻秘书刘易斯·里奇上尉写了一本官方的旅行日记，直到现在一直锁在皇家档案室里。

在海上生活多年后，里奇对船上为皇家旅客们准备的设施感到惊奇。"应该注意的是，在战舰上，衣架可不是常备的物品。"他写道。王室成员们显然在受苦。头几天里国王和公主们没有走出过舱房。里奇在2月2日写道："运动的好时光。下午15度的气温。"

三天后，他们不再晕船了，可以和船上的军官们在甲板上跳一段1/8拍的舞，还可以看一部电影——《怪人出没》。但天气仍然很好。"内部记录，"里奇写道，"在任何有微风的地方，都有烟灰缸，烟灰缸里装满了沙子。"

一周后，天气"热得让人无法忍受"，又下着雨，星期天早上的礼拜必须在外面的雨篷下进行。国王的私人秘书艾伦·汤米·拉塞尔斯爵士，把所有空闲时间都用来重读特罗洛普的后期作品。《斯卡伯勒先生的家人》的确是"热带地区的理想读物，尽管他们让我怀念20世纪初相对晴朗的日子"。他是一位才华横溢的古典主义者，截止到1953年退休前，他曾为四位君主服务。他在写给家里的信（现寄存于剑桥丘吉尔学院的其他文件中）中，对有史以来最伟大的王室冒险之一，做出了精明的、有时甚至是暴躁的评论。

当先锋号穿越赤道时，这些没怎么出过远门的乘客，要参加专门为首次来到南半球的人举行的"穿越赤道线"传统仪式。对水手们来说，这意味着，打上厚厚的剃须泡沫，再把脸浸在水里吃肥皂泡。船上打扮成"尼普顿王"[2]的军官对公主们格外宽容。"不能在你们脸上用剃须刀刷子和肥皂。"他宣称。

---

[1] 这是皇家海军建造的最大也是最后一艘战列舰。伊丽莎白公主于1944年宣布它下水，1946年开始服役，总造价1150万英镑，拥有8门15英寸大炮，最高航速30海里/小时，船员近2000名。国王本来想叫它"皇家卫士"，但海军不同意。
[2] 罗马神话中的海神，对应希腊神话中的海神波塞冬。——编者注

"伊丽莎白和玛格丽特只是在鼻子上粘了点面粉。"公主们被迫吃下一颗樱桃糖,而不是肥皂。

他们继续向南航行。船员们为公主们准备了一个游泳池,公主们也喜欢寻宝游戏,看电影,在枪械室和海军学员们一起喝鸡尾酒。在这趟航行中,船上的大炮没有什么用武之地。指挥官阿格纽船长已经收到过详细的指示。例如,到达时不能鸣炮致敬,因为"未经训练的警马可能会有发生踩踏的危险"。

王室发现这座城市处于一种高度兴奋的状态。40摄氏度的高温下,1200名小学生在信号山排队,拼出"欢迎"这个词。"真是孟买典型的一天。"拉塞尔斯写道。"多得出乎意料、热情无比的人群……国宴在热得像地狱一样的大厅里,节奏又慢又沉闷。整顿饭我们都不得不坐在很硬的小椅子上。在近三十年我参加的公开晚宴中,我不记得有哪一次晚宴比这更痛苦。然而国王的演讲很好,给人留下了深刻的印象。令我非常惊讶的是,当我们回到家时,我发现王室成员都很喜欢这趟旅行,觉得它充满了快乐,尤其是年轻的公主们。"

在第一次出国旅行的第一天,伊丽莎白公主就已经表现出了在王室外交事务上的才能,她一生中的大部分时间都将扮演此种角色。"伊丽莎白公主表现出令人愉快的热情和兴趣。"拉塞尔斯写道。"她像她祖母一样守时。令我高兴的是,当她的父母迟到的时候,她会生气地跳上楼梯去催促他们。"他不喜欢那里的住宿环境。"就是那种令人很不舒服的政府大楼,房间很好,却没有写字台、牙镜等必需品。那里的仆人都不知道现在是圣诞节还是复活节。"

国王从一开始就非常尊敬扬·史末资,授予了他荣誉勋章。后来在一次私人晚宴上,国王和王后还送给他一本著名的南非语《圣经》。在布尔战争期间,这本《圣经》被英国人抢走了。

里奇上尉说,在一个花园聚会上,客人们之间洋溢着几乎难以置信的钦佩。王室成员明确表示过,他们希望见到南非各个阶层的人,即使他们的东道主在组织这些活动时已经设定了种族隔离和阶级界限。有分别给欧洲人(分为英国人和南非白人）和非欧洲人的"招待会"和"舞会"。对于"非洲人"或"本地人"，又分为"公众集会"和"研讨会"。"对于非欧洲人群体来说，舞会最有趣的是三个马来小女孩唱的民歌。"里奇上尉写道，"市政厅里挤满了快要窒息的人。"

拉塞尔斯注意到，国王已经觉得压力很大，而且"舞台恐惧症反复发作，带来了很多麻烦"。但他还是在议会的会议上强撑，"甚至还说了几句让他自己都满意的南非话。"王后则戴了一个"太大的头饰，她觉得有必要戴，因为它是由库利南钻石的碎片制成的"。[1]

从开普敦出发，王室乘坐白色列车号空调火车周游全国。未来两个月的大部分时间，他们都要生活在这列火车上。在主要城镇之间，他们会有野餐、沐浴派对和随机停车，经常会有些令人感动和意想不到的事情。里奇写道，在一个偏僻的地方，一个大个子老头骑着一匹巴斯托小马跑得飞快。他有着倔强的面庞。他就是亨利·德雷尔，波尔的老农民。他立即解下自己那根古老的皮带，那是多年前某个中非部落送给他的。"把它送给国王。"他说。旅行日记里还说："这件事里更为有趣的是，1914年，这个老头是叛军，在布尔战争中与英国人打过仗。"

在露营地，一位老人问伊丽莎白公主，她能否朝他残疾的儿子克莱夫的方向看看。克莱夫在人群的后面。王后立即要求前面的人低一下身子，带着女儿们过去打招呼。里奇说："这位父亲太感激了，痛哭起来。"王室成员们对大卡鲁的格拉夫-里内特镇印象深刻。虽然"三年没下雨了"，但它的花卉展"是迄今为止最好的"。

消息一传开，群众的期待也随之高涨。火车没能在埃滕哈赫站停靠，市

---

[1] 3106克拉的库利南钻石是世界上最大的钻石，以1905年发现它的南非矿主的名字命名。它非常巨大，人们用阿姆斯特丹切割机将它分成几个可用的部分。2018年，女王对王室评论员阿拉斯泰尔·布鲁斯开玩笑说，她真想亲眼看到它。最大的一块库利南1号镶在权杖上。库利南2号镶在国王的王冠上。3号到9号做成了胸针和其他皇家首饰。

长给火车发电报说,他害怕公共秩序会陷入混乱。国王很快同意乘汽车往返20英里,回到埃滕哈赫。这一事件迅速引发了全国性的争论。《纳塔尔每日新闻》警告说,绝对不能再发生类似事件,否则官方时间表将乱成一团;而《明星》则向国王表示祝贺,说"他战胜了他的行程计划员"。

纳塔尔的印第安人社区最初呼吁抵制,但在白色列车号抵达德班前,他们决定举行"顶级欢迎"仪式。一家报纸引用伍斯特一位面色严肃的布尔农民的话,总结了南非人普遍的情绪:"我还是不喜欢英国人,但是,兄弟,我喜欢国王和王后。"这一观点在民族主义媒体上得到了回应。《新纪元》说,王室将"受到礼遇,因为人们尊重他们的个人品质",但这不应被误解为"对南非与英国结盟的热情骤然高涨"。但是,极端保守的南非报纸《公民》则发文批评国王在星期天打网球。

至于南非和英国的左翼媒体,有人对"王室访问引起的冷漠和自满"感到沮丧。《卫报》警告被压迫的人民不要"休假,应继续斗争",也不要被"封建制度"蒙骗。然而这些都没有转化为王室行程中的任何敌意。事实上迎接的人群不断扩大。

在洛夫代尔,伊丽莎白公主第一次听到了一首歌。半个世纪后,她再次听到它时非常高兴。那是由5000名黑人学生组成的合唱团演唱的班图族国歌《天佑南非》,后来成为纳尔逊·曼德拉多种族南非国歌的前半部分。里奇赞赏地写道:"曲调完美,低音好像是管风琴奏出的,狂野而悲伤,就像康沃尔矿工的歌声和威尔士的赞美诗一样。"

3月3日,伊丽莎白公主在东开普敦一个码头的开幕式上,发表了这次旅程中她的第一次演讲。"这是一个年轻的国家,每一个地方都能感受到年轻和力量。"她说。因为麦克风故障,听众们几乎什么都没听到。公主收到了一盒钻石——也是这次旅行的主题——为了弥补之前给她带来的麻烦。旅途中甚至还有一些时刻堪称伟大。在弗雷尔综合医院,有记录显示,"她的出现刺激了一个残疾男人说了一段长时间的话,以前除了'是'和'不是'之外,医生从没听清他在说什么。"

在特兰斯凯，有15000多"土著"聚在一起，迎接国王。耶利米·莫斯赫斯酋长用科萨语发表讲话时解释说，他们穿着西服，而不是传统服装，"以免国王认为我们是赤裸的野蛮人"。对此，里奇的旅行日志补充说："这真是遗憾。"接着，酋长进行了传统的祈祷仪式，"雨！"紧接着，就下了一场雨。拉塞尔斯写道："国王会因此得到荣誉的。"

和他的主人一样，拉塞尔斯也为在波尔市中心的奥兰治自由邦受到的热情欢迎而高兴。他写道，在奥兰治自由邦和波尔老兵们谈论波尔战争是多么有趣啊。"成千上万的人聚集在一起，给他们的国王陛下一个好到出奇的欢迎仪式。"在场的政府部长科林·斯泰恩讲述了他那当波尔指挥官的父亲是怎么"穿着睡衣，胡子都来不及刮"地从英国骑兵巡逻队逃走的故事。

这次旅程的高潮，发生在克鲁恩斯达特。皇家旅行团最喜欢打破常规。在这里，他们的视线全部被一个要员吸引，他在头发上喷了太多发胶，引来了很多蜜蜂。里奇写道："我们看到，一位要员的头发上全是蜜蜂。""要员本人无动于衷。"拉塞尔斯乐坏了，在家书中写道，"如果你了解这个家庭的话，你就可以想象这一情景会让他们多开心。我灵机一动，很快吹了一声口哨，说'帽子里的蜜蜂总好过裤子里的蚂蚁'，大伙儿哄堂大笑。国王还把这句话占为己有。从那一刻起，克鲁恩斯达特的行程顺利无比。"

几天后在康芒戴尔，国王又被一个名叫康列琉斯·莫斯特的大块头农民震撼。国王要求用卷尺来确定他的身高：7英尺3英寸[1]。而一个不那么受欢迎的意外则发生在莱迪不莱德，散落的烟火把伊丽莎白公主的裙子烧了一个洞。另外还有一些不同寻常的事件，包括去鸵鸟农场，在动物园看到狮子和老虎杂交的"狮虎"。这比去克鲁格国家公园看狮子更有意思：许多马屁精开着车，紧紧跟在皇家车队后面，以至于方圆数里，所有活物都不见了。旅行日记里，有人生气地写道："国王发现，一天下来，他所看到的猫科动物，只有一只普

---

[1] 相当于2.2米。——编者注

雷托里厄斯科普的姜猫。"

与此同时，集会规模继续扩大。尽管"土著人"每天都在遭受歧视，但古老的部落父权制社会结构意味着，世袭国王被视为完全不同的、本质上温和的象征性领袖，而不像以他的名义实施统治的殖民压迫者。将近7万巴苏托部落原住民赶来马塞卢，也就是现在的莱索托迎接国王，其中许多人已经骑行了好几天。而一群热切的囚犯和麻风病人则在附近的山坡上观看。为了让大批群众更容易在"土著"活动中认出他，国王特意穿上带有吊袜带的白色海军制服，而其他随行男性成员则被告知要穿深色西装。

接下来，斯威士兰国王和太后的皇家迎接，令马塞卢的盛大集会黯然失色。里奇写道："这是迄今为止土著聚会中印象最深刻的一次。在一片火炬、盾牌和豹皮围成的饰带后面，是一片隆起的圆棒，像海洋一样，真是一个迷人的景象。据说，这呈现的是岸边的海水倒灌——值得注意的是，这些表演者没有一个见过大海。"

到3月中旬，该是休息一下的时候了。史末资在德拉肯斯堡山区的一家政府招待所给王室成员们安排了几天钓鱼和散步的时间。他还"完全中立"地领着国王参观了斯皮昂山战役遗址，并为温斯顿·丘吉尔那著名的脱险故事增添了自己这一角色。丘吉尔曾在这次战役中被俘。后来他写了一本书，很畅销，讲述了他在战役中的功绩，以及他是如何在敌人的地盘上逃出生天的。然而史末资解释道，当时他亲自释放了丘吉尔，因为他觉得这个小伙子只不过是个战地记者。而精明的丘吉尔还是不管不顾地逃走了，还把整个过程写成了一个自吹自擂的故事。史末资说，这本书让丘吉尔赚了9000英镑，他就是靠这个才结了婚。

各个民族，成千上万的人都涌入德班迎接王室。由于缺乏水源和人群控制，10万非洲人和65000名印度人在咖喱喷泉体育场周围爆发争斗。在约翰内斯堡，愚人节当天，王室驱车穿过大型金矿周围的"土著居民区"时，人群更加拥挤。"估计有100万人看到了他们的国王陛下。"里奇写道，"据国王和王后说，那天可能是这次行程中人最多的时候。"拉塞尔斯也赞同，"我们刚刚结束了整个行程中最累的一天。早上9点离开政府大楼，就面对嘈杂的人群，白人黑人都有。我从未见过比这规模更大、更喧嚣的人群，或者1939年蒙特利尔可以与之相比……但我不喜欢'黄金之城'。"

在六周的巡游之后，气氛一触即发。第二天，王室车队在东兰德区人群中穿行时，一件坏事发生了。"一名祖鲁人冲了出来，似乎趴在了皇家汽车上。"日记上说，"王后用雨伞挡住了他，他被逮捕了。直到那个人被警察打了一顿，真相才浮出水面。"里奇写道："原来他只是想把十先令送给伊丽莎白公主。他显然是个无害而虔诚的怪人。"

承诺

随着巡游深入英国殖民地南罗德西亚，情况发生了变化。尽管王后极力劝说，反对乘飞机旅行，但他们还是飞到了索尔兹伯里。为了避免事故，标准的程序是，国王和玛格丽特公主乘坐一架飞机，而王后和拥有继承权的伊丽莎白公主则坐在另一架飞机上，后者距离前者两分钟（等级在空中也适用）。在南罗德西亚，种族隔离稍微宽松一点。公主得到了一枚用白金和钻石制成的"火焰百合"胸针，是孩子们送给她21岁生日的礼物（欧裔、亚裔和有色人种的儿童每人捐了一先令，而非洲儿童则每人捐了一便士）。王室成员们感到放松多了。国王会见了2500名军人，王后"在城里购物"，而公主们被带去参加一个女童军集会，在一片空地上，区指挥官发出一个信号，女孩们"一股脑儿冲下山坡"。

汤米·拉塞尔斯非常喜欢这里。他写信给妻子，满怀憧憬地谈论着"在这里度过我们的晚年"。"仆人不是问题，家庭主妇也没有烦恼，空气像酒一样清香，花园里开满了鲜花。"他对她说，还说他的窗户外有一只活泼的鸟儿。

他们乘火车继续旅行，前往维多利亚瀑布。在那里，王室成员对非洲的伟大景观惊叹不已；然后穿越赞比西河，去北罗德西亚（现在的赞比亚），来个一日游。他们坐的是伊姆维科的驳船。伊姆维科是巴罗茨兰的最高酋长，他是在英国接受的教育。半个世纪前，他的父亲曾经请求国王保护他的领地。一个鼓手让四十个桨手保持节奏。王室的笔记解释说，"以前，如果国家驳船上的划桨手干活不卖力，就会被扔到海里，有被鳄鱼咬死的危险。"

官方日记中最引人入胜的就是接下来发生的一切了。回到维多利亚瀑布酒店，王室成员们度过了一个安静的周末，虽然这是一个历史性的周末。4月13日星期日，里奇在日记中写道："在维多利亚瀑布酒店，伊丽莎白公主对着新闻摄影师宣读了她21岁的生日致辞；霍顿和博兰（两位巡回记者）也拍了照片。"比勒陀利亚主教在客厅里主持了"礼拜"，他们就回来工作了。官方日记继续写道：国王和王后都在场，伊丽莎白公主对着（英国广播公司的）弗兰克·吉拉德试读了生日致辞。接着他们休息了一会儿，吃了午餐，下午还散了步，游了泳。"下午6点，"里奇写道，"伊丽莎白公主为英国广播公司录制了生日致辞。然后，他们给国王陛下播放了一遍，录制非常成功。"事实证明，她那篇把毕生奉献给"伟大的王室"的演讲是在南罗德西亚而不是南非发表的。

当天晚上，王室成员离开维多利亚瀑布前往布拉瓦约。在那里，人们再次感受到部落与王室之间是多么亲密，因为马塔贝尔民族的战士们表演了皇家舞蹈，这可是他们的酋长洛班古拉去世50年来的头一次表演。国王和他的家人接着参观了世界奇观——殖民地开国元勋塞西尔·罗德斯的山顶墓穴，一个"近乎原始的宏伟的"地方。当王后穿着高跟鞋艰难地登上山顶时，伊丽莎白公主把自己的鞋子给了母亲，穿着袜子走了起来，这一姿态比风景吸引了更多的媒体关注。

最后，王室成员们经过著名的金伯利"大洞"钻石矿场，回到了南非。在那里，他们参观了价值300万英镑（今天价值1.1亿英镑）的精选钻石展览，还带了一小部分回家。在穿越非洲6942英里，旅行了两个多月后，他们终于在4月21日公主21岁生日的时候回到了开普敦。她收到的所有礼物都有一个特定的主题：王室的钻石花胸针，外交使团的钻石耳环，掷弹兵卫队的钻石胸针……那天深夜，在其中一个生日聚会上，她收到了南非总理送的一条钻石项链。在此之前，下午3点，公主出席了10000名士兵的阅兵式，随后又在罗斯班克会场举行了"青年集会"。

那么，那次著名的21岁生日演讲呢？旅行日记简短地提到了当天最重要的事件，其实是整个旅行最重要的事件："晚上7点，伊丽莎白公主在广播里给整个帝国做了一次演讲。"关于这个著名的演讲，刘易斯·里奇上尉只写了，"在英国和美国的反响都非常好"和"公主殿下说得很好"。日记里关于这一事件的记载，显然是轻描淡写得有些奇怪了。或许是因为，英国广播公司只是在转播公主跟弗兰克·吉拉德在维多利亚瀑布录制的演讲。在那个著名的新闻片段里，她坐在树荫下的桌前，说出那句著名的誓言。她身后的砖墙上点缀着灿烂的阳光。可是，日记上说这是在"晚上7点"发生的。4月的开普敦，太阳在晚上7点之前就已经下山了，所以这一幕肯定是预先录制好的。当天的日程排得非常满，晚上还有许多官方活动在等着公主，显然不是给全世界做历史性演讲的最佳环境。白金汉宫对此未能提供更多信息，而我们也知道，早在一年前，英国广播公司就已经开始使用更加清晰的录像带。当然，这对这篇伟大演讲的内容和意义都没有什么影响。不过，这位未来的女王在南非发表如此无私的宣言，一直是南非人民无比自豪的源泉，也是英联邦历史上一个关键事件。或许，只有津巴布韦（以前的罗德西亚）现在会对此提出异议。

对演讲广播一带而过之后，关于公主21岁生日的日记继续讲述了当晚的社交活动，这下就详细多了。总督府的晚餐过后有两个舞会，一直持续到深夜。根据记录，公主与尼日利亚皇家海军中校麦克劳德共舞。

过完生日，两天后，王室重新登上了英国皇家先锋号返航回家。他们收到最后的礼物，有女王的金茶具、国王的金盒子，里面装了好多钻石。用这些钻石，国王创立了"嘉德勋章"。现在汤米·拉塞尔斯爵士手上有一大堆珠宝。"我的任务就是保护它们。我还不习惯照看价值20万英镑的钻石。"不过，他心情很好。"我觉得精神满满，甚至有点兴奋激动，因为整个旅行非常成功，伊丽莎白公主的演讲也很成功，我对此投入了许多精力。"他还为自己给妻子买的"战利品"而高兴——在几内亚买的48磅果酱，一两只火腿。

人们的情绪持续高涨。拉塞尔斯说："送别仪式很隆重，每个人都哭了。"日记称之为"一个民族爱和忠诚的最后升华……一场出乎意料的胜利"。《开普敦时报》的临别社论向国王致以英雄的敬意:"很明显,他来到阳光灿烂的非洲,并不是为了逃离英国的苦难。从他那高贵、体贴的脸上可以看出他的烦恼。他来了,他们都来了,让我们能更好地了解他们的大家庭。现在我们谁不比以前更加尊重英格兰一千倍呢?"

返航一开始,几乎所有的王室成员都感冒了。回程的亮点是,王室去了圣赫娜,并前往朗沃德,被流放的拿破仑的埋骨之地。国王是史上第一位踏足的在位君主。拉塞尔斯写道,我从来没有到过如此忧郁的地方——它让我们心里慌慌的,对法国政府——它是英国捐赠给法国的——任由它这样分崩离析而感到愤怒、遗憾。

他们一路思索这个大问题。当先锋号返回朴次茅斯时,50万人排在岸边欢迎国王归来,拉塞尔斯终于对自己的工作感到自豪:"这是一个巨大的成功,并且充分实现了它唯一的目标(至少在我看来),那就是让南非人相信,英国的君主制是值得保留的投资。"在这一点上,他是错的。第二年,英国的朋友和盟友扬·史末资被民族主义者赶下台。他们将继续建立令人憎恨的种族隔离制度,以便在适当的时候废除君主制。

然而这次巡游无疑是成功的,还有另一个原因,拉塞尔斯在敏锐而坦率地描述未来女王时也曾提到过。它在70多年后的今天依然有效,正如她在21岁生日时发表的伟大宣言一样。"从内部看,"拉塞尔斯写信给妻子说,"整个行程最令人满意的就是伊丽莎白公主的惊人进步。她以最令人惊讶的方式出现了……不是幽默感,而是一种健康的有趣。此外,在必要的时候,她可以用她母亲的许多技巧来对付那些无聊的事情,而且绝不会把自己禁锢在那令人筋疲力尽的王室职责上。在她这个年纪,她对别人有着惊人的关怀,那种无私并不是那个家庭的普遍品质。然而令我特别高兴的是,她变得非常有生意头脑,她理解如果不守时的话,对员工来说是一个多么大的负担。她已经掌握了一种令人钦佩的技巧,她会跟在母亲后面,当时间被浪费在不必要的谈话中时,她会用伞尖戳她的脚后跟。而且在必要的时候——次数不少——她会告诉她父亲,什么才是正确的。简言之,时机成熟时,她肯定已经做好了准备。"

皇家先锋号沿着英吉利海峡航行。在海上的最后一晚，喧闹的晚餐后，是最后一顿康加酒。然后，航程就结束了。船上那些有羽毛的"乘客"感到非常遗憾。"夜里11点半的时候，有人说，一只金色的小鸟，被几只猫追得到处跑。"里奇在官方日记里写道，"午夜之后，它就不见了。"

帝国的终结

大英帝国始于伊丽莎白一世时代的跨大西洋探险家。英国一直向西扩张，跨过加勒比海，到达美洲，劲头十足，直到1776年美国宣布独立。再到1783年，帝国最终失去了美洲殖民地。随后，帝国将重心转向亚洲、太平洋还有后来的非洲，建立了一个由殖民地、保护国和盟国组成的全球网络。这些国家都臣服在王冠之下，但享有不同程度的自决权。帝国可能的确是帝国，但君主还是"君主"。"皇帝"是外来的概念，提到它，人们就会不愉快地想起疯子和坏人——从恺撒大帝到拿破仑。1858年，在印度的一场血腥反英战争之后，印度的控制权从东印度公司移交给了英国政府。考虑到它的国土面积和组成，印度可以自称是一个由几个邦组成的"帝国"。保守党首相本杰明·迪斯雷利最终将在1876年把维多利亚女王称为"印度女皇"。这一做法，在一定程度上是为了美化和加强印度与英国的关系，但同时也是为了加深公众对孀居多年的女王的喜爱之情。然而，任何形式的自治都有很长的路要走。

为了纪念1887年维多利亚女王的金禧年，这些殖民地的领导人和政府首脑被召集到伦敦，参加殖民地大会。这一事件可以说是第一次英联邦首脑峰会。此后，英国偶尔召开这种会议，通常是为了王室的纪念日。直到1926年（女王诞生之年），《巴尔弗宣言》的发表正式确立这些（全白人）殖民地为领地。他们被定义为"大英帝国内部的自治群体，地位平等""为了共同效忠王室而团结起来"。所有国家现在都是"英联邦"的自由、平等的成员，这一理念在英国议会1931年通过《威斯敏斯特法令》的五年后被正式写入法律。实际上，英国已经放弃了对这些领土的控制权。他们现在是这个新的英联邦里的主权国家，即伊丽莎白公主在1947年发表21岁生日演讲时所说的那个英联邦。

如今的英联邦，可能散发着一种相当过时的感觉，就像它18世纪宏伟的总部红色砖楼一样。马堡宫夹在当中，一边是一排王室住宅，另一边是帕尔玛尔的绅士俱乐部，却仍然让人觉得它能融入两者之间。它曾是威尔士亲王的家，也就是维多利亚女王那放荡不羁的继承人伯蒂，后来的爱德华七世国王。它也是乔治五世的出生地，住在这里的最后一位王室成员就是他的遗孀玛丽王后。从那之后，它就成了"国际大家庭"的家。它的墙上仍然挂着王室肖像，房子基本上还是女王小时候记得的样子，"这里是奶奶的家"。

从外表几乎看不出来，在这些令人昏昏欲睡的国家会议室里，当初居然激荡着那样原始的、往往是激进的思想，推动了那么多的决议。1947年，玛丽王后依然住在这里。她的儿子乔治六世和他的大臣们，曾经在这里，满怀忧郁地思考着对整个帝国来说现有的、新生的威胁。印度是英国最宝贵的殖民地。大英帝国就是在它的基础上建立的。现在它不仅走向独立，而且走向分裂。

爱德华八世退位后，1936年，乔治六世继位。新国王雄心勃勃地要召集一次觐见，一个让印度所有王公都参加的加冕式聚会。他的父亲在1911年以这种方式被加冕为印度皇帝，而他是非常尊崇王室仪式的。印度的民族主义本来就不断崛起，紧接着，第二次世界大战结束，任何挥之不去的皇家梦想都被打消了：戴着珠宝、骑着大象的王公贵族聚在一起，向他们的皇帝致敬。和维多利亚女王一样，乔治六世也把印度贵族视为困难时期可以信赖的亲信，不像印度的某些政客。随着英国为自己的生存而战，国王将进一步确认自己的观点。

1942年，随着日本军队横扫缅甸，向印度边境开进，印度国民大会党的许多政客要求英国立即全面撤出印度。当然，他们也因此被拘禁了。相比之下，印度古吉拉特邦大公，王室的朋友，却派出了三架喷火式战斗机和一架飓风式战斗机，支援英国皇家空军。然而战争结束后，代表印度大多数民众的是政客，而不是王公，而政客们希望印度独立。英国的工党新政府，在美国的催促下，同意了这一诉求。但印度的民族主义者并不打算满足于自治——像澳大利亚或加拿大那样——印度想要完全的独立,但仍保留国王作为国家元首。他们想要一个完全独立的共和国。国王对事情发展的速度和方向感到深深的恐惧。1946年12月,他见到了印度权力斗争中的两个关键人物:印度教主导的国大党领袖贾瓦哈拉尔·尼赫鲁和穆斯林联盟领袖穆罕默德·阿里·金纳。印度已经陷入了僵局,他们来到伦敦参加危机会议。

"我觉得,这两个党派的领导人永远不会达成一致。对于他们,我们的节奏太快了。"国王随后在日记中写道,"我认为,印度教和穆斯林之间的内战,别无选择,而我们应该为此负责。"

最后,英国首相克莱门特·艾德礼推荐了一个人,说他可能会有别的办法,乔治六世放下心来。蒙巴顿勋爵,国王的表弟和密友,在1947年年初被任命为总督。他很快意识到,想要避免内战,行动必须清晰而迅速。必须有一个明确的日期,在这之后,大英帝国对印度的统治将会终止。他也非常清楚,这两个敌对的派系,永远不可能建成一个能独立发展的团结的国家。短短几个月内,印度爆发了无数恶性流血事件。1947年8月15日,次大陆被分裂成萎缩的、由印度教统治的印度和新的伊斯兰巴基斯坦。1500多万人改换阵营,几十万人在宗教暴力事件中被杀。尼赫鲁将这一刻称为"与命运的幽会"。国王是坚忍的,但不可否认的是,他的地位不如从前了。乔治六世继位以来,一直是用"GRI"——George Rex Imperator(乔治国王皇帝)——签署信件和文件,现在根据《印度独立法》的条款,他被正式降为"GR"(乔治国王)。也许这是一个微不足道的问题,但对于一个在这种问题上非常严谨的君主来说,却不是小事。三天后,玛丽王后收到国王的一封信后,在信上潦草地写下了自己凄凉的心情:"在这封信里,伯蒂第一次在签名时把代表印度皇帝的'I'去掉了,非常伤心。"

印度和巴基斯坦都将以自治领的身份开始,然后各自整理他们的新宪法。印度已经准备采用共和制,届时将抛弃国王。但这又引出了一个问题,国王最关心的问题之一:英联邦怎么办?

根据现行规则,英联邦的所有成员都必须承认国王是其国家元首,否则就得出局。1948年1月4日，经过短暂而艰苦的独立斗争，缅甸成为美国独立战争以来第一个离开大英帝国的英国殖民地。它选择成为一个共和国，因而断绝了与王室的关系。同时它被自动驱逐出联邦。爱尔兰明年也会这样做。国王和英国政府都不希望印度和巴基斯坦也发生这种情况。除了个人和民族的骄傲，国王对皇冠上"最璀璨的宝石"有着深厚的感情。1948年印度总理尼赫鲁来伦敦时，国王对他非常热情。"我很喜欢他。"国王对蒙巴顿勋爵说。和许多人一样，国王很难接受英联邦里的来来往往。缅甸刚刚离开，新近独立的锡兰刚刚成为一个自治领，皇家档案馆里有一份1948年10月国王在为他们举行的晚宴上的演讲稿。"我非常高兴今晚在这里欢迎英联邦8个独立国家的总理或他们的代表。"演讲稿开头说。只不过国王划掉了"8"并潦草地写下了"9"。他说，他尤其高兴地欢迎印度、巴基斯坦和锡兰来到"国际兄弟会理事会"。在这个阶段，巴基斯坦和锡兰仍乐于保留国王为国家元首。问题出在印度。

国王的个人感受是一回事。更令人担忧的是冷战后印度从后殖民时代的退出所带来的影响。正如克莱门特·艾德礼在1949年年初写给国王的信中所说："如果违背印度的意愿，让她被迫离开英联邦，将会纵容俄罗斯扰乱东南亚。"

事实是，尼赫鲁根本不想带领印度脱离英联邦。作为一名由衷的国际主义者，他认为英联邦将"使我们能够为世界和平做出贡献"。在他领导的国大党内部，却有很多人持不同意见。他们想断绝与英国的一切后殖民关系。正如前英联邦秘书长卡姆莱什·夏尔马指出的那样，他们担心帝国会继续干涉他们。"在国内，也没有多少人支持。"他说。他指的是像未来印度总理瓦杰帕伊这样"强烈"反对再与"旧领地"有任何关系的人。那么，如何解决印度既想是共和国，却又想以某种方式效忠于国王之间的矛盾呢？

1949年4月，所有自治领，不管是新的还是老的，终于来到伦敦开会。英联邦里的老成员，像澳大利亚和新西兰，对任何可能削弱他们对王室忠诚的变化都怀有强烈的敌意。南非新总理、民族主义者马兰，曾经在1948年的选举中打败史末资，却有着不同的立场。这位讲南非语的前教会部长，并不是保皇党,他对加大国王的权力一事非常谨慎。经过激烈的辩论,终于找到了一个巧妙的解决办法。要成为英联邦的成员,各国不必承认国王是他们的国家元首,他们需要承认,他是"独立成员国自由联合的象征,也是英联邦的首脑"。"也是"这两个字加进去,是为了让印度和南非放心,国王对他们没有宪政权威。而1949年的《伦敦宣言》,在短短四段文字中,也悄悄地将"帝国"一词从现在的"英联邦"中删除了。

加拿大总理雷斯特·皮尔森写道,从大英帝国到帝国联邦再到英联邦。"从皇帝到国王到元首,这是英联邦历史上最重要的里程碑之一。"英联邦前副秘书长彼得·马歇尔爵士认为,这是现代最迅速、最聪明的政治组成部分之一,"它强调的是,一切都没有改变。而事实上,一切都变了。"

尼赫鲁有了这个方案,但他仍然不得不把这个结果推销给他在国内的反对者们。他回到家里,向印度制宪会议保证说,"一切都澄清了,国王根本没有任何职能"(即使几年后国王的女儿会嘲笑这一说法)。在他最著名的一次演讲中,他谈到英联邦是"一种具有疗愈意味的新型联合体"。多年来,许多人——有的是善意、有的是恶意、有的用意不明——试着弄清英联邦的本质,没有一个能完全领悟早期英联邦的精神,也就是尼赫鲁的"疗愈意味"。

卡姆莱什·夏尔马说,最后是尼赫鲁的伟大还有人格力量推动印度进入这个新的英联邦,而不是那些辩论。如果一个曾在英国统治期间九次被捕、坐牢近九年的人都支持这一想法,那它会糟糕到哪里去吗?另一位前秘书长桑尼·兰帕尔爵士表示,这当中也有乔治六世的功劳。"当时的情绪和争论都是关于国王的,它的顺利解决,国王是动用了伟大的技巧的。"

最热心的保皇派成员国也可以快乐地回家了。直到今天,资深的外交官和公务员们都感到惊叹,一场严重的战后危机居然靠着几句精心起草的文字得以避免。

在这个过程中,国王会停止使用"王国"和"自治领"这样的字眼,而是用更加低调的"领地"。然后国内最优秀的官员们,包括内阁大臣在内,开始着手解决当今真正紧迫的问题:"英联邦元首"要怎么翻译成拉丁文,以供仪式使用?菲利普·墨菲记录了在剑桥大学的不同会议室里进行的深奥的学术探讨,它们比英联邦会议本身花费的时间要长得多。例如,虽然拉丁语中"元首"的单词是"caput",但对国王来说,它表达的敬意不够。当然,也不能再用"rex"这个词,因为整件事情就是因为有些国家不想要这个"国王"。最后,他们采用了"princeps",既表示"领袖",也有"亲王"的意思。乔治六世被称为"Consortionis Populorum Princeps"。

不管他的称号是什么,乔治六世成功地创立了一些独特的东西,在动荡、厌战的世界里保持持久与前瞻性。七十年后,英联邦现任秘书长斯科特兰女爵说,他给世人留下的是一个奇迹。然而国王并没有活着看到这些。在推迟了另一次领地巡游计划后不久,1952年2月6日,在桑德林汉姆,这位新的"英联邦元首"在睡梦中去世。

继位

1952年2月6日早上,伊丽莎白爬上了肯尼亚一棵巨大的无花果树,上去的时候还是公主,下来的时候就成了女王。这个故事世人皆知。在观看野生动物的那个晚上,她继承了王位。五年前,她在英联邦巡游时就曾宣誓献身,现在,在非洲的中心,她成了他们的女王。她在1999年德班举行的英联邦首脑峰会上说,我有非常特别的理由对非洲怀有特别的感情,"这些事件改变了我的人生"。

在她还没有返回伦敦,接受她的第一任首相温斯顿·丘吉尔的觐见之前,训练有素的王室继任系统已经开始运转。伊丽莎白二世将自动获得武装部队首脑、英格兰教会最高领袖、兰开斯特公爵和许多别的头衔。但有个问题,英联邦怎么办?

在促成这一新生事物的所有精心谈判和政治斡旋中,根本没有人澄清过,统治者发生变化后要怎么办。英联邦元首的头衔是世袭的还是有限制的?时至今日,有些宪法专家仍然认为,它是世袭性的,因为《伦敦宣言》里的"国王"是泛指,而不是具体指乔治六世。但今天公认的观点,在2018年峰会上也强调过的，与1952年相同，即英联邦元首的上任并不是自动的。因此，新女王需要得到英联邦所有国家的支持，特别是某个国家。如果印度辩称《伦敦宣言》只适用于已故国王呢？这场潜在的外交噩梦很快就避免了。2月8日，尼赫鲁向新君主发出了正式的吊唁。"我谨欢迎陛下成为英联邦的新元首，并真诚地相信这一伟大的友谊将继续为人类理解与和平事业而努力。"他用一句话解决了这个问题。要是尼赫鲁都乐意，就没有人再出头反对了。在转年的加冕典礼上，女王是第一位被冠以"英联邦元首"称号的君主，而女王的礼服上则绣满了英联邦各国的花饰。她的设计师诺曼·哈特内尔曾将印度的莲花和代表巴基斯坦的小麦、棉花和黄麻都绣在礼服上。虽然还得好几年才能成为共和国，但当天巴基斯坦甚至派遣了一支部队参加卫兵交接仪式。

为1953—1954年伟大的加冕之旅而装上班轮哥特号的8吨行李中，这件加冕礼服是最珍贵的一件。它将出现在新西兰、澳大利亚的议会开幕式上，最后是锡兰，在那里礼服上的玻璃珠很烫，以至于女王说穿着这件衣服"就像在散热器里一样"。从那里，她穿越印度洋来到非洲，然后乘着新的皇家游艇凯旋回国。

新闻录影带和图画书把这呈现为一个快乐的、庄严的进步，一个旧帝国快乐地适应新联邦的生活。可是裂痕已经产生，在乎的人都能看到。即便在肯尼亚阿伯代尔国家公园登上王位的那天晚上，伊丽莎白公主也是恐怖分子的目标。她和爱丁堡公爵都处在职业狩猎者的保护之下。狩猎者主要关心的不是来自野生动物的威胁。吉姆·科贝特，以捕获印度历史上两只最致命的食人老虎而闻名，他对已经在该地区活动的茅茅叛乱分子更加警觉。[1]王室的到来既没有被忽视，也没有被遗忘。1954年，就在女王继位后，第一次回到非洲的那个

---

[1] 1956—1960年间，肯尼亚发动军事起义的反殖民主义团体被英国人称为茅茅，他们自称为"肯尼亚国土自由军"战士。2011年英国宣布将对当年的受害者赔偿1400万英镑，并在肯尼亚首都建造纪念碑。——编者注

月,茅茅叛乱分子也来到树顶公园。他们把那棵巨大的无花果树烧倒在地,然后带走了五名在王室逗留期间照看这对夫妇的当地佣人。其中四人永远消失了。只有纳哈珊·穆雷蒂,勤杂工兼搬运工,设法逃进了灌木丛中,胳膊上还中了一颗子弹。这就是"上树是公主,下树是女王"这个广为流传的故事背后不为人知的后记。从一开始,童话故事就有阴暗的一面。

节日的感觉

在继位的头几年,喷气式发动机还在研制阶段,大多数皇家出行还只能靠船。访问的重点依旧是那些还把女王当女王的地方,以及欧洲相邻的国家。其他地方还需要再等待,特别是1959年,人们知道她马上就要有第三个孩子。不过在1961年,因为两件事,这一切都将发生变化。其一是1960年安德鲁王子的出生,其二是英国政府热切想要加入欧洲经济共同体。英国政府与欧洲经济共同体打得火热,对英联邦造成了严重的影响。英国需要显示出,它依然在意英联邦这些国家,尤其是在苏联不断接触、寻求它们认同的时候。想要做到这些,最简单的办法就是派出女王。因此,1961年超过1/4的时间,她都花在访问3个大陆的11个国家上。

然而,没有什么东西能比在英国帝国主义旧领地里等待她的到来更加富有戏剧性和更加生动。印度是现代英联邦诞生的原因。现在女王要去访问那个正式承认她就是英联邦元首的男人了。"我有一种节日的感觉。"1961年,在等待客人抵达德里时,印度总理贾瓦哈拉尔·尼赫鲁说。尼赫鲁及其政府想要向女王——乃至全世界——展示,后帝国时代的印度有了多大的进步。虽然这可能是印度政府的野心,那么,印度的人民会有什么感受呢?分治的血腥和痛苦刚过去十多年,他们还会怀恨在心吗?

答案很清楚。1961年1月21日,从女王的飞机着陆的机场到德里的公路上,200多万人列队欢迎女王。在这条12英里长的路线上,到处是热烈欢迎的场面,尤其是一个有800辆车的"车队",它的牛和骆驼都挂着旗帜。骑警不得不在康诺广场拦截人群。"我这辈子从没见过这么多人。我很忧虑,担心他们会从树上或房顶上掉下来。"喝茶时，女王对印度总理尼赫鲁说。他高兴地向她透露，事实上，她比美国总统德怀特·艾森豪威尔最近的访问吸引了更多的人。

那些和女王一起旅行过的人常说，女王有着摄影师的眼光，总能一眼看到人群中的细节。她对尼赫鲁说，虽然这是她一生中最热烈的欢迎活动之一，但给她留下深刻印象的，不是人群，而是水牛的冷漠面孔。

尽管尼赫鲁在英联邦领袖的"万神殿"里是个伟人，也是女王父亲极为尊敬的人，但他并不是她的东道主。仪程规定，这应该是国家元首、印度非执行总统拉詹德拉·普拉萨德的职责。在第一天晚上的国宴上，普拉萨德乐观的语气让女王和英国政府颇感宽慰。"我们欢迎您，不仅因为您是世界上最古老的民主国家的元首，也因为您是伟大英联邦的元首。"他告诉她，还说"这也许是对世界独立最合适、最有效的表达了"。

对女王来说，这次访问既要兼顾新印度的前瞻性平等主义，又要向那些忠诚于她已故父亲的人——印度自己的王室——致敬。在走向分治期间，印度国王在与英国大臣们的所有交往中，最坚定的干预就是为王亲贵族寻求"公平机会"。女王身穿白色礼服，戴着她在自己婚礼上戴过的俄罗斯钻石流苏王冠，谈到英联邦的"自由伙伴关系"，然后温和地提醒印度不要抛弃自己的过去。"你不会希望印度在现代世界所有的激烈竞争中，忘记最好的传统和世代相传的伟大遗产。"她说。

为了强调这一点，一天后，这对王室夫妇被迅速带回到了过去。在飞抵颇具现代气息的德里后，他们随即前往拉贾斯坦邦，在浓厚的拉吉时代风情中，与斋浦尔王公相处几天。皇家汽车快到斋浦尔时，这对夫妇换到了一对大象身上。"系好你的安全带。"女王坐在一头装饰华丽、身上有手绘图案、名叫"美人"的大象身上后，爱丁堡公爵喊道。皇家摄影师雷金纳德·戴维斯这时已经患上痢疾，他拍下了一张他至今仍认为是最好的照片，一张女王的照片，女王笑吟吟地从"美人"的背上下来。在皇宫里，王公召集了两百名当地贵族，他们出席时都穿着奢华精致的礼服。1911年他们的先辈们在德里觐见大典迎接乔治五世时穿着同样的礼服。到场的妇女们被要求从上面壁龛的窥视孔中观看。这次集会，唯一能体现20世纪色彩的就是，官方省略了"觐见"一词，改成了"招待会"。

王公非常清楚这次访问的主要目的：爱丁堡公爵要射杀一只老虎。那个时候，公爵正在筹建世界野生动物基金会，该基金会将于四个月后成立。然而在1961年的印度，老虎仍然被视为一种危险的有害动物，一种令人向往的战利品。这次狩猎毫无秘密可言。"如果可能的话，我当然打算射杀一只老虎。为什么不呢？"公爵早些时候在德里的一个招待会上告诉记者。王公甚至在丛林中搭建了一个帐篷，专门给记者用，配有酒吧和电报设施，让全世界的媒体都能报道狩猎进展。英国的反残忍运动联盟对此大声抗议。令英国公众感到不安的并不是捕杀老虎，而是捕猎者用拴着的水牛作为诱饵。这根本不能算是运动。对海外意见向来敏感的印度当局对这些批评感到恼火。"当英国人把时间花在猎杀鹿和狐狸上，快乐地看着猎狗把动物撕成碎片时，他们怎么能对此大惊小怪呢？"一位政府发言人对《晚报》说。"至少，我们可没有坐在那里盯着水牛看。"一位印度评论员向《卫报》抱怨说，西方评论员把这描绘成纯粹的贵族追求是不对的。他指出，许多左翼英雄也曾猎杀过老虎："为什么要把铁托和纳赛尔都喜欢的运动，说成是有帝国主义味道的运动呢？"根据这个观点，猎杀老虎和飞扔镖或橄榄球一样都是无产阶级的运动。

女王、公爵和他们的主人日夜在"狩猎台"或树顶上等待，两百名下属在下面的丛林中搜寻。终于，第三次出发，也就是他们马上就要启程返回德里的时候，公爵猎杀了一只雌虎。

这个插曲丝毫没有影响印度人对这次访问的兴奋之情。《印度时报》声称，女王"在共和制的印度激起了惊人的热情"，这既归功于甘地的伟大贡献，也归功于"在印度帝国的自由问题上，英国有着勇气和良好的判断力"。然而在新的政治体制中，有人感到愤怒，觉得老贵族们在兜售一种过时的印度形象；媒体关注的是诸如猎虎之类的陈词滥调，而不是印度令人兴奋的新钢铁工业。《印度快报》发表了它所谓的"对王公的尖锐批评"。尼赫鲁对这位老王公的挖苦则更为克制。他对政客们说："过去，人们认为印度是一个满是蛇和耍蛇者、绳索戏法和同性恋王公的国家。好吧，他们还在，但正在没落，而这是正确的。"

英国媒体更倾向于将斋浦尔雌虎的死归咎于王室的顾问们，而不是王室夫妇。不过在英联邦其他地方，人们的反应是严厉而尖锐的。墨尔本的《时代报》注意到整个猎虎过程中女王都在场，因此感叹道："女王的在场，说明她对'君王和老爷的旧时代荒谬复兴'是认可的，而这种认可令人非常不快。"它"就差让公爵的右脚戏剧性地踩在这头献祭野兽的脖子上，我们就能回想起那个我们认为已经过去并无法重来的时代"。

印度更感兴趣的是另一件事。女王同意参加印度在德里举行的共和国日游行，这是第一次，外国国家元首和总统一起接受致敬。连艾森豪威尔都没有这么做过。当身着盛装的大象列队经过总统讲台时，一架直升飞机在头顶盘旋，将金盏花花瓣撒落在贵宾区，旧印度和新印度再次争夺关注。

而在英国又有了与野生动物无关的新抱怨。为什么女王坐的是奔驰或凯迪拉克而不是劳斯莱斯？这会是印度人的什么怪癖吗？英国《伦敦晚报》想要知道，女王为什么不促进英国的工业发展？事实上，东道主在前一年曾联系劳斯莱斯订购一款敞篷车，但该公司回应称，六个月内生产一辆车是"不可能的"。接着印度人又找了梅赛德斯。这对梅赛德斯来说根本不是问题。这是英国战后生产力惨淡的又一个小小例证。

在离开德里去参观月光下的泰姬陵之前，女王重申了她对英联邦的信念，认为这是"一个切实的例子，表明人类只要倾听自己内心的良善，就可以拥有这种关系"。在向德里市长致辞时，她补充说，她很高兴能参观"新工厂、发电站……城镇和乡村生活更加安稳的迹象"。在王室访问艾哈迈达巴德和孟买等主要工业城市时，有很多这样的活动。在加尔各答，专门来迎接她的也许是有史以来最多的一群人。大概350万人聚集在西孟加拉邦首府的街道上，比参加她加冕礼的人数还要多。英国媒体兴高采烈地报道（毫无疑问，英国外交部也兴高采烈地指出），这比前一年苏联领导人赫鲁晓夫访问加尔各答时到场的300万人要多得多。

女王必须尊重分治的双方，这一点至关重要。然而这次访问巴基斯坦的基调却完全不同。在那里，女王的东道主是阿尤布·汗将军，到目前为止已经实行军事独裁统治三年了。他没有把重点放在工业和国家发展上，而是放在军事力量上。这次访问包括参观巴基斯坦的舰队和一些军队设施。如果说民主的缺失违背了英联邦开明联谊的宗旨，那么它并没有表现出来。女王当然不会批评这位特别的主人用枪杆掌权。在卡拉奇[1]举行的国宴上，她说如果政府的形式在独立后有所改变，这不应该让人感到意外。她说，形式不是神圣的，但背后的理念是神圣的。她对军事统治的有效支持让巴基斯坦的领导层精神一振。虽然这些话显然是由英国外交部而不是女王本人准备的，但这对王室夫妇显然与他们在桑赫斯特（英国皇家军事学院）受过训的东道主相处得很好。他乐于为爱丁堡公爵组织更多的射击派对和马球比赛。

早前，印度的贫富极端分化状况让英国媒体震惊。如今，巴基斯坦男女之间的巨大鸿沟以及女王弥合这一鸿沟的能力也让英国媒体大吃一惊。人们注意到在白沙瓦，成千上万的妇女无视深闺习俗，高兴地奋力走到以男性为主的人群前面，想一睹女王的风采。在拉合尔堡，男子被排除在女王的茶话会之外，不过也有一两名妇女被禁止参加。政府坚持说，两百名女客人都必须提供医生证明，证明她们接受了体检和X光检查，如果她们想要被允许进入女王周围15英尺之内的话，更不用说被介绍给女王认识了。拉合尔一位女族长感到沮丧无比，因为她被查出喉咙发炎，不能靠近女王。如果女王早知道这个可怜女人的情况，她应该不会反对的。就在三天前，她自己也因为感冒退出了斯瓦特的猎羊活动。

在印度，对野生动物的追逐无疑成了国际公共关系的一个挑战。它可能

---

[1] 巴基斯坦现代的首都伊斯兰堡当时尚未建成，女王仅从飞机上看到过拟议建造的地点。在她下一次访问伊斯兰堡的时候，也就是1997年，伊斯兰堡是一个拥有200万人口的大城市。

会变成访问中的灾难。尼泊尔国王正在准备一次大型狩猎，让斋浦尔王公的猎虎活动显得像打兔子一样小儿科。2000多名工人被征召到塔莱丛林中，修建了一条12英里长的公路和一个新的简易机场。他们在和城镇一般大小的营地下面，挖了一英尺深，清除了所有可能刺痛王室脚趾的蝎子，然后又重新铺上了新鲜的草皮。这一次，这对王室夫妇不会坐在树上。他们将骑着大象猎杀老虎，或许还有一两头犀牛。国王已经找来了300多头大象。在这种情况下，无论英国国内有多少喧嚣和愤怒的声音，狩猎都无法取消了。

然而，到了狩猎的那一天，事情却有了一个离奇也可以说是偶然的发展。公爵扣扳机的手指不知为何发炎了，被厚厚的绷带裹着。虽然皇宫发言人证实青霉素对国王作用良好，但公爵不可能开枪猎杀任何动物了。当一头被拴着的水牛终于把一只雌虎从丛林中引出来时，327头大象和一块长长的帆布屏风在皇家火线中包围了它。开枪的任务落到了访问团的二把手、外交大臣霍姆伯爵[1]的头上。有八次，雌虎被赶到他的枪下。他有五次没开枪，三次没打中。终于，第九次，它被公爵的财务主管克里斯托夫·博纳姆·卡特爵士击倒。

不出所料，尼泊尔没有任何抱怨。这次访问还有一个重要的军事背景。尽管尼泊尔从来不是英联邦的一员，也从未受英国统治，但两个多世纪以来，英国军队正是从这里抽调最精锐的军队。女王和公爵前往山区，皇家格尔喀步枪队一直从那里招募他们的精英步兵。

这对王室夫妇于3月初回国。在回国的路上，他们对伊朗进行了同样开创性的国事访问，还参观了波斯波利斯的古老遗址。无论是在英国还是在亚洲，这次访问都被公众、政界人士和媒体视为杰出的外交成果。对于东道主和皇宫的评价，外界都有一些明显的失误。《先驱报》的安东尼·卡休称，猎杀老虎

---

[1] 他在1963年放弃伯爵头衔，出任首相。他以亚历克·道格拉斯·霍姆爵士的身份在下议院任职，直到1974年，他以新的贵族身份回到上议院，成为霍姆男爵。

的活动"愚蠢、不光彩,是女王顾问犯下的严重错误"。不过,他也写道,"女王能看到穷人,他们也能看到她",这是印度的功劳。《卫报》的迈克尔·沃尔形容这次访问是"绝对的成功"。他观察到,印度和巴基斯坦对"穿着简单衣服、坐在一辆行驶的汽车后面挥手微笑的年轻女子"和她朴素的祖父之间的巨大反差印象非常深刻。

这一切都发生在英国统治结束不到十五年的时候,在满是暴力与血腥的环境中。而那第一次访问的气氛却是非常温暖热情的。它在英国帝国故事的中心章节下划上了一条重要的线。正如《印度斯坦时报》的社论所宣称的那样,这次访问"激起了人们无尽的回忆"。

变革之风

对印度次大陆的伟大访问刚结束几个月,女王即将踏上对非洲的访问之旅。这次访问同样至关重要又极具挑战。原本她1960年就要去访问加纳的。安德鲁王子的诞生令她不得不取消了那次访问,不过,那只是推迟而已。非洲正在经历巨变,女王想要担起自己那部分责任。

黄金海岸是第一个独立的非洲殖民地,1957年,它变成了加纳。虽然加纳一开始保留了女王,但它正在计划解除她的国家元首职务,成为一个共和国。它还选择采取一党统治,也就是克瓦梅·恩克鲁玛的人民大会党。这次访问对女王来说是极具挑战的。尽管恩克鲁玛有着社会主义倾向,但他对女王仍然怀有深厚的个人感情,并渴望将自己的国家留在英联邦,哪怕只是为了他口中"那个年轻女孩"。随着苏联和中国准备就绪,并愿意对这个不受待见的新共和国表示善意,年轻的女王面临着巨大压力,要如何让加纳的天平向西方倾斜。因此,当她因怀孕而无法出行时,她以道歉的名义邀请恩克鲁玛去巴尔莫勒尔堡,弥补取消的访问。她还让他当上了枢密院顾问。与此同时,英国政府对恩克鲁玛的主要幕僚们展开了魅力攻势。他最亲密的助手之一就是在伦敦的加纳高级委员会任职的凯西·阿玛。阿玛的家人还记得他受到过英国权贵许多款待,比如,首相哈罗德·麦克米伦的外甥德文郡公爵就曾邀请他打猎、钓鱼。非洲也许正在发生变化,但正如女王所理解的那样,她必须与它保持密切联系。

也正是在1960年,哈罗德·麦克米伦前往开普敦,向白人占主导地位的南非议会发表了著名演说。他警告说"变革之风正吹遍非洲大陆"。国民大会党亨德里克·维尔沃尔德领导的政府,坚持白人至上和种族隔离,正朝着与英联邦其他国家截然不同的方向前进。当年年底,南非以52∶48的投票结果成为共和国(只有白人才有资格投票)。这意味着,它现在必须重新申请英联邦的成员资格。它并没有选择面对羞辱,而是宣布自愿离开。

在许多方面,这都是一个分水岭。英联邦里的权力平衡正在从旧的白人国家之间的舒适共识转向新近独立的国家,它们中的许多国家选择了总统制而不是君主制。正如菲利普·墨菲教授论证过的,英国政府实际上是在敦促殖民地放弃女王,选择共和国模式,因为担心她最终会陷入一些宪制上的争端。女王不会抱怨,只要这些前殖民地能留在她的英联邦之内。

"当麦克米伦谈到'变革之风'时,她领导的是一个正在演变为国家联合体的帝国。除非'变革之风'也能改变你,否则这是不可能的。"约克大主教约翰·森塔姆说,"女王并没有投身革命,但她正在非常深入的进化当中。她随着英联邦进化,而英联邦也随着她进化。"

英联邦的成员们并没有忽视,在女王"休产假"期间,女王为法国总统戴高乐将军举办了盛大的欢迎仪式。英国事先安排了歌剧、焰火和国家吹号手来烘托他在议会的演讲,所有这些都是(徒劳地)希望他能欢迎英国加入欧洲经济共同体。几个星期后,英联邦的总理和首相们在伦敦会晤时,相形之下,难免感到有点被冷落。但他们明确表示,即便在那些废除了王位的国家中,人们仍然对女王怀有极深的感情。这也是为什么,1961年她启程去了印度,也是为什么,八个月后她将离开英国,还有她幼小的儿子,履行她对总统恩克鲁玛(当时他已经当上了总统)的承诺。她即将前往加纳,尽管加纳首都阿克拉有严重的骚乱和炸弹威胁。而在英国,议会要求女王取消这次访问。女王却不为所动。

根据网飞拍摄的《王冠》，女王访问加纳的主要动机是，她觉得自己比不上魅力非凡的美国第一夫人杰奎琳·肯尼迪。它把女王描述得像轻浮的名媛一样，非常具有误导性，完全忽视了女王对现实政治的精准把握。女王决定访问加纳与杰奎琳·肯尼迪没有丝毫关系。首先，这次访问是两年前就已经定下的。更重要的是，苏联部长会议主席尼基塔·赫鲁晓夫渴望在西非结交新朋友，女王决心将他排除在外。她对麦克米伦说："如果我害怕访问加纳，然后赫鲁晓夫去了，受到了很好的接待，那我不是蠢透了吗？"黑人独立领袖与刚被他解除国家元首职务的、笑吟吟的白人女王翩翩起舞。世界各地的报纸都刊登了他们共舞的照片。"变革之风吹遍了非洲"又一次得到了生动的证明，尽管这片大陆上某个角落的媒体假装没有注意到。就在十四年前，南非还用无数的钻石来取悦她。而如今，它的媒体却已经对她视而不见。

第四章
英联邦元首

"他们都喜欢在自己的吐司上蘸一点皇家果酱。"

蜂巢

异国舞者点亮了白金汉宫的东面。一只巨大的发光孔雀投影在中间的拱门上,它的翅膀像扇子一样扫过阳台。女王和她的家人经常在特殊场合在这个阳台上亮相。厨房里,皇家厨师马克·弗拉纳根和他的团队,正在英国最古老的印度餐厅瓦拉斯瓦米的厨师们的帮助下,准备5000份印度主题的烤肉。女王正在举行纪念英印文化之年的招待会,这是一系列旨在纪念印度自1947年独立以来70周年的活动。那是次大陆分裂成现代的印度和巴基斯坦的时刻,标志着大英帝国的正式终结。它也导致了现代英联邦的诞生。不过,这些都是动荡的事件,留下了永久的伤疤。今晚的70周年纪念晚会,女王走得小心翼翼。对两个伟大国家现在的关系来说,这将是一次敏感的庆祝。在当天早些时候的卫兵交接仪式上,活动方已经播放了一些印度音乐。还有一个小型的展览,展出了来自印度次大陆的一些不具有争议性的礼物,比如圣雄甘地为伊丽莎白公主织的、作为结婚礼物的披肩,以及女王1961年首次访问印度时收到的花环。但现在不是唤起人们对英国国王记忆的时刻。

王室成员都在场帮助女王招待300多位贵宾,他们都是英国/印度社会的重要组成部分。活动的基调事先已经定好：事情要办得庄重，注意"文化上的恰当"。剑桥公爵夫人和其他王室女性都避开了所有类似纱丽的东西。公爵夫人穿着金属质感的过膝裙和闪亮的奥斯卡·德拉伦塔牌的鞋子。

"你是做什么的？"女王问卡皮尔·戴夫。"我以前是打板球的。"被板球圣经《维斯登板球年鉴》誉为"印度世纪最佳板球运动员"的戴夫回答说。剑桥公爵和戴夫聊起印度菜和他的母校，苏格兰的圣安德鲁大学。原来这位受人尊敬的运动员很了解那所大学，因为他的女儿现在在那里上学。它再一次提醒我们注意构成英联邦的错综复杂的人际关系网和历史纽带。

今晚不仅是现代印度的70岁生日派对，也是为世界上最古老、最古怪的多边国际组织之一而庆祝，所以女王对此非常重视。英联邦是女王最伟大的成就之一。它是理解她的世界观和她与世界互动的关键。

任何与这个由53个国家组成的后帝国时代"大家庭"——覆盖了曾经大英帝国的脚印——有着密切工作经验的人都会欣然承认，如果不是女王，英联邦很可能早就消失了。如果不是为了印度，它可能永远不会存在。因为正如我们已经看到的，正是印度迫使即将灭亡的大英帝国将自己重塑成一个由平等、独立的国家组成的独特而良性的联盟。

对有些人来说，英联邦现在可能看起来像是一处灰暗的遗迹，被七国集团（G7）或二十国集团（G20）这种光鲜的新论坛赶超，在联合国这个庞然大物面前相形见绌。外交和英联邦事务部（Foreign & Commonwealth Office，FCO）的许多人就是这样认为的。这个机构有时会让人觉得他们把FCO里面的C（代表英联邦）去掉了一样。不过，每个人都知道女王非常喜欢她的联邦，这也能解释，为什么它享有不同寻常的氛围和一系列的特权。它的大使被称为高级专员，还能接到各种原本不包括外交官的邀请。"他们并不完全是外国人。这是有微妙差别的。"前内阁和外交部大臣、英联邦皇家学会主席豪威尔勋爵说。"这是一个因为友谊而形成的联盟。"前首相亚历克·道格拉斯·霍姆爵士在晚年时说，"而这在当今世界，是一个良好的开端。"

然而英联邦最大的敌人往往是自己，他们经常在成员国规则以及它本就不多却还不断缩减的预算的分配问题上争吵不休。"我想我们正在努力为它找到一个角色，"前保守党外交大臣黑格勋爵说，"你不得不考虑：五十年后，这些领导人还会来参加会议吗？他们会发现其中的价值吗？但我的确认为，让这样一个网络继续运行是值得的，因为你不知道什么样的网络能生存下去。"

越是往回追溯，以前的大英帝国就越被妖魔化为邪恶的力量。牛津大学有一个长期的学生运动，呼吁清除殖民地冒险家塞西尔·罗德斯的所有踪迹（除了巨额的经济捐赠）。2017年，牛津大学里的道德与教牧神学钦定教授奈杰尔·比格开始研究帝国的对错时，他被指责为"种族主义者"，因为他认为帝国统治可能有积极的一面。曾经臣服于帝国的绝大多数国家，仍然坚定地留了下来，并与原有的帝国力量携手庆祝。不管它们有什么分歧，在某个问题上它们是一致的，那就是对老国王的女儿尊崇备至。难怪外国的评论家们感到困惑，而英联邦的批评者会绝望地问：为什么这些国家就不明白呢？作为回答，一位英联邦官员引用了格雷厄姆·查普曼的邪典电影《布莱恩的一生》，正如轮椅上的革命者问的："罗马人曾经为我们做过什么？"[1]

英联邦的大多数抱怨并不是为了掩饰帝国的恶行——没有人会否认它们——而是因为虚伪。这些批评往往是有道理的，它们的重点是，英联邦总是高姿态地宣扬人权，却忽视了它的成员国政府公然侵犯人权的行为。但这么说也忽略了它的优势，毕竟作为一个在人类层面上以多种方式运作的网络，它是有着巨大优势的。

在走过外交部、联合国和英联邦的杰出外交生涯后，英联邦前副秘书长彼得·马歇尔爵士已经"数不清有多少次听到人们满怀信心地预测或尖锐地建议英联邦灭亡。"他说，英联邦能继续蓬勃发展，因为它同时身兼数职："专家们争论说，英联邦是一个教堂、一个俱乐部还是一个闹哄哄的蜂巢。唯一可能

---

[1] 在犹太人民阵线的一次会议上，由约翰·克莱斯扮演的领袖雷格问道："罗马人曾经为我们做过什么？"一系列无用的回答随之而来："卫生设施""医药""教育""道路"……

的外交回答是，这三者的功效它同时都有，并且相互影响。"

不管现在的政治纷争是什么——多年来也的确发生了一些引人注目的纷争——英联邦务实、人性化的一面都欣然接受自己的角色。而这蜂巢的一面，女王最为喜欢。事实上，她甚至对英联邦养蜂人协会的工作非常感兴趣，并热情地批准了该协会关于设立一个新基金的提议，以帮助英联邦较贫穷地区的养蜂人，如乌干达以采集蜂蜜为生的巴特瓦侏儒。在得知这个基金会将被称为埃德蒙·希拉里爵士基金会（征服过珠穆朗玛峰的新西兰养蜂人）之后，据说女王高兴地拍起手来。

七国集团不能夸耀一个养蜂人协会，也不能像英联邦大学协会那样，夸耀一个有着五百多所遍布各大陆却每天互通有无的大学俱乐部。无论是二十国集团还是欧佩克（OPEC），都无法将加勒比地区的儿科医生、税务稽查员、教师或警官与南太平洋地区的同行联结起来。抛开政客们不谈，这里有一个网络，虽然人们可能都很高兴看到大英帝国远走的背影，但正是因为帝国，他们有了同样的语言、同样的法律制度、非常相似的公务员制度和非常相似的议会民主制度。

前英国驻美国大使、剑桥公爵夫妇和萨塞克斯公爵夫妇的高级顾问大卫·曼宁爵士称英联邦是一个"令人惊讶的"组织。他说成员国们之所以能团结在一起，是因为总体来说，没有一个国家是压倒性的掌权者。豪威尔勋爵认为，像欧盟这样的按等级和地理位置划分的组织在数字时代变得越来越不重要。他在《旧关系、新纽带》一书中说道，英联邦就不是这样的："全球通用的工作语言、类似的法律制度、友好而熟悉的市场中新的商业联盟组织、富有教育意义的联动组织，大量的专业协会，将所有这些与宽带和互联网时代融合在一起。一种非凡而崭新的跨大陆联系和交流方式出现了，这就是新的英联邦。"

女王也有着同样的观点，因此她在过去数年里一直以自己的名义悄悄地创建了许多新的英联邦机构。它们都经过精心设计，与政客保持距离，降低成本，重点关注年轻人。这再次说明了，她今晚为什么要在皇宫大肆渲染印度。

因为印度是英联邦的经济强国，更不用说它占了英联邦24亿总人口的一半。这次招待会是一个前序，随后将会是该组织历史上最生动、最心酸的活动之一，即2018年伦敦英联邦峰会。那时候，也就是在她92岁生日前夕，女王将慎重地把接力棒交给王室下一代，因为她知道她的英联邦已经回到了上升轨道。但它仍然需要英国君主制的荣耀和连续性。"毫无疑问，女王提供了磁铁。"外交大臣鲍里斯·约翰逊在印度招待会上与来宾们交谈时说，"皇家魅力形成的吸引力对英联邦来说极其重要，一贯如此，以后也会如此。"

虽然，它一直是一段非常坎坷的旅程。

联合起来

对印度和加纳这种国家的访问，如同里程碑一般，引起了世界对快速发展的英联邦的极大兴趣。随着越来越多的殖民地寻求了独立，这些年轻共和国的创立者们开始把女王视作可靠的朋友和盟军，而不是冷漠的上司。她早已把"奶奶的家"献出来，给英联邦办公使用。她明确地规定，马堡宫仍然是皇家地产，给英联邦增加王室威严。那么，新英联邦的实际管理者应该是谁呢？虽然说所有的成员国都是"平等的"，但会议的主席是英国的大臣。英国，就那么理所当然地比其他国家更"平等"吗？

然而到了60年代中期，新成员们有了其他想法。时任加拿大总理顾问的阿诺德·史密斯在1964年的会议上见证了一个生动的时刻。英国负责英联邦关系的国务大臣邓肯·桑迪斯发表演讲说，去殖民化是英国送给世界的礼物。"他的演讲是纯粹的英国乳母论，把英国说成是一位自豪的母亲，把婴儿们养大成人，让他们坚强独立。"史密斯后来写道。突然，一个非洲口音的声音打断了他的演讲。"得了吧，主席先生，让我们彼此都坦诚一点。"最近独立的马拉维的哈斯廷斯·班达博士说，"你们英国人可不像其他帝国主义者那样愚蠢。对于不可避免的事情，你们已经及时认识到，并优雅地接受了它。这是你们的伟大之处，为此我们向你们致敬。但这并非都是你们自愿的。劝说是很重要的因素，我们在座的许多人都是劝说者之一。"然后他绕着桌子，指着在场许多首相，包括他本人，他们都曾经在不远的过去被英国囚禁。如果曾经九次被囚禁的尼赫鲁不是在1964年5月刚刚去世，这个名单会更长。

1964年的会议上，加纳的克瓦梅·恩克鲁玛发表讲话，提出了独立的英联邦管理的构想。关键是，他认为英联邦不应该由英国人控制。尽管英国政府不喜欢这个想法，但其他国家元首都同意了。1965年，阿诺德·史密斯被聘为第一任秘书长。英国政府尽了最大努力来让这个职位形同虚设。在1965年举行的英联邦财政部长会议上，史密斯发现英国英联邦事务部自行安排了会议的座位，还把他分配在了速记打字员旁边。他迅速地换到了主席的旁边。在白金汉宫为外交使团举行的年度招待会上，女王和公爵惊讶地发现，史密斯在迎接队伍的最后面，与一群副大使站在一起，甚至在级别最低的官员旁边。"你在那里干什么？"公爵问他。"这是您的派对，先生。"史密斯的妻子伊芙回答。"是的，但你也知道是谁组织的这些东西！"公爵心知肚明地说。"英联邦事务部。"一周内，在白厅的一番"皇家刺探"之后，阿诺德·史密斯被告知，他神秘地获得了特别地位。以后在詹姆士王宫，他会被安排在最高级的大使前面。

史密斯一家经常接到邀请，与女王和公爵共进四人晚餐。他写道，皇宫总是"上下一心地欢迎我们，让白厅官员们知道，我将被视为女王的顾问之一"。在新的英联邦管理层和英国政府之间的斗争中，女王不仅仅是确保公平，她似乎是站在英联邦那一边。

史密斯上任后的几周内，他将处理因白人统治的殖民地罗德西亚单方面宣布独立而引发的英联邦第一次大分裂。这场争论将在英联邦的"老"和"新"成员之间划下一条断层线，因为前者对后者在殖民主义及其遗留问题上的感受深度依旧抱有很多误解。正如前英联邦秘书长埃梅卡·安约库后来写道："只有经历过殖民统治垂死时期的人们，才能充分体会到种族不平等感在当时人们的意识中是多么的根深蒂固。"他曾经指出，塞拉利昂总统西亚卡·史蒂文斯甚至想创立一项新的国家荣誉。史蒂文斯想称之为蚊子奖章，以表彰这种昆虫，它们曾在西非把许多欧洲入侵者早早送进坟墓，并削弱了他们的殖民野心。对史蒂文斯和他那一代的西非领导人来说，治疗疟疾的药物奎宁问世得那么晚,其实是一件幸事。

罗德西亚单方面宣布独立——英国在此事上犹豫不决——激怒了年轻的非洲国家们。因此,他们做了一个重要的规定。英联邦不再认为有必要在伦敦集会,因为它不再受英国政府控制。新近独立的前殖民地拉帮结派,想要在自己的地盘上召开会议。过去那些"炉边聊天"式的聚会早已过去。1965年,非洲领导人们要求召开一次英联邦紧急会议,想要制造一个统一战线,反抗罗德西亚的白人统治者。他们不想在伦敦开会,而想在尼日利亚。他们认为英国非常虚伪,对罗德西亚的白人从不插手干预,黑人起义无论在哪个地方都会遭到武力镇压。前牙买加记者帕特西·罗伯逊刚刚加入阿诺德·史密斯的团队。未来的许多年,她会在马堡宫负责媒体运营。她很清楚地记得,"俱乐部"的其他成员是多么愉快地联合起来,对抗哈罗德·威尔逊率领的英国代表团。"我记得,在拉各斯我们开了一整夜的会,前所未有地与英国人对峙。"她说,"第二天早上,六七点钟的时候,电梯门开了,出来的是雷斯特·皮尔森(加拿大总理)。他说:'我们多开心啊。'我这才意识到,人们是多么喜欢这么干啊。"有一次,威尔逊恼怒地向塞拉利昂总理阿尔伯特·马盖伊抱怨道:"停止你们的团伙会议(caucusing)!"马盖伊迅速还击,令人捧腹大笑:"哈罗德,我们可不是白种人(caucasian)。"

罗德西亚的单方面宣布独立,也为新面貌的英联邦开创了一个重要的先例。加纳和坦桑尼亚这两个国家对英国的反应非常愤怒,因此断绝了与伦敦的外交关系。但最重要的是,他们没有切断与英联邦的关系。正如前秘书长桑尼·兰帕尔解释的那样,这是一个关键时刻。任何人都不能再声称英联邦是"英国的"。它或许仍然有女王这个象征性的首脑,总部设在伦敦,但它早已是一个独立的机构。它的秘书长,加拿大人阿诺德·史密斯对英国政府没有丝毫忠诚,即便人们仍然期望英国支付它的大部分账单(计算公式是以每个国家的财富为基础的)。但这种全新的独立精神将让女王的日子越来越难熬。

到了60年代末,英联邦的成员国已增加到近30个。既然所有国家都享有平等地位,原来那个守护者很容易就被击败了。许多领导人都相当享受在拉各斯的紧急会议上痛击英国人的那段经历。"俱乐部"的定期聚会不是隔年换一个主席换一个地方吗？这些事件会没有新的名称吗？在这么多的共和国领导人都成了总统的时候，还把它们称为"总理会议"似乎很愚蠢。"英联邦政府首脑峰会"就这样应运而生。因此，外交辞典中就有了这个丑丑的词

"CHOGM"（Commonwealth Heads of Government Meeting的首字母缩写发音：cho–gum）。在如今繁忙的国际论坛（从G7和G20到APEC和OPEC）还没有诞生之前，CHOGM是联合国之外唯一真正的全球性聚会。

清谈"俱乐部"

第一届CHOGM将于1971年在新加坡举行，这一点已经达成了一致。可以理解的是，女王也应该出现在那里。在英国以外的地方举行这次峰会的想法，没有遭到最近当选的英国首相爱德华·希思的任何反对。相反，他非常高兴。和他的前任哈罗德·威尔逊一样，希思也不得不接受这样一个事实：许多领导人把英联邦峰会看作击败旧殖民政权的主要机会。如果他能免去主持活动的职责，那就更好了。更重要的是，他正准备实施一项极不受欢迎的政策，这项政策有可能将英联邦分裂成两部分。他打算恢复对南非种族隔离政权出售武器。因此他给女王带来了坏消息。

他知道他的政策会在新加坡营造一种有害的气氛，因而郑重地建议她不要出席，并解释说她可能会被卷入一场尴尬的纠纷。接受这个建议，令她后悔终身。用希思传记作者约翰·坎贝尔的话说，这让她"非常不快"，尤其是因为首相对英联邦及其许多领导人的"毫不掩饰的不尊重"。对于一位资历相对较浅的首相来说，在女王担任英联邦首脑的第二十年，告诉她，不要参加她所钟爱的组织的一次重要集会，这肯定是一个挑战，即使对像希思这样厚脸皮的人来说也是如此。我们所知道的是，女王下定决心再也不错过任何一次会议。

希思决定向南非出售武器，导致一些国家威胁要一起退出英联邦。关于资本主义的罪恶和英国与南非种族主义者的勾结，人们进行了激烈的交流。希思讨厌这次会议。令他心情更糟的是，他又遭遇了一次尴尬事件。早在峰会召

开之前，新加坡李光耀政府的官员们就已前往英国，希望能得到一支由40辆戴姆勒汽车组成的车队，载着这些领导人在城里转转。他们解释说，英联邦峰会应该使用英联邦制造的车辆。可是，戴姆勒无法保证在15个月的期限内交货。新加坡只能转向德国，梅赛德斯承诺在不到一半的时间内交付。希思拒绝了官方的奔驰，坚持要乘坐英国高级专员的劳斯莱斯汽车。

但他们还是妥协了。最后英国政府被说服，对南非的军售局限在几架海军直升机上。更重要的是，所有领导人签署了一项联合声明，确立了一套关于善政和人权的新共同原则。有些签署国自顾不暇。就在同一个礼拜，英联邦的某个国家有了新的领导人。乌干达总统奥博特在出席首脑峰会时被伊迪·阿明赶下台。

参加新加坡会议的人都坚定地认为，希思不让女王参加会议是犯了一个重大错误。他自己的外交大臣亚历克·道格拉斯·霍姆爵士也赞同这一点。"他对希思非常恼火。"前英联邦秘书长桑尼·兰帕尔说，"如果说有什么可以解除这种酸溜溜的好战情绪，那就是女王了。""泰德·希思建议她不要去，这对她和英联邦来说，都是一种伤害。"未来的英联邦秘书长埃梅卡·安约库说。当时，安约库是该组织的新星。"女王要是在那里，那些讨论的氛围和基调将会温和得多。"

王室一位高级成员说，女王一直后悔错过了新加坡的会议，因为这意味着她永远无法拥有"100%的出席率"。正如她的前私人秘书查特里斯勋爵对皇家传记作家罗伯特·莱西说的那样，"如果她在那里，你看，他们会守规矩的。就像是奶奶在那儿一样。因为她了解他们，他们喜欢她。"

希思把女王留在"家里"，不仅让女王下定决心一定要参加下一次CHOGM，还无意中在女王和英联邦秘书处之间开辟了一条秘密的后门通道，如果他知道的话，一定会震怒的。英联邦档案馆有一份高级官员的备忘录，报告了1972年与女王的副私人秘书菲利普·摩尔共进午餐的情况。摩尔一直抱怨女王的公文匣里"几乎没有英联邦的东西"。这位官员，也就是亨特·韦德同意说，秘书处将开始向女王发送她"特别感兴趣"的文件，并补充说，"英国加入欧洲经济共同体后英联邦国家面临的问题,就是一个很好的例子。"换句话说,英联邦元首即将收到关于欧洲项目的具有潜在敌意的报告,这个项目是希思心爱的项目,而这一切他并不知情。

希思憎恨新加坡会议,他告诉阿诺德·史密斯,下一次会议至少要在1975年之后了。史密斯根本不理会他。英联邦不是英国政府的。成员国们会在1973年举行一次会议,无论希思是否愿意。他已经在起草一个会议计划,下一次将在加拿大的首都渥太华举行。君主肯定赞成这个主意。因此,全套的加拿大班底——英联邦的秘书长(加拿大人)、加拿大总理皮埃尔·特鲁多和女王(也是加拿大女王)本人——策划了这次会议。首先,史密斯问特鲁多是否愿意当主持人,特鲁多欣然同意。随后,特鲁多以加拿大总理的身份邀请女王前来。她没有义务征求英国首相的同意,于是欣然接受了邀请,没有跟爱德华·希思谈过。英联邦会议现在有了英联邦的元首出席,让希思别无选择,只能在日记里抱怨一番。他更感兴趣的是引导英国进入新的欧洲共同市场,而不是被拖入疾风暴雨般的前帝国俱乐部会议。"爱德华·希思非常不情愿。"史密斯写道,"直到出发的前几天,他都没说他是否会去。女王坚定地表示,无论如何,她都会去加拿大。这才让他收起了愠怒的态度。只要她去了,他就躲不掉。所以他只能去了。"

这一次,女王的出现确实会对每个人达到和解、安抚的效果。尽管关于罗德西亚、核武器和马克思主义还是有一些激烈的争论,但希思这次却舒服多了。他甚至同意再签一次两年后的CHOGM,尽管到那个时候,他将被工党的哈罗德·威尔逊击败,逐出唐宁街。不过这都是他再次干涉女王访问计划之后的事了。

当希思宣布于1974年2月底举行大选时,女王已经在她的太平洋领地进行一次重要的访问。这意味着她不得不放弃两天后对澳大利亚的访问,甚至无法穿上她的设计师伊恩·托马斯为这次访问专门设计的黄色雪纺"合欢花"连衣裙。这当然与她在早前的保守党首相那里受到的待遇大相径庭。1959年,哈罗德·麦克米伦搁置了在6月举行大选的想法,因为他不想打乱女王夏季访问加拿大的行程。因为她需要在家等待选举结果，他把选举推迟到10月。1974年，希思担忧的问题很多，根本没把女王的行程安排放在心上。英国经常因罢工和劳工行动而瘫痪。但在1974年迫使她提前从澳大利亚回国的过程中，他进一步削弱了这个逐步发展共和制的国家对王权的尊重。这时英国以牺牲英联邦为代价，加入欧洲经济共同体才刚刚一年。而一年后，澳大利亚总理将被女王的总督解雇。多亏了希思，女王的默认立场已经非常明确：所有领地都是平等的，但其中一个比其他更加平等。

与此同时，在出乎意料又令人愉快的加拿大会议之后，英联邦变得很有活力。皮埃尔·特鲁多在渥太华提出了一些巧妙的创新，有助于创造一种截然不同的会议气氛。这种气氛一直持续到今天。他们不会像在联合国那样，宣读事先准备好的文稿。这立刻让大家免去了几个小时的无聊。他提出了英联邦旗帜，更重要的是，提出了"休养会"的想法。这是一种非正式的休息，在一个僻静的地方，领导人可以放松，不会有任何官方记录。帕特西·罗伯逊解释说："在这个地方，领导人们可以分享很多事情，有些甚至是不愿意跟妻子说的事。"卡姆莱什·夏尔马说："特鲁多在定义英联邦的文化方面发挥了历史性作用。"这些"休养会"在短短几个小时之内，就能让领导人们得出结论，而这些结论，联合国可能需要数年时间才能提炼出来。例如1977年，在格伦伊格尔斯举行的"休养会"上，各国领导人达成了一致，将南非白人排除在世界体育之外。有些"休养会"因为其他的原因而令人难忘。几年后，1989年，在马来西亚举行的CHOGM上，与会领导人在兰卡威的一个温泉度假村开"休养会"。在那里，东道主安排了一场卡拉OK，吓坏了撒切尔夫人。"许多领导人走上舞台，唱了一些著名的歌曲。"斯图尔特·莫尔回忆说，"撒切尔夫人坐在那里，手里紧紧攥着手提包，讨厌这个环节的每一刻。我记得她什么都没唱。"

1973年，特鲁多成功后，下一次CHOGM安排在1975年，牙买加。牙买加总理迈克尔·曼利喜欢以世界政治家自居，但奇怪的是，他特别怕女王。他的朋友桑尼·兰帕尔爵士说，曼利担心王室来访会损害他的左翼声誉。"他装作马克思主义者的样子。"桑尼爵士后来说。"当然，她是一颗明亮的星星。他所有的共和主义都消失了。"曼利不会是第一个,也不会是最后一个,在皇家星尘的影响下成熟起来的激进政治家。在女王的要求下,1977年的会议安排在了伦敦,正好配合她的银禧庆典。有些更激进的英联邦领导人担心,在她欢庆女王银禧的同时举行1977年峰会,可能会让人觉得这是变相的"伦敦觐见",在昔日帝国的首都,以前的殖民地向女王致意。"你必须记住,这些人刚刚结束战争,获得了自由。"桑尼·兰帕尔解释说:"他们的政治直觉全都集中在这个方向上。但当他们了解女王之后,所有的担忧都消失了。"

异教徒仪式

在英联邦早期会议的极度敏感气氛中,女王很快意识到,维护和平是她的职责——谨慎却又坚定的。她做出了一系列微妙但重要的姿态,从长远来看,这使她对英联邦的"去帝国化"需求看得非常清楚。1966年,她批准了一项建议,将帝国日改名为英联邦日。此外,她还将日期从维多利亚女王的生日改为自己的官方生日(后来又改到了3月)。同时,女王也非常清楚地表明了,她喜欢的英联邦是什么样的。这会使她卷入非议之中,不过她也不打算把自己撇清。也是在1966年,伦敦教区牧师奥斯汀·威廉姆斯与皇家英联邦协会(RCS)[1],在英联邦日前夕组织了一次多信仰礼拜。他们计划将所有主要宗教都包括在内,并向女王和爱丁堡公爵发出邀请。女王和公爵欣然接受了。然而,英格兰教会最高领袖(女王)亲自到场,也不足以避免之后愤怒的抱怨。一些保守派反对在圣公会教堂里举行"异教徒"仪式。伦敦主教在坎特伯雷大主教秘书的支持下警告说,这种公开的非基督教活动,特别是自称"礼拜"的活动,不应再被允许在基督教教堂举行。

在这些高级神职人员的阻挠下,组织者们放弃了。女王显然很不高兴。

---

[1] 最初成立于1868年的殖民地协会,皇家英联邦协会是最早欢迎女性成为演讲人及会员的特许机构之一。它在全世界推广英联邦理念,甚至在非英联邦国家,如美国和爱尔兰。

1968年，组织者们在伦敦市政厅大会堂的非宗教区安排了一种称为"见证"的活动。尽管女王再次出席会议，表示支持这一想法，但她不喜欢妥协。"消息传来，如果继续在非宗教区举办，她就不来了。她觉得这是一个信仰的活动，应该在宗教区举办。"皇家英联邦协会的前总干事斯图尔特·莫尔说。最后也是女王想出了解决办法。威斯敏斯特大教堂和温莎的圣乔治教堂一样，受君主直接管理，而不是任何主教，因此它被称为"皇家财产"。莫尔回忆说："女王说，'你可以用我的皇家财产来做这件事，然后你就不需要英国国教了。你不需要主教了。'所以，他们就这么做了。"

结果在1972年，这项活动在威斯敏斯特大教堂举办时调整了一下，不是"礼拜"，而是"仪式"了。女王很高兴地参加了仪式，事后还与阿诺德·史密斯在马堡宫喝茶。"她和爱丁堡公爵非常高兴今年可以在威斯敏斯特大教堂举行英联邦日纪念仪式。"她的助理私人秘书比尔·赫塞尔廷写信给史密斯说，"女王觉得活动后的茶话会是最体贴、最愉快的。"在未来的几十年里，教堂仪式和茶会都将成为王室日程中不可缺少的固定安排。

后来，"仪式"又换了名字，现在成了"庆典"。但这项活动仍然像以往一样备受追捧，现在还经常在BBC做电视直播。例如，2018年英联邦日到来之际，庆典上有十几个宗教信仰、一个海螺（宗教器物）、一个唱诗班、一个加纳鼓手乐队、流行歌星利亚姆·佩恩，一位逊尼派穆斯林神职人员祈祷："伟大的创造者，让我们尊重并庆祝你创造的一切。"布道者不是牧师，而是年轻的英国眼科医生安德鲁·巴斯塔劳斯。他离开家乡在肯尼亚建立了一百家眼科诊所，现在是英联邦"消除可避免眼盲"活动的前沿人物。女王仔细地聆听，即使她已经知道了他的故事。因为几周前，她曾邀请他到皇宫单独为她演说。

女王认为，她作为英联邦元首和英格兰教会最高领袖的角色之间没有冲突。事实上，她认为它们是互补的。她首先承认，英联邦包容所有信仰，也可以没有任何信仰，并且，英联邦的绝大多数公民都与她信仰不同（在53个成员国的24亿公民中，穆斯林和印度教徒多于基督教徒）。她认为，维护所有人的信仰自由是她的责任。斯图亚特·莫尔记得，女王在2002年的金禧纪念仪式结束后不久来到英联邦皇家学会时,同他有过一次颇具启发性的谈话。"我护送她,我们正一边走着,她停下来,拦住我说,'我要告诉你一些事。'我想,'天哪,她是要跟我说,我穿了棕色的鞋还是什么别的。'然后,她说,'你知道吗,那个仪式上,没有印度教代表。这不是很糟糕吗?这是一个多信仰的活动,却不知因为什么原因,漏掉了印度教。'她这么说,我很感兴趣。显然,这是她和英联邦之间的一个联结点。"

威尔士亲王最著名的一句话,是他1994年时说的,作为国王,他打算成为"信仰的捍卫者",而不是"某个信仰的捍卫者"——自1521年来君主的附属称号。王储的话在当时成为报纸的头条,被英国圣公会的一些高级神职人员解读为叛逆。事实上,他只是对现状表达赞同,因为女王在整个统治期间就是这样做的。她甚至在2012年兰贝斯宫举行的钻石禧年纪念酒会上这样说过,只是当时完全被忽略了。"我们现有的教会概念偶尔会被误解,通常被低估。圣公会的作用不是为了捍卫圣公会而排斥其他宗教。"她在一屋子的主要宗教神职人员中说,"相反,教会有责任保护这个国家所有信仰的自由活动。英国国教温和而坚定地为其他宗教团体,甚至没有信仰的人创造了自由生活的环境。"她早就对教会和英联邦传达了自己的哲学理念。她不要求采取行动,也不会对人权问题指手画脚,而是"有责任……温和而坚定地保护"。

英联邦是英国从单一文化社会向多元文化社会演变的主要推动力,对任何国家来说,这个过程都极具挑战性。然而正如一位又一位宗教领袖所证实的那样,女王发挥了重要作用,让这个过程舒缓了许多。不管他们信奉什么宗教,知道他们的国家元首乐于信奉国家生活的核心,令他们感到非常安心。前坎特伯雷大主教罗文·威廉姆斯博士解释说,"她是一个多元化、全球性组织的元首,这意味着她从来没有对多元文化感到过恐慌。"约克大主教约翰·森塔姆博士表示,"这是多年来她在圣诞广播中几乎潜意识传递的信息。""作为一个基督徒,她对自己的信仰是如此的坚定,这实际上给了她接触任何人的空间。"他说,他指的是她的圣诞广播,"如果她不谈论基督之道,你就不可能听到。"

女王很重要

英联邦的财富在世界起伏不定，毫无疑问就英国政府而言，该组织的声望一直在下降。直到1966年，英国政府还有一个殖民地办公室，负责处理仍在英国控制下的旧帝国地区，还有一个英联邦关系办公室，负责处理独立的前殖民地。1966年，他们合并成英联邦办公室，两年后，它就被吸收进外交和英联邦事务部。这个时候，它完全被别的东西盖过了。当时外交政策的首要目标是让英国加入欧洲共同市场，还有与华盛顿的外交关系。"当时的外交部认为，女王和英联邦就是毫无意义的负担。"外交部的老伙计罗杰·杜·布雷爵士说。他在非洲开始了自己的职业生涯，先后在华盛顿和巴黎任职，后来成为外交使团的副团长、外交部和皇宫之间的纽带。"那些官员们觉得自己有权经营这个国家，他们认为重要的是美国和欧洲，而不是英联邦。"他清楚地记得1975年被任命为副团长时，女王的私人秘书所说的话。"马丁·查特里斯对我说的第一句话是：'听着，我想让你明白。女王很重要！'她的确做到了。"

在玛格丽特·撒切尔入主唐宁街的十一年里，英联邦仍然"很重要"。或许在许多方面，英联邦与她意见相左，但她从未忘记，在1982年的福克兰群岛冲突中，坚定地站在英国政府背后的正是英联邦。即使那些与撒切尔夫人争吵最激烈的人，如桑尼·兰帕尔，也会承认她很看重英联邦。英联邦就算不喜爱她，也很尊敬她。"这是一个了不起的机构。没有人能发明或设计出这种机构。"在兰帕尔作为英联邦秘书长退休的晚宴上，她在致辞中说。"我们不用告诉对方该怎么做。我们只是聆听，然后拿定自己的主意。"她的继任者约翰·梅杰也对该组织有着强烈的敬意，他在从政前曾在尼日利亚生活过。"他在英联邦工作时还是个小伙子。"前内阁大臣罗宾·巴特勒[1]（现在是勋爵）

---

[1] 1988—1998年，内阁秘书，他是撒切尔、梅杰和布莱尔政府的高级官员，后来晋升到上议院，成为不洛克威尔巴特勒勋爵。女王在2004年授予他"嘉德骑士"的头衔。

说,"然后是板球。他是一个天生循规蹈矩的人,但板球对他来说是件大事。这让他与一些领导人有了天然的亲和力。"时至今日,约翰·梅杰爵士说,他在英联邦最快乐的记忆之一,是在1991年哈拉雷的CHOGM的板球比赛中,与澳大利亚总理鲍勃·霍克展开对决。埃梅卡·安约库和斯图尔特·莫尔指出,是梅杰和他的财政大臣肯·克拉克开创了英联邦对贫穷国家的债务减免战略,最终被世界银行和国际货币基金组织采纳。

也是梅杰召集了英联邦1997年在爱丁堡的会议,尽管会议举办时,他已经离开了唐宁街。他的继任者托尼·布莱尔将主持这次会议。英联邦秘书处的高级组织者之一斯图尔特·莫尔记得,布莱尔和他的团队希望这次会议能够宣传他新的"酷不列颠"议程,恨不得在垃圾箱和管道上都播放"劲爆版"国歌。"听上去他们好像在玩中央供暖系统。"莫尔回忆说,"虽然这里是爱丁堡,但还是有消息说:'不许穿苏格兰裙,我们不想要太多的苏格兰风情。'"更麻烦的是在圣安德鲁斯高尔夫之家的休养会。布莱尔的官员们从未参加过休养会,他们决定按照自己的方式安排,在一个讲台前摆上一排椅子,让布莱尔对所有领导人发表讲话。斯图尔特·莫尔记得那场激烈的争吵:"我们进去后说:'不能这样安排。这个会就不是这样的。'它应该是非正式的、放松的。但他们的态度是,这是一次拍照的机会。"

从那之后,布莱尔就再也不喜欢英联邦了。豪威尔勋爵说过,他的幕僚曾经讨论过将"C"从"FCO"的名字中完全去掉。当时已经退休的桑尼·兰帕尔对布莱尔对英联邦的冷漠感到震惊。"我曾经期望过,他会有更好的国际主义策略。"他说,"他缺乏与发展中国家打交道的同情心。而(他在唐宁街的前任,工党的)卡拉汉和威尔逊却拥有这种同情心。"

在一次英联邦峰会期间,布莱尔在其中一个行政会议中途离场,去观看电视直播的足球比赛。2003年,尼日利亚是东道主,一直小心翼翼地准备在阿布贾召开的会议。"在尼日利亚,人们对任何准时的事情都有一定程度的恐惧和偏见,但他们在开幕式上做得很好。"所有人都准时到达那里,包括女王,只有一个人例外。"一切都很完美,直到布莱尔彻底毁了它。整个开幕式延迟了15分钟。"当时的秘书长唐·麦金农,这位直截了当的新西兰前外交部长,对布莱尔比英联邦元首到得还要晚这件事很不高兴。正如他团队里一个人说的:"托尼当然要比女王晚。他是皇帝嘛。"

"单调而乏味"

布莱尔对英联邦的总体看法,在他的自传中也有一些暗示——他压根儿没有提到过它。他对英联邦如此缺乏热情,或许部分是因为他执政后头两次国事访问(对英联邦中两个最大国家)中的外交事故。虽然布莱尔的支持者在议会中占了大多数席位,他本人在国内也颇受欢迎,但这也导致他在海外非常自满、傲慢。当他的政府要求女王去印度和巴基斯坦庆祝它们独立50周年时,情况就是如此。重演1961年那次辉煌之旅的希望很快就会彻底破灭。

由于印度曾是女王1961年访问的第一站,所以巴基斯坦将是这一次——1997年10月——行程的第一站。女王抵达伊斯兰堡,这次行程的开头有些紧张。这是戴安娜王妃去世后女王的第一次海外访问。戴安娜王妃去世之前不久曾经参观了巴基斯坦的一家儿童医院,她是当地人民心中的英雄。女王在国宴开幕式上致辞,哀悼戴安娜王妃,并感谢巴基斯坦分担"我们对戴安娜早逝的悲痛"。她的讲话很受欢迎,此后访问又回到了正常日程。在对议会的演讲中,女王将她1961年的访问(当时由于军事政变,根本没有议会)与现代民主巴基斯坦的"活力和自信"[1]进行了对比。女王和公爵住在1961年住过的拉合尔套房里,坐着马车去拉合尔古堡吃饭(这次没有人需要出示医疗证明了)。随后,爱丁堡公爵前往奇特拉尔森林视察救援工作,还颁发了马球奖品。到目前为止,一切都还不错。

外交灾难发生在高级专员的草坪上。罗宾·库克,自1997年5月工党重新掌权以来第一次作为外交大臣陪同女王进行国事访问。在一次英国招待会上,

---

[1] 这一时期是短暂的,两年后,又发生了一次军事政变。

巴基斯坦记者与他搭讪。令记者们高兴的是，他表示就克什米尔问题，英国愿意在巴基斯坦和印度的和平谈判中充当中间人。他的话与女王宴会致辞中的一段相呼应，她在讲话中谈到了她对"和解"的希望。当巴基斯坦的新闻报道宣布克什米尔的未来有了新的突破时，印度政府感到震惊。印度不想让外界干预这个问题。尤其是在女王还没抵达德里时，在一场记者招待会上，英国驻印度高级专员大卫·戈尔-布斯爵士[1]谈到这个问题时，印度的情绪进一步恶化。当时他轻蔑地说，印度人应该"停止跟风车打架了"，这让印度本就一触即发的愤怒情绪沸腾了。

在印度之行开始前，女王和公爵在巴基斯坦一个山上车站度过了私人周末，库克回英国"出差"了几天。然而在接下来的一周，王室抵达德里时，当地人民的情绪很低落。媒体引述印度总理的话，把英国贬低为"三流国家"，而《印度时报》则在头版刊登了《今日之思：单调而乏味——英国作家马尔科姆·穆格里奇，英国作家，记女王伊丽莎白二世》。一些客人发现王室活动的邀请被神秘地取消了。皇家海军陆战队的乐队，原本要在国家博物馆的皇家活动中表演，突然被告知不用去了。行程安排中本来有女王在马德拉斯演讲这一环节。演讲稿都写好了，但是东道主印度突然把它从官方日程上删除了。

王室访问阿姆利则时，气氛愈加恶化。1919年，英国军队曾在阿姆利则屠杀379名手无寸铁的抗议者。[2]已经有一个规模不大却声势浩大的抗议团体要求女王正式道歉。当爱丁堡公爵头顶的电视摄像机显示官方死亡人数被夸大时，人们的情绪进一步恶化。媒体把矛头对准罗宾·库克——他不仅在巴基斯坦挑起事端，而且安排了女王行程的各个方面——这位外交大臣可没有心情承

---

[1] 虽然绰号叫"戈尔·布莱米"，大卫爵士却是一名老派的外交官，从伊顿公学和牛津大学相继毕业后加入了英国外交部，曾经是驻沙特阿拉伯的大使。他的父亲，保罗爵士（已故的戈尔-布斯勋爵），曾经是女王1961年国事访问时的高级专员。
[2] 此次事件史称"阿姆利则惨案"，死亡379人是英国殖民政府公布的数字，而印度国会公布的数字是死亡1000人，受伤1500人。——编者注

担责任。他干这工作才几个月，本人易怒却很有天分，非常自负。他不打算让这次访问玷污自己的声誉。库克把所有的责任都推给了媒体、王室、初级职员——所有人，除了他自己。他甚至责怪前保守党政府从一开始就同意了这次访问，辩称在印巴独立50周年时王室出访是愚蠢的。库克不想谈论的是访问中途把他叫回英国的紧急"公务"。后来有消息说，那个周末他并没有花在处理紧急国际事务上，而是在自己家里和他生活中出现的新女人——他的秘书盖诺·里根在一起。那时候，为了这个里根，他刚离开他的妻子。

官方来说，双方都保持了良好的关系。在埃德温·勒勤斯设计的印度总统府——前总督府——举行的国宴上，纳拉亚南总统向女王保证："对陛下的尊敬、爱戴和感情深度随着每次访问而加深。"女王回答说："深厚、真实和持久的友谊是我们当代伙伴关系的基石。"但最后一根稻草在女王飞回家的时候落下了。印度当局粗暴对待英国高级委员会的一名成员，并试图阻止女王的新闻秘书登机。《泰晤士报》宣称，这次访问是一场"灾难"。英国广播公司资深印度问题专家马克·图利写道，"错误地受孕，出生时就烂掉了。"

大卫·戈尔-布斯爵士承担了一个艰巨的任务，他坐下来给他的老板外交大臣写访问的报告（现在，这份报告在《信息自由法》下被公布）。他表现出一种近乎奥林匹克主义的乐观态度，把这次访问描绘成一个对所有人都很好的结果。他在开场白中引用了爱尔兰作家布伦丹·贝汉的一句话："除了讣告，所有的宣传都是好的。"访问分为"现实和想象"两个层面。他解释说，在实际层面上，这次访问充满了象征意义，充满了成功的强烈意味。"那些演讲，"他补充道，"正确地表明，虽然历尽千辛万苦，还是有某些基本的价值观，将英国和印度团结在一起，团结成一种独特的关系。"他驳斥说，"想象层面中的那些邀请、乐队、演讲被取消，只不过是英国媒体太过急切地想挑毛病而已。"戈尔-布斯在结尾时再次引用了布伦丹·贝汉的话："这里没有讣告。"

英国高级委员会内部的实际情绪没有那么乐观。一位外交官记得他们"疯狂地总结原因"，并认为责任存在于方方面面："皇宫感到受挫、悲伤。他们本想好好利用戴安娜王妃去世后女王的第一次出访，现在只能责怪外交部。

而外交部当时仍在研究如何与新上台的工党合作，毕竟之前连续执政多年的是保守党。在这个过程中，库克正在闹离婚。库克和女王在巴基斯坦是怎么说的，也没有人在意了。印度人也有错。他们对工党上台很不高兴，因为工党在克什米尔问题上更激进。据一位在场的英国外交官说，英国外交官对这次外交受挫感到"非常震惊"。这次访问是个巨大的失败，外交部的人事部门甚至感到有义务写信给有关外交官，向他们保证这不会在他们的履历上留下任何污点。2004年去世的大卫爵士曾经有望被派驻联合国。这次访问结束后，他坚决保护自己的团队不受此影响。团队成员们非常喜爱他，认为是王室的惨败破坏了他去联合国的前途。

皇宫一位资深工作人员在某种程度上同意戈尔-布斯的观点："印度是你必须锁定的地方，对付它总是非常困难的。在那里，曾经和现在都有一种特殊的关系，但帝国的维度是爱/恨。我们必须试着多一点领会爱的一面，而不能对恨大做文章。但我们必须与未来的超级大国合作。"

托尼·布莱尔离任后，他的继任者戈登·布朗对英联邦也没什么兴趣。作为英联邦的秘书长，唐·麦金农被邀请参加唐宁街的晚宴。晚宴上，布朗称他为"英国的英联邦首脑"。"对不起，戈登，"麦金农回答说，"有两个错误。女王才是英联邦的首脑，还有，'英国的英联邦'1949年就不存在了。"[1]

事实上，布朗会在适当的时候对英联邦表示热情，甚至说服法国总统萨科齐出席2009年在特立尼达举行的英联邦会议，以增加他对英联邦的国际气候变化基金提案的支持。不久之后，它在2009年哥本哈根联合国气候变化峰会上获得通过，这是那次规模庞大却无足轻重的会议上达成一致的为数不多的几件事情之一。

---

[1] 麦金农在2000年被任命后不久发现，"英国的"英联邦仍有追随者。王太后请他吃午饭，恳求他"照顾好家人"。他想知道，她指的是王室，还是他自己的家人？"不，不，我说的是，老的英联邦家庭。"她解释说。

和布朗一样，在入主唐宁街10号之后，大卫·卡梅伦对英联邦既尊重又恼怒。不过，他很喜欢表达他的意愿。当原定2017年会议的东道主瓦努阿图遭遇飓风的毁灭性袭击时，卡梅伦提出把英国作为新的举办地，并将日期改为2018年。

皇家会谈

正如多年来多位领导人证实的那样，要不是女王，CHOGM可能早就不存在了，甚至英联邦本身也早都四分五裂了。"女王是英联邦的化身，而不仅是元首。"澳大利亚历史上任期最长的外交大臣、英国高级专员亚历克斯·唐纳说。英国前首相戴维·卡梅伦毫不怀疑地说，夸张永远不会给谁带来多大好处，但她在整个英联邦广受爱戴，要是没有她，谁也不知道会发生什么。"我怀疑如果没有女王作为领袖，它永远不会像以前那样发展起来。"他说，"我认为她确保了它的诞生、成长和发展的每一个阶段。没有她，这一切都不会存在。"

从初期到20世纪90年代，女王与各国领导人的关系更加私人化。每一次英联邦峰会，她的核心工作都是与每一位政府首脑会面，无论他们的国家有多小，或者代表有多不友好。1981年在墨尔本举行的CHOGM上，她的日程安排是在皇家游艇上一个接一个地会见领导人，从星期一上午开始，直到星期五下午。此外，还要给领导人们举办宴会，给大臣们举办招待会，其间还要为高级官员们再举办一次招待会。桑尼·兰帕尔对一个惯例记得很清楚："无论在辩论什么问题，只要分配的时间一到，你就会看到一位政府首脑从会议上溜走，因为他或她与女王有20分钟的会谈。"对于许多政府首脑来说，这是一个无价的时刻，一个亲密的时刻。在这个时刻，他们会发现女王对他们的国家和他们的问题是多么了解。这让他们大为震惊。"你会觉得，她并不会评判你。"前外交部长阿莫斯女爵说，"对许多首相和总统来说，拥有一个可以倾诉的人是很重要的。"

1993年在塞浦路斯举行的英联邦政府首脑峰会期间，女王在"不列颠尼亚"号上举办了一次晚宴,当时的船长罗伯特·伍德尔德爵士对这种喧闹的随意态度感到惊讶。"宴会之所以吵吵嚷嚷,是因为很多年长的领导人都是女王的老朋友。"他回忆说,"她站起来说话时,他们实际上是在质问她。有一个还开玩笑说:'我希望你不会说太久!'就是这样。她会向他们挥手说:'现在安静!我只想认真一分钟。'然后是一片欢声笑语。他们中的许多人在其他时间里都在互相攻击。有些国家还在打仗。但那个晚上,他们只是一个大家庭。"

不过,随着时间的推移,她在这些会议上的角色发生了明显转变。1997年英联邦在爱丁堡开会时,当时的秘书长埃梅卡·安约库和他的团队认为,是时候让她参与进来了,即使一些更具民主思想的领导人可能不会批准。她将首次出席开幕式并发表演讲。安约库的办公室主任斯图尔特·莫尔回忆说,她以前一直在"外围"工作。"她会有私人会谈。她会举办派对和宴会,但她不会真正参加会议。尽管很多人认为她在开会,但她没有!"这是90年代,女王统治的低谷时期:王储的婚姻破裂,媒体对王室财政状况的攻击,温莎城堡大火以及最终的悲剧。爱丁堡会议召开时,威尔士王妃戴安娜才刚刚去世几个礼拜。尼日利亚酋长、坚定的保皇派安约库明白,在一个遍布各大洲如此多信仰和背景的组织中,象征意义是多么重要。他想让君主的角色更加正式化。设计所谓的英联邦"皇冠珠宝",就是他的主意。1992年,为了纪念女王担任元首40周年,他曾订制了一个金锤,代表正式的英联邦场合里女王的权威,就像她在议会里那样。以后还会有一套镀银高脚杯,每个上面都刻有一个成员国的名字,供英联邦宴会使用。

以前女王的角色更为个人化,结构性不那么强。安约库的计划将正式确定女王的角色。没有人反对。爱丁堡峰会正好在女王和爱丁堡公爵的金婚纪念日之前。安约库组织英联邦准备了一份礼物。他建议英联邦里的大国家捐款1500英镑,小国家捐款1000英镑。每个国家执意多捐时,他很高兴。用这些钱,他给温莎城堡重新装修订制了一块带有英联邦徽章的大型装饰板,还有一幅孔雀和一幅金莺鸟的画,送给女王和公爵私藏。

爱丁堡峰会之后,王室成员的出场次数逐渐增多。威尔士亲王和康沃尔公爵夫人出席了2007年乌干达会议的周边活动。在2015年马耳他会议上，他们与女王和爱丁堡公爵一同登台。这不仅是为了在英联邦内温和地提升威尔士亲王的形象，也是为了提升英联邦本身的形象，让"节目"中的明星发挥更大的作用。英联邦的固有优势之一就是没有规则。就像英国的不成文宪法一样，它是通过协商一致而不是通过法典化的规则而不断演变的。因此，随着越来越多的国际组织和团体在领导人们的日程安排中争夺空间，CHOGM的形式已经适应下来。

讽刺的是，现代英联邦的缔造者们曾经如此热衷于将乔治六世国王及其家族的存在感降到最低，如今的领导人们对王室的参与却没有丝毫犹豫。相反，它有助于吸引世界领导人和媒体的注意。即便不让王室参加，许多政客和媒体可能会发现，下一次CHOGM时，他们还会有别的活动。如今的英联邦并不是过去那种全球权力中心；它是一个关系网，但不是过去那种伟大的地缘政治圈。另一方面，加强王室的存在，代表团的素质也会相应提高。

"非常有用的网络"

评论员和批评家们经常质疑"英联邦的意义"。他们将英联邦为发展中国家女性开展的运动，与英联邦53个成员国中多数仍将同性恋定为犯罪进行了对比。英联邦的支持者则指出，在一个不完美的世界里，它是改革的先锋。担任了八年秘书长的卡姆莱什·夏尔马感到自豪的是，在非洲52个国家中，英联邦成员国在民主和法治方面表现出最高标准。他指出，全球有两个受人尊敬的善政监测组织：莫·伊普拉辛指数和总部位于柏林的透明国际。"那些人可从不听什么废话。"他说，"每年前十名中有七八个是英联邦成员国。在52个国家中，年复一年，这个结果的概率有多大？我总是对政府首脑们说：'这就是你与众不同的地方。'"他说，英联邦是第一个引入自己的警务、奖惩制度的政府间组织。

这可能不足以阻止腐败的独裁者，如津巴布韦的罗伯特·穆加贝，也无法阻止他们迫害政敌、洗劫人民。但是没有人喜欢被停职或者被赶出"俱乐部",像巴基斯坦和斐济这样的国家已经被排除在外许多年,但它们一直非常渴望重新回到英联邦。津巴布韦、马尔代夫和冈比亚是主动退出的,否则可能会因侵犯人权而被驱逐出英联邦。冈比亚在政权更迭后于2018年回归英联邦,还在马堡宫举办了正式的欢迎仪式。它的大使正式成了高级专员,几天后,在英联邦日,他很高兴地与威尔士亲王和剑桥公爵共饮。冈比亚的国旗曾经被摘了下来,在马堡宫的柜子里放了五年,回归后,它恢复了原来的位置,与其他英联邦国家的国旗一样,飘扬在马堡宫的上空。同一个柜子里还放着津巴布韦和马尔代夫的国旗,它们都被精心包装起来,等待着再次飘扬的那一天。就像一个家庭——女王坚持认为这就是一个家庭——你可以有争吵、不和、甩门走人,但你从不会真正离开。

这也是为什么,戴维·卡梅伦对英联邦的看法非常复杂。"它创造了行为、期望、规则的常态。你只是希望它能少些犹豫。它有点令人失望,因为它需要各国达成共识,并且过于摇摆不定。它比你想象的要难多了。"这位前首相说,"它是一个很棒的网络。你会认识很多你可能永没有机会见到的人。你能了解很多事情,与印度和巴基斯坦的重要领导人度过很多时间,等等。但作为英联邦你真的能办成很多事吗?只有一点点。"

卡梅伦时代的外交部负责人西蒙·弗雷泽爵士从英国外交的角度给出了一个坦率的评价:"英联邦不是一个有效的外交工具,因为它是一个非常多样化的集团。认为它将成为我们外交政策中极为重要的工具是错误的。尽管如此,但在与君主制和更广泛意义上的国际关系相关的软实力方面,它是一笔非常有用的资产。我不是天生的传统主义者,但如果你已经拥有有效的传统,你就应该维持它们。""软实力"概念的提出者,哈佛的小约瑟夫·奈教授曾经说,"把英联邦看作有效的执行工具是错误的。它并不是。但它是一个所有人都可以团结在一起的地方,而英国正处在这个网络的中心,它就成了英国软实力的一个重要方面。"

长期以来,英国外交部一直抱怨英国在英联邦中处于进退两难的地位。如果它执行一项有活力的政策,它将被指控倒转帝国时钟,挥舞大棒。如果它袖手旁观，又会被指责为漠不关心。人们常说，在布莱尔时代，托尼·布莱尔参加英联邦任何活动的唯一原因是，如果他不参加，他将被指责冷落女王。然而许多国家经过深思熟虑，认为英国的参与程度还不够。"对英国来说，起到一种火车头的作用是非常非常重要的。"卡姆莱什·夏尔马说，"我们必须有一种信念，相信我们拥有一个特殊的组织。"

尽管英联邦有诸多缺点，但它有两个方面让批评者感到困惑。无论哪个国家，一旦进了这个"俱乐部"就再也不想离开了。还有一些极不寻常的会员申请。前外交部长杰克·斯特劳说，旧帝国这些昔日前哨都如此钟情于这个前殖民地"俱乐部"，他经常感到惊讶。

他回忆说，在2004年他访问阿尔及利亚期间，阿尔及利亚总统问他的国家是否可以加入。"我想，'什么意思？'我问翻译，他说：'是的，他想加入英联邦。'"自1995年以来，有些国家，即便以前不是大英帝国的一部分，也有资格加入英联邦，只要它们与曾经是帝国领地的国家有着密切联系，并且愿意说英文。莫桑比克（以前在葡萄牙统治下）和卢旺达（曾经是比利时殖民地）都是热情的新成员，后者将是2020年会议的东道主。

最近申请加入的国家是多哥，以前是法国帝国的一部分。英联邦前秘书长安约库说，他曾在90年代中期收到过巴勒斯坦前领导人亚瑟·阿拉法特的申请。

英联邦皇家学会主席豪威尔勋爵甚至记得，他在任时，日本还曾就此事与他接触过。日本的部长说："我们愿意与你们在印度合作，我们愿意加入英联邦。""我说，这件事情不是这样的，他们有他们的皇帝，我们有我们的女王，等等。"然后他说："联合？联合行吗？"豪威尔勋爵赞成某种会员制，这将使世界更广泛地参与英联邦的一些非政治活动，特别是在教育和商业等领域。他说，像日本这样的国家，看到那么多以前的殖民地希望通过女王与前帝国保持联系，感到很困惑。"从历史的角度来看，这是对英国的一大赞美，"马尔科姆·里夫金德爵士说，"这些国家对帝国一点也不怀旧，批评声也不少。然而也有人认为，他们历史上的这一时期并非百分之百是负面的。我们说的是公务员制度、法治、英语等。"

过去，英联邦的大部分议程都围绕着人权问题，如今，它着重的是寻找新的方法利用自己的商业潜力。2017年，英联邦企业与投资委员会——以商业为主导、与政客和官僚保持距离的组织——举办了首次贸易峰会。来自世界各地的三十多位贸易部长齐聚伦敦兰开斯特宫。理事会主席马兰德勋爵概述了英联邦国家之间的贸易前景（到2020年，预计超过10000亿英镑），还有所谓"英联邦优势"的数学理论：由于共同的语言、法律制度和既定的商业惯例，两个英联邦国家之间的贸易成本比非英联邦国家之间的同等交易低19%。一年后，委员会在2018年英联邦峰会时同步举办了商务论坛，威尔士亲王、比尔·盖茨和800名商人出席了论坛，其中包括来自中国和沙特阿拉伯的非英联邦代表团。这项活动的预订量太大，比可售席位的三倍还多。

在英国，说到英联邦贸易，就不可避免地卷入有关英国脱欧的辩论中。那些赞成脱离欧盟的人指出，摆脱欧盟贸易规则之后，英国可以与英联邦老盟友们重新接触。那些反对英国脱欧的人说，跟与欧盟的贸易额相比，英国与英联邦的贸易额微不足道——仅占英国出口额的9%，与欧盟的贸易额则占了44%，他们认为，那些觉得旧帝国能解决英国问题的人，是被愚弄的帝国主义疯子。

不过，即使英联邦最狂热的追随者也从未宣称过这一点。"我试图平息这种争论。我从不认为英联邦是英国的救赎。"豪威尔勋爵说，"但人们开始意识到，印度洋和大西洋一样重要；这是一个后西方时代；我们必须像在亚洲那样建立网络，英联邦就是这么一个非常有用的网络。"英国的盟友和对手都想知道，英国为什么没有更多地利用它的英联邦网络。巴特勒勋爵回忆起撒切尔夫人和里根总统之间关于这个问题的对话。里根总统说："拥有英联邦，你们很幸运，因为你能在一次会议上遇到世界上五十多个国家的领导人，而美国总统在整个任期内可能都没有机会见到他们。"

然而，英国与英联邦的关系，跟法国与其前帝国联盟的关系有很大不同。总部设在巴黎的"法语国家组织"有一个非常简单的优先项：推广法国的一切。英联邦秘书长埃梅卡·安约库说，这两个组织反映了两种截然不同的殖民哲学。"法国人相信同化，所以法语国家组织力图繁荣法国文化。而英国人喜欢让你保持原来的样子。因此，英联邦强调多样性。"

卡姆莱什·夏尔马说，这两个组织相处融洽，在与二十国集团（G20）等全球组织打交道时经常合作。"他们的负责人曾经对我说：'因为你们，才有了我们。'"法语国家组织成立于1970年，保有更加宽松的准入政策和不同的成员等级，只要是与法国稍微有联系的国家就可以加入。正式成员国有希腊和马其顿，而"观察国"则有乌拉圭、墨西哥和乌克兰等，其中没有一个国家是以讲法语著称的。既然法国愿意支付几乎所有的账单，而法国总统又愿意负责，似乎也没人太在意这些。

"法国总统是占上风的。"《法国世界报》驻伦敦资深记者、女王法语传记作者马克·罗什说。他用统治了加蓬42年的奥马尔·邦戈和在执掌扎伊尔的32年中掠夺了100亿英镑的蒙博托·塞塞·塞科作为例子，"有些成员恶臭无比。有些交易可能非常肮脏。你在英联邦里就看不到这种事情。"

英联邦的首脑，实际上也是法语国家组织的成员，因为她是加拿大女王。加拿大有700多万讲法语的公民，因此，加拿大是这两个组织的积极成员。罗什回忆道，在1991年的哈拉雷英联邦峰会上，他曾将法语国家组织与英联邦进行过比较。"我对她说：'我们有法语国家组织，跟你们一样。'她说：'是的，是一样的。但又很不一样，你知道的。'这是她的原话。你可以按你自己喜欢的解读！"

然而对女王而言，英联邦远不止是那些争论不休的政客们的聚会。她也没有对一个秘书处寄予厚望，尽管它位于马堡宫，但全球的预算加起来还不足5000万英镑，还不到伦敦一个行政区年度预算的1/5。一位英联邦工作人员说："我们曾经算过，我们的成本还不如联合国的食堂高。"自从2015年领导层换届，第一位女性秘书长斯科特兰女爵上任以来，内部财政出现了一系列尴尬的泄密事件和新的战略构想。关于清洁海洋和小岛屿国家困境的新倡议取得了一些进展，但该组织不太可能恢复其在反对种族隔离战争中曾经具有的影响力。

不过，威尔士亲王被正式任命为女王的继任者，倒是提供了一种领导层层面上的长久持续感。在政治层面上，还有一种稳定感。而后穆加贝时代的津巴布韦的回归，又会有一种感觉，用一位英国外交官的话来说，英联邦已经"重新找回了魔力"。

正如新西兰总理杰辛达·阿德恩所说："在当今的环境中，人们习惯了用分裂的方式解决问题，再加上国家之间的独立主义，知道还有一个组织，有着共同的价值观、共同的目标，是非常重要的，这种重要性是前所未有的。"

几乎没有人能回忆起哪一次CHOGM像2018年在伦敦和温莎举办的那次一样轻松惬意。英国首相特蕾莎·梅觉得这在很大程度上要归功于女王本人。她记得，女王突然出现在休养会的招待会上时，许多领导人脸上都流露出惊喜的神情。"人们事先不知道她会去。"她说，"看到各国的领导人们纷纷列队跟女王陛下打招呼时，真的有一种大家庭的感觉。"

马堡宫一位资深工作人员说起女王的魅力。"说到底，他们中的有些人可能对英国和君主制有些嗤之以鼻。"他说，"但他们都喜欢在自己的吐司上蘸一点皇家果酱。"

朋友和友好的运动会

2018年英联邦政府首脑峰会的成功，突出了它在另一方面的复苏，即日常人际运作，尽管（而不是因为）是由政客和官僚组成的。而这部分工作，正是女王及其家人渴望的。自2012年钻石禧年以来，女王一直在发起或推动一个又一个重要的英联邦倡议。所有的倡议都遵循一种熟悉的模式：都有年轻人和有活力的个人而不是政府参与。

一个寒冷的冬夜，白金汉宫热闹非凡。剑桥公爵夫人和威塞克斯伯爵夫人共同主持了英联邦时尚交流会，把英联邦各地的设计师和小作坊手艺人聚集在一起。著名的时尚界巨头们在香槟和点心的环绕下切磋技艺。一个模特身上穿着伦敦的斯特拉·麦卡特尼和印度南部的一家丝绸合作社联合设计的衣服。

新西兰的凯伦·沃克与库克群岛的工匠组成了团队。颇有前途的31岁设计师尤菲米娅·悉尼·戴维斯，她是真正的英联邦孩子。5岁的时候，悉尼·戴维斯和母亲逃离了塞拉利昂战区，先后移居冈比亚、肯尼亚，最后到了英国。她和加纳一位高品质肯特布的编织者合作，现在，她正站在白金汉宫，与公爵夫人、伯爵夫人和《时尚》杂志主编安娜·温图尔讨论自己创作的精髓。事后她说任何语言都不能描述那个场景，这是她一生中最兴奋的一晚。第二天，距离女王92岁生日只有几个礼拜，英联邦元首本人将会延续这一主题，她会在伦敦时尚周献出她的T台首秀。没有一个模特、设计师、时装能像女王一样，吸引如此多的关注。

虽然预算少得可怜，虽然它一直努力在拥挤的世界舞台上博取关注，英联邦还是可以触动人心。它的方式是别的组织都没有的。因为除了女王，它还有两样众所周知的东西：运动和牺牲。"提起英联邦，大多数人会立即想到运动会。"新西兰前总理约翰·基爵士说，英联邦运动会是奥运会之外世界上第二大的多项目运动会。一直以来它很受欢迎，也是英联邦友好氛围的最佳体现。它和夏季奥运会间隔举办，在全球有很高的电视收视率，世界上许多伟大的运动员和热心的体育国家都纷纷参赛。在这个运动会上，许多世界纪录被打破，奥运会冠军们也在这里力争金牌。

不过，它还有一种奥运会无法复制的魅力。在这个运动会上，像马恩岛和安圭拉这样的小国家和地区可以与澳大利亚这样的体育强国一决高下。在体育领域，这里有世界冠军和奥运冠军；另一方面，他们为来自小地方的小团队提供了一个国际平台，比如库克群岛草地滚球队的中年队员。科伊勋爵说，英联邦运动会有独特的精神和友好氛围，实话实说，奥运会就没有。这位2012年伦敦奥运会的负责人是这样赞誉英联邦运动会的。"运动员们知道比赛很重要，但站在领奖台上，并不能完全定义一个人。"虽然英联邦运动会吸引了全球很多观众，但从未像奥运会那样享有金融或媒体方面的影响力。2014年格拉斯哥英联邦运动会的全部预算，只是2012年伦敦奥运会费用的4%。那些来到格拉斯哥运动村的人，可能会发现自己与牙买加的乌塞恩·博尔特这样的奥运传奇人物一起排队吃早餐。他们也可能会遇见诺福克岛的羽毛球队。2014年，这个南太平洋岛内只有六名羽毛球竞技选手，其中五人参加了英联邦运动会。在家乡，他们唯一能训练或比赛的场地就是社区大厅。即便如此，每次有舞会或婚礼时，他们都要清除大厅地板上的标记。当被问及在英联邦运动会上最期待什么时，他们有一个绝妙的回答："对手。"

与现代奥运会的极度专业不同的是，英联邦的运动会还是可以有童话故事的。马库斯·斯蒂芬，在太平洋小岛瑙鲁（英联邦最小的独立国家）报名参加1990年的英联邦运动会时，截止日期只剩下三天，那时他还只是个少年。当他在举重比赛中获得金牌时，瑙鲁欣喜若狂，还宣布了全国放假庆祝。斯蒂芬将继续赢得多枚英联邦奖牌，一枚世锦赛银牌，并参加三届奥运会。2003年，他当选为国会议员，最后当了国家总统。

即便是他，也无法与英联邦运动会传奇人物相提并论，那将成为女王最喜爱的运动员之一。正如英国前体育大臣丹尼斯·豪威尔所说："普利西斯·麦肯齐的故事是体育史上最不可思议的故事之一。"麦肯齐出生在战前南非的一个"有色"病房，从小体弱多病，在一次拙劣的手术中，他差点没命。他从来没有见过自己的父亲，他生下来没多久，他父亲就被鳄鱼咬死了。他的母亲常年酗酒，他永远长不到4英尺10英寸[1]高。后来，他那虐待成性的养母声称他和他的妹妹被魔鬼附身，还把他们带到巫医那里。巫医打得他们全身是伤口，给他们留下了终身疤痕。他在一所教会学校当体操运动员时，表现很出色。他原本想当马戏团的杂技演员，但南非的种族隔离法让他的希望泡了汤。麦肯齐转练举重，甚至创下了一个新的国家级纪录，但由于肤色问题，他被禁止加入南非奥运队。为了1966年在牙买加举行的英联邦运动会，英国及时给予了他公民身份。在那里，他获得了四枚英联邦金牌中的第一枚（并与十几岁的安妮公主跳了一支卡里普索舞）。虽然他与奥运会无缘，但他有一大批粉

---

[1]　相当于1.47米。——编辑注

丝，其中就有安德鲁王子和爱德华王子。1975年，女王邀请他去白金汉宫。1978年，他在埃德蒙顿英联邦运动会上再次夺金后，一名警察拦住了他，并将他带到一辆等候的警车前。女王正在附近的一个花园中聚会，问麦肯齐为什么不在那里。"我们及时赶到了。"他告诉体育记者布莱恩·奥利弗，"我被直接带到女王面前，她说：ّ你去哪儿了？'我说我没被邀请，她说，'好吧，你现在被邀请了。'我问她是否可以和她合影，她说'当然'。后来我把照片寄到白金汉宫，问女王是否愿意为我签名，她就帮我签名了。这是我最骄傲的财产之一。"麦肯齐退役后去了新西兰，在那里他仍然有很多粉丝，其中包括前总理约翰·基。

基说举办奥运会对世界上大多数国家来说是一个"白日梦"。但是举办"友好运动会"，对新西兰这样的中等国家来说，是完全可能的。基很自豪，他的妻子布朗纳，学生时代参加了1974年基督城英联邦运动会的开幕式。开幕式的规程和奥运会差不多，英联邦的接力棒与奥运火炬非常相似。奥运会的火炬是在希腊的奥林匹亚由太阳光点燃的，然后由运动员带到远方（这是希特勒1936年柏林奥运会开始的"传统"），而英联邦的接力棒里则有女王的信息。1911年，乔治五世加冕后，第一次帝国运动会在伦敦举办，但直到1930年，这个运动会才真正在加拿大汉密尔顿成形。从一开始，他们的意图就要比奥运会"多些快乐、少些严格"。确实是。一名新西兰的短跑运动员因两次起跑失误而被取消比赛资格时，观众的怒吼声说服了裁判允许他再试一次。伟大的运动时刻——比如罗杰·班尼斯特和约翰·兰迪1954年在温哥华都跑出了每英里不到4分钟的成绩——并非没有闹剧的元素。1950年奥克兰英联邦运动会上，马拉松冠军在距离终点3英里处被一只狗袭击。到1954年，这项赛事已成为大英帝国英联邦运动会。1966年后，"帝国"两个字被去掉。在1978年埃德蒙顿举办第一届"英联邦运动会"时，"大英"两个字也被去掉了。就是在这次运动会上，女王和爱丁堡公爵也将安德鲁王子和爱德华王子带到了现场。

没有了语言障碍，闭幕式往往会变成一首歌。在珀斯，1962年英联邦运动会结束时，700名运动员围着爱丁堡公爵的车唱《丛林流浪》。1982年在布里斯班，整个体育场为女王献上了《友谊地久天长》小夜曲。福克兰群岛战争后不久，有一个特别感人的时刻。早在南非成为种族隔离时代的体育贱民之前，英联邦就在运动场上反对南非的种族政策。南非曾有幸成为1934年英联邦运动会的举办方，但在1932年，由于黑人运动员的待遇问题，它被剥夺了这一荣誉。英联邦运动会还有一种幽默感。2014年格拉斯哥运动会开幕式在凯尔特公园举行，当着女王的面举行，有很多大牌娱乐节目，包括罗德·斯图尔特和苏格兰军团的管乐和鼓乐。硕大的哈吉斯（羊杂碎肚），东诺克的茶点，还有一组苏格兰猎犬领着每个国家队入场，这种开幕式也让奥运会的宏大开幕式显得有些讽刺。四年后，威尔士亲王主持了澳大利亚昆士兰的2018年黄金海岸运动会开幕式。开幕式上有厢式货车表演、冲浪表演、土著"吸烟"仪式，还有一头灵活的白鲸。

衰败

或许，把英联邦捆绑在一起的纽带的终极象征，是散落在英联邦战争墓地委员会旗帜下，遍布世界各地的依旧沉默、受到精心养护的神圣土地。人们常说，澳大利亚是1915年在加利波利海滩上建立起来的。同样，1917年4月，在打了一场令人难以置信的大胜仗后，加拿大也成了一个现代国家。维米岭，英国和法国两年前进攻失败后，加拿大军团精心训练的四个师攻陷了法国北部阿拉斯附近一个关键性的悬崖。他们不仅拿下了它，还重新绘制了西线的地图。3500名加拿大人牺牲了性命。2017年4月，威尔士亲王和他的儿子们与加拿大总理特鲁多一起向烈士致敬。"这曾经是，现在仍然是，加拿大军事史上最血腥的一天。然而，加拿大人展现出了延续至今的坚韧与忠贞的品质。"查尔斯王子对2500名加拿大人说，"他们没有动摇。这是加拿大最好的时代。"特鲁多非常赞同这一说法。"加拿大就是在这里诞生的。"他宣称。的确，加拿大就是在这里诞生的。

矗立在那里的重达6000吨的双柱石灰岩烈士纪念碑，是爱德华八世国王于1936年揭幕的。当时正值第二次世界大战爆发前不久，帝国再次重整旗鼓。

附近的烈士安息之地得到了英联邦战争墓地委员会的完美维护。对许多人来说，这个组织代表了英联邦的最大价值。在战争最激烈的时候，法比安·威尔想要参军，他以前是学校的校长，后来转行当了记者，却因为年龄太大被军队拒收。他正在法国北部为英国红十字会管理一个救护队。他对军队在埋葬牺牲的士兵方面缺乏组织而深感不安，并开始游说当局。结果帝国战争墓地委员会（1960年"帝国"改为"英联邦"）成立了。从一开始，它就包含了几个前瞻性的关键原则：不管什么军衔或信仰，死者都能得到安葬；每个人都有一块同等大小的墓碑；所有的无名墓都将在某处得到永久的纪念。早在现代英联邦或其秘书处正式成立之前，这是第一个所有成员国享有平等地位的英联邦机构。正如其皇家宪章所表明的那样，这个委员会的作用不仅仅是埋葬死者，它还能"加强我们领土上所有阶级和种族之间的纽带"。

它的运行方式很好。当时最优秀的建筑师和园丁——包括埃德温·路德爵士和格特鲁德·杰基尔在内——负责建造这些神圣的陵园，而帝国杰出的文学家鲁德亚德·吉卜林也在战争中失去了自己的孩子，他说了一些有名的纪念语："为上帝所知""他们的名字永垂不朽"等。时至今日，该委员会在150多个国家的23000个地点，对来自旧帝国各地170万男女的坟墓和纪念馆，一直在不间断地给予关心与关注。荒草总是能得到定时的修割。每一排坟墓都会有漂亮但结实的植物，让雨水少溅到墓碑上。其中许多地方仍然埋着多颗炸弹，委员会的工作人员不得不非常小心。比如在维米，陵园的有些地方，对委员会的割草工来说依然是非常危险的。然而，陵园的标准仍需维持。所以他们只能雇羊来对付那些草。

王室成员无论在世界何地旅行，拜访英联邦公墓始终是他们优先要做的事情。"它令人印象深刻，也极具挑战性。"安妮长公主说，她曾去过索马里和马达加斯加等偏远地区的墓地。"通常你不会知道英国军队曾经去过那里。那些坟墓可能是孤零零的，但它永远不会被遗忘。"公主的丈夫，海军中将蒂莫西·劳伦斯爵士是委员会的副主席，还帮忙创立了一个基金，鼓励年轻人去那些特别重要的陵园当向导和志愿者。委员会在2017年切尔西花展上建了一个纪念花园，纪念其成立100周年，大多数王室成员都到场了。

每一个值得注意的英国战争纪念日都不可避免地成为英联邦事务，无论是不列颠之战，还是诺曼底登陆。站在伦敦市中心海德公园的拐角处，每个方向都有许多英联邦烈士纪念碑：澳大利亚战争纪念碑、新西兰纪念碑、英联邦纪念碑，纪念来自印度次大陆、非洲和加勒比海地区的阵亡将士（上面写着："我们的未来比我们的过去更伟大"）。这里也是对那些在第二次世界大战中做过最危险工作的人的伟大纪念。在那些志愿参加轰炸队的人中，将近一半——超过55000人——将活不下来。他们的预期寿命比第一次世界大战时索姆的步兵还要短。整个英联邦都感到震惊。光是加拿大，就有10000多名机组人员丧生，约占轰炸队里加拿大人的60%。2018年，在林肯宏伟的新国际轰炸机指挥中心开幕式上，澳大利亚的高龄老兵们出席了开幕式。

为了阵亡将士纪念日，女王邀请所有英联邦国家的高级专员在纪念碑前敬献花圈。在她的领地上，仍然有一个荣誉超越了所有——维多利亚十字勋章。尽管澳大利亚、加拿大和新西兰等国会随着时间的推移发展自己的荣誉制度，但它们仍然把维多利亚十字勋章当作对勇气的终极认可。例如在维米岭，至少有四名加拿大士兵被授予勋章。他们中只有一人活着亲自领受。今天，所有活着的维多利亚十字勋章和乔治十字勋章的获得者（因战场以外最英勇的行为而获奖）每两年来一次伦敦，参加一系列的重聚活动和女王或威尔士亲王举办的聚会，费用丝毫不需要自己承担。

正是君主制，在英联邦所有不同的故事之间，在过去和现在之间，在军事和平民牺牲之间，起到了桥梁的作用。2017年夏天，女王和公爵访问伦敦东区，纪念第一次世界大战的决定性时刻100周年。1917年6月13日，一支德国哥达轰炸机中队在战争最激烈的白天袭击了伦敦。一枚炸弹落在北街一所小学，穿透了两层楼，在下面的幼儿班爆炸，炸死了18名4—6岁儿童，受伤的孩子就更多了。许多幸存者，无论老少，都没有康复。学校的管理员在废墟里发现了自己5岁儿子的尸体，几个月后自杀了。战场突然从西线转移到了国内，到了家里。伦敦各区的大批民众前来悼念这场袭击的受害者。这场袭击引起了如此强烈的反感,以至于有人说,它改变了王室历史的进程。接下来的一个月,王室将萨克森–科堡–哥达王朝改成了温莎王朝。[1]他们不想和轰炸机叫同一个名字。

一个世纪过去了,当地一个勤奋的历史学家小组想要找到所有死难者的亲属办一场纪念仪式,但只找到了一个死者的亲属。即便过去了一百年,当在白杨教堂与女王和爱丁堡公爵一同参加仪式时,他们还是流下了眼泪。尊敬的斯特普尼主教艾德里安·纽曼在宣读死者姓名前说,杀害幼童的事情令人深感不安:所有的纯真,所有那些未写的故事和所有未实现的潜力,都被夺走了。

但这一天不仅仅是纪念这场导致数百万人丧生的战争的悲惨注脚。女王还参观了战争结束后在附近修建的小学。如今,它被称为五月花小学,是英国最具多元文化的地方之一。因此,五月花小学96%的学生都不把英语作为母语。尽管如此,因为一个孟加拉社区,他们大多数人都与英联邦有关系。在近乎歇斯底里的掌声中,女王和公爵参观了学校,并且得知这个百年庆典有助于整个社区的团结。基于1917年事件的一系列活动,实际上有助于为不同背景的儿童创造一种新的氛围,他们共享某种特殊的遗产。它们并没有把第一次世界大战描绘成另一个时代的一场遥远的、只有白人参与的冲突,而是一种联系。女王甚至观看了一场间谍游戏:为了从柏林带一名英国特工回家,孩子们必须破解密码。

陪同她的是当地代表、大伦敦郡长肯尼斯·奥利萨勋爵。肯尼斯爵士是杰出的商人和银行家,他的父亲来自尼日利亚,母亲来自诺丁汉。他认为自己的职责是,让君主制与首都的每个社区及文化保持一致。"个人的身份与历史无关。它是传承。"他说,"英联邦是一个有着丰富传承的大家庭,女王陛下为

---

[1] 1840年,英国女王维多利亚和表弟萨克森–科堡–哥达公国亲王艾伯特结婚,他们的长子爱德华七世于1901年继位,成为萨克森–科堡–哥达第一位君主。1917年7月17日,乔治五世为表示对德作战决心,将英国王室名改为温莎。

维系这个大家庭所付出的努力,是我们都应该感到骄傲的。"

冰山一角

在她整个执政期间,她面向英联邦所做的圣诞广播,也许是她英联邦工作中最为人熟悉和欢迎的部分。早在1952年,她第一次通过电台发表圣诞致辞时,仍在使用帝国术语。她在桑德林汉姆的办公桌前说:"我们所有人都属于帝国英联邦,这个巨大的国家联盟,它的家园遍布地球各处。"五年后,当她第一次在电视上对英联邦讲话时,已经从帝王口吻转变为兄弟语气。她说:"今年,加纳和马来亚加入了我们的兄弟会。这两个国家现在已经完全自治了。它们都以友好、和平的方式取得了新的地位。"她与旧时的君主背道而驰,再次回应了自己十年前的誓言:"我不能带领你参战,我不能给你法律或司法公正,但我可以做些别的事情,我可以把我的心给你,我将把自己奉献给这些古老岛屿和各兄弟国的所有人民。"

六十年过去了,女王现在简单地把英联邦称为"大家庭"。2017年,她以家庭为主题,回顾当年的黑暗时刻——包括英国的恐怖袭击和加勒比海的飓风。但当她说到王室即将迎来一个宝宝、一场婚礼,还有2018年的CHOGM时,她的语气变得轻松,甚至是愉快的。她年轻时对英联邦天真乃至基督教福音派的看法早已成熟。在执政初期,女王曾称之为"世人所能看到的,在国际事务方面,最有希望、最富有想象力的实验之一"。她认为有必要促进各成员之间的和谐与理解,并郑重声明:"这是我最诚挚的愿望与目的。"

到了2017年,她把姿态放得很低,只说英联邦"充满活力"。它也是"一种鼓舞人心的方式,让人们走到一起"。女王是个现实主义者。她在1953年描述的"建立在人性最高品质基础上的全新概念",已成为一个更谦逊的实体,有着更切合实际的抱负。

威尔士亲王建立了自己的亲王基金,爱丁堡公爵也设立了爱丁堡公爵奖,这些也是女王的贡献。近年来,这两个组织都进行了明智的结构调整,以便能在别人掌舵的情况下展望繁荣的未来。这就是为什么2018年英联邦领导人齐聚伦敦时，女王急于解决英联邦元首的继任者问题。她任命哈里王子为英联邦青年大使。尼赫鲁还有现代英联邦的其他缔造者，提出许多主张，想让君主没有任何权力。在担任青年大使的第一次演讲中，哈里王子在首脑峰会的青年论坛上重申了祖母21岁生日的承诺，然后宣布为中低收入国家提供150个全新的英联邦奖学金。他解释说，这些奖学金将被称为"伊丽莎白二世女王英联邦奖学金"。除了女王基金、女王青年领袖基金、英联邦女王苍穹计划等，还有一些项目，是她认为英联邦做得最好的地方——在全人类层面上。一个月后，当她看着哈里王子和梅根·马克尔以萨塞克斯公爵和公爵夫人的身份走向世界时，女王又受到更多赞誉。公爵夫人把每个英联邦国家的徽章缝在面纱上，再现了当年女王在加冕礼服上做同样事情的感人场面。

哈里王子的婚礼及2018年CHOGM过后，女王感受到，王室与英联邦的联系变得前所未有的紧密。"英联邦是上个世纪最伟大的集体政治行为之一。"前秘书长卡姆莱什·夏尔马说，"但坦率地说，如果没有国王或王后作为名义上的领袖，它就没什么意义了。如果只是一个全球性的聚餐，它将很快瓦解。"前外交大臣大卫·欧文对威尔士亲王有一句提醒："他必须非常缓慢、非常谨慎地行事。英联邦的'元首'这个词应该尽量少用。"

现在的情况是，没有人像女王和她的长子那样对英联邦及其领导人有如此全面的了解。在她的银禧年，女王讲了一个不常见的英联邦笑话。"想要界定英联邦不是什么，是很容易的。"她说，"的确，这可是打发时间的好办法。"接着，她给出了自己的定义。她把它比作一座冰山，政客和会议在水面以上，而大多数的活动都在水下看不见的地方进行着。

当然女王太谦虚了，没有把自己放在这座冰山上，但她不需要说。如果没有她在冰山的最顶端，整个冰山早就消失在水下了。

第五章
领地

"我的子民。"

可分割的王冠

年轻的学员们穿着制服在白金汉宫的花园门口站队。有的穿着厨师的白制服,有的穿着家政服。还有三个穿着红黑相间的皇家侍者制服。大家都有点紧张。这个场面看起来像是电视求职节目《学徒》。他们马上就要见到老板了。而这九个上进的年轻人,在自己的专业上都已经很有成就了。现在不是比赛。他们能站在这里,就意味着他们已经赢了。这里说的老板,不是苏格勋爵、唐纳德·特朗普或电视剧里凶神恶煞的老板,而是女王。她马上就要到了。

女王想会见她的皇家酒店奖学金的第一批获得者。这是一个新项目,在世界上最著名的酒店之一白金汉宫提供酒店业的在职培训。在六个多星期的时间里,他们将参与王室生活的方方面面,不管在楼上还是楼下。有的学习如何照看大师的名作,或者学着在有两百多年历史的地毯上使用吸尘器,或者学习为王室午餐摆餐桌。有些会为王室准备食物。其他人如果不倒酒的话,就会在旁边伺候。

他们在皇宫学成之后,会在一年中最繁忙的"皇家阿斯科特周"去温莎城堡实习。不过，这并不是王室的招募活动。六个星期的强化训练结束后，这些明星学员都将带着证书和新的履历表回家，这将使他们终身受益。他们都有一个共同点，都是从女王的加勒比海领地挑选的。换句话说，她也是他们的女王。

这是女王和世界上那些早已不再是英国领土但仍保留她作为国家元首的地区之间的又一联系。

如今，有16个独立的国家以女王为国家元首。它们曾经被称为"自治领"或"王国"，但现在被称为"领地"。女王有时把它们统称为"君主国"。至少理论上，在她的眼里，它们是平等的。就像板球一样，她是后帝国时期的黏合剂和香膏。无论英国政府和其他英联邦国家的政府在任何特定问题上的关系有多紧张，女王都必须化解、回避或超越它们。有时这很困难。2018年，一场突如其来的政治丑闻让英国的大臣们暴露在加勒比海同行的合法攻击中，将一位英国内阁大臣拉下马，威胁到首相特蕾莎·梅的地位，并使她在英国本土举行的首次（似乎是最后一次）首脑峰会黯然失色。"疾风丑闻"，这个名字来源于1948年把第一批加勒比移民带到英国的船只。它让英国政坛的左右双方都团结起来。报告显示，由于新移民战略的执行不力，数千名在英国工作和养家数十年的英联邦公民突然受到驱逐出境的威胁。许多人失业了。其他人则被剥夺了交了一辈子税的医疗保障。而英国政府的第一反应就是置之不理。最后，当这一问题威胁到2018年在白金汉宫举行的英联邦会议时，大臣们开始认真调查。此事以内政大臣安博·拉德辞职而告终。如果说这对双方都是一件痛苦的事情，那么对于那个不可避免被夹在中间的人——女王——来说，这尤其尴尬。"可分割"的王冠[1]已经很久没有这样被分割了。

---

[1] 1931年的威斯敏斯特宪章规定，大英帝国下的每个独立国家都有权独立立法，无须经过英国议会的批准。君主正式成为每个自治领的君主——加拿大国王、新西兰国王，等等——于是有了"可分割"王冠这一说法。

在许多局外人看来，在野蛮的奴隶贸易中诞生的国家竟然想与以前的压迫者有任何瓜葛，还要保留人家的王权，这似乎是不可理解的。同样地，为什么很久以前就在澳大拉西亚[1]和加拿大定居的罪犯、流亡者、移民和拓荒者的后代，以及被他们弄得流离失所的土著人，仍然愿意保留与王室的关系？他们这样做，在很大程度上是因为佩戴王冠的人。不过，这种情况还能维持多久呢？

女王在国际上的角色给人带来的困惑永无止境，这是可以理解的，因为它可以分为五大类。英国女王，是她最出名，也是最常被人注意的身份。她是英联邦的元首，在英联邦53个成员国中，她没有正式的职位。像印度、加纳或马来西亚这样的国家曾经为了摆脱英帝国及王权的束缚付出了巨大的努力。现在它们享受着英联邦成员国的好处，但除了承认她是英联邦名义上的首脑之外，对伊丽莎白二世没有任何义务。

第三，她也是英国海外领土（现代意义的殖民地）的女王。它们仍然是英国的主权领土。其中有14个，从直布罗陀和福克兰群岛到60多万平方英里的英属南极领土（其中1/4是以她的名义命名的，因为在2012年17万平方英里的雪地改名为"伊丽莎白女王之地"）。此外，她还是皇家属地的女王，包括海峡群岛和马恩岛。它们是王室的自治"财产"，虽不属于英国，但在国防和国际关系上"依赖"英国。

最后还有领地，那些选择保留她作为君主的独立国家。除英国外，还有15个国家，包括澳大利亚、加拿大、新西兰和加勒比海大部分地区。总之，这样一来，地球表面的1/8到1/6的面积，都承认她是国家元首。

从长远着眼，在21世纪的世界里，这似乎是一种过时的关系。不过，正如一代又一代的政客们往往发现的那样，公众没有兴趣用退休的政客取代伊丽莎白二世。

---

[1] 指澳大利亚、新西兰和邻近的太平洋岛屿。——编者注

她不能同时出现在16个国家，所以，她在15个非永久居住的国家都找了总督代表她。但是她和领地的关系是持久的、像家庭一样的。除了语言和法律之外，他们之间还有许多历史、军事和慈善方面的联系。最重要的是个人层面。女王一直都知道这是一段持续的关系，像所有的友谊一样需要滋养。与她的英联邦信托基金和倡议一样，她喜欢支持那些尽可能远离政客轨道的项目。这就是为什么这九位来自加勒比酒店业的年轻学员来到皇宫加入皇家团队。这是女王想出来的好办法，用来促进以旅游业为主的小岛屿国家的经济。一年前，她要求哈里王子在该地区宣布这一计划。在那之后，他一直在关注它的进展。在学员们被介绍给女王之前，他也来到白金汉宫。

"房间还舒适吗？不是所有人都挤在一个房间里吧？"他问他们，"不像电视节目里演的那样吗？"他们都笑了起来。

有些"学徒"已经非常合格了。贾里德·福布斯是巴哈马总督的大厨，不做饭的时候，他还兼职警察。哈里王子对此印象深刻，虽然有点担心，没有了大厨，总督该怎么办。"他现在可能在吃烤豆子罐头！"他开玩笑说。他们是那么整洁，王子对此感到惊讶："你们看上去很完美，好像在这里待了好几年。"然后，他给了他们一句他在军队里学到的忠告：不要害怕提问。"没有愚蠢的问题这回事。"他告诉他们。

临走之前，哈里王子宽慰他们，不只是他们会敬畏他的祖母。"见过女王了吗？"他问道，"如果你们在走廊里突然碰到她，不要慌！"然后，他大笑着补充道："我们都会有点慌。"

女王在温莎度完周末，返回伦敦之后，就是学员们的大日子了。女王问他们干得怎么样时，他们尽力听从哈里王子的建议。和哈里王子一样，她也很高兴见到贾里德·福布斯。"你是总督的厨师，是吗？你还是警察？真是个有趣的混搭。"她说。作为巴哈马女王，她对拿骚的新闻很了解。"你们刚刚有一次选举，"女王继续说，"事情都定下来了吗？"话题转到贾里德最喜欢的菜上。"你喜欢蛋糕？"女王说，"我们也很喜欢蛋糕，所以很好。"

来自巴巴多斯的乔纳森·阿莱恩解释说，他正在岛上的桑迪莱恩度假村学习酒店管理。他对女王说那里很忙。女王似乎对此了如指掌。"我觉得桑迪莱恩总是很忙。"她说,"那是一个开始职业生涯的好地方。"或许,和白金汉宫一样好。祝愿他们一切顺利后,她继续往里走,留下这些学员们做了人们见到女王后经常做的事情。他们用手捂心口,张大嘴巴,深吸一口气,尖叫着说:"哦,我的上帝!"

原本在伯利兹的圣伊格纳西奥度假酒店工作的米歇尔·蒙特乔被女王的脸庞迷住了。"她的皮肤真好。我要问问是谁给她化的妆。完美无瑕。"她说。她迫不及待地要给伯利兹的家人打电话。"这真是一个自豪的时刻,我可以谈论我的国家和我工作的酒店,还能见到女王陛下,这是我一生中最美好的一天。"

在摩尔街的某个地方,另一批皇家员工正在收拾行李,准备前往女王最大的领地。加拿大即将庆祝联邦成立150周年——以及加拿大本身的诞生。女王访问加拿大的次数比访问英国以外的其他国家都多。加拿大联邦100周年纪念的时候,她出席了庆祝活动。但这次她不会去,原因很简单,她已经90多岁了。她要听从医生的建议,避免长途旅行。比她大5岁的爱丁堡公爵早已这样做了。因此,威尔士亲王将代表女王,在康沃尔公爵夫人的陪同下,乘坐马车巡游渥太华。九个月后,亲王将在澳大利亚再次代表女王参加2018年昆士兰黄金海岸英联邦运动会开幕式。在此之前,他第十六次访问澳大利亚,他在那里度过了快乐的求学时光,至今他仍把它当作家乡。

这些访问不会像女王执政初期的访问那样令人兴高采烈——当时新西兰2/3的人口和澳大利亚3/4的人口都亲眼见过女王。几十年来,人数越来越多,人们却不像以前那么激动了。评论家们认为这种现象是因为人们对王室的熟悉,因为人们更容易在电视上看到这些东西,也因为90年代王室的衰败。那么王室已经失去吸引力了吗?咒语被打破了吗?共和派愿意这么认为。然而无论是民意调查还是政界主流的指数,都表明目前人们对政体变动没有太大的兴趣。这也许是女王最重要的成就之一,如果把仍然坐在16个王座上看作一种成就的话,即便她不同意用"成就"一词。在她看来,在任何意义上，这都不是一个战略或竞争的过程，她只是在履行职责。如果她尽职尽责了，有一天还是发现，大多数人都更倾向于另一种宪制，她会第一个祝愿替代自己的人一切都好。但是目前，她依旧是16个国家的君主，更不用说她从根西岛到特里斯坦—达库尼亚的所有财产和领土了。[1]

就像保皇派的狂热一样，共和制的欲望在女王统治的不同阶段、不同地域，像潮水一样起起落落。在加拿大的部分地区，王冠似乎在整个60年代都暗淡无光，直到70年代才焕然一新。美国的水门事件传出后，许多加拿大人都心怀感激，他们有的是与政党无关的王朝，而不是让政客当国家元首。相比之下，在澳大利亚，70年代只是共和运动的开始。到了80年代初，新工党领袖、未来的澳大利亚总理鲍勃·霍克自信地预言，王权将要在这里终结。他在墨尔本对记者说，女王是一位正派而勤劳的女性，做着有用的工作。但到20世纪末，君主制将会被废除。就在最后期限到期前几周，澳大利亚人民确实就这一问题举行了公投，拒绝了这一想法。

1975年4月，在金斯敦举行英联邦会议之前，英国驻牙买加高级专员约翰·亨宁斯预测，女王即将进行的访问将是她作为牙买加女王的最后一次访问。显然，1983年再次欢呼着迎接她的人们并不知道这一点。亨宁斯预言牙买加共和国马上就要成立，但是近二十年后，另一位英国高级专员德里克·米尔顿正向伦敦汇报，对于女王1994年的访问牙买加国内的不同反应。在《信息自由法》下，最新公布的外交部档案显示，虽然牙买加人民很高兴见到女王，但她的总理珀西瓦尔·帕特森已经通知米尔顿，宪法公投即将举行，女王将在四年内离开。"帕特森先生也许想作为牙买加共和国的创立者而载入史册，但我觉得短时间内不会发生这种事。"米尔顿写道。八年后，她依然是国家元首。

---

[1] 根西岛，英国皇家属地，位于英吉利海峡中。特里斯坦–达库尼亚，英国海外领地圣赫勒拿、阿森松和特里斯坦–达库尼亚的一部分，位于南大西洋，是世界上距离其他永久居民点最远的有永久居民的岛屿。——编者注

2002年女王金禧之旅时，帕特森依然是总理。然而2012年哈里王子来到牙买加庆祝女王的钻石禧年时，他早已离开。

尽管牙买加对君主制全民公投过去没有（现在仍然没有）兴趣，但这种公投不时地发生在其他地方，结果总是一样：公众更喜欢不需选举的王室作为国家元首，而非政客。共和党人有时会说她"执着"。65年过去了，的确非常执着。她是怎么做到的？每个领地的故事都不尽相同，但所有故事的共同点是，它们从来不是关乎"执着"，更多的是以身作则。尽管有一些不可避免的错误、一些动荡还有政治家们做出的最大努力，但臣民们似乎是认可女王这个榜样的。

澳大利亚和新西兰

1953年开始的加冕环球之旅仍然是有史以来最雄心勃勃的皇家探险。女王共过4万多英里，其中大部分是走海路，从东到西。一路上，她会握手13213次，并致以6770次屈膝礼（鞠躬没有记录）。她本人会发表157次演讲，会听取别人276次演讲。据《新闻纪事报》报道，她唯一一次在公众场合表现出恼怒，是在招待会上对自己的随行人员。"总督，你很累吗？"她问。"没有，女士。""那就把手从口袋里拿出来，站直了。"那时，她已经和孩子们分开四个月，好几天连轴转地出席正式场合，女王终于耗尽了耐心，露出了个人的一面。在这次环球之旅澳大利亚部分的第五周，女王和公爵被安排在奥尚纳斯水库岸边的政府度假屋里休养一个周末。即便如此，他们还是需要参加一些公众活动，比如教堂礼拜和野生动物考察，以便摄制组有足够的素材制作王室巡游的官方影片。

显然，当这对王室夫妇开始在小屋里争吵时，他们把摄制组忘得一干二净。公爵冲出门外，紧跟着是一双网球鞋和一副网球拍，接着是愤怒的女王，她大叫着要他回来。杰出的摄影师拉克·汤森和他的副手按照指示一直在外等待，他们担心光线已经开始变暗了。门一开，汤森和他的团队就开始拍摄了。发现自己正在观看一场王室大爆炸，他们惊呆了，就像女王和公爵发现自己在镜头前一样。这对夫妇赶紧撤退回屋（或者正如汤森记忆中的，女王把公爵"拽"进了屋），一会儿，脾气暴躁的皇家新闻秘书理查德·科尔维尔大步走了过来，比以往更加暴躁。汤森还有很多天可以拍摄，但他知道自己什么时候会被打。他打开摄像机的背面，取出300英尺长已经曝光的胶卷，对科尔维尔说："指挥官，我有礼物给你。或许你会想把它交给女王陛下。"过了一会儿，服务员端着一盘啤酒和三明治来表示感谢。女王跟在后面。她对汤森说："我为这个小插曲感到抱歉，不过你也知道，所有的婚姻都是这样。现在，你有什么想让我做的吗？"

如果说王室的人气曾经攀升到顶点，那也是不足为奇的。正如简·康纳斯博士在《闪亮之旅》——关于此次巡游对澳大利亚社会影响的出色研究——中说到的，南半球的大部分地区似乎陷入了保皇派的狂热中。因此，王室在利斯莫尔的戈兰酒店用过点心，短暂停留后，酒店外挤满了人。他们排队等待，想要得到一张没有用过的皇家厕纸，每人一张，就像中世纪的朝圣者曾经排队触摸十字架碎片或是圣徒剪下的指甲。利特哥这个矿业小镇经历了历史上唯一一次交通堵塞，方圆几英里的人都赶了过来，因为女王在重新登上皇家列车之前，会在这里停留25分钟。有一次，她走过当地一家羊毛厂制作的红、白、蓝三色地毯。要怎么处理这块地毯呢？最后人们决定，最公平的办法是把整张地毯切成小块，这样每个人都能有纪念品。爱丁堡公爵说，这种吹捧格外与众不同。后来他和女王没太看到类似的东西。

这种近乎狂热的兴奋也出现在新西兰，他们首先登陆的也是新西兰。人们如此欢欣雀跃，标准的解释是，这些忠诚的领地是第一次见到在位的君主。这是真的，但还有另外一个原因。女王正在弥补多年来人们对王室的失望，在地缘性政治越来越不确定的时候。因为这次巡游原本在30年代就曾讨论过。

1938年就已经对此达成一致：国王乔治六世和王后将访问加拿大，转年将访问美国。这意味着加拿大是第一个获得在位君主访问的国家，这对渥太华来说，影响不亚于一场政变。澳大利亚和新西兰政府于1940年开始争相请求王室访问，但计划很快就因宣战而搁置。然而战争结束后，南非最为迫切地需要国王出访。印度已经准备与大英帝国分道扬镳，南非也有强烈的呼声，提出类似论点。澳大利亚和新西兰的忠诚是毋庸置疑的，他们可以再等等。因此1947年，国王、王后和公主们乘坐英国皇家海军先锋号前往南非，之后，伊丽莎白公主发表了21岁生日宣言。

1948年3月，国王宣布，王室计划于1949年年初访问澳大利亚和新西兰。他不仅要感谢他们的耐心，还要感谢他们从战争的第一天起给予的坚定支持。当时，大多数人仍然认为自己是英国人。直到《国籍和公民1948法案》规定，所有澳大利亚公民都被认为是英国公民。在1947年的一次民意调查中，2/3的澳大利亚人希望维持这个现状。不过他们未来的女王不会参加1949年的访问，因为在1948年春天，她已经是爱丁堡公爵的新婚夫人，并且怀上了查尔斯王子。国王、王后会和玛格丽特公主一起前往澳大利亚和新西兰。

1948年夏天，这项计划在澳大利亚进行得很顺利。康纳斯博士听说了一个女性创业的故事，她垄断了鸵鸟羽毛市场，后来所有的帽子都需要用鸵鸟毛制作。访问计划推进得如此之快，以至于在伦敦，国王的侍从官，彼得·汤森上校被要求为皇家航程收集一系列影片。科尔维尔和他的新闻办公室正忙着用他们惯常的经济细节回答媒体的询问。澳大利亚联合出版社提交了一份长长的王室"好恶"问题清单，想出一份王室特别增刊，而王室对此的回答是："无可奉告。"最接近的是官方对玛格丽特公主喜欢的舞蹈的回应："各种各样的舞蹈，华尔兹、里尔舞和摩登舞。"

但是在1948年11月，彩旗不得不被装回到盒子里。国王说他的两条腿都有严重抽筋现象。尽管他坚持履行自己的职责，尤其是要避免让即将分娩的伊丽莎白公主担心，但他不可能与伟大的心血管专家詹姆斯·利尔蒙爵士争论。在11月12日见到国王后，利尔蒙教授诊断出国王患了动脉硬化。更糟糕的是，他们还谈到了截肢的可能。1949年年初的访问计划就这样取消了。

国王的治疗很有成效，第一个外孙查尔斯王子的到来也鼓舞了他，但他很清楚这一切造成的不便。他在1948年的圣诞广播中解释道："一个月前，命运的不幸降临到了我身上，我决定推迟我的访问，虽然澳大利亚和新西兰的人民为之做了很多准备。"为此他感到莫大的安慰，他还说，"同情和关爱的浪潮，不仅从澳大利亚人和新西兰人，而且从伟大的'兄弟会'里认识和不认识的朋友向我涌来。"

然而在世界的另一端，人们却垂头丧气。澳大利亚一家街头装饰供应商将损失两万英镑。我们只能想象，被澳大利亚鸵鸟羽毛供应套牢的投机者有多么沮丧。到1949年年底，医生们认为国王已经恢复得很好，可以开始进行新的澳大利亚和新西兰访问。现在，做1950年的计划已经太迟了，筹划1951年不列颠节的时间却还很宽裕。因此白金汉宫同意与堪培拉和惠灵顿重新商定时间。国王、王后和玛格丽特公主将于1952年年初抵达。

又一次，在位的英国君主的最长旅行计划开始了。这一次，国王的最新领地也将被安排在行程上。1947年印度分裂为印度和巴基斯坦之后，锡兰于1948年成为一个独立的国家，选择了保留国王作为国家元首。计划推进得很顺利，1951年秋天，国王做了一件非常了不起的事情。他在出发前策划了一次英国大选，以确保在他离开的时候不会有大选。

1950年的大选由克莱门特·艾德礼领导的工党以8席多数的微弱优势获胜。议会很快停摆。以今天的标准来看，8席多数似乎是可行的，但战后的下议院比如今的要保守、脆弱得多。老年议员从病床上被拽起来进行例行投票是司空见惯的。到了1951年夏天，国王开始担心了。自一年前大选以来，已有9名议员因身体不适退休或去世，国王本人身体也欠佳，还正计划离开英国好几个月。9月1日，他写信给首相，表明了自己的观点。"如果不能合理地确定政治可以保持稳定，我很难离开五六个月。"国王解释说，"如果我对英联邦三个自治国家的访问因国内政局动荡而不得不推迟甚至中断，那将是灾难性的。"

首相对此已经考虑了很多，五天后，他给国王写信说，"我特别关注的因素之一是，在陛下出访期间，必须避免政治危机。"因此，他同意在本月晚些时候会见国王，讨论正式解散议会。1951年10月，英国举行了公投，艾德礼正式落选，温斯顿·丘吉尔以17席保守党多数回到唐宁街。就这样，1952年的皇家访问还没有开始，就在不经意间创造了历史。

但是，完成这次访问的却不是国王本人。克莱门特·艾德礼刚决定解散议会，国王的医生就传来了坏消息。X光片显示国王的一侧肺上有一块令人担忧的斑块，需要做支气管镜，取出样本进行检查。这件事发生在9月16日，很快就显示出需要切除国王的整个左肺。官方没有提到"癌症"这个词。因为支气管阻塞，9月23日，国王又开了刀。尽管手术按计划进行，但国王的康复实在令人担忧。伊丽莎白公主和爱丁堡公爵被要求将加拿大和美国之行推迟一周。一周后，当他们最终离开时，公主的工作人员接到指示，随身携带一份继位声明，以防万一。两天后，澳大利亚和新西兰的人民收到了他们害怕却又预料之中的消息。国王不得不第三次取消去看他们的计划。不过，皇宫很高兴地宣布，伊丽莎白公主和爱丁堡公爵将替他前去。从珀斯到奥克兰，数百个迎接委员会的数千名成员松了一口气。他们只需要改变所有纪念节目封面上的名字和面孔。到这个时候，帝国已经正式结束了；澳大利亚、新西兰和所有其他的自治领也都加入了新的英联邦。他们不再是自治领，而是被视为领地。

到1952年1月底，世界各地的人们都开始兴奋起来。负责公主出访第一段航程的英国海外航空公司（BOAC）阿尔戈纳号航班上的机组人员也成了各自圈子里的名人。伯克郡布拉克内尔市的罗伯特·帕克机长和他的六男一女团队在出发前接受了英国媒体的采访。这次航程将经历19个小时，途经利比亚，抵达肯尼亚，公主和公爵将在那里出席几天的正式活动和一场短暂的游猎。在肯尼亚的蒙巴萨港，他们将登上哥特号，一艘由肖萨维尔货轮改装成的皇家游艇，然后横渡印度洋，驶往锡兰，在那里，会有六架皇家空军沙克尔顿水上飞机护送哥特号前往科伦坡。从科伦坡出发，这对王室夫妇将于3月1日抵达澳大利亚的弗里曼特尔，正式开始这次访问。在1949年计划之前，澳大利亚中将弗兰克·伯里曼就已经安排好了一切。这位杰出的战争英雄将负责此次访问，他对行程的每个细节都烂熟于心。怎么可能会出错呢？

在1952年2月那个划时代的日子里，公主和公爵是最后得知国王去世的人。那时消息已经传遍了世界各地，英联邦乃至整个世界都为之震惊。澳大利亚和新西兰再次悲伤地把彩旗收起来。伯里曼中将又一次放弃了所有计划。然而第一批公告表明，公主的澳大利亚和新西兰之行并没有取消，而是被推迟了。这两个极度耐心和忠诚的领地最终将见到他们的君主，被压抑的君主制狂欢将像定时炸弹一样在某个场合爆发：加冕礼。正如在英国一样，在旧帝国的大多数角落，1953年6月2日是整个英联邦，尤其是领地们的加冕舞会、加冕宴会、街头派对、招待会和嘉年华的催化剂。无数的家庭和社区都会聚集在英国乃至全世界的黑白电视和收音机前。澳大利亚和新西兰的气氛非常热烈、激动，不过这里有一个重要的区别。对他们来说，这次加冕典礼一切顺利。但那只是一次彩排。真正的庆典要到1953年11月23日才开始，女王和公爵终于登上飞机，出发前往南半球。与之前的尝试不同，这一次，王室夫妇将从东向西，经过百慕大、牙买加和南海，朝另一个方向前行。经过这么多年的等待和三次有始无终的尝试，当王室的脚终于落在这片土地上时，澳大利亚人和新西兰人暂时失去了理智，这有什么奇怪的吗？

12月23日，哥特号停靠奥克兰时，新西兰将首先看到女王。全国各地都在期待中装扮一新。例如，一支维修队在从霍基蒂卡到格雷茅斯的25英里长的道路上辛勤工作，为了给皇家汽车出行做准备。因为这是一次单程出行，所以他们只重新铺了道路左侧，供女王的车队行驶，而道路右侧仍满是坑洞。在那之后，当地人把平整的那一侧称为"伊丽莎白半侧"。这个国家的大部分人都看到了她。王室的出现不仅仅是魅力和名望的问题，还是重要的经济象征。1953年，新西兰2/3的出口产品销往英国。在经历了战争的种种不确定性（新西兰参加了最近的朝鲜战争）之后，人们有一种感觉，好时光真的回来了。

然而就在女王抵达的第二天，新西兰遭受了和平时期最严重的灾难之一，一场山体滑坡冲毁了邓基卫村的一座铁路桥。惠灵顿—奥克兰特快列车被冲进了旺阿雷河，造成151人死亡。尽管如此，皇家巡游继续占据头条。女王随后会见了事故幸存者，并迅速改写了她的圣诞广播——在现场直播的日子里——"这场最严重的铁路事故……给许多家庭带来了悲剧"，表达了她的悲痛。

而在英国国内，查尔斯王子和安妮公主也听到了母亲的广播。在这个绝无仅有的加冕之年即将结束时，她对有些兴奋过头的人发出了温和的斥责。"有些人表示，希望我的继位能标志着全新的伊丽莎白时代的到来。"女王说，"坦率地说，我一点也不觉得自己像我的都铎先祖（伊丽莎白一世）那样，她既没有丈夫也没有孩子，专制地统治国家，永远无法离开半步。"她为自己是"历史上所见过的最有效和最进步的国家联盟"的领导人而"感到骄傲"。几天后，她将开启世界上最平等国家的民选议会。然而即便在现代的新西兰，仍然存在着明显的不平等。而这位非专制的伊丽莎白女王也不反对在遇到普通民众时出现君权专制的奇怪时刻。

新西兰的毛利人社区一直希望给予女王最隆重的欢迎。怀唐伊是新西兰对兰尼米德[1]的回应，是1840年王室和土著毛利人签署条约的圣地。然而，政府只允许他们举办一个简短的、低调的欢迎仪式。另外一个在罗托鲁瓦地热泥泉举办的欢迎仪式勉强增加到3000人（最初只允许200人）。但负责皇家计划的政府官员认为，根本没有时间去参观毛利国王的会堂。更重要的是，他们认为，除了毛利人以外，还有那么多人在别处等待女王。不过女王仍然想表达她的敬意。12月30日，当局最终同意她在前往汉密尔顿的途中在毛利王室会堂外停留3分钟。可是，女王一到门口，人们就一拥而上，把王室成员们送进国王的小屋聊天。毛利的战士和少女们在外面跳舞致敬。"这是真事，真的是这样的。"女王的侍女、前帕梅拉·蒙巴顿夫人多年后回忆说。政府官员们越来越焦躁不安，频繁看表。帕梅拉夫人说："我们被告知，后面还有正式的活动在等着，我们不可能留下来，我们必须回去。"最后，女王不得不向顾问们让步，但她将停留的时间从3分钟延长到17分钟。"我们太失望了。"帕梅拉夫人补充道，"最后，当我们驶过大桥时，两条巨大的独木舟顺流而下，每条都有

---

[1] 兰尼米德，伦敦以西泰晤士河南岸的一片草地，1215年英王约翰在这里签署《大宪章》。——编者注

一百英尺长,上面有一百名战士。而我们居然就这么离开了,去参加下一个无聊的官方仪式!"

沿着王室的路线,城镇竞相竖起最令人印象深刻的欢迎拱门。有些选择了苏格兰主题,反映了新西兰许多人的起源。帕帕库拉镇被画上了珠穆朗玛峰,以防有人忘记告诉女王,她已经来到珠穆朗玛峰征服者埃德蒙·希拉里爵士的家乡。不出所料,绵羊一直是巡游线路上的特色。一些农民用红、白、蓝三色装饰他们的羊群。也许只有在新西兰,女王和公爵才能认识著名的剪羊毛手。在怀卡托,王室夫妇被介绍给著名的伯恩兄弟伊凡和肯,他们展示了剪羊毛的超凡技术。他们问公爵是否愿意试一试。"不了,谢谢,"他笑着说。"我可能会伤到它,这次旅行我们已经吃了够多羊肉了!"几年后,报纸经常会把这句话列入公爵所谓的"失态"清单之中。而新西兰人民却觉得这句话很有趣。

如果说新西兰去见女王的人很多的话,那么2月3日王室夫妇抵达澳大利亚后,场面常常人满为患,整个行程中,所有急救站都非常繁忙。在凯恩斯,一个看台倒塌,500多人需要治疗。对行程规划者来说,问题是要照顾到不同活动的优先度。每一位市长都想恢复自己这个城市的欢迎活动,他们1949年准备过一次,1952年又准备了一次,最后这两次都取消了;每一个城镇都精心排练了文化展示。《墨尔本先驱报》认为,昆士兰州长文斯·盖尔创下了澳大利亚的速度纪录,他在41分钟内带领女王通过260人的迎接队伍。像新西兰的毛利长老一样,澳大利亚的土著社区也将扮演边缘角色,尽管他们和其他人一样渴望见到女王。有报道说,一群土著儿童乘坐巴士长途跋涉几百公里,就是为了一睹王室的风采。女王会在一次又一次的演讲中特别提到"我的人民"。但她令昆士兰一批上流人士恼怒。他们觉得,她花了太长时间与托雷斯海峡岛民交谈,而牺牲了贵宾群体的时间。

简·康纳斯博士发现了官场许多令人瞠目结舌的势利行为。在德文波特的塔斯马尼亚镇,一位名叫格温·狄克逊的老师花了几个月的业余时间,在她所在地区的各个运动场上,教两千个孩子给王室夫妇唱《快乐英格兰》。得知她将被介绍给女王认识时,格温甚至专门买了特别的礼服和手套。就在最后一刻她被告知，当地的显要人物占了她的时间，他们坚持认为自己应该优先于一个微不足道的教师兼主妇。格温被踢出了欢迎队伍。不过在她的唱诗班的精彩表演之后，她将得到属于她的荣誉。当王室的路虎最后一次绕着运动场行驶时，车突然停了下来。爱丁堡公爵下了车，走到格温跟前，握了握她的手，说："陛下希望我代表她，还有我自己，对孩子们优美的歌声表示感谢。"很明显，皇家情报网已经了解到格温这样的无名小卒。不然她为什么会收到白金汉宫花园派对的邀请呢？

人们继续无视官方的做法。100多万人排在悉尼的街头。由于道路无法通行，警察只能奉命乘火车出行。还有12万名儿童挤在悉尼板球场。25万人在深夜等待，只是为了看皇家汽车回到政府大楼。100万人在墨尔本机场外的公路上排队。一次又一次，公共广播系统出现故障，因为人们为了看得更清楚，紧紧抓住头顶的电线，把电线都抓坏了。

在一个又一个州，女王被誉为童话里的仙女。澳大利亚总理罗伯特·孟席斯送给她的一件珠宝首饰堪称澳大利亚王冠，她对它的喜爱广为人知。"合欢花胸针"，黄钻和白钻镶在白金上，不仅象征着澳大利亚的国花，也象征这个国家的性格品质。它充满活力与色彩，非常精美。它将在威廉·达吉爵士1954年所画的女王画像中永垂不朽。相比之下，公爵则被亲切地描绘成一个宁愿和伙伴们喝啤酒的男人。虽然在视察新技术或军事设施时，他似乎表现得非常快乐，但他其实很喜欢紧跟流行，很爱玩。女王去兰德威克赛马时，公爵偷偷溜去悉尼板球场观看比赛。在那里，他不肯坐王室包厢，而是坐在观众席。媒体非常激动。

正如他多年后解释的那样，这种追捧不会永远持续，记住这一点，是很重要的。"追捧会慢慢消失的，"他对吉莱斯·布兰德雷思说，"哗众取宠本来很容易，但我有意识地不那样做。别让自己太受欢迎会更加安全。这样你就不会跌得太惨。"

这是明智的做法。总会有下一次访问，而且永远不会完全一样。1954年保皇派狂热的爆发，让人有些不安，因为澳大利亚认为自己是一个开明、进取的体育强国。许多人会尴尬地回忆起,澳大利亚历史上最伟大的盛事是皇家访问,而不是体育盛事(澳大利亚政府统计,全澳大利亚75%的人亲眼看到了女王)。1954年那些史诗般的场景被许多书籍和电影很好地记录下来。达吉的"合欢花"女王画像已成为国宝。但接下来发生了什么?以后的澳大利亚和新西兰皇家访问,背后的故事不太为人所知,但或许更有启发性。因为如果1954年那一次只是相对简单地让人们认识这位君主,那么第二轮访问又是什么?

它肯定会更具挑战性。到1963年,新奇感已经消失,电视已经很普遍,王室夫妇也年长了九岁。即便在英国,王室的光彩也在逐渐褪去。苏伊士运河战争后,英国君主制曾因脱离现实而受到攻击,尤其以奥特林厄姆勋爵发表的抨击[1]最为著名。对60年代的讽刺作家来说,君主制是很好的素材。

还有一个问题令人担忧,特别是在新西兰。英国新近萌生的加入欧洲经济共同体的决心,令新西兰的经济有了崩溃的危险。新西兰经常被认为是女王领地中最忠于王室的国家。因此在这个特殊的时刻,惠灵顿的大臣们对女王的到来并不十分热情,也反映了他们的担忧是如此深切。澳大利亚对欧洲问题也非常担心,尽管程度并不完全相同。60年代初,澳大利亚大约18%的贸易是与英国进行的。在英国最终进入共同市场的整整十年前,欧洲已经在和历史上的盟国建立关系,而大多数英国人都认为这些盟国是英国的兄弟姐妹。

1963年的女王之行是由澳大利亚在任时间最长的首相罗伯特·孟席斯促成的。这位热情的保皇派,打着纪念堪培拉建都50周年的旗号,一直渴望女王回访。他亲自和她讨论过,她也同意了。在白金汉宫,官员们从1962年夏天开始制订计划。但是,如果女王要去澳大利亚,不也应该去新西兰吗?因为对英国与欧洲共同体打得火热感到非常担忧,新西兰人迟迟没有发出邀请。正如她

---

[1] 1957年,保守派奥特林厄姆勋爵利用其小众杂志《国家和英国评论》批评女王"自负""享乐"。作为热切的君主主义者,他担心君主正与公众失去联结。阿盖尔公爵要求处决他,他在街上也遭受过袭击。几年后,女王的私人秘书会感谢他。

的私人秘书迈克尔·阿德恩爵士写给同事的信中所说："希望霍尔约克先生[1]得到暗示后，会建议女王在去澳大利亚之前先去新西兰。"

霍尔约克终于领悟到了暗示，女王又一次踏上了前往世界另一端的旅程，途经斐济前往新西兰。不过这一次她的毛利臣民将享受比上次好得多的待遇。女王抵达后，刚好赶上他们庆祝1840年王室和毛利人签订《怀唐伊条约》的纪念日。20世纪60年代，毛利人声称该条约没有得到公平履行，他们发起了一场抗议活动，积聚了一些政治声望。新西兰政府想让女王出面调停。"正是在这片神圣的土地上，当毛利酋长将主权拱手让给王室时，维多利亚女王也做出了承诺。"她对怀唐伊群众说，"今天，我想重申这些承诺，并向我的毛利臣民保证，在怀唐伊所承担的义务远远超过任何法律规定。"她说，她有责任确保"毛利臣民的信任永远不会被背叛"。这些是一个君主永不妥协的承诺。人们注意到，她说的是"我的"毛利臣民。女王还明确表示，如果有任何背叛，那都不是她干的。"我会尽我的责任，"她继续说，"但请记住，这些承诺是代表新西兰自治人民及其民选政府做出的。"最后，她说了一句后来被奥特林厄姆勋爵原样照搬的话："我们是一体的。"

它是这次为期十一天的访问里罕见的亮点，虽然这次访问，在人们普遍看来，算不上她1953—1954年为期五周的访问的补丁。虽然奥克兰和基督城仍有大批激动的群众欢迎女王，但惠灵顿的情况却着实令人失望。英国高级专员弗朗西斯·卡明·布鲁斯向伦敦汇报，新西兰首都的市民见到女王时，没有了曾经的热情与喧闹，"基本是沉默，很少有人挥手"。王室夫妇的情绪显然受到了影响。卡明·布鲁斯在一份机密备忘录中向英联邦关系大臣邓肯·桑迪斯透露："有好几次，人们认为女王看上去很憔悴，非常疲倦，这让观众更加冷淡，许多人表示失望。"

---

[1] 基思·霍尔约克是新西兰总理，也是新西兰的英国总督，是唯一一个同时担任这两个职位的人。

澳大利亚也有许多褒贬不一的评论和类似观察：欢迎的人数少多了，活动也没什么吸引力，而上流社会惯常地热衷于抢占王室的风头。38天的行程比1954年那次两个月史诗般的行程要短得多，在这种情况下，皇家游艇将在海上为女王提供喘息的机会。但这仍然是一个令人痛苦的安排，尤其是每个州都只顾自己的计划，却没有太多地关注来访者的实际意愿。比如，女王想参观一家移民旅馆。这一请求已由王宫转达给移民大臣艾丽克·唐纳。唐纳在昆士兰找到了一个合适的地点。但最后女王却没去成。英国高级专员威廉·奥利弗爵士向老板们汇报："我们接洽了昆士兰政府，但他们拒绝了这一提议，理由是他们不能因为女王陛下要参观一个移民旅馆，而浪费她在本州停留的宝贵时间。因此尽管女王陛下表达了兴趣，但这个项目在他们心中没有任何位置。唐纳还要求各州尽力将'新澳大利亚人'——最近才成为王室臣民的非英国移民——纳入女王的活动之中。但他的要求再一次被置若罔闻。"

澳大利亚媒体的报道大体上是乐观的。大家都同意，这次旅行最愉快的部分是在达尔文。它是1954年澳大利亚访问中遗漏的一部分。在那里，女王观看了一场竞技表演，爱丁堡公爵参加了一次牛群围捕。这对夫妇还特意拜访了一个土著家庭，非利普·罗伯茨和汉娜·罗伯茨以及他们的六个女儿，虽然这个家庭并不那么典型。罗伯茨先生是一名自学成才的医务人员，最近他把家搬到了一个白人郊区。王室夫妇到他们家时，邻居们唱起了国歌。

然而在伦敦，英联邦事务部越来越担心英国媒体报道的负面口吻。3月18日，一份标有"紧急"的电报送达了堪培拉和惠灵顿的英国高级专员公署。电报说，"紧急报告称，皇家访问并没有取得显著成功。"

在新西兰，面对这种"泄气情绪"，卡明·布鲁斯并没有退缩，他将大部分责任归咎于英国的外交政策。"英国想要加入欧洲经济共同体，为期18个月的谈判令新西兰舆情沸腾。"他警告说，"许多人说，英国与英联邦的关系可能会逐渐疏远……这对新西兰人民是一个沉重的打击，因为他们非常渴望与英国保持紧密的联系。"他还说，"这个故事被重复了很多次，而且已经被很多本该了解的人接受。"他还严厉批评新西兰政府的"漫不经心"和"敷衍"，特别是新西兰总理。

"霍尔约克在某些场合的态度相当敷衍。他给女王的致辞完全不符合这种场合的级别，他讲话缺乏活力，语气相当傲慢，好像是在跟公众讲话，而不是向女王致辞。"

三周后，在发往伦敦的邮件中，卡明·布鲁斯的语气有所缓和。他坚称这次访问向新西兰人展示了"他们的女王可以低调地出行"。不过他重申了自己的观点，即这次访问安排在英国想要加入欧洲经济共同体而引发的大争论之后不久，时机对民众的心理影响很大。

在堪培拉，英国的外交官们没那么沮丧。威廉·奥利弗爵士坚称，这次访问绝非失败，英国的许多报道"牵强附会，相当离谱"。他认为这是因为一些英国记者不是"逢迎型"，而是"挑刺型"。他认为参加欢迎活动的人数减少，是因为大多数澳大利亚人都有了电视。街上的人"只是一小部分，绝大多数人都在家里，怀着同样的热情，在电视上追踪她的行程"。

他总结道，主要问题是要在"轻松随意"和"皇家盛况"之间找到正确的平衡点。政府试图营造一种"轻松随意"的氛围。他谈到一个永恒的王室悖论，"不是只有孩子愿意并希望看到一个戴王冠的女王。"《经济学人》换了一种说法："只有在王室显赫的背景下，（澳大利亚人）才会喜欢读到那种邮递员走进雪山小屋里发现女王在吃鸡蛋的新闻。但人们不希望女王一直是普通人。"

大多数人都认为澳大利亚人改变了对君主的态度，而且认为这并不是坏事。威廉爵士说："他们开始认为，她是澳大利亚的女王。"他还说，"他们不再把她看作'仙女女王'，在我看来，这种态度对澳大利亚人来说是不自然的。"但是至少有一位非常杰出的澳大利亚人还是很自然的。罗伯特·孟席斯爵士最近刚被授予了蓟花勋章。他在国宴上经常引用的一句话也许标志着这位澳大利亚总理骑士精神的巅峰："我要你记住的是，在你的这个国家里，每一个见到你的男人、女人和孩子……都会欢乐地记住这句17世纪的诗句：我只看到她路过，但我爱她，直到我死去。"澳大利亚一位资深外交官回想起来依然觉得那是"马屁巅峰"。

还有一个人，很适合评价这次访问，不管是从皇宫还是从澳大利亚人的角度，他就是威廉·赫塞尔廷爵士，这位澳大利亚官员，日后将在皇宫工作，成为女王的私人秘书。威廉爵士当时在堪培拉工作。"我觉得60年代那次访问是平淡的。"他说，"有一定的平淡感。电视让人们没必要站在路上看女王。试图重演'1954年'的访问，是不可能的。"突然之间，澳大利亚的舆论影响者和公共意志本身开始将美国看成更令人兴奋、更有用的盟友，尤其是如果这个昔日的母国把注意力集中在欧洲的话。

然而人们对王室的喜爱远比表面显示的要深。1970年，女王下次归来时，旧领地们当然恢复了热情。即便算不上1954年重现，那也差得不远。一个重要的因素是，女王和公爵是由他们的两个孩子陪着来的。现在他们已经长成了年轻人。"查尔斯和安妮与我们在一起，令人们兴奋不已，欢迎活动非常热情。"当时已经是英国女王新闻秘书的威廉·赫塞尔廷爵士说，"那一次，还有之后的访问，都进行得很顺利。"这时候，皇宫和王室已经采取了一种新策略。女王的访问不再覆盖整个国家，而是缩短时间，聚焦一个特定的事件。1970年，她是去纪念库克船长首次登陆澳大利亚200周年（而下一次，1973年，她是为了参加悉尼歌剧院的开幕式）。

观看皇家游艇把她带到布里斯班的人群是1954年以来最大的，估计海滨上有25万人。数千艘小船被隔离开来，直到女王向港口传达信息："让它们靠近。"尽管当时英国距离进入共同市场只有两年的时间，但震荡感已经消退。而澳大利亚对美国的追捧也已经开始减弱，这也不是什么新闻。美国总统最近的一次访问提醒了人们，他们的女王更具人性。而在1970年，这个国家正在从一个可怕的错误——越南战争中撤出。作为英国女王，君主没有卷入这场冲突。但是作为澳大利亚女王，她深陷其中。8年来，她的5万多澳大利亚军人与美国人一起在越南作战，520人有去无回。

在布里斯班，女王在皇家游艇上举办授勋仪式，不存在排位的问题。按照传统，维多利亚勋章或乔治十字勋章的获得者要排在其他勋章的获得者前面，按照爵位顺序来。1969年5月，二级准尉基思·佩恩在越南的一个训练部队服役，当时他的部队遭到北越部队的三面持续围击。他虽受了伤，但在不断的炮火中，他不肯撤退，直到救出40多个伤员，带领他们离开敌国。一年后，他来到这里，等待女王亲自授勋。授勋仪式即将开始时，女王的侍从官乔克·斯莱特让所有获得者列队时发现了一个问题。排在队伍之首的那个人不见了。斯莱特回忆说，我在船上到处找他，终于在第五层甲板上找到了他。他一个人待着，赶在重要时刻前抽上最后一根烟。被敌军压倒性的火力袭击，也没有被女王接见么可怕。"先生，我这辈子从来没有这么紧张过。"这位英雄解释道，不情愿地把烟灭了。

虽然向女王表示友好的人群规模庞大，但在零零散散的地方也能发现叛逆精神的最初迹象。为了仿照当年库克船长登陆的情景，女王也要在博特尼湾上岸。在那之前不久，一艘快艇冲到海滩上，一个年轻人跳上岸，把一面澳大利亚（而不是英国）国旗牢牢地插在沙滩上。当女王到达时，没有人能听到她说话，因为破坏者已经断开了她的麦克风。

但这对王室夫妇也很高兴在这次访问中引起一些不安。在抵达澳大利亚之前，女王再次访问了新西兰。在首都惠灵顿，上一次访问在这里就很阴郁了，现在天气对王室也没有任何眷顾。"惠灵顿的大风天！"一提到这次访问，安妮长公主就说。女王同意试着打破常规。在到达首都的另一个迎接点之前，皇家汽车提前停下来，最后五六十码女王会步行，停下来向人们问好。这可能让警方非常紧张，但在公众和媒体方面获得了巨大成功。《每日邮报》记者文森特·莫瑟隆立即给这个新举动起了个名字。他称之为"巡行"。短短几天之内，它就从实验变成了取悦人群的强制活动。女王回到英国后，她的英国臣民们都在叫嚷着，要同样近距离地接触他们的君主。女王在英国的第一次巡行是在考文垂，留下了完美的记录。然而新西兰人永远为他们是首次经历巡行的人而倍感骄傲。他们尤其为女王来访期间游艇宴会上的某位客人感到骄傲。历史上只有三个人曾经两次获得维多利亚十字勋章，最后一个就是来自基督城的查尔斯·厄普汉姆船长。[1]

这位沉默寡言的农场主一向以淡泊名利著称（在一次极为罕见的采访中，他说：我不想受到跟其他浑蛋不同的待遇），他对英国与欧洲日益紧密的关系深恶痛绝，是他这个阶层这个时代的人的典型代表。与女王共进晚餐的一年之后，他给《每日电讯》写了一封态度强硬的信，短暂地闯入政坛。"他们还会欺骗你的，那些德国人。"厄普汉姆写道，他对宿敌的厌恶已经深切到不让德国汽车进入自己农场的程度。曾经为国王、国家和联邦而战的几代人越来越因为英国的"苏伊士以东"撤退政策感到受伤。早在1940年，尽管澳大利亚和新西兰忠诚地与英国在同一天宣战，但当英国人谈起法国沦陷后英国是"孤军奋战"时，他们就被伤害了。1972年，英国国会议员投票决定加入新的欧洲经济共同体，他们觉得自己被背叛了。

在女王1963年访问澳大利亚期间失意的移民大臣艾丽克·唐纳，后来成了澳大利亚驻伦敦的高级专员。在那里，他想让英国政府承认加入欧洲经济共同体将对英国的老盟友造成损害，却徒劳无功。多年后，他的儿子亚历克斯将被任命同样的职务，成为澳大利亚历史上任期最长的外交部长。他还记得和父亲一起站在蒙宁门——英联邦战争佛兰德斯烈士纪念碑。老唐纳热泪盈眶，一边谴责英国工党政治家罗伊·詹金斯，一边读着澳大利亚阵亡将士的名字。在关于欧洲的辩论中，詹金斯曾呼吁英国放弃"亲朋好友"，转而支持欧洲一体化。早在1973年1月1日英国加入共同市场的三个月前，唐纳就"悲伤地"回到了澳大利亚。其他澳大利亚人更为不满的是，英国开始给予欧洲人优惠待遇——不仅在贸易方面，甚至在护照管理方面——这对英国的英联邦兄弟们不利。来自中右翼自由党的副总理道格·安东尼放弃了对女王的终生忠诚，参加了共和运动。

---

[1] 因为在1941年克里特岛战役和1942年埃及阿拉曼战役中的出色表现，厄普汉姆在二战中两次获得维多利亚十字勋章。

事实上，英国并没有背弃"亲朋好友"。在进入共同市场的谈判过程中，英国官员们敏锐地意识到需要铭记英联邦的兄弟情。英国首席谈判代表康·奥尼尔爵士在他的报告《英国加入欧洲共同体》中写道，英国公众对新西兰这样一个脆弱的盟友深感内疚与尊敬。1970年年初，他的谈判团收到了以下简报："最重要的是，为新西兰提供一个足够长的喘息空间，让她能够对其经济做出痛苦的调整。"正如他所解释的，如果做不到这一点，可能会对英国产生严重影响："共同体对待她的方式已经成为一块试金石，可以知道几百万人对我们进入共同体的态度。"而在1971年，英国驻欧洲委员会代表团团长邓肯·桑迪斯（曾是英联邦关系事务大臣）警告法国总理，他和许多人永远不会支持"背叛新西兰对英国的信任"的协议。

1972年的事件对女王在所有领地都是一个挑战。英国被妖魔化成一个不忠的情人，走出英联邦家庭，为了欧洲大陆上性感的新情人抛弃了他们。澳大利亚的局面对君主制来说更具挑战。在那里自由党被赶下台，国家选出了一位工党总理高夫·惠特拉姆，有了一个激进的议程和口号："是时候了。"虽然现阶段他没有积极追求共和制，但他发起了一场比赛，征集澳大利亚的新国歌，而不再用《上帝保佑女王》这一首。1973年，《前进，美丽的澳大利亚》打败《丛林流浪》登上了榜首。

同年，女王邀请惠特拉姆和妻子玛格丽特到温莎，给了他们全套皇家礼遇。她的私人秘书马丁·查特里斯后来回忆起那时女王收到惠特拉姆的礼物——一块羊皮地毯——少女一样的表现。"她坐在地毯上，抚摸着它，惊叹它是多么的美丽。"查特里斯对作家格雷厄姆·特纳说，"这是在运用女性魅力。"显然它很管用，惠特拉姆对查特里斯说："如果她是那样的话，我就没事了。"两年后，他就不会这样说了。

许多评论员喜欢把惠特拉姆在1975年的下台当成澳大利亚共和主义崛起的开始。澳大利亚议会两院陷入预算僵局，已经对经济构成威胁。惠特拉姆去见女王的代表、澳大利亚总督约翰·克尔爵士，想要在上议院举行一次部分选举。令他吃惊的是，约翰爵士，这位退休法官居然解雇了他。随后，约翰爵士邀请反对派领袖马尔科姆·弗雷泽在大选前组建临时政府。

女王对此毫不知情,这也让她没有了后顾之忧。尽管如此,惠特拉姆的支持者们也会把王权乃至女王描绘成恶棍,虽然选民们强烈反对他们支持的人。弗雷泽在大选中轻松获胜,但许多澳大利亚人,特别是左翼人士,仍然对君主的代表竟然解散了民主选举产生的政府感到愤怒。在1977年女王银禧之旅前,有人担心女王可能会陷入比1963年更不愉快的境地。当威廉·赫塞尔廷爵士收拾行囊准备出行时,他收到了来自澳大利亚的提醒。"我在澳大利亚的朋友和亲戚都告诉我,因为政府解散一事,那里会有示威游行。"他说,"大家以为会有示威游行,但我并不这么认为。"

1977年的全球银禧庆典将是女王在位期间的高潮之一。当英国陷入经济危机的泥潭时,君主制提供了一些值得欢呼和团结的东西。不过在吉姆·卡拉汉的工党政府中,有一些共和人士认为,25年的世袭君主统治是一件需要忽视而不是庆祝的事情。当伦敦庆典委员会提议在夏天用泛光灯照亮泰晤士河沿岸的建筑物时,能源大臣托尼·本否决了这个提议,认为这是在浪费电。

"该死的胡说八道。"卡拉汉回应说:"我觉得这是吹毛求疵的官僚主义。"泰晤士河边的灯全都亮了。在整个英国,街头有了女王加冕以来的第一次大型派对,燃起了篝火。当女王开始在她的领地里庆祝时,当然也不乏热情的回应。尽管英国加入欧洲经济共同体后,新西兰的经济发生了剧变,但新西兰人还是欣喜若狂地再次迎接他们的女王。威廉·赫塞尔廷爵士回忆说,访问途中主要的问题是冗长的文化展示,还有费力地说服活动组织者,女王既不需要也不希望在每一站都有五道菜的餐食。在短短两周的时间里,她要覆盖整个国家,通常每天都要乘飞机往返于不同的城市与她心爱的"不列颠尼亚"号停靠的地方。作为一个澳大利亚人,威廉爵士总是能分辨出新西兰的皇家欢迎仪式和他祖国的皇家欢迎仪式之间微小而显著的区别。他说,新西兰人往往不那么健谈,就像在惠灵顿出巡时遇到女王的那对母子一样。

不过,这次访问的危机可能会出现在澳大利亚。惠特拉姆事件是否会破坏银禧欢庆气氛,特别是在约翰·克尔爵士仍然是总督的情况下?正因为如此，当女王抵达堪培拉时，他是女王的正式东道主[1]。

事实上，堪培拉并没有出现什么麻烦，其他地方也没有。威廉爵士回忆说，"到目前为止，有一些温和的抗议活动，不过没有那么危言耸听。"越来越清楚的是，英国已经成功地与君主划分开来，将英国女王从澳大利亚女王和英联邦首脑中分离出来。她或许会在一艘名为"不列颠尼亚"号的游艇上出现，但她不是作为英国人来的。《悉尼先驱晨报》的一篇社论总结道："她的到来，证明了英联邦之间的纽带——有着巨大差异的独立国家之间无形的联结，虽然许多人无法理解——依旧存在。这一现实，虽然在变化当中，但也被证实了非常持久。"

即便王室在澳大利亚和英国在墨尔本板球场世纪对战的最后一天出席，人们也没有感觉到女王偏爱哪一方。唯一紧张的局面是，就在比赛马上达到高潮时，澳大利亚政府官员想要把爱丁堡公爵带到下一个活动。据说公爵很生气。[2]

80年代的王室婚礼，以及王室新生儿的到来，让大众对共和主义没了兴趣。1983年，威尔士亲王和王妃与小威廉王子几次一同到访，令澳大利亚人交口称赞。此后有人再次建议，威尔士亲王应该担任几年总督。但对于新工党总理鲍勃·霍克和他的政党来说，这太过分了。1986年，女王回到澳大利亚，废除了殖民干涉的最后残余。当时由于一些复杂的法律原因，英国枢密院在理论上仍然是澳大利亚最高上诉法院，英国议会在理论上仍然可以干预澳大利亚政治。现在，这一切在两个国家都被正式废除了。她宣布，她在伦敦的最后一项官方任务是签署《澳大利亚法案》，而她在澳大利亚的第一个正式活动也是做这件事情。她说："过时的宪制安排已经消失，但两国之间的友谊却进一步加深。"

---

[1] 约翰爵士将于当年年底辞职，就在他醉醺醺地出现在墨尔本杯赛马场之后不久。
[2] 澳大利亚队以45分获胜。

到目前为止,此前还对她充满怀疑的澳大利亚总理已经成为她坚定的支持者。"可以说,她的工作是世界上最难的工作。"鲍勃·霍克说,"她以绝对卓越的能力和沉着的态度,完成了它,凭借一种非凡的幽默感,她渡过了难关。"

如果说还有什么值得担心的话,那就是新西兰的局面,在那里,君主制越来越被视为毛利人抗议运动中极端分子的讽刺对象。1986年,女王被一枚鸡蛋打中,鸡蛋弄脏了她的外套。尽管这一事件令她感到震惊——新西兰总理大卫·朗伊称之为"可悲"——但她后来开玩笑,说她更喜欢"早餐"时吃新西兰鸡蛋。其他地方反复出现毛利人的抗议和偶尔的"回家去吧,丽丝(伊丽莎白的昵称)"横幅。英国有些媒体指责新西兰没有保护好女王,即便是最轻微的批评,也引来了东道主愤怒的回应。"我不记得那个男人闯入白金汉宫女王的卧室时我们抱怨过什么。"[1]大卫·朗伊愤怒地对英国独立电视新闻公司(ITN)的特雷弗·麦克唐纳说,"我希望你们能像我们在新西兰一样照顾好她。"

在英国,在澳大利亚也一样,80年代一直照耀在君主制身上的温暖阳光没有持续多久。1991年,公开宣称是共和派的保罗·基廷当选澳大利亚总理。王室在英国遭遇了许多挫折,澳大利亚的公众对他们的支持率也急剧下降。1992年,"灾难年",王室婚姻破裂、电话窃听、承认婚姻不幸的威尔士王妃以及温莎城堡大火,令王室在所有领地的声誉受到了深刻而持久的损害。当年的一位皇宫高官说,正是20世纪90年代初王室年轻成员对君主制造成的破坏,才为共和制的真正建立奠定了基础。基廷起草了全民公投的计划。1993年,这一势头进一步增强,因为悉尼被选为2000年奥运会的主办城市,而奥林匹克宪章规定,奥运会必须由"国家元首"主持开幕式。基廷当年甚至来到巴尔莫勒尔与女王讨论他的计划。工党一名成员说,"他对女王非常恭敬,他从来没有对

---

[1] 1982年,失业的装修师迈克尔·法根闯进白金汉宫女王的卧室。女王一直跟他说话,拖到了救援最后到来。这一事件暴露了警方一系列的失误。

谁这么恭敬过。"（虽然有位官员后来透露说，女王见完基廷后，第一句话就是"我得大喝一场。"）

女王基本上不打算与他争论。她有两大顾虑，一是要确保基廷是真诚的，二是无论发生什么，都应该友好地进行。考虑到当时的政治形势，在问题解决前，女王前往澳大利亚是不合适的。这个时候的访问可能会让人尴尬，并且有"不肯放手"的意味。因此1994年，威尔士亲王在悉尼发表历史性演讲时代表女王说："有些人会毫无疑问地更喜欢一个运行多年、饱经考验的系统的稳定性，而另一些人则会看到以不同方式行事的真正优势。就我个人而言，我认为，这标志着一个成熟而自信的国家，可以讨论这些话题，并运用民主进程。"换句话说就是：你们自己看着办。

基廷的全民公投还没来得及举行，选民们就放弃了他。他的继任者约翰·霍华德（保皇派）承认，这个问题现在不能搁置。他在1998年组织了一次制宪会议，为的是设计一个替代王位的方案，然后将其交给人民。在很大程度上，这将是一场关于程序而不是性质的辩论，尽管1997年威尔士王妃戴安娜的去世不可避免地影响了人们对温莎家族的态度。55∶45的投票结果，赞成维持现状，这无疑让大多数共和党人感到意外，原本他们坚信，王室声誉的最低点足以让他们突破两个必要的门槛：不仅总票数要占多数，还要在六个州中占绝对多数。

还有两个月就到新千年，白金汉宫没有盛大的庆祝活动。一些朝臣——有些人说，还有爱丁堡公爵——对这个公投结果感到怀疑、吃惊，差点激动过头。不可避免的事情并没有取消，只是推迟了。另一些人则因为君主立宪制的概念在开明、现代的国家中仍然牢固，而安静地沉浸在满足之中。然而对于一个本应凌驾于政治辩论之上的机构来说，置身其中是一次严峻的经历。

当时王室团队的某个成员表示，这一结果并不令人惊讶，他们已经对每一个场景进行了探讨和"路演"。"有人担心王冠会被人抢走。考虑到这一点，我们预计结果会是好的，但风险在于，它可能会在新西兰触发，毕竟这样的国家只需要51%的选票就可以了。所以有人担心多米诺骨牌效应。我们确实研究了所有的选择,包括认为最好说'在被催促之前我们自己走吧'。这只是一种推测。"

不过有一件事情可不是推测。我们从一位非常资深的皇宫官员那里得知,女王在澳大利亚公投之前确实有了一个非常坚定的结论。如果哪个领地选择成为共和国,它就得立刻推进下去。"不可能跟女王去世的时间捆绑在一起。"我们的消息来源说,"这在威尔士亲王那里是站不住脚的,在女王那里也站不住脚,对这个国家本身也是站不住脚的,因为很明显,他们要看着手表等着她去世。因此,如果任何一个领地要离开它的主权国,皇宫的观点是:你必须指定一个日期,因为我们不能接受这种挥之不去的'死亡凝视'。"

由于共和派的喧嚣和1999年的公投,女王已经八年没有踏足澳大利亚了。2000年,是时候回去了。当年要举行公投的消息一公布,双方就达成了一致,不管结果如何,公投结束后不久,她都要去做一次访问。白金汉宫的一些资深官员认为,这是她继位以来最具挑战性、最敏感的访问之一,也是她最被低估的成就之一。

皇宫和澳大利亚政府都希望能避免流露出任何"投票结果意味着女王胜利了"的暗示。她抵达堪培拉空军基地时已经是晚上了,没有仪仗队,没有公众迎接,没有花束,甚至没有红毯。只有总理夫妇和总督夫妇四人来迎接。

预测到充满共和思想的媒体会将这次访问的民众反应与第一次访问进行比较,约翰·霍华德特意淡化了人们的期望。他告诉媒体不要指望会有多少人欢迎女王。"谁都别想再见到1954年那次访问的场景。"他对记者说,"世界在向前发展。情况已经很不相同。"

不过,也没有那么不同,因为当女王抵达悉尼歌剧院时,大约有10000人聚集在一起为她欢呼。据皇宫介绍,此次访问的主题是团结与多元文化。在主题演讲中,她表现出谦逊的态度,赢得了保皇派和共和派评论员的掌声。她对公投一事毫不回避,称之为"修改宪法的提案"。她"以极大的兴趣"关注了此事,这丝毫不会影响她对这个国家"持久的尊重和深沉的爱意"。"我将一如既往地尽我所能,遵循宪法,忠实地履行澳大利亚女王的职责。"她在悉尼会议中心举行的一次国宴上对来宾说,"这是我的职责,也是我的荣幸。"

在1952年父亲去世时,她正奔向这片"崎岖、诚实、富有创造力的土地"。她还说,在过去的五十年里,她与大家分享了筑成这个国家历史的悲欢离合、挑战和变化。有些人最后流下了眼泪。第二天,包括奥运会金牌得主道恩·弗雷泽在内的几位知名共和派人士表示,他们仍然希望女王能在今年晚些时候给奥运会开幕。不过在那之前,他们早已定好了,这项责任应由澳大利亚人承担,女王的总督威廉·迪恩爵士获此殊荣。而女王则在此次访问期间正式为新的奥林匹克体育场开幕。这是此次访问最怪异、最可悲的时刻之一,除了几个建筑工人、几个记者和总督之外,没有人来看她。出于"安全原因",11万个座位都空着。但在其他地方,人们不把"放低期望"放在心上。当女王冒险来到偏远的伯克镇,也就是澳大利亚内陆的入口时,她遇到了一群精神极度亢奋的人。他们来自80英里外更偏远的库拉巴镇。库拉巴是澳大利亚公投时给君主制投票率最高的地方。在50名选民中,46人支持王室。所以,这46个人租了一辆巴士去伯克镇见女王,剩下4名共和党人留守库拉巴。

两年后,女王再次回来庆祝她的金禧年,共和主义被坚决地排除在议事日程之外。2011年,她第16次访问澳大利亚,去珀斯参加英联邦首脑峰会。会议的主题已经从去除王冠转向确保其未来。英国首相戴维·卡梅伦正是推动这一进程的推动力。他急于在王室继承规则陷入政治问题之前先行修改。剑桥公爵和公爵夫人六个月前就结婚了,可以合理地假设这对夫妇很快就会想要孩子。根据现有的规则,如果第一个孩子是女孩的话,继承权会被后来的弟弟取代。戴维·卡梅伦想赶在有机构提出性别歧视指控前,杜绝这种可能性。因此,他要求15个领地的领导人参加在珀斯举行的小型首脑峰会。"这是我发起的,女王对此表示全力支持。"他说,"他们的想法是,我们最好继续下去,最好把事情厘清楚。"这次首脑峰会还可以讨论另外两项古老而严苛的法条。卡梅伦想要推翻它们——罗马天主教徒不能成为继承人,乔治二世的所有直系后裔结婚都要得到君主的允许。

多年来,英国国会许多议员和幕僚都曾主张修改这些继承法条,但遭到了历届政府的回绝，理由都是一样的："太复杂""潘多拉魔盒""不可能让所有领地都同意""浪费议会时间"等。鉴于当今世界面临的问题，有人会说，16个现代民主国家费心讨论一个王室家族的安排，哪怕只花一分钟，都是非常荒谬的。

然而卡梅伦可以看到它的象征意义。因此，他和他的外交大臣威廉·黑格看到15位领导人（包括澳大利亚的共和党总理朱莉娅·吉拉德在内）对这个问题充满热情，感到十分惊喜。黑格勋爵说，直到他看到所有领导人都坐在一起，他才充分认识到女王的权威。"他们都喜欢这个角色。"他说，"他们喜欢这个事实：在图瓦卢这种小地方的一个小会议可以决定英国君主制的未来。即使像朱莉娅·吉拉德这样的人可能站在争论的另一边，但她还是非常认真地对待这件事。"

唐宁街10号的外交政策顾问汤姆·弗莱彻还记得，英国女王私人秘书克里斯托夫·盖特爵士平静地引导16位领导人穿过宪法的迷途时所扮演的关键角色。"这是经过皇宫严密处理的。"弗莱彻说，"很有意思，因为他们通常不会插手政策问题。但很明显是克里斯托夫·盖特领导了这次讨论。有时，当你看着皇冠，你会想知道它是如何运作的。但这是一种非常安静、令人印象非常深刻的外交手段，让他们团结在了一起。"

至今，黑格仍然对会议达成结论的速度感到惊讶。他说，在45分钟的时间里，他们都同意了平等继承的原则。2013年7月22日，当两名男仆走过白金汉宫的沙砾，将传统的公告放在栏杆前时，他们的所有努力基本上成了多余的——剑桥公爵夫人安全地生下了一个男孩。尽管如此，16个王国都很享受自己在这个持续千年的故事最新一个篇章中的恰当角色。

到目前为止，澳大利亚对"总统模式"的支持已经减少到1/3左右，曾经轰轰烈烈的澳大利亚共和运动也只剩下一个兼职员工。在新西兰，随着王室年轻成员的不断来访，这个问题也处于休眠状态，或者说昏睡状态。考虑到新西兰是一个统一的国家，而不是联邦，想要用总统取代君主的运动应该会容易一些。但倾向于共和制的总理们并没有真正试图去实施。其中一位就是吉姆·博尔格，1995年奥克兰英联邦首脑峰会的东道主。

女王去每个昔日的自治领，账单都由对方支付，这是惯例。1995年，在女王准备前往新西兰时，博尔格的政府建议她乘坐公共航班。伦敦的外交部官员声称女王因为"安全原因"不能乘坐公共航班。不过正如皇宫的工作人员不得不提醒英国政府那样，所有与女王新西兰之行有关的事情都是她的新西兰政府的事情。1995年10月30日，她正式登上新西兰航空公司的NZ1航班，开始了从伦敦经洛杉矶飞往奥克兰的漫长旅程。女王独自坐头等舱（菲利普亲王单独从南非起飞），没有受到乘务员免税推销的打扰，还看了一部山姆·尼尔的电影《影院惊情》。26名王室成员占据了公务舱，384名普通乘客坐满了经济舱，他们确信自己的航班不会延误。每人还收到一支钢笔留作纪念。

尽管这次访问中有一次小规模的毛利人抗议活动，但它也标志着毛利人对君主制的态度发生了变化。当女王穿着羽毛外套，为毛利人的权益而战时，他们的怨气消失了，取而代之的是对她的尊敬。她签署了一项法案，给新西兰北岛的毛利人部落联合会将近4万英亩土地和2600万英镑的补偿，堪称历史性的补偿。当然，她是在政府的建议下这样做的，但在毛利长老代表团面前，女王公开表示同意，无形中也提醒了他们，他们的先辈在1840年是与维多利亚女王达成的盟约，而不是当时并不存在的国家政府。从那时起，许多毛利人开始将王冠视为寻求正义的盟友，而不是压迫的象征。

"如果惠灵顿的政府决定成立共和国，我们将会要回自己的主权。"2002年女王金禧访问期间，塔胡部落首领里克·拉基希亚·陶说。"1840年，我们是跟王室签订的条约，而不是跟白人殖民者签的。"那时，新西兰的另一位共和派总理、工党的海伦·克拉克穿着裤装出席女王的国宴，受到了皇宫官员们的"另眼相待"。不过，他们没说什么。事实上，皇宫许多工作人员对克拉克的评价非常高。她以后将参选联合国秘书长（未成功）。

到了2012年女王钻石禧年时，在可预见的未来里，她在澳大拉西亚两个领地的未来似乎都已确定。共和主义既不是炙手的问题，也不是禁忌话题，它将保持这个状态；在某个时刻不可避免，只不过现在还不是时候。2018年，剑桥公爵和公爵夫人的第三个孩子路易王子出生几周后，萨塞克斯公爵和公爵夫人的婚礼肯定不会加快这一天的到来。

英国政府一直想要与澳大利亚和新西兰重新接触，并做好了准备，英国一旦确定脱欧方向，就再次联系。"2010年我们当选时，认为在海外可以做各种有意义的事情，其中一件就是转向澳大拉西亚。"英国前首相卡梅伦说，"外交大臣已经17年没有去过澳大利亚了，显然那里与王室有着密切的关系。"人们并没有忽视英国对那里是如何地缺乏兴趣。澳大利亚前高级专员亚历克斯·唐纳指出，在多年的疏忽下，是女王而不是英国外交部确保了关系的牢固与安全。"我认为澳大利亚人对不列颠的爱无与伦比，甚至超过了对新西兰的。"他解释说。"英国外交大臣不来澳大利亚的那些年，其实没什么关系，因为女王来了。"

在随后的几年里，共和派的钟摆将在堪培拉和惠灵顿两者之间摇摆。新西兰前总理约翰·基爵士的中右翼政府与大卫·卡梅伦的政府大致重叠，他现在无法设想自己有生之年能够成立一个共和国。"坦白说，曾经有一段时间，君主制面临着更大的压力。毕竟过去，连我都认为'共和国'是不可避免的。"坚定的君主制支持者约翰爵士说道。即使换了一个人当君主，他相信人们也不会有这种"兴趣"。英国在脱欧后期向英联邦寻求新贸易机会时，约翰爵士说，对于英国之前为了加入欧盟而背弃老盟友，他没有感觉到这些国家有什么残余的痛苦。就像澳大利亚的亚历克斯·唐纳对女王说的："1984年，新西兰破产了。英国受到影响了吗？当然。但事实是，如果我们开始思考一下现代经济，我们本可以控制局势。人们已经往前看，可以理解英国是我们想要进入的市场。"

到2018年英联邦会议时，澳大利亚的掌舵者是一位坚定的共和派。早在1999年，马尔科姆·特恩布尔就曾是"摘冠"运动的领导者。他认为澳大利亚需要一位土生土长的元首，这一点至今仍然没有动摇，但他非常高兴有一位王室英联邦首脑。在伦敦峰会上，当女王提出威尔士亲王将是下任元首时，他表示坚定地支持。新西兰新上任的共和派总理杰辛达·阿登也是如此。她怀着7

个月的身孕,跨越了半个地球,第一次参加英联邦会议。她与威尔士亲王和女王都有很长时间的私下会谈,并应邀在女王的宴会上敬酒。这次经历加深了她对"伟大"君主的尊敬,她离开白金汉宫时说:"我不得不说,我钦佩女王陛下的毅力,因为我的脚快疼死了,而她整天都在工作。"

支持和反对君主制的论点没有改变,但辩论的基调发生了重大转变。尴尬已经消失,即便在讨论王室的未来时。然而马尔科姆·特恩布尔是最先承认这个问题并不紧迫的人之一。"必须有非常强劲的民众势头。"他说,"必须有一种时机成熟的感觉。比起成为共和国,澳大利亚面临着许多更为紧迫的问题。"

关于这一议题,21世纪的首次投票于2016年举行,新西兰将举行全民公投,表决他们的新国旗。选民们可以选择新设计——由总理约翰·基倡导,尽管他是资深的保皇派——它的主要图案是银蕨,是备受尊敬的新西兰国家队全黑队的神圣象征。人们也可以选择现有的国旗,它的左上角有英国国旗。"我不是想甩掉英国国旗。这是一种品牌推广。"约翰爵士说,"加拿大人用的是枫叶。但有人担心,这会伤害到我们与英国的关系。"归根结底,这是一个简单的选择题:现代性还是帝国、女王和传统。近57%的新西兰人投票选择后者。

加拿大

如果说英国渲染了女王在澳大利亚和新西兰的际遇的话,那么法国将在王室故事中扮演最重要的角色。大约1/5的加拿大人把法语作为母语,这是因为加拿大的很多地方都属于革命前的法国。到了18世纪,它全部属于英国。一百年后,它成了一个国家,一个由三个殖民地组成的联邦。维多利亚女王给它起名:加拿大。它是第一个自治领,也是1939年乔治六世国王和王后到访时,第一个接待在位君主的自治领。那次访问是那么成功,以至于女王的母亲去加拿大的次数比去英联邦任何其他地区都多。她最后一次到访是在89岁的时候,访问结束时,她看了一天赛马。第一次访问时,欢迎王室的人不仅为数众多——温莎市50多万人都出席了，安大略省的温莎比伯克郡的温莎要大得多——而且满怀敬意。凌晨一点的时候，萨德伯里有两万多人观看皇家列车通过，但人们都默不作声，免得惊扰国王。令王室欣慰的是，法属加拿大地区的热情程度丝毫不亚于其他地方。

第二次世界大战中，加拿大各地数万人献出了生命。战后，国王渴望再次访问加拿大。由于他的身体每况愈下，他派伊丽莎白公主和爱丁堡公爵代替他，在1951年10月访问加拿大，并在华盛顿与杜鲁门总统待上几天。即便如此，访问也被推迟了一个星期，因为公主要等待国王的肺部手术结果明朗。当公主和公爵最终登上他们的BOAC巡航者飞机时，她收到了继位草案，为的是以防万一。第一站是魁北克中心法语区，那里的人和其他地方一样兴奋。从一开始，公主就特意戴上了1939年访问前国王送给王后的枫叶胸针，这一举动赢得了媒体的热烈掌声。这是一次雄心勃勃的访问，王室夫妇会去加拿大各地，然后再返回。大部分旅程的交通工具是皇家专列，车厢内的颜色是公主最喜欢的"浪花绿"，还有绿色的锦缎、塔夫绸窗帘和浅棕色地毯。在天气暖和、憋闷的时候，公爵会感觉患了幽闭恐惧症一样。"我觉得自己像个水煮鸡蛋。我在火车上喘不过气来。"他在温哥华下车时说。

威塞克斯伯爵夫人说，直到今天，王室最喜欢的一个故事还是女王和公爵在一个偏僻小镇上，他们正打算回到皇家专列上，像往常一样月台上有一支乐队在等着。爱丁堡公爵没有上火车，而是走到乐队指挥面前说："看，我们从来听不到乐队的演奏，因为每当乐队开始演奏时，火车总是开动，出站了。所以如果能听到你们演奏，那真是太好了。"于是他们开始演奏。火车已驶出车站，而女王和爱丁堡公爵仍站在站台上！

敬献花圈和军事检阅是访问中最重要的环节。在渥太华，13000个孩子在欢迎仪式上给王室夫妇演唱了加拿大国歌，总督亚历山大子爵也为他们举办了一场方块舞舞会。公主被拍到穿着"农民衬衫"和少女裙，而穿着卷边牛仔裤、羊皮休闲鞋和格子衬衫（价签还没剪掉）的公爵或许是最引人注目的。60年后，剑桥公爵和公爵夫人在他们的第一次海外访问中也会被拍到类似照片。

加拿大的土著印第安人也包括在内，尽管公主的棚屋之旅是在卡尔加里的一个"模范村"。媒体很高兴看到这位未来的君主与赫维希尔德酋长、克劳柴尔德酋长、"多指"莫里斯和"两吨重的年轻人"等人闲聊的场景。当赫维希尔德酋长夫人突然拿出为安妮公主手工缝制的鹿皮套装时，公主特别感动。整个访问过程中，有一些出发前根本无法想象的休闲时刻：卡尔加里畜栏里"狼吞虎咽"的午餐，吃的是牛肉烧烤和"甜甜圈"；镜头前马拉着雪橇奔跑（公爵掌舵）；蒙特利尔的麦吉尔大学学生们高呼："耶，贝蒂！耶，温莎！耶，贝蒂·温莎！"蒙特利尔法语区引来了100万人，是这次访问中人数最多的一次。看到他们用法语唱《上帝保佑国王》，所有原本心存怀疑的人都会相信，加拿大法语区和安大略省的温莎一样热忱地支持王室。难道不是吗？

在英国，国王对这次访问的成功感到非常激动，公主和公爵的班轮停靠利物浦时，他派皇家专列去接他们，还立即让他们当上了枢密院议员。在伦敦城的"欢迎回家"午餐会上，公主坐在温斯顿·丘吉尔旁边。她在致辞中向北美致敬，称之为分裂世界中一个鼓舞人心的范例："在这次访问中，我们看到了当今世界的奇迹之一，4000英里的边境线上，没有人心怀恐惧地持枪相向。"加拿大与英国和美国的关系是她继位早期的重中之重。在1957年对美国进行国事访问期间，她访问了加拿大，穿着诺曼·哈特内尔那件著名的"加拿大枫叶"礼服为议会开幕。在1959年访问加拿大时，她邀请加拿大总理约翰·迪芬贝克和美国总统德怀特·艾森豪威尔乘坐皇家游艇为圣劳伦斯航道开幕，由此开启了美加贸易的新纪元。不过这又是一次要求很高的旅行，因为公主有一个秘密，她只向少数人透露了，其中就有艾森豪威尔夫人。她怀孕了。像上次那样横跨大陆游遍加拿大的旅行是不可能重演了，最好是对某几个省份进行更短、更定期的访问。

下一次开启加拿大全境之旅时，她不仅生下了安德鲁王子，还有爱德华王子。1964年的访问，表面上是为了纪念加拿大自治领会议100周年，其实是在截然不同、令人震惊的背景下进行的。加拿大国内声势浩大的法裔分裂运动，搞了许多示威和暴力行动，以至于英国国内有人呼吁取消访问，就像女王

1961年访问加纳之前一样。在这种情况下，随时可能出现宪政危机。作为加拿大女王，她的加拿大总理莱斯特·皮尔森建议她去。而她的英国首相亚历克·道格拉斯－霍姆爵士则对此表示怀疑。他十分担心地向内阁大臣征求意见，想知道谁在这件事情上判断更为准确。最后，英国和加拿大的这两位领导人达成一致，针对这次访问，他们要随时保持联系。

这是她继位以来最不舒服的访问之一。美国边境的一系列事件已经加剧了紧张局势，特别是民权运动的出现和肯尼迪总统遇刺。在蒙特利尔，过于严格的监管更加激起当地人民对这位王室访客的不满，尤其是在某天的抗议活动中，有34人被捕，这一天被称为"警棍星期天"。女王一贯尽力培养团结精神。两年前，她正式采用了加拿大国徽，上面有枫叶和法国鸢尾。她在魁北克议会发表讲话——用流利的法语："我很欣慰，在我们的英联邦里，有一个国家，可以让我用法语表达自己。"但分裂分子听不进去。压死骆驼的最后一根稻草是，女王马上就要走上去时，"不列颠尼亚"号的跳板塌了。这是一次不堪回首的访问。正如菲利普·墨菲教授指出的，加拿大总理莱斯特·皮尔森和英国外交部都开始思忖，接下来五年内君主制将会在加拿大覆灭。两人都认为，那不一定是坏事。

然而三年后，女王回到蒙特利尔参加第67届世博会和加拿大联邦成立100周年纪念活动时，受到了相当热烈的欢迎。后者显然是一个泛加拿大的重要事件。女王把王室成员派到她无法前去的省市。在第67届世博会上，她还把一场潜在的公关灾难转变成胜利。威廉·赫塞尔廷爵士当时是女王的新闻秘书，他记得人们只能在外面排起长队，以免打扰王室访客。总理来参加午宴，菲利普亲王对他说："这太可怕了，这么多人都在排队，你却不让他们进来。我们午饭后要回去，你得让他们进来。"王室夫妇如约返回，还在计划外专门乘坐了一次迷你号航班。消息传开，如潮水一般的人群爆发出一阵赞许声。

加拿大一直是英联邦热情的创始国。1949年，它推动印度留在英联邦，由此有了第一任英联邦秘书长阿诺德·史密斯，并在世界各地宣传英联邦日。1973年，正是加拿大总理皮埃尔·特鲁多自愿主持那一场"是生存还是死亡"的英联邦政府首脑峰会，就在新加坡那场闹剧之后。特鲁多早期并没有把这个组织太当回事，在1969年伦敦兰开斯特宫的首相会议上，他差点睡着。桑尼·兰帕尔认为，他喜欢在公众场合装傻，向他的法语区表示自己对英国王室的束缚并不在意。"特鲁多起步很慢。"兰帕尔说，"但他后来成了英联邦的伟大领袖之一。"在他的众多贡献之中，有一个是创立了英联邦首脑峰会的"休养会"，以便首脑们能够安静地达成许多共识。他还有一个聪明的主意，就是在会议室里每位首脑只能带一名顾问，而不是乱哄哄一帮人，增加了许多亲密感。

特鲁多虽然在镜头前威风凛凛、魅力四射，但在女王面前并不那么善于表演。事实上，在她面前他似乎和其他人一样紧张。我们知道这一点，是因为他可能是历史上唯一一位与女王会谈时有第三人在场的总理。这件事发生在1968年拍摄皇家纪录片时。BBC技术员戴夫·戈林要录制几段对话，特鲁多是第一个。"我记得很清楚，他是个罗伯特·雷德福式的人，很可爱。"多年后，戈林对威廉·肖克罗斯说，"女王主导谈话，他回答得不是很好，持续了大约十分钟。她最后按了铃，把门打开。他走了出去，门关上了，她说：'好吧，他自己没什么好说的，是吧？'"

这句话可不能用在爱丁堡公爵身上。1969年，他在渥太华的一次记者招待会上说出了那段著名的话："我们来这里不是为了我们自己。君主制之所以存在于加拿大，是有历史原因的……我认为重要的是，如果在任何阶段，人们认为它没有进一步的作用了，那么以上帝的名义，让我们友好地结束这一切，而不必为此争吵不休。"不过，到目前为止，这场争吵似乎减弱了一些。

特鲁多曾经是一名热情的法裔加拿大律师，他从来就不是一个君主主义者，但他也不是公开的共和派。"他可能是共和派，或者至少开始的时候是。"一位前私人秘书说，"但我想他是被女王哄骗了。他是一个非常精明的政治家，知道这对他没有什么好处。他也是个出色的演员。我记得他在渥太华国家大厅的国宴上发表了演讲。那是一级晚宴，女王穿着哈德逊湾公司送的白色皮草，这事儿现在不能再提了。那个夜晚真的令人眼花缭乱。他做了最完美的演讲，用的是法语和英语，而且完全脱稿。"

特鲁多宁愿让君主和君主制的外在形象更加拿大化，也不愿找别人来替代女王。多年来，他与女王建立了良好的关系，女王乐于纵容他的怪癖——兰菲尔称之为"孩子气的古怪"。有一天晚上，特鲁多邀请了一个绰号为"史蒂夫国王"的当地学生领袖（共和派）参加皇家游艇上的晚宴，这可能是一个棘手的夜晚。有些王室成员很紧张，尤其是一辆车停在码头边，把这个年轻人放下，引来一阵呼喊声："国王史蒂夫"。但是，爱丁堡公爵坚持认为，既然邀请了，就"必须让他来吃饭"。当时的女王侍从官乔克·斯莱特记得，史蒂夫迟到了，他的穿着很奇怪，但还是护送他到客厅，准备介绍给女王。后来有消息称，"史蒂夫国王"本来打算发表共和主义演讲，但突然失去了勇气。"他被震慑住了，被征服了。"斯莱特说，"他想说的话也没有说出口。"斯莱特对那天的事情记得那么清楚，还有另一个原因。几个星期前，特鲁多的妻子玛格丽特怀孕了，她的腹中就是加拿大未来的总理。

整个70年代，加拿大人能看到很多王室成员。安德鲁王子被派去加拿大一所学校学习6个月，就像查尔斯王子在澳大利亚上过学一样（爱德华王子也会去新西兰学习）。1976年，女王为蒙特利尔奥运会开幕，而安妮公主则是英国马术队的一员。王太后更是从未长时间离开过她深爱的加拿大。

1982年，特鲁多邀请女王进行短暂访问，用意非常深远。她要在《加拿大宪法》上签字，还要尽可能在镜头前和民众面前公开签署。这样做，她切断了加拿大与英国最后一丝宪制上的束缚。一向戏剧化的特鲁多说："加拿大终于有了自己的宪法。"据说，女王私下里很高兴，因为这样一来，她被拖进宪法纠纷的可能性减少了。

君主制在南半球的未来变得越来越不确定，在女王的北美领地却平静下来。民意调查在90年代的黑暗岁月中越来越少，每次禧年过后会有一定的增加。

1995年，当魁北克准备就独立问题举行全民公投时，女王要忍受一段痛苦的插曲。蒙特利尔法语广播节目的一个人搞了一次恶作剧，他冒充加拿大前司法部长、《加拿大宪法》的起草者让·克雷蒂安（后来当上了加拿大总理）给皇宫打电话。他设法接通了女王的电话。在17分钟的通话中，他们大半说的是法语，语气半开玩笑半严肃，甚至提到了王室的万圣节计划。几小时后，通话的大部分录音在整个魁北克播出。不过它没有造成什么大的损害，除了对分裂分子有影响之外。支持独立的运动只差1%就赢了。有人认为，女王流利的法语以及她对魁北克人的了解可能说服了一些选民，王冠与他们之间并不是那么遥不可及。

回想这件事时，女王觉得从某种程度上来说还挺有趣的。据报道，几年后她对（真正的）克雷蒂安说："我觉得那听上去不像你。但我想，你受到那么大的压力，可能是喝醉了呢。"

2002年，在王太后去世不久，女王回到加拿大，庆祝自己的金禧年，她向宴会宾客讲述了她母亲最喜欢的故事之一：发生在1939年在位君主第一次访问加拿大时的故事。伊丽莎白王后会见了两位布尔战争老兵，他们一直在争论她到底是英格兰人还是苏格兰人。"我母亲停顿了一下，然后说：'既然我是在魁北克出生的，我想我们可以说我是加拿大人。'女士们先生们，我的母亲和大多数母亲一样，经常是自己说了算。但在这种情况下，我完全理解她的感受。"她还说："我珍视自己在加拿大的地位，珍视与所有加拿大人之间的纽带。"

2015年，女王会接见特鲁多家族的另一个成员。贾斯汀·特鲁多是皮埃尔（2000年去世）的长子，在大选中领导自由党取得了胜利。当年年底，作为2015年马耳他英联邦会议上的新面孔，小特鲁多被邀请在晚宴上向女王致辞。指出1935年她就初次履行了自己在加拿大的官方职责后——9岁的时候出现在邮票上——他对在场的首脑们说，他的父亲是女王的第四任总理，而他本人则是第十二任。女王起身回应，开玩笑地说："谢谢你，加拿大总理先生，谢谢你让我觉得自己这么老！"

虽然在贾斯汀·特鲁多还是个婴儿时，女王就见过他好几次，但他对她的记忆却晚了一些。"我记得有一天，我不得不从学校冲回家里，因为她要来吃午饭，我们都要迎接她。"他说，"我担心极了，虽然我会换些好衣服穿，但鞋不能换，所以我一上午都不能弄脏鞋。我觉得我做不到。"

后来，引起皇家注意的不是他的鞋，而是他颜色鲜亮的袜子。2018年伦敦英联邦会议期间，跟女王会谈前，他透露说自己穿的是一双灰色的袜子，上面有粉色的驼鹿。他解释说："它们跟我的西装很搭。"

亲自出席了加拿大100周年纪念活动后，女王要求威尔士亲王在2017年代表她出席150周年纪念活动。"他每次来这里，都会感觉血液里多了一点加拿大气息。"总督大卫·约翰斯顿在自己的官邸为威尔士亲王和康沃尔公爵夫人准备住处时解释说，"我尽量把这里布置得像家一样，像他们的家。"

在乘坐皇家马车抵达渥太华国会山后，威尔士亲王代表女王发言，称赞加拿大是"人权的捍卫者；和平的守护者；尽责的环境管理者，在多元与包容方面，堪称强大与持久的典范。"约翰斯顿随后飞往伦敦，在加拿大之家与女王一同庆祝。一间屋子里聚集了一群背景各不相同的在英国居住的加拿大人，另一间屋子里则放满了加拿大皇家珍宝。展览的范围从维多利亚女王对"加拿大"这个名字的批准文件，到女王在温哥华金禧巡游时在冰球比赛中投掷的冰球。她请皇家图书管理员奥利弗·厄克哈特·欧文收集加拿大历史上的重要文件和影像，并将它们装订在温莎的一次性纪念册上。在这些资料中，女王本人出现过好几次，特别是签署《加拿大宪法》的场景。这是她送给加拿大人民的礼物。作为回礼，他们为她准备了一枚胸针，一枚由钻石和蓝宝石制成的北极星雪花形状的胸针（2017年是她的蓝宝石禧年[1]）。它是1939年乔治六世国王送给王后的枫叶胸针的"姊妹篇"。"有您当我们的女王，我们很幸运。"总督说。"感谢您对我们国家的无私付出。"

加勒比

女王的大部分领地，和英联邦的大部分一样，都由较小的岛国组成。这

---

[1] 即女王登基65周年。——译者注

些前殖民地或保护国在她继位之后才从英国获得独立。因此，比起那些"旧"领地，它们与王冠的关系往往更实际，也不那么感情用事，尽管他们对女王本人的感情是深刻且直接的。她是虔诚的，凌驾于政治之上，实用而有名望，是其他国家都不想冒犯的人。还有一点就是，有她担任它们的国家元首，它们也能对英国有一些额外的影响力。就在2018年特蕾莎·梅在伦敦举办英联邦会议的前几天，"疾风丑闻"爆发之际，许多饱受委屈的加勒比领导人即将与女王及其家人进行一对一的会面。英国首相很清楚，很多事会传到王室耳朵里。

英国公众可能会喜欢女王担任其他国家的元首，但是正如菲利普·墨菲所指出的，英国外交部认为这样会有潜在的利益冲突。他表明，英国政府的秘密政策是奉劝一些即将独立的国家不要成为领地。有一两个国家听话，像特立尼达和多巴哥，在1962年寻求成为共和国，十四年后成功。

但大多数加勒比前殖民地，以前被称为英属西印度群岛，选择保留君主。其中最重要的一个，牙买加，在女王加冕之旅开始时，还是一个殖民地。在五年内将西印度群岛变成独立的联邦是重中之重，女王亲自跟进这一工作的进展。年轻的牙买加外交官帕特西·罗伯逊参与过此事的讨论，以后她会是英联邦通信部门的负责人。她记得女王邀请谈判团去皇宫喝东西时，代表们都感到非常震惊。"她很可爱。"罗伯逊说，"她已经去过牙买加了，人们非常喜欢她。"

当成立联邦的计划失败时，牙买加不失时机地为自己寻求独立，但对共和模式却没有太大的兴趣。这个国家更愿意保留女王作为国家元首，为这个新生的民主国家保驾护航。因为玛格丽特公主从未主持过独立仪式，所以她被派去降下国旗，开启新议会。皇宫原本安排她乘坐公共航班，最后还是放弃了，让她乘坐BOAC特别航班前去。皇宫坚称这是让牙买加而不是公主显得体面。从一开始，大多数牙买加人就将英国和女王划清了界限，他们会继续这样做，尽管时常传出共和的呼声。

在小一点的加勒比前殖民地中，多数观点与牙买加相似。它们的基本理念是，如果英国政府今后不给予它们应有的关注，那么它们宁愿走后门，直接去找英国最重要的人物。

牙买加热衷于强调自己作为英联邦前沿国家的地位，并发起了一项活动，申办1966年大英帝国英联邦运动会。这一切从未发生在"旧"白人领地之外的地方，但牙买加很容易地击败了竞争对手苏格兰和罗德西亚。1973年，牙买加总理迈克尔·曼利同意在金斯敦主持下一次英联邦政府首脑峰会时，重申了这一点。这是第一次在加勒比地区举办。曼利在接待女王和英联邦的同一年，还成立了一个宪法委员会，探讨建立牙买加共和国的问题。不过他的野心就止步于此了。正如桑尼·兰帕尔爵士在回忆录中指出的，"我认为，他更喜欢在金斯敦附近护送女王接受人群的欢呼。"

一位又一位牙买加总理新当选时都会表达想要有一个本土元首的愿望，结果却发现人民有更紧迫的问题。1994年的加勒比海访问，女王刚抵达，牙买加的议会宪法改革委员会就建议找个总统来代替她。"政府部长们没有丝毫兴趣准备这次访问。"英国高级专员德里克·米尔顿在给伦敦的上级写信时说，"许多牙买加人实际上并不知道这次访问。"但是警方还是需要增援，才能阻止国家英雄公园里欢迎女王的人群。"当人们意识到女王陛下在岛上时，"米尔顿写道，"她再次抓住了公众的想象力，并证明了她很有吸引力（尽管活动的相关信息还很粗略）……人们真的很高兴再次见到'女王夫人'。"

他指出，关于共和制，民意调查的结果是均等的。"有些人可能认为女王陛下过时了（白人，遥不可及，很少来访）。但自从维多利亚女王废除奴隶制以来，许多牙买加黑人对英国王室有着特殊的感情。"他补充说，许多人把王室看作反抗当地领导人的最高上诉法庭。关于设立总统的最新提议也被搁置了，和之前的一样。

2012年，波西娅·辛普森·米勒当上总理，几乎是强制性地做出承诺，牙买加将会成为共和国。年底，在女王钻石禧年期间，她接待了女王派来牙买加的使者哈里王子。访问前夕，她对英国广播公司说，英国应该考虑为自己在奴隶贸易中的角色道歉，她正准备就王室问题进行全民公投。第二天，她跟哈里王子的一个非常公开、真诚的拥抱，凸显了将宪法与个人感情割裂的困难。

她还没来得及举行全民公投就下台了。她的继任者也做出了建立共和国的相同承诺，却同样很快发现人们有许多比这更紧急的事项。

加勒比海地区其他国家的领导人也会发现自己处于类似的境地，他们夹在中产阶级和广大民众之间左右为难：大部分中产阶级一心想换掉女王，而广大民众则支持君主制，他们认为君主制可以反抗议会的错误行为，虽然老派，却不会被谁收买。一些共和派认为，君主制不是抵御什么东西的堡垒。他们认为女王无力阻止1983年美国入侵格林纳达，她的领地之一。1983年10月，美国总统罗纳德·里根下令美国军队夺取这个岛屿的控制权，理由是该岛革命武装发动政变，（亲马克思主义的）总理被处决后，数百名美国公民陷入恐慌。英国政府事先没有任何预警，美国也没有通知格林纳达的领导人。然而后来有消息称女王的代表也就是格林纳达总督知道此事。这位土生土长的总督，以前是个老师，在总理的建议下被任命为总督。他实际上一直在悄悄地支持美国的计划。他从未对女王提及此事。据说女王对所有参与此事的人都很愤怒，但这至少向格林纳达人表明，她很关心他们。此外，在这次导致入侵的短暂革命之后，人们渴望稳定，再也没有兴趣与王冠断绝关系了。

在加勒比地区的英国附属领土之间，谈论共和主义是无关紧要的。只要他们仍然依附于英国，女王是不可能接受谈判的。对于经常听到的"殖民主义"的指责，英国政府只会说，这些地方是自己选择保持殖民地状态，虽然它们对地方事务有自己的立法机构。外交部的观点是，它们随时可以寻求独立。目前威斯敏斯特扮演着重要的多重角色：摇钱树、飞镖板和离岸金融服务的审批者。王室出现在各种纪念邮票和硬币上，平添了几分威望与获利。整个地区六七十年代流行的那些独立庆典在80年代初逐渐消失。在诸如特克斯、凯科斯或英属维京群岛的地方，很少有民众对独立以及随之而来的种种不确定性感兴趣。尽管如此，女王还是知道没有什么是理所当然的。

在1994年对加勒比地区的访问中，她第一次访问了安圭拉，并访问了安圭拉小小的议会，即议会大厦。与狂欢节气氛背道而驰的是，反对党领袖休伯特·休斯在欢迎致辞中抨击了"歧视性"的英国国籍法，指责英国将加勒比移民变成了"贫民"。执政党深表愤怒。总督艾伦·沙夫在随后向伦敦发出的信函中，斥责休斯"对外交和联邦事务部（FCO）的干预发表不当言论，这将让他在未来的选举中失去支持"。并非如此。第二个月，他就被选为首席大臣，他将在这个职位上停留十一年。他对英国国籍法的评论只是一个时代之后"疾风丑闻"的前奏而已。

女王的巡游到了百慕大时，首府汉密尔顿也发生了类似的事件。总督瓦丁顿勋爵向伦敦通报了这次访问社交高峰期间的一个尴尬时刻：发言人的晚宴进行得很顺利，但总理忍不住做了一次讲话，间接提到独立问题，引起人们的不满。许多百慕大人认为，在这样的场合发表这种讲话是不恰当的。它或许惹恼了人们，但并非完全不恰当，因为总理约翰·斯旺爵士确实在第二年就独立问题举行了全民公投。当独立被3∶1的投票结果否决时，他辞职了。

随着一系列不满情绪的凝聚，二十年后，分离主义的声音可能在加勒比地区再次出现。英国被指在帮助2017年遭受飓风"厄尔玛"袭击的岛屿时反应迟缓不足。当地人指出，英国在福克兰群岛和圣赫勒拿岛等"白人"海外领地上的支出（最近因机场计划失败而获得2.5亿英镑）在加勒比地区的"黑人"领地上的支出（总共获得3200万英镑，用于处理厄尔玛带来的损害）之间存在巨大差距。2018年的"疾风丑闻"发生时，正好有人提议对加勒比避税地实施严格的新披露规则。威斯敏斯特坚称这是为了透明度和金融廉洁。岛国们则认为这是对它们主要收入来源的"殖民"威胁。有些政客重新提出了独立的主张。即便如此，还要再过上一段时间，才能看到另一位王室成员在加勒比的午夜降下英国的国旗。

创立一个新国家比创设一个新国家元首要困难得多。目前，"加勒比共和国"比"加勒比国"的可能性更大。该地区最积极的共和主义旗手是长期担任圣文森特和格林纳丁斯总理的社会主义者拉尔夫·贡萨尔维斯同志。尽管他的国家有着著名的皇家度假胜地穆斯蒂克，但他还是决定在2009年举行一次全民公投。这个时机的选择，表明人们不想要的可不只是一点关注。就在那个礼拜，女王会来到加勒比地区，参加在特立尼达的西班牙港举行的英联邦首脑峰会。如果她到了之后发现自己已经失去了这里的王位,那肯定会是个好故事。不过她的臣民们可不是这样想的,他们以55∶45的投票结果否决了独立,和十年前的澳大利亚一样。因为修改宪法需要2/3多数票同意,所以英联邦会议上几乎没有讨论过这次公投。那个星期晚些时候,贡萨尔维斯在女王的宴会上面带微笑,并欣然接受了18个月后威廉王子婚礼的邀请。在加勒比地区,人们似乎认为拉尔夫同志只是拉尔夫同志。"他是个好朋友。"桑尼·兰帕尔爵士说,"但他一直都是马克思主义没毕业的学生!"

兰帕尔指出,一位加勒比左翼领导人(他不会说具体是哪位)告诉他,他与古巴共产党领导人菲德尔·卡斯特罗进行了一次有趣的会晤。"当时,得到菲德尔的好感是非常重要的。"桑尼爵士回忆说,"在谈话过程中,这位总理解释说:'我认为我们应该成为一个共和国。'他以为菲德尔会支持这个想法。但菲德尔说:'为什么?因为女王干涉你们吗?'

"这位总理说:'不是。'

"卡斯特罗:'那你为什么要这么做?你想成为一个旅游大岛,她有利于你们对外展示稳定。你们为什么要这么做?'"

有些人依旧很难理解,为什么这么多从殖民压迫和帝国奴役中解脱出来的新生国家依然会希望让这位英国君主担任他们的国家元首。或许他们要考虑这个令人震惊的事实:菲德尔·卡斯特罗是女王的崇拜者。

桑尼爵士说,菲德尔是个实用主义者。"所以他的统治能够继续下去。"务实主义或许就是伊丽莎白二世——安提瓜和巴布达、巴哈马、巴巴多斯、格林纳达、牙买加、圣基茨和尼维斯、圣卢西亚和圣文森特和格林纳丁斯以及伯利兹的女王——能够屹立不倒的原因。

太平洋

如果加勒比地区对王室忠诚令共和派的理性主义者费解,那么太平洋岛国的忠诚似乎更令人困惑。女王没有成为巴布亚新几内亚女王,因为巴布亚新几内亚人民决定保留她。她是他们的君主,因为他们邀请她担任国家元首。因此，女王在这里是民选君主。

巴布亚新几内亚，面积大约是英国的两倍大，拥有800多种语言，是地球上最多样化的国家之一。在被德国和英国统治之后，它一直由澳大利亚管理，直到1973年成为自治国，不久之后实现完全独立，由高夫·惠特拉姆领导的澳大利亚工党政府意图将巴布亚新几内亚推向共和制方向。但巴布亚新几内亚新政府另有打算。女王的私人秘书马丁·查特里斯回忆起澳大利亚高级专员约翰·邦廷爵士的一次拜访。"你不会相信的，他们希望女王是他们的女王。"他对震惊的查特里斯说。原因有三：女王访问过巴布亚新几内亚，人民喜爱她；他们希望有一个"高于战争"的人能够保持绝对的中立；他们希望保留所有传统的骑士头衔和勋章。有人模糊地谈到十年后再重新审视形势，但最主要的是，他们不想要总统。他们想要君主，而且不是随便哪个君主都行。

查特里斯告诉了女王，她既高兴又感动。"她立刻接受了。"他后来说。1975年9月，威尔士亲王出席了独立庆典。新的巴布亚新几内亚成了女王最新的领地。威尔士亲王已经访问过好几次，最近一次是在女王的钻石禧年，他还说了一点巴布亚新几内亚特有的混杂英语 Tok Pisin。在这种语言里，威尔士亲王的正式称呼是"女王夫人的第一个小孩子"。如果说有人曾想过十年之后要把女王除掉，那么时间到了的时候，人们早已忘记了。独立了四十多年后，一辆汽车停在白金汉宫的大门口。巴布亚新几内亚女王的第十任总督罗伯特·达德爵士来看望她并接受骑士授勋。"让女王担任国家元首，是非常有必要的。"离开时他解释说，"她在我们的政府体系中占有非常特殊的地位。"这是一个相当特殊的体系。

另一端的所罗门群岛，巴布亚新几内亚以东的900个岛屿，也许是女王最无定形的领地。在她统治期间，几个无人居住的岛屿已经被不断上升的海平面吞没，还有好几个有人居住的岛屿已经在随后撤离。同时因为火山爆发，一两个新的小岛在波浪之上露出头来。

虽然遥远，但所罗门群岛并没有像女王最小的领地那么孤单。澳大利亚和夏威夷之间是图瓦卢，世界上第四小的国家。根据联合国世界旅游组织的数据，它是游客最少的地方，平均每年只有2000名游客。人们可能会认为图瓦卢会想要团结所有朋友，但即便在这里，也有共和的传言。2008年，在想当总统的前总理的授意下，这群太平洋环岛举行了一次关于女王任命的全民公投。大多数人懒得投票，图瓦卢9000多名选民中不到1/10的人支持共和制的构想。

因为游客稀少，1982年女王和爱丁堡公爵的皇家游艇在那里停靠时受到热烈欢迎就不足为奇了。事实上，这是王室历史上最值得纪念的抵达之一。王室访客乘坐一对独木舟靠岸，然后被一队"勇士"抬出水面，在主要街道上巡游。女王和公爵依旧在船上坐着。这也许是女王唯一一次被自己的内阁大臣抬着。在抬船的人里面，就有图瓦卢财政大臣亨利·奈萨利。他穿着庆祝用的草裙。女王被介绍给他时，开玩笑地说，这是她第一次看到人穿着草裙戴墨镜。

1987年，王室在太平洋这一地区，遭遇了第一次不快：女王唯一的一次退位。在斐济自己的请求下（实际上在被接受之前它请求过两次），它在1874年成为大英帝国的一部分，并在1970年独立，同时保留了女王作为它的国家元首。她的访问——总共六次——被斐济人和女王的幕僚深深地铭记。威廉·赫塞尔廷爵士说，唯一不太热心的人是皇家游艇的船员们。在每次抵达之前，斐济酋长们都会上船向女王赠送一颗鲸牙，作为和平、尊重和允许登陆的象征，这是一个重要的仪式。然而酋长们身上总是涂满了椰子油，在甲板上留下可怕的痕迹。威廉爵士记得，这个仪式是把英国仪式和斐济传统丰富地融合在一起。最令人难忘的是，火炬手与皇家汽车并肩奔跑，穿过首都苏瓦参加国宴。

1987年，当斐济军人西蒂韦尼·兰布卡上校发动两次军事政变，并宣布自己为国家元首时，所有这些都被遗忘了。很快形势就很清楚了，女王的代表也就是斐济总督变得不堪一击。英联邦领导人在温哥华会晤时，赫塞尔廷与女王讨论了这一局面。"我认为让这个可怜的人继续当总督是没有意义的，他在当地得不到丝毫支持。"他回忆说，"女王同意了。"我给他打电话，建议他退休的时候到了，他同意了。女王辞去斐济王位，斐济被正式赶出了英联邦。

威廉爵士说，撒切尔夫人强烈反对女王辞职。这位英国首相认为这无异于退位。"它的确是——这是一个合理的描述。"威廉爵士说，"但撒切尔夫人认为这是一件可怕的事情。"然而，女王是以斐济女王的身份这么做的，撒切尔夫人无权干预，这再次提醒我们，当一个"可分割"的王冠出现自我矛盾时，可能会导致宪法上的困难。

时至今日，斐济及其前君主从没有完全承认他们已经彻底分开。直到最近，女王的官方生日还是斐济的公众节日。直到2012年，斐济的纸币上才没有女王的照片——那时她已经"退位"很久。英国国旗仍然是斐济国旗的一部分（曾有人说要把它丢掉，但公众没有兴趣），圣爱德华的皇冠仍然挂在军事徽章上，女王的肖像仍然挂在许多公共建筑上，女王从未正式放弃从维多利亚女王时就有的头衔——图伊维提，斐济人的君主。

退位30年后，一大群人聚集在诺里奇东安格利亚大学塞恩斯伯里视觉艺术中心外面。那里正在举办一场名为"斐济：太平洋艺术与生活"的大型展览，女王想去看看。虽然是在寒冷的一月的清晨，四个赤脚赤胸的斐济男子还是穿着草裙（在皇家骑兵队斐济下士的率领下）组成了仪仗队。

她又看到了1953年第一次访问时收到的鲸鱼牙齿，并与学术界就卡瓦碗、战争俱乐部和篮子等展品进行了深入的交流。女王看到一件斐济树皮婚纱时，若无其事地提到她认识新娘的父亲。她玩得很开心，这次访问比计划的时间要长得多。同时出席的还有斐济高级专员吉托科·蒂科列夫，他身着传统的苏鲁，太平洋版黑色短裙。当他被介绍给女王时，他启用了王室专用的礼仪：单膝跪下，拍了三下。"我们仍然把她当成斐济女王。"蒂科列夫说，"我们等不及她下次来访。"

第六章
特殊关系

"牛仔王冠。"

长期以来，英国外交官和政界人士一直在谈论英美之间的"特殊关系"，尽管这一说法在大西洋东岸更为常见。同样英美两国也有评论员认为，任何"特殊关系"的概念，都是英国人感性而谄媚的一厢情愿。唐宁街10号和白宫之间当然有一些很强的个人配对关系，特别是丘吉尔和罗斯福、撒切尔和里根，还有近来的布莱尔和小布什。但历史学家会注意到，伊丽莎白二世继位以来，白宫和白金汉宫之间一直存在着一种更微妙但更连续的"特殊关系"。它不是在深夜的危机谈判或在激烈的战斗中形成的。它是一种持久却同样牢固的纽带，建立在熟悉与个人接触的基础上，无论是"9·11"事件第二天早晨在皇宫外播放美国国歌《星条旗之歌》，还是得知上了年纪的亨利·基辛格正在伦敦时，邀请他简单地喝个茶。女王与大多数国家的交往都遵循某种既定的模式，但她与美国之间是一种打破模式的友谊。在美国，乃至世界上其他地方，几乎没有人像女王这样，历经16位美国总统（超过美国历史上总统总数的1/3），还亲自见过其中的11位。英国的第40位君主（自1066年以来）见过美国第33位到第45位总统（除第36位林登·B.约翰逊之外）。

女王一生只有几次私人海外度假（都与马有关），其中五次都是在美国。

2018年，王室迎来了第一位美国王妃。但女王自己的"特殊关系"还要追溯到幼儿时期。

美国的影响在伊丽莎白公主小时候就给她留下了不可磨灭的印记。到目前为止，她父母进行的最重要的海外访问就是1939的加拿大和美国之行，就在"二战"之前。在此之前，在位的英国君主从来没有踏足美国，而此次美国之行在一定程度上是为了在欧洲即将表露敌意之前，加强民众对英国的支持。这也是为了提升乔治六世国王在国人心目中的形象，毕竟他的哥哥曾经非常受人爱戴。爱德华八世对那个美国女人的爱令他失去了王位。许多人同情他，甚至认为他很英勇。纽约三四百万观众撒着彩带欢迎新国王和王后，说明他们首战告捷。然而对于天性害羞又处在战争边缘的国王来说，这是一个极具压力的挑战。国王的私人秘书艾伦·汤米·拉塞尔斯爵士在皇家专列行驶到布法罗附近时被封为爵士——第一个在美国土地上享受君主这种待遇的英国人，之后写信回家，抱怨东道主缺乏组织。他对妻子琼说，这在很大程度上要怪总统那随遇而安的性格。王室夫妇倒是很享受这种不拘礼节。王后兴奋地给女儿们写了一封信，内容是一顿难忘的野餐："我们所有的食物都放在一个盘子里——一条小鲑鱼、一些火鸡、火腿、莴苣、豆子，还有热狗！"虽然有些美国人对让国王吃热狗感到震惊，但王室永远忘不了这顿饭。

在战争时期的温莎城堡长大的伊丽莎白公主，未来的女王，十分了解她父亲所承受的压力，他努力地振奋国家的士气，面对随时可能的入侵。因此她能感觉到，美国参战对英国来说具有救赎性的意义。在胜利及之后经济死气沉沉、近乎破产的那几年里，是美国展现出欢乐及魅力的一面。和许多人一样，公主们是从第一部引进英国的美国音乐剧《俄克拉何马！》开始喜爱美国文化的（玛格丽特公主看了不下三十次）。伊丽莎白公主和菲利普亲王是在1947年还是情侣时看的；从那之后，《人们会说我们正相爱》就成了他们最喜爱的歌曲之一。

* * *

她的第一次美国之旅，是在生下安妮公主后不久。1951年访问加拿大时，她飞越边境去白宫拜访美国总统杜鲁门。当时英国和美国在朝鲜再次协同作战。杜鲁门被这位来访者迷住了，说了一句很有名的话："当我还是个小男孩的时候，我读到过一个仙女公主的故事——那就是她。"华盛顿气氛很热烈。在英国大使馆的一次招待会上，公主被要求与1574个人握手。而这仅仅是个刚刚开始。

她的第二次访问——作为女王，规模则大不相同。英国正在苏伊士问题的尴尬境地中慢慢恢复。英美双边关系受到了影响。1957年秋天，帮助英国政府修复关系的重任落到了王室肩上。首先是前往詹姆士镇纪念英国第一个殖民地的350周年。女王马不停蹄、步履匆匆。在15个小时的纽约之行中，女王成功地在联合国发表了讲话，参加了一次1500人的市长午餐、一次4500人的国际英语联合会晚餐和一次4500人的英联邦舞会。据估计，大约100万人欢迎她来到华盛顿特区。在那里，女王与艾森豪威尔夫妇相谈甚欢。总统甚至邀请了著名的弗雷德·沃林和他的乐队参加白宫的国宴。在演出之前，女王和第一夫人一直在全神贯注地交谈。总统不得不找司仪、演员特德·哈特利帮忙，跟他说："特德，请告诉艾森豪威尔夫人和女王陛下，长话短说。我们不能让弗雷德·沃林一直等着。"

除了通常的礼节活动，女王和公爵还去了超市，这是他们第一次去超市。在冷冻食品区，她惊叹地对其他购物者说："你们能带着孩子一起逛超市真是太好了。"在亲英派慈善家保罗·梅隆的庄园里，还特意安排了一场严肃的赛马会。据英国首相哈罗德·麦克米伦说，这是一次绝对成功的访问，"让人们彻底忘掉了乔治三世还有其他国王。"

1959年，艾森豪威尔总统与女王在巴尔莫勒尔共度两天，这是她第一次在家款待美国总统。艾森豪威尔觉得非常愉快，向女王要了一份"她的"司康食谱（虽然不是她自己的，但她还是亲自抄写下来，送给了他）。两年后，她迎来约翰·肯尼迪总统和他的妻子杰基在白金汉宫共进晚餐，就在他们会见了苏联领导人赫鲁晓夫之后。电视连续剧《王冠》里说到这件事时，呈现的是一个爱嫉妒的女王，还有可怜的第一夫人，为了熬过那个夜晚甚至注射了毒品。这两个情节纯属虚构。第二年，杰奎琳·肯尼迪和她的妹妹再次来到白金汉宫与女王共进晚餐，但女王再也见不到约翰·肯尼迪了。在她怀着爱德华王子的孕晚期，他被刺杀一事深深地触动了她。医生建议她不要参加圣保罗大教堂的国家追悼会，所以她在温莎举办了一个追悼会，并邀请了400名美国军人。她会密切关注建在兰尼米德附近的肯尼迪纪念馆，并在开幕典礼上发表了激动人心的演讲，向"在自由受到普遍威胁的时代仍旧不懈倡导自由的人致敬"。菲利普亲王握着小约翰的手，在肯尼迪的葬礼上，这个4岁的小孩向父亲的棺材致敬，感动了整个世界。当他向女王鞠躬时，场面更加令人心酸。

英国决定在越南战争中置身事外，意味着女王和林登·约翰逊总统的道路从无交点。总统几乎没有时间和首相哈罗德·威尔逊对话，称在越南问题上持和平主义为"怪人"。但约翰逊非常渴望在温斯顿·丘吉尔爵士的葬礼上见到女王。最后支气管炎和严格的遗嘱让他没能去成伦敦。

然而1969年，女王邀请约翰逊的继任者理查德·尼克松与王室共进午餐时，她又一次抚慰了双方的伤痕。总统和查尔斯王子开玩笑说："我的两个女儿都非常关注你。"

这一刻被记录在第一部皇家纪录片《王室》中，美国新任大使沃尔特·安纳伯格到访时出示国书这一刻也同样如此。女王问他安顿得怎么样，一个著名的场面出现了。大使强忍着紧张，语无伦次地唠叨着"因为需要整修和翻新，有些不方便"。他因此受到了媒体的大肆嘲弄，尽管当时负责处理外交使团与王室关系的阿拉斯泰尔·莫里森说，即便最优秀的大使也会遇到这种情况，"这个仪式丰富多彩、可能会令人很愉快，但的确有些大使会特别紧张。知道自己要对女王陛下说什么很重要。放松一点，话题会很广泛，要做好准备。如果犯了错，也不要担心。每个人都会犯错。[1]"至少安纳伯格

---

[1] 近年来，女王已经放弃了一些更为神秘的国书递交仪式。大使们仍然坐着马车去皇宫，但现在他们穿的是晨装，而不是晚礼服。她也不希望他们倒退着走出房间。正如阿拉斯泰尔·莫里森解释的："门的两边有两个价值连城的花瓶。我总是说，女王宁愿看到你的背，也不愿看到你退着走出去。"他必须仔细检查自己戴在链子上的办公室徽章。一边是橄榄枝，另一边是剑。"我要确保橄榄枝是向外的，这样是向女王发出信号，表明大使来的时候是平静的。"

避免了后来一位大使的遭遇。"我的确见过一位大使，在仪式上，他的手机响声大作。女王泰然自若，如果说有什么反应的话，也只是觉得有点好笑。但那位大使感到非常尴尬。"安纳伯格是个狂热的亲英派，从那以后，历任首相们都对他一直怀着感激之情，因为他花钱给首相的乡间别墅契克斯庄园建了一个室内游泳池。

正是在契克斯庄园，女王再次会见了尼克松，在1971年他短暂停留与爱德华·希思会谈时，顺便来吃了顿午饭。希思心里只有欧洲，对其他地方毫不关注。这开始让华盛顿国务院的基辛格感到担忧。爱丁堡公爵、查尔斯王子和安妮公主数次去白宫拜访尼克松，王室又一次让"特殊关系"的火焰继续燃烧。女王与美国总统的下一次会晤是在1976年，为了纪念美国独立200周年，她跨越大西洋进行了轰动一时的国事访问。当时杰拉尔德·福特已经入主白宫。

* * *

在前一次访问中"让人们彻底忘掉乔治三世"之后，在纪念美国独立及其宣言200周年的活动中，女王发现，人们从未忘怀她的祖先。尽管时光流逝，美英两国之间的家族式纽带如此紧密，但这个周年纪念仍然需要隆重地度过。尼克松总统早在1973年就提出了这个想法。而英国首相的私人秘书罗伯特·阿姆斯特朗给皇宫的对接人写信，想知道女王参与美国的独立（对王室的反叛）纪念日庆祝活动是否恰当。

到1976年，"水门事件"后，白宫换了一位总统。唐宁街也有了一位新首相。女王很高兴能参加美国的庆祝活动。即便如此，英国方面还是认为在派女王参与"派对"之前，最好让美国先释放独立日的压力。她不会去那里庆祝独立日。英国大使馆发言人向《纽约时报》解释说，宽恕只能走这么远。因此，女王计划于7月6日乘坐皇家游艇从百慕大启航。在经受了9级强风的摧残，王室大部分成员都病倒之后，乔治三世的重重重重孙女，女王本人却在费城上了岸。开国元勋们曾在那里发表了改变世界的反抗声明。

她在那里献上了一个重达6.5吨的200周年纪念钟（还是来自伦敦那一家曾经给独立大厅铸造第一个自由钟的铸造厂），并发表了一次令人难忘的演讲。她在演讲里说，美国革命对大西洋两岸来说都是一种胜利。她的私人秘书马丁·查特里斯对此赞不绝口。

"在我看来，英国应该像美国一样庆祝独立日。"她对成千上万的宾夕法尼亚人说，"不是为美国殖民地脱离英国王室而高兴，而是衷心感谢这个伟大共和国的开国元勋们给英国上了非常宝贵的一课。我们失去了美洲殖民地，因为我们缺乏'在正确的时机，以妥协的方式应对不可挽回的潮流'的政治家风度。"她没有把责任推在她的先祖身上，而是坚定地归咎于那些争吵不休的大臣们。她说："我们学会了尊重他人以自己的方式管理自己的权利。如果没有两百年前在独立大厅上演的那场伟大的自由运动，我们就不可能把帝国变成英联邦！从此以后，英美通过战争与和平建立起伟大的伙伴关系。作为朋友和盟友，我们可以共同面对未来的不确定性。正因为如此，我们在英国也可以庆祝独立日。"

这次国事访问，女王由新任外交大臣安东尼·克罗斯兰及其出生于美国的记者妻子陪同，后者还为此次访问撰写了一篇著名的报道。在书中，她回忆了女王如何度过这些艰苦旅程。"像这样站好。"女王对她说，"两只脚保持平行，你的体重会均匀分布。就是这样了。"

在37.7摄氏度高温下游览美国东海岸的行程中，这一建议是非常宝贵的。在白宫，杰拉尔德·福特总统邀请女王参加两百多位宾客的国宴，其中包括好莱坞明星卡里·格兰特、特里·萨瓦拉斯和曼尔·奥勃朗，还有大企业万豪公司的威廉·马里奥特和亨氏的小亨利·海因茨。福特尽力强调英国在大西洋这边的殖民剥削积极一面。他对女王说，近四个世纪前，英国人来到荒野，以英国习俗、英国意志、英国法律和英国政府为基础，建立了新的文明。在那之后，美国"成了一个国家，把英国最好的传统融入美国的气息和美国的性格中"。

女王引用了乔治三世的名言，说他是最后一个想要分离的人，却是第一个"想要跟独立了的美国交朋友"的人。她还谈到了大英帝国是如何"凭着想象力和善意"转变为英联邦的。晚宴后有一些娱乐活动,二人摇滚组合船长和坦尼尔,推出了他们不那么激烈的《麝鼠之爱》。当总统邀请女王跳舞时,这个娱乐活动就相当不娱乐了,因为乐队将《麝鼠之爱》换成了《落魄之女》。媒体们都很激动。

王室夫妇乘坐皇家游艇抵达纽约。女王去布卢明代尔百货商场购物。"不列颠尼亚"号未来的船长安东尼·莫罗还记得当时的情景:"场面太壮观了——灯光和旗帜。我们举行了日落仪式,国歌奏响时,船上的一位歌唱家跟着唱了起来。太美了。"

罗德岛打算为福特一家举办国宴。在此期间,美国安全官员坚称,必须在那里安装一条专线,确保能随时与总统联系。海军士官长从船上往外拨电话时,惊讶地听到里面一个神秘的声音说:"我们永远不会放弃这条线。"为了美国,外交礼节上也会有一个调整,这个调整虽然很小,意义却很深远。原本皇家海军规定,王室以外的贵宾不允许穿便服上船,但女王坚持福特总统可以例外。

王室一行乘船前往波士顿,然后越过边境来到蒙特利尔,开启了1976年的奥运会。英国可能成了国际上的笑柄。一个月前,英镑兑美元汇率创下新低,两个月后,英国财政大臣将屈膝向国际货币基金组织求援。对于疲惫不堪的英国人来说,女王的北美之行至少给了他们一丝安慰,使他们觉得英国还有某种影响力。

在圣诞广播中,女王说回到和解的主题,它在她的美国之行中体现得很生动。"两百年前,谁会想到乔治三世的后代有一天会参加这些庆祝活动呢?"她问,"美国是在与英国的激烈冲突中诞生的,但我们互为仇敌的时间并不是很长。我们的和解给人类带来了不可估量的好处,我们与英联邦许多国家的伙伴关系在两次世界大战中得到了印证,它确保了自由之光不会熄灭。"

这次访问标志着两国关系进入了一个新纪元。在里根执政期间,两国关系将达到一个新的高度。

* * *

　　下一位来英国做客的总统是吉米·卡特。女王在美国200周年纪念期间就见过他，但他1977年前往伦敦参加七国集团峰会和北约会议时，给女王留下了难忘的印象。原因有二：首先，他说这是他第一次踏足美国以外的地方，让他的东道主大吃一惊；其次，他跟王太后走得有点太近了。正如威廉·肖克罗斯在官方传记中所说，王太后讨厌别人跟她说，看到她就想起了自己的母亲。卡特也是如此，他对她说，她让他想起了自己的母亲"米兹·莉莲"，然后吻了她的嘴唇。后来王太后说，自从乔治六世去世后，没有人这样做过。"我向后退了一大步。"她回忆说："不过不太远。"

　　如果卡特是最令人尴尬的来访总统，那么他的继任者或许是最有魅力的。在里根的领导下，大西洋两岸的关系将是独立以来最"特殊"的。他跟唐宁街和白金汉宫的主人们都相处得很好。不仅如此，他的马术也非常精湛，这一技能将成就女王继位以来最著名的照片之一。

　　最开始是威尔士亲王先认识的他。当时亲王正在皇家海军服役，一次上岸休假时认识了里根一家。南希·里根在加利福尼亚和华盛顿都款待过他。她给王储留下了如此深刻的印象，以至于他坚持要她参加他1981年的婚礼。这不仅仅是外交邀请，在随后的家庭聚会上，这位第一夫人与摩纳哥公主格蕾丝一起坐在女王那一桌。

　　第二年，当英国着手世界另一端一个大胆而危险的任务时——福克兰群岛之战，里根是他们坚定的盟友。就像英联邦一样，美国坚定地站在英国一边。对于女王来说，作为骄傲的军队首领和一名现役皇家海军军官的母亲[1]，

---

[1] 安德鲁王子乘坐皇家海军无敌号前往大西洋南岸。当它遭受飞鱼导弹攻击时，王子就在甲板之上。他在802海军航空中队服役，任务包括反水下作战、反水面作战、舰间交付、伤员的搜救和运送工作。他后来说："我去的时候还是个男孩，回来时绝对是个男人了。"

美国的支持意义重大。因此在里根1982年6月欧洲之行期间，女王和她的首相邀请他到英国，希望举办盛大的仪式。当时里根正打算在法国举行的七国集团峰会期间，对意大利和德国进行国事访问并会见教皇。他的幕僚也不希望他对英国进行正式而隆重的国事访问。

因此双方同意，里根一家将到温莎城堡，做一次半私人的停留，并在对欧洲国家访问期间，与女王一起骑马。第一天晚上，他们乘直升机及时赶到，与王室共进了一顿小型的正式晚餐。第二天上午，全世界的媒体都赶了过来，按照事先安排好的计划，拍下两国元首同在马背上的合影。里根喜欢和摄影师们开玩笑。"如果你们站着不动，我就会超常发挥。"他跨过女王一匹名叫"百年纪念"的马时喊道。女王可不想开记者招待会。她骑上加拿大送她的"缅甸"，立即出发。里根紧追其后。再后面是骑马的、开车的护卫队。这次独特的骑行持续了一个小时，足迹遍布整个公园。中间他们停了下来，与负责两个皇家奶牛群的农场工人交谈，而这正是乔治三世在两个世纪前所做的事，"农夫乔治"每天骑马来到这里。

当天晚些时候的几场演讲，主题都围绕失去美国的国王乔治三世。里根成为第一位在两院发表讲话的美国总统。白宫曾希望里根在威斯敏斯特大厅向国会议员及同僚发表讲话，威斯敏斯特大厅是一个巨大的弧形中世纪大厅，已故的君主们的塑像庄严地挺立其中。不过使用大厅需要跨党派的支持，而工党领袖迈克尔·富特不会同意。撒切尔夫人及时安排使用皇家美术馆，但里根的官员不同意，声称要取消这次演讲。平息事态的任务落在了英国大使尼科·亨德森爵士身上。他指出法国和苏联的领导人都曾在那里发表过讲话，如果总统拒绝的话会"显得很小气"。

曾是好莱坞演员的里根，在这次行程中表现得非常平易近人。他开玩笑说，当他在英国驻华盛顿大使馆的乔治三世肖像下用餐时，撒切尔夫人曾敦促他让"过去的事成为过去"。他说自己的欧洲之行非常简单，目的就是打击强权主义。

早在他说出那段名言[1]之前，他还说："我要从这里出发，前往柏林，那里矗立着强权的严酷象征。柏林墙，城市可怕的灰色裂口。"他把历史上的解放战争与福克兰群岛之战以及英国的"二战"反空袭精神联系起来，受到了人们的称赞。里根特别喜欢讲述一位伦敦妇女空袭后从自己家的废墟中被拉出来的故事。"救援人员发现了一瓶白兰地。她基本上处于昏迷状态，救援人员拉开软木塞给她喝了点。她立刻醒了过来，说：'给你，放回去。那是为紧急情况准备的。'"

随后，当158位客人在温莎的圣乔治大厅用餐时，他也以同样的社交方式出现。女王使用了与国事访问宴会上同样的珍贵瓷器、水晶和银器，虽然它算不上是国事访问。回忆起200周年庆典她在美国受到的热情接待时，她也开了一个乔治三世的玩笑："如果乔治三世国王能够预见到自己行为的长期后果，他可能不会对失去殖民地感到如此悲伤。"

她称赞了里根作为盟友和中间人的"诚实、耐心和富有技巧"。作为回应，他谈到了王室的"传统和复兴"，并表达了他对王室即将增添新成员的兴奋之情。宴会上最令人关注的缺席者（戴安娜王妃），即将生下威廉王子。"我们美国人民和你们一样，对威尔士亲王和王妃即将诞生的孩子感到兴奋不已。"里根说，"我们祈祷上帝继续用健康、幸福和智慧护佑你的家人。"两国元首不仅一拍即合，而且是一种友谊。即便在里根做了女王不会做的一件事——退休——之后，这种友谊也不会消失。

1982年里根夫妇的温莎之行取得巨大成功后，女王于1983年年初对美国进行了回访，实现了游览西海岸的毕生夙愿。由于里根总统以前是加利福尼亚州州长，她受到了很好的招待。两国政府都不想让这次访问陷入繁文缛节和华盛顿的陈词滥调中，因此把它称为"皇家访问"，而不是"国事访问"，与之前刚刚对墨西哥进行的正式国事访问不同。就这样，皇家游艇完美地停靠在太平

---

[1] 1987年6月访问西柏林时，里根说："戈尔巴乔夫先生，推倒这堵墙。"柏林墙在1989年11月被推倒。

洋沿岸。

和上次一样，这次访问开始的时候天气很恶劣，女王不得不在圣地亚哥附近换乘美国海军的大巴。在好莱坞，里根总统邀请了许多明星，办了一场500人的午餐会。参加娱乐活动的有弗兰克·辛纳特拉、鲍勃·霍普和佩里·科莫，但这些安排让一些当地人才颇为恼火。英国外交大臣弗朗西斯·皮姆的私人秘书布莱恩·法尔爵士回忆说，有人问里根，谁应该坐主桌呢，是演员朋友还是政客朋友？他想不出来，于是说："我们为什么不邀请一些好莱坞的英国人呢？"

结果主桌上坐满了英国出生的明星，比如朱莉·安德鲁斯和达德利·摩尔。对于一些过于看重地位的好莱坞名人来说，这太过分了。皇宫新闻办公室丝毫没有参与这项安排，却不得不抵挡"女王只想和英国同胞坐在一起"的指责。"我当时和朱莉·安德鲁斯的丈夫[1]坐在门边那桌。"布莱恩爵士回忆说，"没坐到想坐的桌子，他气坏了，起身离开留下了一个空位。"其他人，比如电影协会的主席杰克·瓦伦蒂，就不那么挑剔了。布莱恩爵士说，瓦伦蒂觉得自己足够大牌了，可以坐自己想坐的桌子。

可怕的天气还在继续，就连从皇家游艇在长滩的泊位到最近的机场这段路都成了问题。在最后时刻，一名本已下班（胡子拉碴）的校车司机和他（还没来得及清洁的）驾驶校车被紧急征用，把王室成员及时送到机场，登上飞往圣巴巴拉的飞机。他们要赶去里根的农场吃午饭。着陆时，他们不得不乘坐重型越野车上山，因为雾和雨让女王最期待的两件事情泡了汤：看风景，和总统骑马。她尽最大努力鼓舞失望的东道主的士气。"我从来没有见过这样的雨，从来没有。我们的农场就在这条路的山顶上，我们以为女王肯定不会来了。"南希·里根对威廉·肖克罗斯说，"他们到了之后，我们感到非常抱歉；女王一直说'没事，这是一次冒险！这是一次冒险！'"

---

[1] 布莱克·爱德华兹，《蒂芙尼早餐》和《十全十美》的导演。

里根夫妇贴心地准备了一顿得州-墨西哥式午餐，里面有玉米卷和炸豆子（据萨莉·比德尔·史密斯说，女王后来说她非常喜欢这些"用过的豆子"）。布莱恩·法尔爵士说，虽然女王一直希望能就政治问题进行一些有趣的对话，但总统却一直处在牧场模式。"在那里，她和西方世界的领袖谈这谈那，但他就是不肯谈政治。他们就是在农场里待着，砍砍柴！我想她本来想严肃地谈谈政治的。"

回到长滩，第一夫人与王室夫妇在"不列颠尼亚"号上共进晚餐，还在船上过了一夜。这是另一种极不寻常的、私人的关系，提醒人们，女王的美国之旅可能经常偏离通常的剧本。

下一站是旧金山，不过计划又有了变化。布莱恩·法尔爵士说："当时的计划是乘坐'不列颠尼亚'号穿过金门大桥，但天气太恶劣，她无法到达那里。"女王对官员们说她要飞去旧金山。"我不上这艘船。"

里根一家把空军二号交给女王使用。工作人员回忆起，女王兴奋地把脸靠在飞机窗户上，欣赏下面的金门大桥。现在又有了一个新问题。她要住在哪儿呢？旧金山没有游艇。为君主及其配偶以及王室和总统的随行人员寻找住处成了紧急任务。很快，白宫、白金汉宫和前州长的个人关系合力解决了问题。女王和公爵被安置在圣弗朗西斯酒店的总统套房里。南希·里根甚至安排把当地博物馆的艺术品送去挂在墙上。"下一个问题是：去哪里吃饭？"布莱恩爵士说。跟总统关系很好的副参谋长赶来救场。"迈克·迪弗设法清空了垂德维客餐厅，所以我们就去那里了。"对于十五年没去餐馆吃过饭的女王来说，这是一次新奇的经历，最后有人给了她一块幸运饼干（她读了里面的纸条，然后把它放进手提包里）。

"不列颠尼亚"号终于追了上来。两天后，女王和公爵在船上为里根夫妇组织了一次答谢晚宴。那天正好是他们结婚31周年纪念日。"他们太好了，太贴心了，工作人员给我们做了一张巨大的结婚纪念卡和一个蛋糕。"南希回忆说，"他们向我们敬酒，然后罗尼站起来说：'我知道我们结婚时我向南希许诺，把世间美好的一切都送给她，但我不知道还有什么能超过此时此刻。'晚饭后，我唱道：'我们的爱在这里永驻。'"

战后这种"特殊关系"就没有这么温柔过，7个月后，美国在没有通知女王的情况下入侵她的领地格林纳达，这种关系才逐渐冷却。

不过，女王是那么喜爱美国和她的朋友们，她先后在1984年、1986年和1989年私下回到农场。1984年撒切尔夫人在布莱顿参加保守党大会时遭遇刺杀，得到消息时她正在威尔·法里西夫妇的肯塔基州农场里，看望她寄养在那里的母马"郎德·陶尔"。

* * *

1990年第一次海湾战争以及英国支持美国领导的科威特解放之后，是时候做一次公开的跨大西洋访问了。乔治·布什已经入主白宫，连同妻子芭芭拉·布什，将会成为王室坚定的朋友。在美国历任总统里面，布什与女王最为亲近。同她（及菲利普亲王）一样，布什也曾在"二战"中服役。那时候布什是美国海军最年轻的飞行员，1944年曾经被击落在太平洋上，但他活了下来，还完成了58个战斗任务。执政两年后，他邀请女王进行国事访问并给予她极大的荣誉。她将是历史上第一位在国会联席会议上发表讲话的英国君主。到目前为止，大多数美国媒体对英国王室童话泡沫更加感兴趣，英国媒体正不断戳破这些泡沫，尽管那时离女王的"恐怖年"还有两年时间。《华盛顿邮报》发表了一篇语气不善的文章，宣布了这次访问，这在她上一次国事访问时是不可想象的。它开篇写道："女王是个老古董，查克[1]是个笨蛋，菲姬[2]是个胖子，她爸爸是个无赖。安妮的老公是个寄生虫，她哥哥是个花花公子，戴[3]的美满婚姻显然是个败笔。"

---

[1] 查尔斯王子。——译者注
[2] 安德鲁王子的妻子萨拉·弗格森。——译者注
[3] 戴安娜王妃。——译者注

可是，女王一踏上美国领土，美国很快就对王室的各种噱头重新燃起兴趣。布什总统在白宫草坪上正式迎接女王，之后不吉利的事情开始出现。他走下演讲台，换女王上台讲话。她开玩笑似的说："我们上次访问华盛顿，还是15年前，当时我们不顾历史，由衷地参加了这个伟大国家成立200周年的庆祝活动。"虽然下面的观众听后都笑了起来，但问题是没人能看见她。当时的英国大使安东尼·阿卡兰德爵士说，这只是一个疏忽："发表完欢迎致辞后，当时身体不太好的布什总统本来应该踩下一个踏板，把演讲台升起来。但他忘记了。而女王的身形比他小很多，很多人差点看不到她。"这一时刻被NBC的吉姆·米卡拉塞斯基描述为："她不见了！我看到的只有一顶会说话的帽子！"时至今日，皇宫官员和外交官们还把这次国事访问称为"会说话的帽子之旅"。

两天后，1991年5月16日，女王在国会发表了讲话。阿卡兰德向伦敦汇报说："我们预计议会的气氛会是友好的。"他们没有失望。"她的私人秘书和我都说，如果她能在演讲开始时说一个简单的笑话，那会是非常好的。"阿卡兰德说，"她有点不愿意这样做。她说她没有在演讲中开玩笑的习惯。所以我不知道她是否会这么做，但她走进来，环顾四周，微笑着说：'我真的希望你们今天能看得到我。'人们纷纷起身给她鼓掌。"

她穿着浅橙色的衣服，在这次访问的唯一一次演讲中，会议室里挤得满满的人几次起立为她鼓掌。"有些人认为政治权力来自武力。"她说，"确实可以，但历史表明这种权力永远不会太好、太久。武力最终是没有效果的。我们选择了一条更好的道路：我们的社会依赖于相互协同、合作与共识。"

白宫工作人员对这次国宴的安排是力求万全的。美国海军陆战队乐队在国家宴会厅里为女王演奏了威廉·沃尔顿舒缓的乐曲。约翰·布尔乔亚上校接到严格的命令，不允许再有1976年的失误。当被问到他是否会演奏《落魄之女》时，他回答说："这首歌早就不在剧目中了。"饭后的娱乐节目不再是流行歌手二重唱，而是女高音杰西·诺曼独唱。享用了缅因州的龙虾和烤羊肉之后，布什总统向这段"前所未有的特殊关系"以及女王坚忍不拔的气度致敬。"您风雨无阻的长途跋涉，就连特勤局的特工们都自惭形秽。"他对她说，"我很高兴我脆弱的心脏没有被今天繁忙的行程累垮。"女王称赞总统在海湾战争中的"静默的勇气"——梭罗所说的"凌晨三点的勇气"。她回忆起她父亲拜访罗斯福总统的情景："难怪我在这里丝毫没有陌生感。英国人从未觉得美国是外国。"

在华盛顿逗留期间，女王第一次见到了总统的儿子，得州游骑兵棒球队负责人小布什。小布什的母亲事先警告过他不要和女王说话，因为他可能会"掌握不好尺度"。女王对他很感兴趣，特别是看见他穿着印有"上帝拯救女王"字样的牛仔靴。有一次，她问他是不是家里的"害群之马"。"我想是的。"小布什回答。女王说："每个家里都有。"小布什问："你家的是谁？"第一夫人赶紧喊道："不要回答这个问题！"

女王参观一个新住房项目期间，华盛顿之行出现了一个亮点。当时，她正要去爱丽丝·弗雷泽家。这位67岁的非裔美国老太太，比女王高很多。爱丽丝热情地拥抱她，然后给她端上鸡翅、冰茶和土豆沙拉。这次拜访成了世界新闻。"他们说我不应该这么做，但我就是忍不住。"她对记者说，"天啊，她和我一样，就是个女人。如果她没有那顶王冠，她就跟我一样。"弗雷泽女士特别兴奋，她解释说，她那15岁的孙女拉维恩刚刚给她生下第三个重孙女。"有三个重孙女真是太好了。"女王欢快地祝贺她。虽然媒体不顾一切地把那个热情的拥抱说成是严重的失礼，但皇宫和外交部并不担心。安东尼爵士说，"这种事不常发生，但女王愉快地接受了。没有人想对此小题大做，也不想把它渲染成失礼。"

在华盛顿停留四天后，女王登上协和式超音速飞机奔赴下一个目的地，她在首都的任务已经完成。正如《纽约时报》所说，女王"在华盛顿折腾出的动静，是其他任何国家的领导人都不能比的，就连戈尔巴乔夫到访时都比不上她"。

访问来到了佛罗里达州，女王从未来过这个州。皇家游艇已驶入迈阿密与她会合。可是一个外交事件差点毁了整个计划。"不列颠尼亚"号的船员在等待王室成员到来时，冲洗了所有皇家浴室和洗手间（海上厕所）。当时的船长海军少将罗伯特·伍达尔德爵士突然听到迈阿密港务局官员愤怒的砸门声。他回忆说，那个人说我们污染了他的港口，要罚我们10000美元，并且两小时之内必须离开。再过几个小时，"不列颠尼亚"号上将举办国宴，不过这一事实没有丝毫作用。规则就是规则。他们需要白宫出面干预，才能让"不列颠尼亚"号留在岸边。

  在迈阿密，媒体听到椰林小学12岁的学生乌利亚·戈德芬格问女王，她当了多长时间女王。"很长很长。"女王回答，"等会儿你翻翻你的历史书吧。"这句话引得一些评论员发问，英国现在是否对一位年满65岁的祖母要求过高。即便女王继位40周年纪念日的前一年，人们同样猜测过女王退休一事。而在女王人生的重要阶段，这些猜测还会浮出水面。后来她表明毫无退休打算后，它们随即消失了。她与两位国家元首重逢时（他们已经过着安逸的退休生活），也表现出一些征兆。女王邀请了她前两次国事访问时的东道主里根夫妇和福特夫妇参加皇家游艇上的宴会。罗纳德·里根很高兴地来到船上，与女王亲密交谈，他们谈了许多国家经济方面的问题。电影制作人爱德华·米尔佐夫拍下了大部分内容，制作了一部女王继位40周年纪念纪录片，还得了BBC大奖。女王和里根都担心不断攀升的支出，她说："我们的下一代将面临非常困难的时期。"但观众们对里根爱喝无咖啡因咖啡更感兴趣。事实上，这已经成为一种痴迷。港口在晚饭后才恢复过来，"不列颠尼亚"号船长罗伯特·伍达尔德爵士还记得里根的困惑。"喝点无咖啡因咖啡，女士？"他问道。"晚一点再喝吧。"她对着港口点头说。"传令下去。"第二天晚上，船上的一位乘务员在一个酒瓶上贴了一张"无咖啡因"标签，逗乐了女王。

  佛罗里达站的主要目的是参观"风暴"将军诺曼·施瓦茨科普夫的坦帕总部。施瓦茨科普夫将军是海湾战争胜利的创造者，马上就要获得荣誉爵士头衔。周末的海上旅行也给了女王一点喘息的空间。伍达尔德说："原定计划是绕到佛罗里达州的底部，驶入坦帕，然后给将军授衔。"这个本该放松的周末却变得相当戏剧化。在杰斐逊堡，"不列颠尼亚"号抛锚野餐。爱丁堡公爵全权负责。安东尼·阿卡兰德爵士说，他非常喜欢组织烧烤，如果你想帮忙，他不会感谢你。这是他的专属活动，任何干涉都是错误的。公爵做饭时，伍达尔德接到英国的电话。东米德兰警方刚刚接到警告，"不列颠尼亚"号水线下4英尺处有一颗炸弹，将会在一小时内爆炸。伍达尔德悄悄地要求他的下属执行标准检查程序，尽量不引起人们的注意。女王感觉到有什么事情发生了，要求他做出解释。伍达尔德没有丝毫隐瞒。他发现她一如既往地坚忍。他记得，女王说很难知道什么时候该认真对待这种事情。此外，正如他向女王指出的，"不列颠尼亚"号目前被锚定在海床之上4英尺的地方。他说，即便爆炸了，我们坐在这里也会像坐在豪华大酒店一样。野餐就这样继续下去，丝毫没有受到影响。

在坦帕，女王正式授予施瓦茨科普夫将军爵位，并邀请他参观皇家游艇。给他印象最深的不是游艇上的套房，而是机舱。起初，他以为那些闪闪发光的锅炉和管道肯定是博物馆的展品，要求参观"真正的"机舱。听说他已经身在其中时，他变得目瞪口呆。"这里干净得都可以吃饭了。"他对罗伯特·伍达尔德说。"您还是别在这里吃了。"船长回答，"会把这里弄脏的。"

这次正式访问是以得克萨斯之行结束的，其中包括对休斯顿约翰逊航天中心和飞行控制中心的访问。女王很热切地问宇航员迈克·福莱，为什么某些食物在太空中不会漂浮，答案是因为它们的表面张力。而菲利普亲王则戴上太空手套，尝试在真空中移动物体。得州之行的最后一站是圣安东尼奥的阿拉莫和休斯顿浸信会教堂。大使说，就连女王的私人秘书罗伯特·费罗斯都被人看见随着福音唱诗班的节奏摇摆。在给外交部的报告里，安东尼爵士说，三天得州之行的亮点之一就是，女王的私人秘书一边比画着手指头，一边喊着"阿门"。

对当地人来说，女王得州之行的亮点是，女王在奥斯汀议会大厦草坪上的演讲。"没有哪个州能拥有如此强烈的自豪感和忠诚。"她对东道主说，"即便是普通人，也会因为不幸没有出生在得州而感到遗憾。"在烈日下等了好几个小时就为了见女王一面的数千人，听了演讲之后对她报以热烈的掌声。《今日美国》说，"得州人围着女王打转，就好像虱子追着猎狗一样。"《芝加哥论坛报》则说，孤星之州（得州）戴上了牛仔王冠。

这些高品质的演讲以及它们受到的热烈欢迎是这次访问最显著的特点。没有人再叫女王"老古董"了，也没有人再指责她返回英国前花了四天时间去肯塔基州看望她的马。

* * *

在克林顿时期，伦敦和华盛顿的关系冷却到商务式的水平，主要是因为政治。约翰·梅杰的保守党为乔治·布什的1992年大选提供了积极的支持，这件事激怒了克林顿。英美两国在西方国家对波黑战争的反应上有着激烈的分歧。1994年，美国给新芬党领导人盖瑞·亚当斯发放签证后，梅杰就不再接克林顿的电话。[1]在这种气氛下，两国都不会进行国事互访。不过就在这一年，女王又熟练地承担起"特殊关系"守护者的角色。克林顿或许没能在温莎或白金汉宫享受到全套王室礼遇，但他会在别的地方得到。诺曼底登陆50周年纪念日即将到来。在6月6日的纪念活动之前，英国会有许多重要活动，随后是诺曼底登陆的重演仪式。盟军的所有领导人当天将登上朴茨茅斯的皇家游艇，检阅国际军舰舰队，然后在满载老兵的远洋班轮陪同下启航前往法国。然而只有一个盟友会被邀请在"不列颠尼亚"号上过夜。比尔·克林顿和希拉里·克林顿刚刚从意大利的"二战"战场纪念地飞来。他们住进了9号和11号客舱，这是除女王套房外最好的套房。总统的一个保镖在门口站岗，不准任何人进入，包括给克林顿送早餐咖啡的服务员。

6月4日，朴茨茅斯市政厅内为领导人举办的宴会正式开启了纪念活动。约翰·梅杰记得，女王看到座位表后，及时避免了尴尬局面的发生。英国外交部遵循礼节，将女王安排在挪威国王和荷兰王子伯恩哈德的旁边，而法国总统和美国总统则被安排在离主位很远的地方。由于诺曼底登陆涉及自由法国、美

---

[1] 新芬党是成立于1905年的政治组织，主张建立包括整个爱尔兰岛的统一国家。——编者注

国、英国和加拿大,把英国和加拿大的女王放在主座,而把美国总统和法国总统放在最末的座位是非常奇怪的。女王改变了位置。"当然,人们会期待看见克林顿总统和密特朗总统坐在我身边。"她对自己的私人秘书说,"而我的表亲们,我随时都可以看到他们。"

后来,克林顿回忆起她"巧妙地谈论公共问题,向我寻求信息和见解,而不过分深入探讨自己的政治观点"。第二天,他早早起床,开始了例行的锻炼。大伙儿都看到了他。"不列颠尼亚"号的船长罗伯特·伍达尔德爵士说:"他穿着运动衣,问我在哪里能找到两公里长的跑步线路。我说:'总统先生,绕着船坞跑,如果你跑到朴次茅斯外面,你会被淹没的。'他出发了,却没有真的跑起来。他停下来和码头工人、重机司机们交谈。他回来后,整艘游艇都注意到了他那身奇怪的紧身衣。"船员们津津乐道了好长一段时间。

"他走到走廊的一半就停了下来,"伍达尔德笑着说,"接着做了5分钟的俯卧撑和臀桥,游艇上的人都看着他。然后他走了下去,礼貌地表示自己吃早餐迟到了。"

坐在早餐桌旁的,只有少数几个王室高级成员和爱丁堡公爵。有人记得,克林顿讲述他前一天访问意大利时的动人时刻,"他说起访问安齐奥的美国烈士陵园,突然间他泪流满面,出乎人们意料。"

在"不列颠尼亚"号有史以来最伟大的一天里,会有许多激动人心的时刻。在索伦特,每一码海岸线都挤满了人,数千艘船只的船舷也被挤得水泄不通,领导人们都非常激动。泪流满面的波兰总统莱赫·瓦文萨说不出话来,高举双手向众人鼓掌。克林顿也承认,当时他脑子里想的是前任的话。他说,那时候他只能想起艾森豪威尔的一句话,那就是,诺曼底登陆代表的是被唤醒的民主的怒吼。

可以理解的是,美国的民族自豪感让克林顿不能乘坐女王的游艇再次征服法国。他和第一夫人被转移到一艘运载他们到邻近美国军舰的小艇上。他们将乘坐当时世界上最大的军舰乔治·华盛顿号航空母舰抵达法国。在波涛汹涌的英吉利海峡,从"不列颠尼亚"号上跳到接驳船上,再在几英里外转船,这对胆小的人来说是危险的。女王挥手告别她的美国客人，安妮公主说："海上转船是很好笑的。"幸运的是，对于英美关系来说，这一次没有什么好笑的。

* * *

2003年，乔治·布什与妻子抵达英国，他是第一位对英国进行全面国事访问的美国总统。这个时候，他们已经经历过两次重大事件。从个人层面，王室走过了90年代的一系列混乱——以1997年威尔士王妃戴安娜的死而告终。戴安娜的光芒在美国最为耀眼。四年后，美国遭受了历史上最沉重的恐怖袭击，被劫持的飞机发动了四次袭击，杀死了将近3000人。大部分死难者都是美国公民，371人来自国外，其中67%都来自英国。英国是除美国外死难者最多的国家。2001年9月11日的事件使英国和美国又一次紧密地团结在一起，像女王继位以来的任何时候一样。托尼·布莱尔是袭击发生后第一位抵达华盛顿的世界领导人，他是来声援英国受伤的盟友的。"托尼欣然前往。"当时的英国外交大臣杰克·斯特劳说，"布什需要很多情感上的支持。任何人在这种情况下都会这样。他得到了托尼的支持。"

女王在巴尔莫勒尔看到纽约世贸中心两栋大楼遭受袭击的电视画面时，感到非常震惊。几年后参观世贸中心时，她告诉纽约一位消防队长的遗孀："我想我这辈子从没见过这么糟糕的事情。"

恐怖袭击发生后的第二天早上，她下令将白金汉宫的国旗降下一半，并要求乐队在换岗时演奏《星条旗永不落》。对于悲痛的美国人，以及那些因所有航班突然被禁止起飞而被困在伦敦的人来说，这既令人欣慰，也让人深深感动。在皇宫面前公然哭泣的并不只有美国人。

正如比尔·克林顿后来对威廉·肖克罗斯所说："以我对她的了解，我足以知道，她这么做是出于她自己的想法。它让我无法呼吸，太棒了。在我有生之年，它是我永远不会忘记的事情。"他同样感动于她写给美国人民的信。英国大使克里斯托夫·迈耶爵士在纽约为袭击中丧生的英国人举行的追悼会上宣读了这封信。其中有一句注定要载入史册的话，它是女王最常引用的一句："悲伤是我们为爱付出的代价。"比尔·克林顿后来说："那是一封很不错的信,尤其是那句令人惊叹的话。我不知道如何解释它对观众的影响。它是那么明智,那么真实,莫名就让人深感安慰。它极富疗愈性,既明确又富有说服力。"

在这种情绪背景下,乔治·布什2003年的国事访问将会是一件情投意合的事情,尽管皇宫外出现了反战抗议活动(规模比预期的小得多)。这次不会有马车游行,但不是因为抗议活动。美国安全官员永远不会允许任何美国总统乘坐由木头和皮革制成的马车穿过一个首都大城市。出于安全方面的考虑,欢迎仪式显得有些滑稽。布什夫妇在前一天晚上已经抵达,但他们不得不乘坐美国总统的豪华专车,从皇宫一侧驶向另一侧,参加正式的欢迎仪式。他们受到了热情款待。不像齐奥塞斯库一家,偏执得不允许任何人触摸他们的衣服,国务卿科林·鲍威尔将军很高兴受到皇家礼遇。"我去皇宫看了科林·鲍威尔。"前外交大臣杰克·斯特劳说,"他开玩笑说,他现在享受的服务比他在军队里当高级军官时要好得多,他的行李都被打开安置好了,衣服也挂好了。"

那天晚上的国宴上,女王给宾客们上了比目鱼、鸡肉和普拉琳冰淇淋,她在致辞中还用到了"特殊关系"这个词。她指出,是温斯顿·丘吉尔最先创造了"特殊关系"这个词,"虽然偶尔有人批评这个词,但我认为,它很好地描述了我们的友谊,就像所有特别的朋友一样,我们可以坦率地交谈,也可以不时地提出不同意见——甚至有时会因为某个特定的问题而争吵。但我们的伙伴关系的深度和广度意味着,这些争端可以很快得到解决与原谅。"

第二天晚上,布什在美国大使的官邸温菲尔德公馆安排了一场答谢晚宴,菜品有墨西哥薄馅饼、羊肉和布朗尼蛋糕。劳埃德·韦伯勋爵[1]竟然愿意出场表演。晚宴只有60位客人,气氛轻松而亲密,杰克·斯特劳说,他的妻子爱丽丝对一位看着面熟的客人说:"我们以前是不是见过?"那个人回答说:

---

[1] 劳埃德·韦伯是音乐剧《艾薇塔》《耶稣基督万世巨星》和《猫》以及许多热门戏剧的作曲家,被《福布斯》杂志誉为"历史上最成功的作曲家"。

"我是迈克尔·凯恩。"[1]

回顾美国的第一次国事访问，斯特劳说，这次访问"非常精彩"，来访者不仅"感到荣幸而愉快"，而且非常放松。"布什不像我遇到的大多数领导人那样自负。"斯特劳说，"他觉得没有这个必要。"

小布什决心在第二个总统任期快结束时回报女王的好意。在她对美国的首次国事访问过去半个世纪后，女王重新启程前往弗吉尼亚州首府里士满。不过这次访问的开头是压抑的。一个月前，弗吉尼亚州遭遇了美国历史上最严重的校园枪击事件，弗吉尼亚理工大学32名学生丧生。在1957年首次国事访问中，女王就去过了弗吉尼亚州，参加了原英国殖民地詹姆士镇成立350周年庆祝活动。现在她要去参加400周年纪念了。几乎没有人同时参加过这两次活动。英国驻华盛顿大使大卫·曼宁爵士说，"我们决定在她首次国事访问50周年前后进行这项工作，这是一个极好的时机。"曼宁爵士后来会成为威廉王子和哈里王子的高级顾问。"我们在大使馆办了一个派对，挂上她和历任总统的照片，美国人都很惊讶。他们看到了50年前年轻迷人的女王。她活成了历史，这个世界上像她这样的人并不多。"

她抵达弗吉尼亚州里士满时，当地出了一点滑稽的失误。她乘坐英国航空公司的包机搭错了楼梯，红地毯也铺在了错误的地方。州长为她的到来特意给人们放了公假。大批民众在雨中等待她抵达州议会大厦，在那里听她用扩音器演讲。她谈到，好朋友之间时不时会有不同意见，"那是因为我们知道，把我们联系在一起的纽带远远强于任何暂时的意见分歧。英国人民和这个伟大国家的人民正是这样的关系。"尽管英国对美国领导的伊拉克战争的支持在联合王国内部依旧充满争议，但心照不宣的是，跨大西洋的纽带不会受到任何影响。她说，"这是世界上有史以来最持久的国际合作之一，我有生之年当然有理由感谢这份友谊。"

---

[1] 迈克尔·凯恩是英国著名演员，2000年被伊丽莎白女王封为爵士。——编者注

詹姆斯敦的景象自她上次访问以来发生了巨大的变化，特别是在另一个地方发现了开拓者的驻地。在威廉斯堡，她参观了革命前的威廉玛丽学院，这是美国第二古老的大学，由她的祖先斯图尔特王朝创办。为了表彰女王81年的功绩——她即将超越维多利亚女王，成为英国历史上寿命最长的君主——这次访问的行程安排与以往的巡游大不相同。"不列颠尼亚"号退役已经十年了，因此行程不会在海上展开。在前往华盛顿和要访问的主要城市之前，女王回到了她最喜欢的肯塔基州的草地上。这次国事访问正好赶上了肯塔基赛马会，这并非完全偶然。人群中有一位当地居民马修·巴尊，他将在随后的一届政府中担任美国驻英国大使。这是他第一次亲眼见到她，尽管女王的出现并没有公开，因为这是私人行程。"一切都井然有序。"他回忆道，"她从走廊走进来，和普通人一样，但有州警方陪同。没什么特别的。然后人们说：'天哪！看看谁来了'"有消息称，15万美国人满怀激动地见到了她。这也是女王第一次与特朗普见面，尽管不是与未来的总统，而是与他的前妻伊凡娜·特朗普。

尽管白宫热情欢迎了每一位在人们记忆中具有重要意义的国际领导人，但当工作人员为下一周到访的君主做准备时，人们有着明显的争议。白宫首席迎宾员、海军上将史蒂夫·罗森让全体工作人员高呼一个新的口号："为了女王，一尘不染！"他曾下令，在国宴当晚就连白宫的电工也要打上白领带。"她可不是普通的国家元首。这个世界上没剩几个女王了。"这位海军上将向BBC纪录片摄制组解释说，"她一直被视为这个国家的特别人物。看在上帝的分上——那是王室！"在美国海岸警卫队成就一段辉煌的职业生涯后，罗森突然成为"园艺专家"。"我因为花而失眠。"他承认，"我最担心的是南边门廊上的紫藤。我希望大风不要吹走那些美丽的花。"

在白宫的正式欢迎仪式前夕，女王和公爵低调抵达华盛顿。陪同访问的外交大臣（现为女爵）玛格丽特·贝克特记得，女王满脸慈爱地对她讲述多年前总统穿着牛仔靴的样子。

布什希望这次访问成为他总统任期的一个亮点。"给布什的臣民留下深刻印象的一件事是，他从来不肯穿白领结晚礼服。他讨厌那些礼节。"玛格丽特女爵说，"但这次他打算穿，因为这是女王。在我们眼里他很有魅力。"

和老布什安排的抵达仪式一样，小布什也有一个有趣的、出人意料的时刻。在欢迎致辞中，总统回顾了女王之前对美国的访问。"你帮助我们庆祝了200周年，在17……年。"接着，他又纠正自己："呃，是1976年。"大笑声传遍了草坪。女王被逗乐了。布什优雅地走回来时，她嗔怪地瞥了他一眼。"她看我的样子，就像母亲看自己的孩子。"

美国媒体喜欢研究礼仪细节。他们指出，布什总统以前举办的所有国宴都是四道菜，穿黑领结礼服。而这次的国宴，有五道菜——豌豆汤、多佛鲽鱼、羊肉、奶酪和"玫瑰花"布丁——还有白领结礼服。"乔治·布什，一个脖子上搭条毛巾、把脚放在咖啡桌上、直接从瓶子里喝水、有一次被拍到嘴里塞满食物时还说个不停的得州人，对于和女王共进国宴，他会做什么样的准备呢？"《纽约时报》问道，"礼仪顾问给了许多建议，当然，还有妻子的一点温柔鼓励。"总统不仅同意穿白领结礼服，还打破了他的惯例，"熬夜"，超过了他平常9点15分的就寝时间。

上豌豆汤之前，总统在晚宴致辞中又提到了在白宫草坪上谈到的主题："不断地付出，友谊才会牢固，美国人民感谢陛下对我们这份友谊的承诺。"女王戴着玛丽王冠，系着蓝色饰带，戴着嘉德勋章，没有照念外交部准备的演讲稿，而是做了一次发自肺腑的讲话。她再次反思了她这一代人的生存之道，即他们的生存之道应归功于美国的支持。她说，我们这些见证并享受了战后英国和欧洲其他国家和平、稳定与繁荣的人，完全有理由记住，这是建立在大西洋联盟基础上的。我们生命中所有的美好，都将"在知晓这个简单真理的情况下"继续繁荣。

与过去一样，考虑到王室对太空旅行的浓厚兴趣，英国和美国的官员们在国事访问中也加入了与太空有关的内容。在华盛顿附近的戈达德航天飞行中心，他们观看了与国际空间站的现场连线，三名宇航员表演了失重空翻。公爵眼光敏锐，提出了一些直接的问题。"你们要怎么处理生理需求？"他问一位宇航员。"这是一个很好的问题。"宇航员回答说。

从规模和戏剧化程度来看，这次访问可能比往年那些雄心勃勃的冒险要保守得多。但对于两个八十多岁的老人来说，它仍然有些残忍，最多的时候每天有六场活动，虽然步行已经逐渐减少，客人的数量也有所减少（女王在大使馆花园举办的派对减少到700名客人）。媒体的影响似乎和以前的访问一样。《华盛顿邮报》称，首都为女王的到来而疯狂。这次访问还有一种特别的温暖和熟悉，几乎是一种惬意。

国宴上的嘉宾，有女王的老朋友南希·里根、前国务卿乔治·舒尔茨和他的妻子夏洛特（她组织了女王1983年访问的大部分活动），还有一些赛马会的朋友。在最后时刻，肯塔基赛马会的冠军骑师卡尔文·博雷尔也收到了邀请。在随后的访问中，女王和公爵将与第二次世界大战的退伍老兵一起，参加一个新纪念馆的开幕式。总统慷慨地让出了出席的机会。"43号布什"（美国第43任总统）请求"41号布什"和前第一夫人芭芭拉·布什陪同这对王室夫妇。"布什总统把这个机会让给老布什，让他出席新纪念馆的开幕式，这非常特别。"大卫·曼宁爵士说，"41号布什曾经是飞行员，有着优秀的参战记录。他们在那里像老朋友一样四处走动。这些场合对人们的影响很难衡量，却很重要。"

对女王来说，这仿佛是她上次国事访问的重演，她很愉快。"她跟41号布什在一起很舒服。这是一段非常温暖的关系。"大卫爵士补充道，"她和43号布什也很放松亲密。所以在他的白领结宴会后，她又在大使馆办了一场不那么正式的答谢晚宴。"那是一场没那么麻烦的黑领结晚宴，没有按等级制定的座位表，用的是圆桌——也没有座次。每张桌子都是以赛马会上获奖的一匹马命名的。晚餐前正式合影时，女王坚持把不情愿的41号布什和芭芭拉拽到队伍里，跟43号布什和劳拉站在一起。

演讲时间被控制到最短。"总统先生，"女王开始说，"我不知道我是否应该这样开始祝酒，当我1776年在这里的时候……"宴会厅里一片哄笑。她举杯向老盟友的"力量与活力"致敬，向布什一家和"长久的友谊"致敬。总统的回应同样简短，他感谢女王"多年来对美国人民的深情与厚爱"，然后向"我们最亲密的朋友，英国人民"敬酒。

***

　　不过，几年后，随着新总统入主白宫，英美关系的光芒逐渐褪去。考虑到英国与上届共和党政府关系密切，贝拉克·奥巴马几乎称不上友好，即便相较于布什的共和党，戈登·布朗的工党更适合奥巴马的民主党。有报道说，奥巴马把温斯顿·丘吉尔的半身像从白宫赶了出去（不完全是真的；白宫曾经有两个丘吉尔半身像，其中一个是从英国政府借来的，后来还了回去。奥巴马把另一个放在走廊里，没有动过地方）。奥巴马曾经写过，在茅茅叛变期间，他的祖父在肯尼亚曾经遭受过英国人的折磨（这一说法后来遭到奥巴马家族质疑），而那个时候，女王正在肯尼亚的树屋中加冕。

　　大卫·卡梅伦则有另外一套理论。"我认为他一开始对英国并不特别热情。"卡梅伦承认，"有人说，英国为奥巴马做的唯一一件事就是弄丢了他的行李。他从美国途经英国飞到肯尼亚，我们把他的行李弄丢了。但他最后还是很喜欢英国。"这在很大程度上要归功于女王。

　　奥巴马夫妇第一次与王室见面，是在2009年参加二十国集团峰会抵达伦敦时。在峰会招待会前，他们与女王和菲利普亲王进行了私人会晤。前美国驻英国大使马修·巴尊说："那时，我就知道他们会合得来。"正如奥巴马事先对一位采访者所说："我认为，在全美国人民的想象中，女王代表的是什么，她的优雅与端庄，以及她呈现的是什么，都是非常重要的。"会晤后，他送给女王一个iPod，里面有她2007年对美国进行国事访问的录像。王室夫妇送给他一幅签名照，镶嵌在银相框里。在随后的招待会上，摄像机拍到了一个由来已久的"失礼"场面：有人看到米歇尔·奥巴马用胳膊搂着女王。事实上，女王从来没有因为偶尔的温和接触而恼火过，因为它只是一个礼貌的问题，根本算不上什么失礼。事实上，这次会面最有趣的地方是，女王同时搂住了第一夫人。原来她们俩在交流鞋子的尺寸问题。那年夏末，米歇尔·奥巴马和她的女儿们对伦敦进行了一次私人访问，女王让他们参观了王宫。

　　奥巴马的白宫（政府）以明快的"希望"和"改变"作为口头禅，与戈登·布朗的唐宁街（政府）相当阴郁的运转方式并不吻合。当时的英国政府，仍然在2008年金融危机的重创中挣扎。然而白宫与皇宫的关系却很热烈。2010年布朗离任后，唐宁街10号的情绪发生了变化。这也是女王继位以来第一个联合政府。英美外交官开始认真讨论两国元首都热衷的国事访问。他们定好了日期。那四个星期将会是女王继位以后最具历史性、最愉快的时间。2011年春天，在一个月的时间里，女王将主持威廉王子的婚礼，新年第一次访问爱尔兰，最后迎接奥巴马夫妇来访。与2003年小布什的访问不同，这次没有抗议活动。即便如此，美国安全官员还是取消了马车游行。和布什一家一样，奥巴马一家在王宫内而不是皇家骑兵卫队阅兵场受到欢迎。午餐后，他们交换的礼物就远不是iPod和照片了。女王送给奥巴马一套特别装订的维多利亚女王写给历任美国总统的信。而奥巴马则送给女王一套特别装订的照片和文件，是她的父母1939年首次对美国进行国事访问时的记录。女王非常感动。

那次访问也将在女王为客人举办的皇家特别收藏展上得以体现。奥巴马夫妇看到女王母亲写那封著名的"也吃了热狗！"的信时会心大笑。皇家档案里还有一份非常严肃的文件：乔治三世在失去美国殖民地后手写的悼词："美国失陷了！我们要在打击之后沉沦吗？"奥巴马笑着喊道："这只是两国关系中的一个短暂的小插曲！"毫无疑问，这次国事访问进展顺利。这种情绪是很有感染力的。英国外交部前负责人西蒙·弗雷泽爵士称，这是他职业生涯中"最有趣的国事访问"。"这是一个很有吸引力的活动，国宴上有这么多有趣的人。"当时最受欢迎的一对、新婚的剑桥公爵夫妇特意避开了宴会，以免转移两国元首的注意力（他们早些时候与奥巴马夫妇已经有过私人会晤）。不过，在好莱坞巨星云集的白领结晚宴上，从来都不缺光芒与美丽。当时的英国外交大臣威廉·黑格回忆说，他的妻子菲昂被安排在汤姆·汉克斯的旁边，她帮助这位演员在座位上应付各种眼花缭乱的餐具和水晶。"整顿饭菲昂都在教汤姆·汉克斯。之后，他叫她'教练'！"不过最让黑格勋爵难忘的是这次访问对双方的影响。他说，即使对世界上最有权势的人来说，这也将永远留在他心中。在享用新一季的羊肉晚餐前（配的是2004年份夏布利特级科罗葡萄酒和

1990年份罗曼尼康迪），女王对她的客人们说："是的，我们是来庆祝我们两国之间久经考验的特殊关系的。"

这次访问唯一一个"瑕疵"在总统马上就要说完时出现。他拿起酒杯敬酒，苏格兰卫队管弦乐队以为这是开始奏国歌的信号。奥巴马对"特殊关系"的敬意被淹没在音乐声中。他还没说完，英国外交官就咬紧牙关、攥紧了手指。但他接着说："敬女王陛下，敬两国人民之间特殊关系的活力，用莎士比亚的话来说，敬这片幸福的国土，这个世界、这个王国、这个英格兰。"女王假装没有注意到。"真是太好了。"她对他说。侍者们开始上主菜时，气氛很快就恢复明快了。

黑格回忆说："真正让我吃惊的是，在时间安排上，奥巴马会按照女王的吩咐行事。当女王说宴会该结束了——因为时差的缘故，这只是奥巴马的茶点时间——他说：'她是认真的吗？'但他们还是离开了。除了女王，美国总统恐怕不会这样听命于世界上任何一个人！"

第二天，奥巴马在参众两院发表讲话时，将获得所有前任都没有的殊荣。1982年，大卫·卡梅伦曾安排里根在威斯敏斯特大厅发表演讲，但工党却拒绝了里根。这次没有人反对奥巴马。卡梅伦说，这给了他一个辉煌的平台，不过他认为奥巴马此行真正的魔力在于"与女王陛下一起做事的荣誉"。他毫不怀疑，是女王而不是她的大臣们，奠定了奥巴马时代跨大西洋关系的基础。他说，"目前还不能确定，美国总统和英国首相，或者美国和英国，是否会像事实证明的那样，在奥巴马的领导下变得如此亲密。我认为，这次国事访问在其中起了很大的作用，因为事实上他非常享受这次访问，也非常喜欢她。这让我受益匪浅，因为当我在2012年访问他时，我好像享受了这一次国事访问的好处，对此我感到相当内疚。白金汉宫和女王的付出是额外的福报。因此，国事访问是非常值得的。"

* * *

奥巴马开始连任时，他考虑回报女王的好意。2013年，他任命马修·巴尊为新一任驻伦敦大使。他毕业于哈佛大学，是奥巴马的竞选支持者，熟悉王室礼仪，此前曾是驻瑞典大使。巴尊获得了一项殊荣，被邀请参加温莎城堡的小型晚餐会，"聚餐留宿"。巴尊回忆说："这真是一次特别的经历。我们在温莎城堡住了一晚，十六个人围坐在餐桌旁，柯基在桌子底下跑来跑去。女王在桌子底下喂它们。"那一次，客人还有坎特伯雷大主教和女爵玛吉·史密斯——女王最喜欢的剧目之一《唐顿庄园》的明星。女王在皇家图书馆为每位客人都特别准备了一个小型展览，展出皇家收藏的与他们相关的物品。巴尊仍然记得，他的展品包括乔治六世对美国进行国事访问的信件——乔治六世的手写小条，说的是"美国的天气是那么炎热，他一天里不得不换六次衬衫"，还有一份美国革命时期的英国军事地图。王室对细节的关注给他留下了深刻的印象，他决定在美国大使馆时自己也要这样做。"像这样的小举动会带来很大的不同。当人们来到温菲尔德时，我也会这么做。所以如果有人从纽卡斯尔来，比如，我会放一些'恐怖海峡'乐队或者是他们的乡村音乐，作为谈话的开场白。"

晚餐时，巴尊很荣幸地坐在女王旁边。"那是一顿漫长的晚餐，我们在那里无话不说。我知道这已经是陈词滥调，但当她谈到奥巴马总统及夫人时，她的眼睛里闪着光。是真的。"

不过那天晚上巴尊有一个任务。他说，"我本来想做点正事"。他收到了华盛顿的请求，与女王探讨再次对美国进行国事访问的可能性。尽管有消息称，女王的长途飞行时代已经结束，或许至少她可以考虑去趟华盛顿？这个请求是总统亲自提出的。"他真的想让她再来一次华盛顿。不过她前不久才公开表示，她不再做长途访问了。但我们想看看还有没有办法。我说：'好吧，我们能不能这样……或那样呢？'我不想把这次聚餐变成正式会议。"大使说女王有别的方法能见到总统。"她说：'为什么不让他来这里呢？'我说：'好的，好吧……'你知道，她肯定能做到的，无论以哪种方式。"

果然，差不多一年后，在奥巴马任期最后几个月，总统的直升机降落在温莎城堡外的草坪上。迎接奥巴马一家的，没有仪仗队或车队，只有女王、公爵和他的路虎。他开车载他们四个去城堡吃午饭。而这不是随随便便一顿午餐。前一天，女王刚刚庆祝了90岁生日——历史上第一位这样做的君主。"她真的是我最喜欢的人之一。"奥巴马总统后来说。他送给她一本相册，里面有她与美国所有总统（可以追溯到杜鲁门时代）的合影。"如果我们有幸活到90岁，愿我们像她一样充满活力。"

这原本是一次棘手的政治访问，几周前，总统刚刚对外攻击英国外交政策，称之为"狗屁秀"，而几周后英国就会对是否退出欧盟举行公投。这些都将是第二天唐宁街要讨论的敏感问题。

然而，没有什么能像那天晚上总统和第一夫人与剑桥公爵夫妇及哈里王子共进晚餐的情景那样说明"特殊关系"的双面性。摄像机拍到总统被介绍给两岁的乔治王子。小王子穿着浴袍，手里还紧握着他婴儿时期奥巴马夫妇送的葡萄牙水狗玩具。第二天，这一幕登上了世界各地的头版。[1]

第二天，在与大卫·卡梅伦会谈后，两位领导人在记者招待会上讨论英国脱欧、恐怖主义等问题。不可避免地，奥巴马也被问到"特殊关系"的状况。他用白宫团队一位负责组织他海外行程的不知名高级成员的故事做了回答。他说，在他担任总统期间，她一直有一个请求。尽管多年来这位走遍了全球的白宫专业人士看惯了世界各国领导人来来往往，但她真正想要的，只是能"偷偷看一眼"女王。因此在与总统共进午餐后，女王确保了他信任的助手得到的不只是"偷偷看一眼"而已。女王安排了一次介绍，正式与她认识。"这个，"奥巴马说，"就是特殊关系。"

* * *

随着新总统入主白宫，英美关系再一次受到考验。2017年，唐纳德·特

---

[1] 一周后，奥巴马总统将在他最后一次白宫记者晚宴上得到最响亮的笑声。他注意到人们已经对他失去了兴趣，纷纷展望下一届总统。"上周，乔治王子穿着浴袍来参加我们的会议，"他开玩笑说，"那可真是打我的脸啊！"

朗普的入职典礼过后几个星期，特蕾莎·梅来到华盛顿会见特朗普。她代表女王邀请特朗普近期对英国做一次国事访问。不过计划一拖再拖，因为活动家和左翼团体们声称要举行各种抗议活动，想要扰乱访问，他们对特朗普在移民、女性、脱欧及各种各样事件上的言论感到非常不满。自由民主党领袖文斯·凯布尔说，这样的国事访问可能会令女王和国家"难堪"，而工党的伦敦市市长萨迪克·柯汉则宣称，首都"不欢迎"特朗普。

沙特阿拉伯、中国和印度尼西亚的领导人近年对英国的国事访问，和那些民主性、多元化相对较差的国家的领导人对英国的正式访问，都没有遭遇抗议活动。多年来，英国政府强塞给女王一些糟糕透顶的客人，特别是罗马尼亚的独裁者，文斯·凯布尔的前任大卫·斯蒂尔曾经送给他一条拉布拉多犬。即便如此，有些人觉得唐纳德·特朗普是自成一派。难怪在上任的第一年，这位美国总统宁愿对巴黎做国事访问——法国总统埃玛纽埃尔·马克龙把餐桌摆在了埃菲尔铁塔上，还体贴地把示威者们关在城市的另一端——也不愿意去伦敦。

事实上，特朗普令女王"难堪"的可能性微乎其微。据一位前工作人员说，她对会见这位国家元首很感兴趣，因为他的母亲是苏格兰人，和她一样，他也有一大片苏格兰式庄园（女王的是巴尔莫勒尔，特朗普的是一片著名的高尔夫球场）。此外，特朗普的亲戚们和苏格兰老家的亲人走得很近，还给特朗普母亲玛丽的出生地——刘易斯赫布里迪安岛上的社区项目捐款。

把国事访问降级成正式访问后，2018年7月12日，特朗普总统抵达英国。

第二天，当数万抗议者在伦敦游行时，特朗普先生乘直升机前往首相别墅契克斯庄园与特蕾莎·梅会谈。当天的《太阳晨报》刊登了对特朗普的采访，在采访中，特朗普批评她处理脱欧谈判的方式。这让会谈的气氛有点诡异。虽然随后特朗普先生坚称双边关系在"特殊的最高点"，但无论是感觉上还是看上去，都不像是事实。

不过两个小时后，在第一夫人的陪同下，总统来到温莎与女王喝茶时，这种"冷漠"就消失了。他们的笑容温暖而简单。冷溪卫队组织了一支仪仗队，女王邀请总统同她一起检阅。他俩对此都感到新奇，因为通常她都让爱丁堡公爵（近期不再参加这种场合）代她出席。有些特朗普的批评者指责总统违背礼仪，说他走错了位置，并且走在了女王前面。但白金汉宫的内部知情人说，女王丝毫不以为意。"人们在这种场合通常都很紧张。我想他只是太过关注于不要碰到她，不要绊着她而已。"有人说。

把特朗普夫妇介绍给自己的随行团（包括她那位在美国出生的侍女艾尔利伯爵夫人）之后，女王把他们领进她的私人角落橡木厅喝茶。考虑到美式口味，她还点了热咖啡。房间里只有他们三人。白宫随行团在旁边更为正式的绯红厅享用茶点（还有咖啡、三明治和蛋糕）。显然两国元首相处得很好，因为会面持续了将近20分钟（从礼仪规范来说已经是很久很久了）。

之后总统很少提及此次会面，当然是照他平常的表现来看。"那是一次非常轻松的谈话。"他对ITV电视台的皮尔斯·摩根说，"我们的感受非常好。"她喜欢他吗？他有点害羞。"我不想越俎代庖替她回答，不过，我可以告诉你，我喜欢她，我很喜欢她。"

有点出人意料的是，他透露，女王说脱欧是"一个非常复杂的问题……没有人知道它究竟会有多么复杂"。没有人能够反驳这一点。接着总统为自己正名："我听很多人说，你对与女王的会谈绝口不言，是吗？"这位酷爱推特的总统突然很注意自己的用辞。"让我来告诉你，我能说什么。她是一位杰出的女性，她是那么漂亮，那么美丽，我说的美丽，是内在和外在。那是一个美丽的女人。"

无论这"特殊关系"在政治层面会如何涨落，在女王与美国人民的互相尊重下，它都是非常稳固的。安东尼·阿卡兰德爵士在给外交部提交的关于1991年访问的报告中总结道："我们两个国家现在是，并将继续是最好的朋友，这份友谊体现在美国人民对君主制的现任代表超乎寻常的尊敬，毕竟美国的独立或真实或想象地给她留下过些许伤痕。"这段话在如今如同在当时一样振聋发聩。

第七章
欧洲

"女王万岁!"

Zizette

无论以什么标准衡量,对一位22岁的公主来说,这都是苛刻的行程安排。她以前只去过一次海外,也就是一年前,去了一次南非,是跟她的父母和妹妹一起去的。现在与菲利普亲王结婚六个月后,伊丽莎白公主、爱丁堡公爵夫人即将成为人们关注的焦点,因为她即将踏上成为国家元首后的第一次海外之旅——法国。

虽然表面上她只是春天去巴黎过一个周末,但很快就成了当年的欧洲奇观。当然许多人也有雄心勃勃的、外交方面的期望。国王和王后上一次访问巴黎还是在1938年。那次王室访问取得了巨大成功。但自从第二次世界大战以来,尤其是法国沦陷和英国从敦刻尔克败退以来,海峡两岸的人民对彼此间的关系都不太有把握。公主的任务是帮助重建友好关系。法国人对这次访问抱有巨大热情。

当局制订好了计划,将有100多万名观众追随皇家路线。而远在比利时、荷兰和斯堪的纳维亚半岛的旅行社也组织了"皇家访问之旅"。尽管爱丁堡公爵夫妇明确表示他们不想要礼物,但英国大使馆还是忙着接收并回绝各种礼物,包括跑车、丝袜、一箱卡门培尔奶酪和埃菲尔铁塔的黄金模型。有人还送来了婴儿车。

在所有的礼物中,它其实是最恰当的。因为公主已经怀上查尔斯王子三个月了。而除了直系亲属以外,没有人知道这个消息。这再次表明,世界已经发生了巨大的变化,这样的消息不仅被保留到最后一刻,甚至在那时,也被弄得含混不清。唯一暗示这位未来君主有孕的是,在她从巴黎返回后,有消息称,公主"在6月底之后不再参加任何公开活动"。

公主没有被吓倒,她开始了为期四天的旅行,在法国度过了有史以来最炎热的降临节假期。很难想象,一个怀孕的公主在当时能受到可与今日媲美的待遇。这次访问的行程,会有祝酒、五道菜的午餐和晚餐、熬夜、大量未经消毒的食物、肠胃不适、夜总会和坠机的风险。虽然当时"二战"才刚刚结束三年,英国比今天更加坚忍。但这位在战争时期就树立了责任感的公主,不打算让自己的身体状况扰乱大家努力了几个月的计划。

数万人排队站在巴黎的街道两旁,就是为了看王室专车驶进城市,这样的迎接让公主感动得"落泪"。这次访问的官方目的是,为加利埃拉博物馆一个名为"英国人在巴黎生活的8个世纪"的展览开幕。组织者里有个名叫乔治·蓬皮杜的人。将近1/4个世纪后,他会成为她整个统治时期访问的最重要的东道主之一。这一次,他是当地旅游委员会的委员。

1948年,公主的东道主是法国总统文森特·奥里奥尔。在爱丽舍宫,他授予客人荣誉军团勋章,按礼仪规程来说,他需要亲吻获奖者的双颊。"我把这权力授予给您优秀的丈夫。"总统夸张地说。接着他又授予菲利普亲王英勇十字勋章,表彰他在战时的服役。

第二天,王室夫妇乘坐电梯登上埃菲尔铁塔,而想要追随他们的人们则只能爬楼梯。据估计,大约50万人在塞纳河畔排队,观看公主和公爵乘坐汽艇观光。福煦大街上的人太多了,以至于皇家汽车花了半个小时才从人群中顺利穿行。

媒体的关注无休无止,公爵变得越来越激动,特别是在他肠胃不适的时候。爱丁堡公爵夫妇仍然徒劳地执着于最初"安静地过个周末"的念头。那天晚上，他们换乘一辆匿名汽车消失在夜色之中。他们打算去可以俯瞰塞纳河的银塔饭店享用一顿私人晚餐。结果，他们到达后还不到5分钟，至少有1000人聚集在外面的街道上。穿着蓝色连衣裙，披着白色毛皮斗篷的公主，和夹克扣眼上别着一朵明快的红色康乃馨的公爵，发现饭店的大部分已经被清场。他们吃了西红柿汤、鲽鱼片、鸭胸肉、鸭腿，最后是巧克力香草蛋奶酥。公爵发现邻桌藏了一个摄像头，非常愤怒。

接着是当时的夜总会，切斯卡雷尔酒店。又一次，这个地方也被清场了，一点也不像公共场所。怀孕的公主和生病的公爵仍然跳起舞来，直到凌晨1点35分才被送回英国大使馆官邸。"这是我度过的最骇人听闻的一个夜晚。"公主的私人秘书乔克·科尔维尔后来对传记作家伊丽莎白·朗弗德说，"每个人都打扮得漂漂亮亮的，然而每个地方都没有人——除了镜头。"

最后一天晚上，人们又蜂拥而至，还是为了看一眼"Zizette"，许多法国人喜欢这么叫她。她抵达歌剧院时，穿着一件"白色丝绸长裙，腰身很紧，有裙衬效果"。她的打扮不仅没有泄露她的身体状况，还给这群最挑剔的观众留下了持久的印象。"她穿着'新款'。耶！"克里斯蒂安·迪奥也这么说，"公主的风格恰到好处。她的底边只比我们一些新连衣裙短一点。"

第一次来到以后她将十分熟悉的赛马场时，公主受到了隆尚当地最大规模的欢迎。就连法国的共产主义报纸也称赞这次访问是成功的。只有苏格兰提出了批评。那里的教会组织抱怨说，一位本应为年轻人提供"指导"的公主居然在星期天去观看了赛马比赛。但毫无疑问，这是一次外交胜利。英国报纸把这次访问比作诺曼征服的逆向重现，乔克·科尔维尔也持同样的观点，他说："在四个忙碌的日夜里，公主征服了巴黎。"在给外交部的报告里，英国大使奥利弗·哈维写道，"看到巴黎市民在巴士底广场为一位英国公主欢呼，是一次非同寻常的经历。"

消息很快传回英国，公主和公爵也回到了英国。当国王的维克斯维京式飞机飞进伦敦机场时，信号灯突然爆炸，提醒飞行员他走错了跑道。几个小时后，公爵就回到皇家海军参谋学院工作，而怀孕的公主则赶去见了国王和王后。虽然她没有把婴儿车和那箱卡门培尔奶酪带回来，但她还是接受了银塔饭店赠送的一瓶1798年格兰德珍藏白兰地，送给了国王。

就这样，英国与法国重新开始了联结。女王访问法国的次数，比访问任何非英联邦国家的次数都多。几年后，她对法国的帮助将导致英国走向一段动荡的旅程，也导致她一生中最严重的政治危机。

法国的课程

女王曾经公开而懊悔地表示，她本该接受比温莎城堡教室里更全面的教育。她的祖母玛丽王后与伊丽莎白王后（也就是未来的王太后）之间存在着分歧，前者主张实施更严格的教育计划，而后者则认为，课程中应穿插一些小马和抓魔游戏。

但显然，女王在两个方面很擅长。一个是宪法史，多亏了附近伊顿公学的副教务长亨利·马滕。他本人就是从伊顿公学毕业的，在维多利亚女王统治时期，他就以"老师"的身份回到学校。马滕成年后一直教的都是男孩，他总是心不在焉地绞着手帕，把这位孤独的公主称为"绅士"。不过，事实证明她是一名模范学生。1945年，国王在整个学校面前授予马滕爵士头衔，作为对他的奖赏。

公主的另一个强项是法语。法语不只是欧洲王室和大使馆的通用语，而且对加拿大也是必不可少的，因为那里有大片的法语区。公主的主要家教老师是贝莱古夫人，她在"二战"爆发时与丈夫和两个年幼的儿子逃到了英国。她的丈夫加入戴高乐将军的自由法国军队时，"托妮"·贝莱古开始给国王的私人秘书、彭斯赫斯特的哈丁勋爵的女儿们教授法语。1941年，他向国王和王后推荐她给伊丽莎白公主和妹妹玛格丽特公主当家教。两位公主最后都能说一口流利的法语。多年后，贝莱古回忆说，她的大弟子"非常自然……一种强烈的责任感与生活乐趣交织在一起"。

要不是伊丽莎白王后（而非乔治六世）这位真正的法国爱好者，战时戴高乐将军与国王和首相温斯顿·丘吉尔之间的关系可能会在最好的时候变坏。不过,王后终生与将军保持友好关系。早期访问巴黎时,还是约克公爵夫人的她感到既兴奋又震惊。"太恶心了,"第一次访问时她写信回家说,"那些不穿裤子的女人。"当了王后之后,她对法国的爱在1938年随国王对法国进行国事访问时明确起来。有史以来最为巨大的联盟旗帜在埃菲尔铁塔上空飘扬。法国政府已经提前邀请王后为皇家住所挑选了屋顶。甚至有人向她的苏格兰血统致意,弄了一个"尼斯湖水怪"漂浮在塞纳河畔。

两年后,在法国沦陷和敦刻尔克撤退之后,大部分英国人——包括国王在内——都赞同"我们最好自己过自己的"这一观点。但王后不一样。在巴黎沦陷时,她用法语向法国的女性广播。战争结束后,戴高乐热情洋溢地感谢她。作为王太后,她会经常去法国享受暑假,在卢瓦尔河谷和普罗旺斯旅行,聆听"王后万岁"的呐喊,让多愁善感的市长们流下眼泪,有一次,她还用口琴演奏了《马赛曲》。

她的祝酒很有名。她会高高举起酒杯向仰慕的一切表示敬意,然后倒在地上,谴责此刻的坏人。"敬戴高乐",这是在克拉伦斯宫餐桌旁经常能听到的一句话。《法国世界报》长驻伦敦的资深记者、女王法语传记作者马克·罗什表示,戴高乐一直认为是伊丽莎白王后让战时的伦敦变得"可以忍受"。罗什还有可靠的消息来源说,这位从未表现出对足球有丝毫热爱的王太后,在得知1998年世界杯法国队战胜巴西队后,坚持为法国队干杯。

"她只是与法国人很投契——女王也是这样。她也是跟法国人投缘。"罗什解释道。他指出女王只有少数几个"度假"地,法国就是其中之一,她常去诺曼底看望那些马。"她去那个国家,更多的是发自内心,而不是理性。"他说。这种感觉完全是相互的。他甚至认为,是王太后和女王在战后挽救了法国的荣誉感。他认为王室与戴高乐和自由法国军队的友谊在很大程度上稳固了两国的关系,法国人更愿意记住王室,而不是维希政权通敌叛国的佩坦元帅。

"法国的表现很差。这无可讳言。"罗什说,"德国还没开口,法国就将犹太人驱逐出境;盖世太保淹没在各种谴责之中。那是一段可怕的插曲。但是女王和王太后了解戴高乐，是戴高乐拯救了法国的荣誉。而女王则帮助法国修正了战时的表现。她可能是下意识地这么做的，但我相信，这就是老一辈法国人钟爱她的原因。"

罗什认为，女王选择法国作为她在欧洲的第一个目的地，并且经常往返于英法之间，无论是为了公务还是私事，这样一来，女王在法国人的集体记忆中赢得了独特的地位。

他补充说，女王对年青一代也有着独特的魅力。《名利场》法国办事处内部严格（他们对此抱有一种民族自豪感）规定，《名利场》的法国版永远不会复制英文版刊登的人物。但这一规定也有被欣然违背的时候。2017年7月刊法国版刊登了安妮·莱博维茨拍摄的女王的照片，而英国版和美国版同时出现在报摊上。然而，标题却完全是法文："酷酷的女王"。

英国的评论员们经常指出，在坚决地解除了他们自己的君主制之后，法国人一直试图给他们的总统增添某种王室色彩。前英国驻法国大使克里斯托夫·马拉比爵士认为，有些人希望把某些东西强加在别人身上，但又"不能在我的后院里这么做"。"法国人认为，君主制对别人来说是一个极好的制度，但对他们本身却不是。"2014年，他在英国外交部举行的英法关系研讨会上说："他们是'不得在我后院这么做'的君主主义者。"

1957

在1948年作为公主第一次访问法国之后，1957年，女王又来到巴黎，这次是作为君主的第一次国事访问。这次将更加盛大。当局估计聚集在河边观看"塞纳河畔长廊"的人数是四年前女王加冕以来最多的。再一次，她流利的法语帮上了大忙。事后英国大使格拉德温·杰布爵士在给英国外交大臣的密信中写道，女王陛下的声音有一种让所有法国人深深感动的特质。女王参观歌剧院时，聚集的人数太多太不遵守秩序，骑警们不得不拔出了剑。

杰布接着说，这次访问最引人注目的地方，是她行程中左倾地区"红色郊区"的反应。在当时"工人阶级占绝大多数"的里尔，雷诺工厂的工人们热情欢迎女王，却"被管理层隔得远远的"。鲁拜克斯一家纺织厂的情况也类似。杰布报告说，这次访问最引人注目的是，女王受到了工人们的热烈欢迎。

当时短命的第四共和国正垂死挣扎，法国的国家元首仍然是一个相对礼节性的人物。她的东道主雷内·科蒂总统很快会让位给第五共和国及其第一任国家元首戴高乐将军。在1960年对伦敦的国事访问中，这位将军会被女王（和以往一样，还有她的母亲）吸引。后来，他将温莎王朝称为世界上"唯一合法的君主制"。不过他对英国王室的热爱并不适用于其政府。在十年的时间里，英国与法国的关系将保持明显的冷淡。而在此期间，戴高乐将军两次否决英国加入新的欧洲经济共同体。法国和德国是欧洲经济共同体早期的两个主要大国（事实上，现在也是如此），只要法国总统决心把这个海峡对岸的邻居挡在门外，英国就加入不了。尽管戴高乐本人非常喜爱女王，但在加拿大他也不会给她任何好处。他在魁北克法语区煽动群众，对分裂分子高呼"魁北克自由万岁"。1972年，一切都将发生戏剧性的转变。

加入欧洲共同体

1969年戴高乐将军辞职后，法国很快就会接受英国加入欧洲经济共同体的想法。这要感谢1948年欢迎女王观看展览的那位工作人员。乔治·蓬皮杜于1969年当选法国总统，为法国开辟了一条新的道路。他希望英国参与新的欧洲项目。在唐宁街，他既有强大的盟友，又有亲如手足的情谊——热情的亲欧派爱德华·希思。1971年，英国成员资格的临时条款已经达成一致。希思不仅需要议会通过这些条款，他还希望英国的加入变成必胜主义者的成就，能够与那些有着相同价值观的人举行壮观而宏伟的庆祝，同时也让怀疑论者放心，英国这个国家的荣誉不会在欧洲消失。女王对法国进行国事访问就是最好的证明。尽管她之前的访问让人们铭记在心，但两国政府一致认为，这次访问因为其重要性也应该被载入史册。

克里斯托夫·索姆斯爵士是一位地位和风度兼具的外交家。他的妻子正是温斯顿·丘吉尔爵士的女儿玛丽。早在戴高乐将军统领法国时期（当时英国的首相是哈罗德·威尔逊），克里斯托夫·索姆斯爵士就被任命为英国驻巴黎大使。当时，英国大使馆的工作人员与这位魅力四射的人物有着美好的回忆。他的团队称他为"大象，以响亮的嘶吼声赢得各地的支持和爱戴，象鼻轻轻一动就能横扫对手，偶尔也会用象牙冷酷出击"。

索姆斯发现自己被戴高乐排斥，是因为一份发往伦敦的绝密报告中详细记载了索姆斯与戴高乐关于英国在欧洲前景的某次午餐谈话，被威尔逊泄露给欧洲的其他领导人。但是在蓬皮杜当选法国总统后，索姆斯又赢得了爱丽舍宫的喜爱。1971年10月，外交大臣们要求他就女王对法国进行国事访问这个想法试探法国的反应。他直接去找了蓬皮杜，蓬皮杜对这个想法表示"彻头彻尾"的欢迎，他甚至想好了访问的时间。他希望女王能在1972年5月前来。当时蓬皮杜早已把6月定给了荷兰女王，他希望英国的来访能够大放异彩。

外交部档案显示，法国方面的兴奋情绪有失控的危险。不久之后，在一次致敬苏联领导人列昂尼德·勃列日涅夫的宴会上，法国外交部长莫里斯·舒曼吹嘘法国迫使女王打破自己的规则。英国一贯的政策是，每任君主在位期间对某个国家只进行一次国事访问。当然对帝国之下的属国，君主可以进行多次访问，但对"外国"的正式访问不会超过一次。由于女王在1957年已经对法国进行了国事访问，所以舒曼大声宣布，法国显然是王室非常偏爱的特殊对象。索姆斯也在那个宴会上，他听得怒气冲冲，很快就汇报给伦敦。他给英国外交部负责人丹尼斯·格林希尔爵士写信说，"我知道女王急于不给人留下我们在追赶法国人的印象，这是可以理解的。但法国媒体上太多此类报道很可能会激怒她——还有其他很多人。"

格林希尔在回信中承认，一朝一国一访问的规定的确存在，但现在要被废除了。毕竟女王才40多岁。格林希尔还指出，如果女王只能去一个国家一次，那么她很快就会只能对"相对不重要的国家"进行国事访问。最终她将无处可去。

法国在盛大的外交招待会上吹嘘的这一点，相对来说还只是一个小问题。英国加入欧洲经济共同体的道路，还远没有走完。在英国大多数人都知道，加入共同市场对英国的农业和渔业，以及那些经济长期依赖对英出口的英联邦领地和盟国都有着重大影响。反欧洲经济共同体的情绪在英国政坛的两边都很高涨。

就在索姆斯试探蓬皮杜的那一周，下议院正就英国在欧洲的未来展开激烈的辩论。然而政府已经想让女王卷入其中。这引发了她的私人秘书迈克尔·阿德恩爵士的严厉警告：在议会就加入欧洲共同体一事进行表决之前，不应再对国事访问进行任何讨论。1971年10月28日，议会以356票赞成、244票反对的票数决定英国应加入欧洲经济共同体。即便如此，事情也没有结束。它只是一个开始，议会还要就协议条款进一步展开数月的辩论。这个问题仍然极具争议性，甚至有毒。不过，希思和他的大臣们对于拖女王下水并不感到内疚。英国正在前往欧洲的途中，他们会认真筹划这次伟大的国事访问。

第二天，外交大臣亚历克·道格拉斯·霍姆爵士会见了法国大使，私下里高兴地向他保证，在访问前让下议院通过所有相关立法"应该不会有什么问题"。外交部最担心的是德国人。如果英国派女王大张旗鼓地访问法国，肯定会激怒另一个主要大国。外交使团副团长里斯·梅亚尔提醒皇宫的阿德恩说，德国人可能会因此认为天平已经严重偏向法国。但是外交部想出了一个狡猾的解决方案。在宣布女王访问法国之前，它希望女王向德国总统发出邀请，邀请他对英国进行国事访问。这样，德国的面子得以保全。一年后，古斯塔夫·海涅曼的确受到了女王的欢迎。

女王计划访问巴黎的消息，在媒体方面反响非常好。《泰晤士报》称赞"一国一访问"的规定已经作废，而《星期日电讯报》（当时一家亲欧的报纸）则宣布将停止"反政府"的抱怨。这种兴奋似乎令首相难以自制。皇宫和外交部都有点恐慌，因为爱德华·希思似乎在考虑与女王同去。按照传统，女王出访时总会有外交大臣陪同，但前提是他或她会保持低调。这种访问的全部意义在于，它们是凌驾于政治之上的。首相肯定既不被期待也不受欢迎。多年后，这一规定在一些特殊场合被放宽，比如戴维·卡梅伦曾在都柏林和柏林的国宴上短暂露面。但在1971年，王室和外交部方面都不想让爱德华·希思陪同，尽管这一宏伟工程在很大程度上是他的杰作。在1971年10月29日的外交部备忘录中，里斯·梅亚尔提醒他的同事们会有"一个麻烦"。在与女王开过周会之后，希思曾向她的私人秘书暗示"他可能想陪同她前去"。有谁能提供这方面的先例吗？

女王对英国首相（其中的十三位，直到特蕾莎·梅）的看法一直和她对其他许多问题的看法一样谨慎。不过可以肯定地说，希思永远不会是她喜欢的前五名，甚至不会是前十名。虽然就年龄而言，只有撒切尔夫人更接近女王，但在她身边时，希思从来都不是很自在。他是个单身汉，唯一的爱好是航海和古典音乐。一位前王室成员说他们之间很少闲聊。

不久前，希思还禁止女王参加1971年在新加坡举行的英联邦政府首脑峰会，这一指示将永远令她烦恼。所以被迫放弃上次出行计划的女王，肯定不会鼓励希思参加这次访问。几周后，英国外交部的查尔斯·维金写信给里斯·梅亚尔，证实没有首相参加国事访问的先例。他希望希思只是在开玩笑。但是首相下定决心，在国事访问的双边会谈中，他不想被彻底忽略。就在那一个星期，他要乘坐协和式飞机——英法两国的伟大合作成果——开启它的首航。不过英国公众必须仔细寻找，才能在报纸上看到相关报道。

请求与拒绝

女王一直给出强烈的暗示。11月，在女王与希思的周会之后，英国外交部收到希思私人秘书罗伯特·阿姆斯特朗的一封信。女王曾经告诉首相，她希望这次访问能走出巴黎和北部工业区，因为她在以往的访问中去过那里。简言之，她想看到真正的法国。她非常想去诺曼底的波尔多、卢瓦尔河谷，如果可能的话，还想去看看她的先祖征服者威廉的土地（或者至少去看看伟大的巴约挂毯[1]）。这一切都将转告给巴黎大使馆。但是女王没有对这次访问的真正目

---

[1] 巴约挂毯创作于11世纪，用彩色羊毛线在亚麻布上绣出了诺曼征服英格兰的决定性一战——哈斯丁战役前后发生的事件，现在保存于法国诺曼底的巴约。——编者注

的抱有任何幻想。这是公事而不是玩乐,正如她的副私人秘书马丁·查特里斯给英国外交部的一封信说明的那样。尽管她已经很好地掌握了法语,女王还是想说得更加流利。女王想跟上"自学"的新时尚,她想要一些语言学家的教学磁带。"不仅仅是关于食物和建筑的。"查特里斯坚定地补充道。他解释说,女王希望与蓬皮杜总统讨论欧共体成员资格的细节,并需要"现代商业与经济术语"。时间很紧张,因为对泰国的国事访问即将启程,女王希望在此期间开始温习商务法语。"我想让她带着这些东西登上皇家游艇,这样她就可以在东南亚之旅的安静时光听这些东西。"查特里斯解释道。他描绘出一幅画面,闪闪发亮的"不列颠尼亚"号平静地驶过中国南海,女王坐在阳台甲板上,戴着耳机,练习用法语谈论欧洲的农业补贴。

这次国事访问一对外宣布,各种各样的请求就开始涌入英国大使馆。除了千方百计想要参加皇家招待会的各色人等,还有许多商业上的提议。法国一家食品制造商的高管想知道,他是否可以把女王的头像放在酸奶罐上。皇宫方面的回应很坚决。"在这个国家有一个明确的规定,女王的肖像不得出现在任何包装、纸箱或容器上,特别是巧克力盒等精致的包装。"宫务大臣办公室的瑞夫·希尔写道,并补充说,"如果是真正的纪念品,那倒是可以接受的。"

大部分的组织工作都交给了罗杰·杜·布雷,他当时是英国驻巴黎大使馆的大法官。他身上大大小小的任务有许多,尤其是筹划向蓬皮杜总统颁发荣誉爵士勋章一事。法国总统将会是女王的巴斯大十字荣誉爵士。虽然最尊贵的巴斯骑士可能是显赫而古老的骑士等级,起源于中世纪时期,但它很不好翻译。"L'Ordre du Bain,听上去不是地道的法语。"他提醒皇宫的比尔·赫塞尔廷说,"我们不能坚持用英文名称吗?"

杜·布雷还与法国人就王室行程进行了谈判。女王想去波尔多,但法国人有别的想法,因为去波尔多意味着她会被介绍给蓬皮杜的对手。杜·布雷对皇宫说,总统不想出于政治原因邀请女王到波尔多地区。不过双方都同意法国南部应该包括在内,阿尔勒和阿维尼翁都在行程当中,同时还为爱丁堡公爵准备了卡马格荒野一日游。随后却出现了一场可能会毁掉整个国事访问的风暴。

它无关乎政治与经济，更不用说共同市场了，而是关乎于高卢人的自尊心。

风暴的焦点是皇家交通问题。法国人坚决主张女王在法国期间应该乘坐法国飞机。然而白金汉宫坚持认为她不应该这样做，理由与其说是安全问题，不如说是先例问题。法国可能会提议使用总统的卡拉维尔，它或许是一架非常合适的飞机。但是如果女王接受了这位总统的飞机，又怎么能拒绝别的总统的飞机而又不让人家感觉被冒犯呢？正如马丁·查特里斯在写给克里斯托夫·索姆斯爵士的信中解释的那样，皇宫在近来的访问中拒绝了其他东道主提供的飞机。如果女王乘坐法国飞机，会深深伤害土耳其人、巴西人、智利人和泰国人等。因此，皇宫的态度非常坚决。女王的班机机长，空军准将阿奇·温斯基尔曾两次因果敢而获得优异飞行十字勋章，他可不会让他的女王在法国飞机上冒险。女王将乘坐皇家空军的VC10飞机，温斯基尔已经预订了一架。据了解，法国人也毫不让步。这是他们的"秀"，女王是他们的客人，她要乘坐他们的飞机。克里斯托夫·索姆斯爵士被夹在其中，还有许多更重要的事情要处理，他显然很恼火。大使告知外交部，"有必要和蓬皮杜本人谈一谈。"总统很快就会去契克斯庄园会见爱德华·希思。

外交部开始恐慌，官员们纷纷寻找紧急解决方案。英方试图妥协：为什么不让女王坐火车？原来这个方案早就被法国人否决了。里斯·梅亚尔风趣地报告说，蓬皮杜总统"本人强烈地厌恶火车和火车站"。

亚历克·道格拉斯·霍姆爵士在一封绝密报告中向国防部长卡林顿勋爵和首相本人再次提出这一问题。除了不想冒犯其他国家之外，还有一个担责问题。"外国飞机如果发生事故，也将归咎于我们允许在外国领空飞行，尽管这是不合理的。"不过机智的亚历克爵士相信，他可能已经找到了一条走出困境的道路。皇宫在北美的一次访问中曾打破过自己的先例。亚历克爵士说，我听说女王乘坐的是（美国）总统专机。英国国防部也做了功课，他们派驻巴黎的英国国防专员与总统的私人飞行员德齐尔中校一同飞行。这位中校仅在卡拉维尔上的飞行时间就已多达970个小时。当这一切信息都提交给爱德华·希思时，他下定了决心。3月17日，皇宫被告知，首相将正式建议女王乘坐蓬皮杜的飞机。因此，她不能拒绝。法国和外交部以计谋战胜了皇宫。

如果说英国大使馆松了一口气的话，还是有很多其他问题需要解决。距离访问只有两个月的时间，蓬皮杜总统突然宣布，法国将举行全民公投，看看民众是否希望英国加入共同市场。外交部的工作人员非常震惊。在国事访问前几周对亲密盟友的可靠性进行投票，这当然是不正常的，也是非常粗鲁的。但总统解释说，如果"新欧洲"要拥抱"世界上最古老的民主国家"，那么这个决定应该"得到每个法国人的认可"。这纯粹是蓬皮杜在作秀。法国最新民调显示，61%的人认为英国会成为欧洲的"忠实伙伴"，只有5%的人认为英国会"摧毁市场"。在这次事件中，蓬皮杜先生的公投正式认可了英国的加入，但投票率如此之低，以至于整件事适得其反。人们看得出，蓬皮杜先生的政治判断力很差，礼节方面亦如此。

家族事务

在英国大使馆，克里斯托夫·索姆斯爵士还有别的事情要担心。他收到皇宫的一个消息，女王想抽出一些时间去巴黎郊外看望她的伯父，即流亡的温莎公爵。但她"暂时不希望就此发表任何言论或采取任何行动"。这是这次访问中双方政府都无法控制的事情之一。皇宫和前国王爱德华八世之间的关系对王室本身来说就是一件非常微妙的事情。1936年，为了娶一个名叫沃利斯·辛普森的美国离婚女人，爱德华八世选择退位，造成了近代最严重的王室危机。而温莎公爵随后与弟弟乔治六世之间关于金钱、地位的争端（还有，乔治六世不肯承认公爵夫人为"王后殿下"），是王太后无法忘记和原谅的。在她看来，是公爵造成了国王在56岁时就早逝。然而女王总是努力保持正常关系，并通过克里斯托夫·索姆斯爵士定期联系。索姆斯的儿子，国会议员尼古拉斯·索姆斯爵士回忆起1971年的一个夜晚，他和父亲陪同威尔士亲王第一次访问位于博伊斯德布洛涅的公爵府。"这种拜访必须由外交部安排，必须有女王的许可。出于各种原因，它在外交上非常复杂。"他说，"但这是一个非同寻常的时刻，他们两个在一起——两个威尔士亲王。我永远不会忘记。场面很感人。我们坐在离他们远远的地方，他们聊得很好。"

而查尔斯王子则会在日记中写下那个"可悲"而特别的夜晚。他注意到，在感叹自己从小被严格教养，以及"谈到过去三十三年我的家人让他的日子多么难过"时，公爵的状态很好。与此同时，公爵夫人"像只奇怪的蝙蝠一样不停地飞来飞去……一个难缠的女人——毫无同情心，而且有点肤浅。"

转过年来，随着女王访问的临近，公爵的健康状况迅速恶化，他几乎只能躺在床上。这肯定是女王最后一次与伯父相见。不过蓬皮杜总统害怕公爵可能在国事访问之前或期间去世，他希望得到英国的保证，即便如此，王室的访问也不会受到影响。索姆斯又给外交部长发了一份紧急电报，汇报了总统的担忧，并表明"取消访问会令人怨恨"。然而，除了公爵的医生让·斯恩博士，其他人对此无能为力。索米斯给医生打去了电话，提醒他"女王的任务"会受到严重威胁，并透露了一些重要的信息。正如斯恩后来对传记作者迈克尔·布洛赫所说："大使直奔主题，直截了当地告诉我，公爵在访问前、后去世都没问题，但如果他在访问期间去世，那将是政治灾难。我能做些什么让他不用担心公爵去世的时间吗？"医生说，他对这一系列的询问感到有些吃惊，但只能回答说没有。

这个小插曲，不仅说明了英国在进入欧洲共同体的前夕在外交方面神经是多么脆弱，也让人不禁想起了公爵父亲的离世。1936年1月20日晚，乔治五世的医生道森勋爵给他注射了致命剂量的吗啡和可卡因。这意味着他的去世可以在第二天早上由《泰晤士报》正式宣布，而不是在晚上由不那么受人尊敬的晚报宣布。这绝对是历史上王室新闻管理最极端的例子（当这些细节最终在1986年被披露时，一位历史学家称之为"谋杀"）。那么英国政府是否真的在暗示温莎公爵可能会愿意为他的国家做最后的贡献？那可能太过分了。不过费尽心血的索姆斯安排医生在整个访问期间每晚都向他汇报公爵的情况。

易怒的形象

在访问之前的最后几周，外交部开始为女王起草简报。无论他们是否说了些什么她不知道的事情，从这些发送到皇宫的机密简报中，我们也能看出英国政府当时的想法。回顾戴高乐将军时期，英国外交部的观点是，他"宏伟的愿景本身就是一种幻想"，但"它的余晖犹存"。相比之下，戴高乐的继任者更像一个现实主义者。"蓬皮杜总统的目光并没有放在长远之处。"外交部继续总结道，爱丽舍宫的现任主人明显比他的前任更亲近英国。"曾经在法国政坛大肆流行的仇英心理正在消退。"不过，这不足以自满。就在四年前，反资本主义的学生运动导致了大罢工。严重的民变令戴高乐总统短暂地逃离了这个国家，他害怕发生革命。由克里斯托夫爵士亲自批准的外交部文件充满诗意："诸如1968年那样的爆发，风险依然存在。法国人不时忧虑地回头偷窥，尤其是在5月份鬼魂行走的时候。"

在外交部的绝密文件里，法国政坛的要员们更是有着五花八门的形象。如果某些信息在访问之前被泄露出去，女王可能永远也无法穿越英吉利海峡，而英国进入欧洲共同体的希望也会被粉碎。外交部毫不克制。法国总理雅克·夏班·德尔马斯被尖刻地评论为："面对批评时，他的虚荣与敏感破坏了他的魅力与派头（几乎是一种恋物癖）。因为年龄和工作认真，他才没有背上'玩弄女人'的恶名，但他的眼睛仍不安分。他和第一任妻子离婚。第二任妻子死于车祸。无所顾忌的他会与目前所爱的一位女士再婚，一位老医生的妻子。"

就连亲英派的外交大臣、爱德华·希思的好朋友莫里斯·舒曼也未能幸免。英国外交部当时的简报指出，他与戴高乐将军战时在伦敦的经历给他留下了深刻的烙印。"他认为没有英国的欧洲是不完整的，这个观点可以追溯到那个时代。"然而，他却因"在政治方面软弱、随波逐流而名声扫地……他喜欢被人喜欢，喜欢他比尊重他容易得多。"简报补充说，舒曼太太"文静、谦逊，但非常聪明，是个令人愉快的伴侣"。

外交部对行政改革部长罗杰·弗雷的评价则有些模棱两可。虽然他可能"穿得太讲究，太讲究派头，"但他身上也有詹姆斯·邦德某种特质："他的态度温和，眼睛是冰冷的蓝色，让人想起伊恩·弗莱明小说中更险恶的人物。他令人无法信任。"

不过在法国内阁阵容中，有一个人在所有人之上——财政部长瓦莱里·吉斯卡尔·德斯坦。被称为"仙人掌"的他"冷酷、精于算计"，在"人际交往中非常傲慢，对别人漠不关心"。报告接着说："正如他的职业生涯所显示的，他会在政治判断上犯下严重错误，特别是在时机方面。在这些缺陷之下，他还能在法国政坛占据现在这样的关键地位，是很值得注意的。这几乎全要归功于他的聪明才智、充沛精力和实践能力。"从吉斯卡尔·德斯坦对总统职位的明确野心来看，他似乎没有什么竞争对手。"在智力层面上，他几乎没有竞争对手。"简报作者称赞他能够在没有笔记的情况下发表最复杂的预算演讲。英国外交部冷冰冰地总结道："娶了一个漂亮、富有的妻子，对她不是很好。"四年后，吉斯卡尔和夫人安妮·阿莫恩会成为女王的客人，在白金汉宫进行国事访问。

那么这一次女王的东道主呢？外交部的简报同样对法国总统及夫人做了一番详细的分析。"蓬皮杜的父亲是农民（后来成了乡村教师）的儿子。"开头一句话充满外交部老派的势利。"他混合了奥维格纳特乡下人的狡诈、多疑和罗斯柴尔德财阀的温文尔雅。他的妻子克劳德，在当代艺术家的陪伴下显然比跟政治家生活更快乐。"这份文件指出，她一直受到"流言蜚语和含沙射影"的困扰。"蓬皮杜夫人有点放荡不羁，又有点害羞。"它继续说，"近年来，她与丈夫的生活出现了分歧。她忠诚地支持他扮演新角色，也许在镀金的笼子里生活得不太愉快。"

欢迎

如果说女王1948年的巴黎首秀是在酷热中进行的，那么在1972年5月15日中午抵达法国首都时，女王穿得可以说很单薄。时断时续的冷雨，让她对身上那件罩在赫迪雅曼牌棕白色无袖连衣裙外面的棕色系带大衣感激不已。街道两旁的人们看到她乘坐雪铁龙－玛莎拉蒂混合动力豪华轿车经过，直到车队到达荣军院，雨小了一点的时候，他们才能好好看上一眼。这次来的人，既没有以前来访时那么多，也没有那么混乱。诸如《泰晤士报》的查尔斯·哈格罗夫这样的评论员们根本不关心这个问题。这次国事访问，不仅对蓬皮杜总统来说是一个"历史性的里程碑"，而且还将"让英国人民坚定地支持新欧洲，让他们不再为黄油的价格担忧"。就《泰晤士报》而言，这次访问让女王1957年的那次国事访问成了陪衬，即便当时欢迎女王的人更多。"形势完全不同了。"《泰晤士报》宣称，"重要性也不可估量。"英国和法国的大多数媒体都一致认为，这次国事访问是历史性的，而不仅仅是优雅的双边互利。

圣奥诺雷浮堡大街的英国大使馆看上去很少甚至从未像现在这样庄严。1815年在滑铁卢获胜后，惠灵顿公爵拒绝了现在的爱丽舍宫，转而选择这座宏伟的官邸作为他在巴黎的总部。直到今天，那里还有一个放着宝座的屋子。

大使决心超越所有人的期望。"他表现得非常出色。"他的儿子尼古拉斯·索姆斯爵士回忆说，"我的母亲和保姆也一样。"虽然索姆斯家的孩子们早已长大成人，但他们深爱的保姆希尔达·金会在家里待上55年。当索姆斯一家搬到巴黎时，保姆也来了，愉快而自愿地负责大使馆的花卉工作。在王室到访期间，她表现出色。"国事访问期间所有的鲜花都是她准备的，我想我这辈子从没见过这么漂亮的东西。"尼古拉斯爵士回忆说，"她一句法语也不会说，但她会在法国花卉市场上讲价，拿到非常优惠的价格。那些花非常漂亮，都是她挑选摆放的。最后我们把她介绍给女王，女王送给她一张签名照片。她珍藏了一辈子。"

需要考虑的不仅仅是女王的要求，还有王室随从的。例如，女王的化妆师波波·麦克唐纳必须有"特殊对待"（大量的杜松子酒和奎宁水）。不过克里斯托夫·索姆斯爵士和他的团队的原则是在食物、饮品和礼节方面，要与法国人媲美，甚至要超越他们。

不过访问的第一轮是在爱丽舍宫，与蓬皮杜总统享用欢迎午餐，菜品有烤比目鱼、烤鸭、芦笋、奶酪和"特里亚农"冰淇淋，配鱼的是1969年的梅绍尔特，配鸭肉的是1961年罗斯柴尔德的拉菲。在坐下用餐之前，两国元首有礼物要交换。考虑到与蓬皮杜的第一次见面是在1948年的艺术展，以及蓬皮杜夫人对当代艺术的兴趣，女王选择了格雷厄姆·萨瑟兰的一幅抽象画《江口》。虽然萨瑟兰的手法令大使的岳母克莱门蒂·丘吉尔非常不高兴，以至于她把他画的温斯顿爵士肖像给烧了，但这位战争艺术家却是王太后的宠儿，在1960年还被授予荣誉勋章。至于蓬皮杜夫人，女王还准备了一件同样现代的礼物，一枚刻有"E II R"字样的金胸针，"18K黄金拉丝闪闪发亮，镶嵌着碎钻。"桌子上还放着给蓬皮杜先生的巴斯大十字勋章和缎带。在罗杰·杜·布雷的建议下，它还是被写成了"巴斯"，而不是法文版的"du Bain"。这一次，女王不会收到勋章，因为在上次访问时她已经收到过。不过蓬皮杜一家为女王订制了一套手工制作的桌布和床单，给菲利普亲王准备了一套塞沃尔瓷器。

午餐后，这对夫妇被送到一个和白金汉宫一样富丽堂皇的住所，凡尔赛宫的大特里亚农宫。为了取悦外国访客，戴高乐曾不惜重金修缮了这座宫殿。修缮后的第一位客人也是英国人——前英国首相哈罗德·威尔逊。如果说18世纪的仿制品，镀金和天鹅绒，博得了化学家的儿子、出生于哈德斯菲尔德的哈罗德·威尔逊的欢心的话，人们不禁想知道，在女王之前来到这里的列昂尼德·勃列日涅夫是怎么看待它的。那里的工作人员倒是很激动，因为法国最宏伟的皇宫终于迎来了真正的王室。但令他们有点失望的是，来自白金汉宫的客人们没有选择那间有着巨大镀金床的豪华皇家套房。女王和公爵选择了更简朴、更安静的"双人卧房"。

不过他们没有时间四处参观。在抵达15分钟后，女王要为整个巴黎外交使团举行招待会。每一个细节都会被这些目光如炬的礼节追随者仔细审视。在英国以及一些仍然被称为"旧帝国"的地方，人们对英国以牺牲旧盟友为代价而拥抱欧洲的做法感到震惊甚至愤怒。在威斯敏斯特，影子欧洲大臣彼得·肖尔谴责皇家之行"不明智，时机不对"。这位前内阁大臣攻击正在进行当中的国事访问，当然是不同寻常的，但肖尔坚持认为它违背了宪法的界限。促进英国与法国的友谊本身没有错，但"像这个星期一样，利用皇冠，授权给某一特定条约"则大错特错。

索姆斯及其上司们并没有忘记安抚英联邦国家，特别是女王的领地。对外交使团里的英联邦成员国也会有一系列小而重要的举动。他们会在凡尔赛受到欢迎，顺序排在其他国家的大使之前，并且有机会与女王合影。

与此同时，整个访问的核心部分——当晚国宴上的讲话——也在进行着最后的润色。这份最终声明说的不只是英国与法国的关系，还有与新的欧洲政治体系的关系。女王的讲话会被整个欧洲大陆的电视台直播。女王在国事访问期间的任何讲话，都是大使馆、外交和英联邦事务部及皇宫三方合作的结果，此外，唐宁街的首相府偶尔也会提供意见。在这种情况下，这个过程将非常复杂，在皇宫与外交和英联邦事务部互相争夺优先度的时候，需要有人提供更多洞见。事实表明，女王绝不会对着下属们给她写的演讲稿照本宣科。多年来在她的一些重要讲话中，她投入了极大的热情。关于英国进入欧洲的问题，1972年英国政府的观点可以简单概括为"全速前进"。而皇宫的观点则无疑是"稳定"。

女王当晚的演讲稿储存在国家档案馆。第一版是由克里斯托夫·索姆斯爵士精心准备的，开头就是时髦的、有点丘吉尔式的长篇大论。如果女王是作为政客在党派会议上发表讲话，或是在某个贸易峰会上许下甜言蜜语，这段演讲倒算不上格格不入。它称赞法国是"人类精神的宝库，一个集所有创意于一身的画廊……我很高兴我能看到我们共同的过去留下了什么，又为我们共同的未来塑造了什么。"多年来欧洲怀疑论者一再抱怨，英国加入共同市场，而英国公众从未听过整件事的始末，只是被引导相信这将是汉萨同盟——中世纪的城市和商人联盟——的现代翻版。但人们很难指责英国外交部在这次尝试中的坦率。"这不仅仅是一个商业联盟，旨在为我们的国家经济带来某些有利可图的调整，尽管这可能也很重要。"索姆斯和他的团队写道，"但更重要的是，这是欧洲历史的一个开端、一个起点、一个转折点。生活在（海峡）两岸的人民，命运已永久而不可逆转地结合在一起。这就是我们所寻求的变革的规模。这就是我们加入的终极意义。这就是我们对欧洲未来的信心。"

除了对欧洲的歌颂之外，演讲稿里还提到了一点，即英联邦（或文稿里所说的"传统利益")必须得到"考虑和保护"。然而有些事情已经没有转圜的余地。"国际环境改变了一些长期存在的想法。"

这样说未免太过分了。欧洲的争论在英国还没有尘埃落定,议会在这个问题上仍存在严重分歧,此时让女王"欢欣鼓舞"地宣布她对"欧洲未来"的"信念"将是十分困难的。而在外交部,资深外交官们开始建议修改索姆斯的演讲稿。西欧部的C.M.詹姆士在"永久而不可逆转"那一段中加了一行。"在议会尚在衡量的情况下,这样写,太过强硬了。"他在页边空白处写道,"让女王太过于介入政治了。"

外交部的第二版演讲稿,仍然提到了对欧洲一体化的支持。那将是一种"伙伴关系,招揽天下英才,在重大问题上发出同一个声音"。

1972年4月,这份文稿一送到白金汉宫,女王的私人秘书马丁·查特里斯就开始修改。在英联邦看来,每一句话都充满了傲慢与敌意。其中有这样一句:"欧洲在世界贸易中占主导地位,它有着独特的先进性。"

所有可能暗示女王赞同资深外交官和首相的欧洲情怀的话都被删除了。英国外交部希望她说:"我非常满意地知道,我们两国之间的关系正在快速发展。"查特里斯明智地改动了一下,这句话就变成了:"我们两国的关系每天都在快速发展。"就这样,情绪巧妙地转变成了事实。4月28日,查特里斯将他修改好的版本寄回了外交部,并附上了一封信,信中明确表示,王室很有可能会再次修改。"当然,女王可能会有大量修改。"许多人给女王提出建议。如果首相把自己的电话簿给女王,她能认出所有名字。她最高级的官员都说了,她会毫不犹豫地大作修改。她的确是这么做的。

5月4日,查特里斯发回了女王修改的版本。正如索姆斯稍后在信中所说,女王在措辞上的确非常谨慎。"一个共同体,不是某个单一国家力量可以操控"被删去,"伙伴关系,招揽天下英才,在重大问题上发出同一个声音"也被删去。"一个共同的企业,没有单一的国家权力中心"的提法已经不复存在。"以同一个声音谈论重大问题、会集众多天才的伙伴关系"也已经被删去,更重要的是,"历史的转折点"这种话再也没有被提及。

在结尾部分还有一个王室改动的经典范例。之前的版本中有这样一句话："我很高兴我们两国找到了共同的目标感。"女王改成了："我希望我们两国能找到共同的目标感。"意思就是他们还没有找到，现在她并不高兴。

如果说外交部的官员们对这个淡化欧洲颂歌的版本感到不满，那么外交大臣则有着不同的看法。亚历克爵士自称非常高兴。"这会是一次精彩的演讲。"访问开始前几天他在稿子上潦草地写下。他唯一的担忧是女王第二天的行程，她要在杜维尔酒店向巴黎议会发表另一次演讲。其中有这样一句话："欧洲的命运大部分像河流一样流过伦敦和巴黎。""非常好。"亚历克爵士礼貌地指出，"但是命运会像河流一样流淌吗？我无法肯定！"

凡尔赛宫

翻修过的凡尔赛宫看上去跟玛丽·安托瓦内特时代的大不相同。正如克里斯托夫·索姆斯爵士在翻修完成后给外交大臣的信中所说："那天晚上，凡尔赛宫似乎恢复到它的初衷，王室消逝的荣光。"蓬皮杜总统安排了一场芭蕾表演——《吉赛尔》的删减版，然后领着女王参加150人的晚餐。餐桌的烛台上总共有480根蜡烛。

不过那时距离国宴礼仪允许人们在吃饭前发言还有很多年。1972年，演讲必须放在餐后。女王和蓬皮杜总统将不得不先吃上一顿佩里戈尔鹅肝（配的是1949年的伊克姆城堡）、龙虾派、圣佛罗伦萨羊腿、冻奶油蛋糕和草莓的晚餐，才能来到那个伟大的时刻。如果说英国加入欧洲共同体曾经有过"加冕"仪式的话，那很可能就是现在了。在托妮·贝莱古的持久影响下（可能还有法语磁带的一点帮助），女王今晚的活动几乎全部用法语进行。

蓬皮杜总统首先向女王保证，法国人民"对友谊和尊重的反应是一致的"，这种感情来自于"对以如此优雅和尊严承担王冠重任的人的深切关爱"。

他将英国和法国描述为"两个最古老的欧洲国家"（许多人可能对此有所争论），回顾了它们是如何"剑拔弩张，却又被对方的热情所吸引"。英国外交部演讲审查委员会的委员们对戴高乐将军的话题非常紧张，甚至建议女王不要说出他的名字，除非蓬皮杜总统先说出来。英国大使馆当时的大使克里斯托夫·埃沃特·比格斯[1]曾经提醒，女王先提及的话会显得没有分寸。显然蓬皮杜总统对提及前任可并不顾忌。"我们不会忘记，1940年，当法国被希特勒的力量完全吞没时，只有英国不肯屈服，拯救了世界的自由。"他宣称，"我们不会忘记，是你们在你们的土地上欢迎戴高乐将军，承认了自由法国军，然后整个法国才开始继续战斗。"

他还直截了当地说："不久前，贵国似乎认为欧洲经济共同体是欧洲国家必须加入的团体，但是三个多世纪以来，英国一直顽固并且成功地摧毁这种欧洲大同。法国看到英国坚定地转向大海，留在欧洲的边缘。我们现在已经说服了对方。十多个世纪以来，从挪威海到地中海，西欧各国人民第一次明确地承诺，要走经济一体化和政治合作的道路。"他坚定地说，"反悔"是不可能的。短短四十多年后，他将被证明是大错特错的。然而在这样一个夜晚，如果说英国以后有一天会脱离欧盟，那么一定会像路易十六在断头台上的表现一样令人难以置信。

最后女王站起身来向客人致辞，这番话已经被萃取得比五星级白兰地更加精练。她的某些改动（虽然不是全部）被接受。外交部还是把他们认为更好的观点放了进去。在她的版本中，她写道："现在，古老的关系可能被赋予一个新的维度。"当晚，"可能"被改成了"将"。英国外交部大大提升了今天所谓的"大愿景"。毕竟这是"历史的转折点"。是谁坚持要增加"历史的转折点"这一句？或许是首相本人？唐宁街在这些问题上总是有最后发言权。在演讲稿之战的最后，历史上最亲欧的英国政府和天生谨慎的女王及其朝臣之间，力量

---

[1] 埃沃特·比格斯是一位颇受欢迎的外交官。因为在阿拉曼战役中受伤，他平常都戴着一副单片眼镜。丰盛的午餐过后，他会把单片眼镜换到那只好的眼睛上，偷偷地小睡一会儿。1976年，他被任命为英国驻都柏林大使，抵达后不久就被爱尔兰共和军暗杀，一同牺牲的还有一个年轻的公务员。

似乎是均等的。她的演讲中有一段是所有版本都没有改动过的。它让这个夜晚变得明快了一些。"我们或许是在道路的两边各自行驶,"女王说,"但我们走的是同一条路。"

虽然双方的演讲都结束了,但这个夜晚还没有。两国元首在凡尔赛宫的镜厅举办了两千人的餐后招待会。克里斯托夫·索姆斯爵士在随后的报告中写道:"摄像灯光,还有法国上层社会的男男女女摩肩擦踵地靠近女王和爱丁堡公爵,破坏了格拉斯广场的盛宴。"法国媒体为之着迷。用《费加罗报》的话说,女王的演讲和她的出席无异于是对一个新时代的"献祭"。

差别万岁

访问的基调已经确定下来。现在到了双方享受气氛与相互赞赏的时候了。第二天,女王在巴黎市议会发表讲话,在维尔酒店受到宴请。在1904年爱德华七世宣布《友好协议》的同一个房间里,女王向巴黎致敬,用的是比她及顾问们在国宴演讲中删去的还要华丽的辞藻。"对我们来说,她不像其他城市;相反,她是幻想中闪耀的光芒。"她用流利的法语再次指出。"她是永恒的,却与时俱进。"虽然英国外交大臣对命运是否能像河流一样"流淌"心存疑虑,但女王还是认为它可以:"欧洲的命运大部分像塞纳河和泰晤士河一样流淌在伦敦和巴黎……"

法国媒体再次赞扬了女王的时尚感,特别是她的蓝绿色贝雷帽。他们同样对女王选择客人参加英国大使馆随后举行的小型午餐会印象深刻。她没有邀请寻常的精英阶层,而是采用了她和爱丁堡公爵已经在白金汉宫推出的"非正式"午餐会的形式。在英国,每隔几个月就会有十几位行业精英接到王室副主管的电话,询问他们是否愿意与女王共进午餐。在刚听到消息的狂喜和回答"是否携伴赴约"之后,他们通常会再次打电话给皇宫的总机,找到副主管确认这份邀请是真的。几乎没有人拒绝过这种邀请。女王决定在巴黎也这样做,她邀请到一位著名的医生、一位电视台主管、小说家让·多梅森,还有女装设计师皮埃尔·巴尔曼。

对于大使馆的厨房来说，这只是当天的第一个挑战。那天晚上，轮到女王招待总统了。大使对此很在行。在索姆斯时代，食物一直是英国外交的重点。"索姆斯每天的第一件事就是和厨师们开会，决定今天要吃什么。"罗杰·杜·布雷爵士回忆道，他曾担任大法官。上司对细节的关注，他记忆犹新。"他会说：'我们还没考虑颜色。我们需要色彩——西红柿或胡萝卜！'他的自酿酒都是上好的红酒。"

在访问之前，大使和他的厨师已经仔细筹划，如何能在女王的答谢晚宴上胜过法国人的菜品。清炖肉汤放在穆斯林酱汁三文鱼之后，接着是牛肉配"佩里戈尔珍珠（黑松露）"和波琳冰激凌。佐餐的酒，即使是最讲派头的法国葡萄酒拥趸也挑不出毛病，有1962年的拉维尔豪布利昂城堡，1949年的拉图尔城堡和1955年的波尔罗杰城堡。女王从白金汉宫带来了好几箱上好的餐具，使这次宴会锦上添花。"皇宫送来了餐具。我记得打开包装，第一眼看到的是一个巨大的金烛台。"杜·布雷说，"有个男仆，头衔很有趣，叫某某东西的仆人。我对他说，我敢打赌世界上再也没有这样的男仆了。他说，家里还有五十个。"

杜·布雷记得，他的老板对这场宴会感到非常自豪，坚持要亲自倒酒，包括那些为中层官员在大使馆另一处举办的"预备"宴会上的酒瓶。既然克里斯托夫爵士操心得够多了，杜·布雷就不会再给他添麻烦了。当女王穿着银色真丝裙、戴着荣誉军团的缎带等待总统的到来时，杜·布雷接到了一个电话。电话那头一个人操着爱尔兰口音告诉他，5分钟后大使馆内将有一枚炸弹爆炸。"我很幸运，当时珀金斯[1]就在我身边。"杜·布雷在回忆录里写道，"我们什么都没说，就一致同意，当时已经没有时间做什么有用的事情。那真是漫长的

---

[1] 阿尔伯特·珀金斯，1927年加入大都会警察局，担任王太后和女王的护卫官。那些叫他"珀金斯"的人，会被温和地叫到一边，被告知应该是"珀金斯先生"。在他退休前不久，人们对他的称呼还要再升一级，因为在1973年女王授予了他爵位。

5分钟。大使对此事毫不知情。"

第二天早上,总统的卡拉维尔号等着把王室访客送往阳光明媚的普罗旺斯。这架差点成为外交灾难、争议满满的航班,几乎没什么媒体关注。媒体更感兴趣的是,在阿维尼翁的热浪中,王室乘坐的汽车散热器软管炸得一塌糊涂。据克里斯托夫·索姆斯爵士说,从这一天起,"访问的心态发生了变化。"他后来写道:"阳光照耀,人群欢呼。人们欣喜地发现,在英国的君主制下,女王都能充满温情与质朴地存在着,这在法国是前所未有的,无论是在波旁王朝的喧嚣之下,还是在戴高乐将军超脱世俗的节俭之下。"人们注意到,就连脾气暴躁的阿尔勒市共产主义市长也为之着迷。在女王参观教皇宫殿和著名的阿维尼翁桥时,爱丁堡公爵乘直升飞机在卡马格与自然资源保护主义者一起观鸟,时间长达几个小时。这位大使自豪地说,公爵成功地认出了小滨鹬,英国涉禽里最小的一种,这让卡马格的东道主大吃一惊。

尽管所有的目光都集中在女王身上,公爵却在法国民众中吸引了不少追随者。又一轮"女王万岁"的欢呼之后,阿维尼翁一名男子高喊:"公爵万岁!"人群发出哄笑,公爵没有理会。"亲王万岁!"他又喊道。公爵仍然没有回应。他没有退缩,大声喊道:"国王万岁!"这时公爵突然大笑起来,朝他伸出了手。

根据安排,当时在皇家海军服役的初级军官威尔士亲王在土伦附近登陆,与父母小聚。他们一起在雷堡附近著名的布曼尼尔酒店度过了一个晚上。接下来的一天,是之前或之后所有国事访问中最不寻常的一天。王室的行程覆盖了数百英里,一个工厂,一天的赛马,温莎公爵和一个非常盛大的迪斯科舞会。

那天上午,王室开始了在雷堡的行程。市长雷蒙德·图利尔用手重重地搭在女王的肩膀上,防止她太过靠近700英尺高的悬崖边。在她统治期间,许多权贵和要员因"触碰"君主的失礼行为而受到媒体的责难。不过这一次媒体并没有谴责图利尔过度保护的举动。毕竟,那是一个非常高的悬崖。

与此同时,查尔斯王子有点调情似的用法语和一群穿着传统普罗旺斯蓬蓬裙的当地女孩聊天。"迷你裙会更方便实用。"他说。她们听了非常高兴。在参观了马赛的航空航天工厂后，王室回到卡拉维尔号，离开法国南部前往寒冷的巴黎，正好赶上在隆尚举行的赛马比赛。第五场比赛被称为"伊丽莎白二世女王杯"，之后女王悄然离去，赶去见前国王爱德华八世最后一面。

在这次女王继位以来最重要的一次访问中，温莎公爵虽然强撑着不肯离世，但他已经卧床不起，并且迅速地衰弱下去。但是他无论如何都不肯穿着睡衣或者躺在床上接待女王。公爵让斯恩医生把他的静脉点滴藏在衬衫下面，还穿上了一件蓝色的外套，坐到了隔壁客厅的扶手椅上。

当女王与菲利普亲王和威尔士亲王一同走进房间时，公爵使出全身力气站起身来，向他们鞠躬，这令他的医生震惊不已。女王赶紧让他坐下，他们坐了大约一刻钟，据说主要谈的是这次访问。当时在场的一个人告诉传记作家莎拉·布拉德福德，女王离开时眼里含着泪水。她不仅被她叔叔痛苦的骑士精神感动，还想起了她深爱的父亲。在楼下，温莎公爵夫人招待他们喝茶。她紧张得双手颤抖，杯子都掉在了地上。九天后，公爵去世了，他的遗体被空运回英国安葬。

跳舞的女王

在英国大使馆，还有几个小时，这里就要举行大使馆有史以来最盛大的一次宴会。它甚至比本周早些时候女王为蓬皮杜总统举办的答谢晚宴还要壮观。作为这次访问的尾声，克里斯托夫·索姆斯和他的团队决定邀请蓬皮杜总统及夫人参加这场1200人的白领结大使馆舞会，包括老一辈和年青一代。除了法国的伟大和美好之外，至少300名"年轻人"也将参加，因为威尔士亲王是当晚的东道主之一。

一顶巨大的帐篷占据了大使馆漂亮花园的大部分地方。尽管大使馆有自己的舞厅，但为了晚宴，他们增加了大片临时舞池。当然还要有一个合适的乐队，要为"年轻人"准备一个迪斯科舞厅。不过没有哪个英国大使有信心和影响力提议如此规模的宴会。当晚的花费估计有25000英镑，相当于1972年两位内阁大臣的年薪总和。即便是大使馆最大的活动，每年的女王生日庆祝活动也只有2000英镑的预算。难怪关于此事的备忘录一直在白厅飞来飞去，最后落到了大臣们的案头。未来的香港总督爱德华·尤德，当时外交部的人事部负责人就曾警告说，这次宴会的成本是三年前女王对巴西国事访问时舞会的十倍。最后有些费用索姆斯只能自掏腰包。

在场的人不会忘记那天晚上的情景，或者说女王走进舞会的那一刻。"她走进房间时，现场一片寂静，她看上去美极了。"尼古拉斯·索姆斯爵士说，"这是我见过的最优雅的场面。每个人的状态都非常好。"此时此刻，女王已经回到了自己的"家"，但那仍然是一个漫长的引荐之夜。尼古拉斯爵士说，"我父亲面临的最大的困难是领着她往前走，因为每个人都想触摸她的裙摆。"

尽管他穿着全副军装，大摇大摆地跳迪斯科，留下了许多美好回忆，但有一位客人不太喜欢跳舞，他就是蓬皮杜总统。据《每日快报》的约翰·埃里森说，12点过后不久，女王提议自己和总统领舞。"这本该是这次成功访问的最后姿态。"埃里森写道，"令人遗憾的是，像蓬皮杜先生这样有教养的人在社交场合也有这样一个缺陷。他居然红着脸谢绝了。"

事实上到了这个时候，不需要跳舞也可以说这是一次非常成功的访问。《每日快报》说出了英国媒体的心声，它指出，虽然法国总统和英国首相之间有着"毋庸置疑的友谊"，"但他们还是需要王室出面来达成欧洲新政。历史学家可能会有趣地发现，在20世纪，在这样重大的问题面前，大使馆里一个晚上的欢笑，一个跳舞的邀请就能扭转局面。"

第二天，法国总理雅克·夏班·德尔马斯护送王室前往鲁昂。皇家游艇"不列颠尼亚"号在那里等候载女王回家。尽管五百多年的岁月过去，在1431年圣女贞德被英国军队烧死的地方，皇家车队还是疾驰而过。当局坚决认为，人们关注的最终焦点应该是前瞻性的，而不是跟那位奥尔良圣女相关的新闻。

夏班·德尔马斯离开皇家游艇前，女王用茶和火腿三明治招待他，还给蓬皮杜和法国人民发了一封告别信。她在信中表示，"真诚希望我的访问能帮助我们，开启两国漫长历史上充满希望的新篇章"。

在回顾这次成功的访问时,《经济学人》给女王打了满分。"她依旧是欧洲的象征,英国人在欧洲战争中拼死维护的美好事物的象征,虽然英国人并不太喜欢这种方式。"她宣称,"英国在欧洲发展壮大的过程中有着特殊的作用,而这位会讲法语的英国女王充分发挥了这种作用。"

总统先生

女王与随后的法国总统们关系更为复杂。据说,她很喜欢弗朗索瓦·密特朗总统(社会党)。她曾多次与他会谈,并在1994年一起出席了英法海底隧道的通车仪式。她与雅克·希拉克的关系也很轻松、和谐。在两国的互访期间,这两位总统经常是女王的东道主或者客人。作为《法国世界报》伦敦分站的负责人,马克·罗什参加了女王金禧年媒体招待会,当时正是2002年法国总统大选的最后一个星期。第二个回合,希拉克正要对战新法西斯主义者让·玛丽·勒庞。罗什和女王提到这个话题。"我们三个法国记者站在那里,她走到我们身边。我说,法国的情况很糟糕。她说,我希望法国人会好好投票。所以我在《法国世界报》上发表了题为'女王投给希拉克'的头条文章。"

女王与吉斯卡尔·德斯坦的关系似乎就没那么和谐了。有一件事情可以证明这一点,也就是法国媒体所谓的"窗户事件"。那是1976年吉斯卡尔在伦敦做国事访问时的答谢晚宴。在法国大使馆用餐期间,女王想打开一扇窗户,呼吸一点新鲜空气。吉斯卡尔命人关上它。晚年时,他写了一本爱情小说,《总统与王妃》,讲述了一位法国领导人与英国王妃的风流韵事,惹得许多人怀疑他与已故的威尔士王妃戴安娜之间有过私情(他对此表示否认)。尽管如此,他还是对女王在他国事访问时送给他的礼物——桑德林汉姆·桑巴,女王狗舍的一只小拉布拉多狗——感到骄傲无比。

当然这种访问的模式完全由政府决定,而不是皇宫。2007年,萨科齐当选后不久,收到一份邀请,请他对英国进行一次国事访问。在抵达的几个星期之前,为了确保他不会独自出访,他赶紧与歌手卡拉·布鲁尼结婚。2008年在温莎城堡的国事访问并没有双方期待的那么成功。马克·罗什六年前泄露了女王对勒庞的看法，如今得到了原谅，也是受邀的宾客之一。"晚饭后还有酒水和雪茄。"他回忆说，"我记得，女王在那里跟查尔斯王子说话。人们说：'萨科齐和夫人在哪里？'他们不见了。"原来，总统和新婚妻子已经去睡觉了。"这真的非常失礼。"罗什说，"我觉得他不是故意的，但当时他毫无魅力。"

萨科齐还没来得及采取任何补救措施就下了台。2014年，女王再次来到法国，参加诺曼底登陆70周年的纪念活动。考虑到她本人与战争的关系，奥朗德总统不仅选择在英军登陆地举行国际仪式，还邀请女王在仪式后对法国进行国事访问。在闪耀的阳光下，这位君主穿着"二战"时的军装，来到威斯特雷姆海滩。曾经，1944年6月6日，无数的军人——她父亲的军队——正是在这片海滩登陆，解放了法国，创造了一个自由的欧洲。当乐队奏响《漫漫长路到蒂伯雷里》时，贵宾席上所有世界领导人，包括普京和奥巴马，都起身鼓掌欢迎她的出场。而旁边观众席上的诺曼底人和法国老兵们也是如此。熟悉的欢呼声"女王万岁"再一次响彻天际。

第八章
非洲女王

"有理由担心女王乘坐的飞机可能被袭击。"

危险地带

新闻界、安全部门和首相都认为：女王处于危险之中。她即将进行的海外之旅不仅充满野心，还充满了风险。而这些风险远远超出了她被卷入难堪的政治对抗的可能性。这是一个必然的结论。当局担忧的是女王有可能被暗杀。至少这是1979年初夏几位主要情报专家得出的结论，当时女王正准备出席在赞比亚举行的英联邦首脑峰会。一些世界领导人宁愿取消这次会议。自1961年对加纳——因为接二连三的爆炸事件，议会要求取消此次访问——进行国事访问以来，女王就一直被敦促取消她的访问计划，以免遭到袭击。这一次的目的地又是非洲。不过这一次，十几个国家都指望着有机会发泄对英国外交政策的愤怒。正如外交大臣卡林顿勋爵后来承认的那样："那次会议的各个方面都不愉快，几乎可以说是一场灾难。"

最后正如她多年前在加纳所做的那样，女王亲自安抚紧张的政治家，显示出莫大的勇气，并为国际维和行动做出卓越贡献。但在访问前夕，情况非常糟糕。根据一些可靠的报告，女王甚至可能无法活着到达赞比亚首都卢萨卡。这座城市处于战区的边缘。国防部的一位高级官员已经警告说，她的皇家空军飞机有被游击队用苏联设计的SA-7导弹击落的危险,这种导弹能够在12000英尺的高空击中两英里之内的任何物体[1]。就在几个月前,罗德西亚航空公司的两架民用客机在同一地区被击落。一架飞机连同机上所有乘客都不知所踪。另一架飞机紧急迫降,造成大部分乘客死亡,只有小部分乘客幸免于难。在18名幸存者中,10个人从飞机残骸中挣扎逃脱,却被游击队抓住并处决。

1979年7月18日,类似事件的报告被送到英国首相办公桌上时,保守党的右翼人士陷入了极大的焦虑之中。两个月前刚刚入主唐宁街的玛格丽特·撒切尔被告知,古巴可能在背后支持一起暗杀活动,目标是女王。现在听上去有点疯狂的是,菲德尔·卡斯特罗——女王陛下的头号粉丝,据传当时密谋策划了一场袭击,意图谋杀英联邦首脑,在整个欧洲大陆制造混乱。

最重要的是,撒切尔夫人曾经被提醒过,在会议期间她会有生命危险。在前往赞比亚的前几天,她的老朋友、《每日电讯报》编辑比尔·迪德斯给她发了一封私人信件,说到他刚刚与一位途经伦敦的非洲主要政治家谈话。那个人提醒他说,黑暗势力将在赞比亚"等候撒切尔夫人"。迪德斯不想危言耸听,戏谑地加了一句:"在这种事情上,我宁愿现在多嘴提醒,也不想以后感到遗憾。所以我把这件事告诉你。"

首脑峰会的所有安排都乱了套。为来访的国家首脑准备的卧室还没有完工。其中一家酒店因为没有锅炉,已经两个月没有热水。一支由一百辆新车组成的车队奉命在卢萨卡附近运送所有贵宾,但现在全部被扣押在邻近的博茨瓦纳。会议的东道主肯尼思·卡翁达总统变得越来越挑剔易怒,已经开始挑起与撒切尔夫人的争执。其他领导人包括新加坡总理李光耀,都非常担心安全问题,纷纷找借口躲避会议。而且一直以来,在附近的罗德西亚打游击战的成千上万个"自由战士",在卢萨卡周围安营扎寨,开枪射击所有他们认为可疑的东西。

---

[1] 据美国联邦调查局统计,1978—1998年间,SA-7共击落29架民用飞机,导致550人丧生。

在伦敦，受到惊吓的不仅仅是保守党议员。在伦敦的国防部，对派遣女王进入非洲暴力旋涡是否明智，军队的高级将领抱着非常保留的态度。气宇非凡的战斗机飞行员道格拉斯·巴德爵士，加入了公众发起的请愿活动，希望她能留在国内。最重要的是，这不仅是英国首相的观点，也是新西兰总理的看法。然而有一个令人信服的证据表明，虽然这次访问看上去是一次自杀之旅，但女王却非常期待。

作为英联邦的元首，她不仅决心加入卢萨卡的领导人"俱乐部"，爱丁堡公爵也会在她身边。这对夫妇甚至还打算带一个孩子去。一边是王室如此明显的热情，另一边是两国政府深深地保留意见，自然就构成了一场全面的宪政危机。然而这将成为女王继位以来最重要的决定之一。因为正如我们现在发现的那样，不光是在现代非洲，还有英联邦，她将在历史上的关键时刻发挥关键作用。我们经常被告知"女王不搞政治"，实际上她的确如此。但在登上宝座的七十多年里，她一度非常接近那条界限。而这一次，她想要越过它。

独立声明

和70年代后期的许多非洲国家一样，赞比亚是一个正在适应议会民主概念的新兴共和国。1964年脱离英国独立后，这个北罗德西亚的前殖民地选择了苏联式的政府模式，由肯尼斯·卡翁达总统领导的一党专政。卡翁达曾经是一名教师，是苏格兰教会一位传教士八个子女中最小的一个。他将在接下来的27年里掌权。尽管赞比亚拥有世界上最丰富的铜矿资源，但它面临着腐败、粮食短缺和教育落后等常见问题。不过，对"KK（肯尼斯·卡翁达）"来说，首要的问题是结束旁边罗德西亚的白人统治。在这里，血腥的内战正打得火热，战火经常蔓延到赞比亚的土地上。除了了结家门口的争斗，卡翁达还希望巩固自己非洲政治元老的地位。因此他决定将英联邦尤其是女王带到他的首都，举行一次盛大的首脑峰会。问题是卢萨卡离战火很近，离罗德西亚边境只有70英里。

在1964年独立之前，北罗德西亚满足了英国对殖民地寻求独立的五个先决条件，特别是自由选举和多数统治原则。但旁边的南罗德西亚殖民地却并非如此。它直接改名叫"罗德西亚"。掌管殖民政府的白人认为，这里还没有准备好接受黑人多数统治，并于1965年11月向英国发表了"单方面独立宣言"。他们的新领袖伊恩·史密斯宣称："拓荒者的斗篷已经披在我们的肩上，我们要在这个原始的国家维系文明。"虽然它仍然是英国的领土，但哈罗德·威尔逊的工党政府不愿意对这个殖民地进行武力干预，因为二十年前，它曾在战争中对英国效忠，它的领导人以前是英国皇家空军喷火机飞行员，在英国有很多朋友。于是威尔逊下令王室在首都索尔兹伯里的代表总督解散殖民政府。罗德西亚当局无视这项命令。总督指控他们叛国，他们也置之不理。王室对它已经没有了任何权威，到了适当的时候，这个坚定的保皇派殖民地宣布成为共和国。

罗德西亚与其白人至上的邻国南非一样，成了贱民国家。与此同时，大英帝国的前殖民地们却朝着相反的方向发展，接受多数统治，获得独立，加入英联邦。旧的白人领地现在是少数。为了确保这种新面貌，多种族组织更加独立，而不仅仅是英国外交部的延伸，年轻的国家们刚刚投票成立了新的英联邦秘书处。秘书处设在马堡宫。1965年，加拿大外交官阿诺德·史密斯刚一担任英联邦秘书长，就被卷入了罗德西亚的危机。大多数英联邦国家警告阿诺德·史密斯，在罗德西亚白人至上、单方面独立的问题上，他们对英国的无力反应感到非常不满。因此秘书长起草了一份行动计划，提交给哈罗德·威尔逊。他建议英国政府向罗德西亚派遣军队，女王应该向其人民发表讲话。威尔逊拒绝了。阿诺德·史密斯没有气馁，不久后，他在白金汉宫会谈时向女王本人提出了自己的计划。

"我从不觉得自己不可以向她提出敏感话题，哪怕我的观点与英国并不相同。"他在回忆录中写道，"她没有直接评论我的观点，但我感觉，如果威尔逊同意她这么做，她会愿意在罗德西亚危机中扮演更积极的角色。"也许他太天真了。但如果说他想让女王卷入这场争端算是越界的话，他应该会收到皇宫的某种信号。但他没有收到。

与世界其他国家一样，英国拒绝承认罗德西亚的反叛政府，并对它实施国际制裁。但伊恩·史密斯在罗德西亚的白人专政仍然可以仰赖同样是白人专政的邻国南非的支持。它还设法规避了大多数制裁。然而，到了70年代中期，两场黑人民族主义游击运动已经在罗德西亚农村开展。其中一支游击队由马克思主义者、前中学教师罗伯特·穆加贝领导。他的基地设在莫桑比克边境。在经历了血腥斗争后，莫桑比克刚刚从葡萄牙独立出来，是世界上唯一一个把卡拉什尼科夫AK–47冲锋枪放在国旗上的国家。另一支游击队由前工会成员约书亚·恩科莫领导。恩科莫得到了苏联的军事支持。

罗德西亚的"丛林战争"将持续数年，双方都会遭受大量的屠杀和处决。这既是恶性的种族战争，也是冷战的代名词。白人"开拓者"曾经在两次世界大战中都站在英国一边，现在依然得到国外亲戚、威斯敏斯特保守党议员以及整个"旧"联邦国家的支持和同情。每次有传教士或白人家庭在家中被强奸或谋杀的报道，这种同情都会加深。另一方面，黑人"自由斗士"则是多年来殖民压迫和资本主义剥削的复仇者；是世界各地社会主义者和世界不结盟国家运动的英雄。如果要废除南非的种族隔离制度，那么罗德西亚的白人政权必须首先被推翻。随着战争的加剧，美国试图促成和平协议，但没有成功。现在，这个问题可能会在意识形态和种族上分裂英联邦：多数黑人共产主义者和少数白人资本家。随着英联邦即将召开下届峰会，解决问题的时机已经到来。

这就是这次峰会的背景。而几十年后，许多人仍然认为这是女王最美好的时刻。但它究竟为什么非要在战区边缘举行呢？

长期以来，英国和英联邦都有传言，是玛格丽特·撒切尔试图破坏1979年卢萨卡峰会，她以安全方面的恐惧为借口，想要破坏该组织的团结。考虑到她执政期间与英联邦在南非问题上的所有争斗，这种说法颇具说服力。但事实上，早在她第一次把那只著名的手提包放在唐宁街10号的办公桌上之前，那些恐惧就已经引起了最深切的担忧。

外交部担心的并不是叛变的罗德西亚白人军队，而是缺乏训练、毫无纪律的游击队。随着"丛林战争"每一次新的暴行,都有人不断呼吁让女王远离峰会。1978年10月,当时的首相吉姆·卡拉汉收到保守党议员伊恩·劳埃德的一封信,提醒首相注意几周前罗德西亚航空公司825号航班上乘客的下场。劳埃德在透露给媒体之前写道,"那些恐怖分子,认为屠杀空难幸存者、传教士和成千上万的本国人民是合法的,他们在挑选袭击目标时不会有什么限制,特别是面对欧洲人的时候。"唐宁街收到了许多类似的信件。

还有更多切实的担忧。当月,英国高级专员伦·艾林森向伦敦发了一份电报,提出了有关招待标准的问题。他写道:"暴力犯罪猖獗,而分散住宿将会让安全更没有保障。一位德国同事讲述了德国总理去年7月去那里做正式访问时的可怕经历。"德国访问的随行人员丢失了大部分行李,英国海外发展大臣朱迪思·哈特最近的一次访问也并不顺利。"我们甚至还得催酒店给哈特女士铺床!"艾林森报告说。

一个月后,他要报告的消息就更加令人担忧了。英联邦新任秘书长桑尼·兰帕尔刚刚视察了卢萨卡,非常坦率地告知艾林森他的看法。"兰帕尔告诉我,在他看来,赞比亚正处于崩溃的边缘。即便是最小的事情也无法完成。他认为卡翁达也在担心那里会发生军事政变。"

到了1979年1月,轻度的恐慌开始渗入外交部的信件中。外交部英联邦协调司司长罗杰·巴尔特洛普写信给他的同事们,询问他们应该给外交大臣什么建议传递给女王。巴尔特洛普认为,要在不断恶化的安全局势与不疏远英联邦非洲成员国的愿望之间取得平衡,正确的决定似乎是,建议女王接受卡翁达总统的邀请,同时告诉她,她的大臣们将继续密切关注安全局势。他接着说:"赞比亚人已经明确表示,他们希望女王出席;如果她不出席在非洲举行的第一次例行英联邦首脑峰会,他们和其他非洲人可能会认为这是一种轻慢。"她的行程中还有另外三个重要的非洲国家——都是英国的前殖民地。如果英国政府破坏了它们的重要时刻,它们都会震怒。

巴尔特洛普还提醒他的同事们,1971年英联邦在新加坡举行会议时,女王不出席造成了多大的损失。"不出席卢萨卡峰会,"他写道,"可能会影响以后某些国家对女王发出邀请，特别是共和国。"谁都知道她对此会有什么看法。除此之外，女王的其他首相们可能在这个问题上有着相互矛盾的建议。巴尔特洛普警告说，"在这一点上，最好不要刺激女王其他领地的政府。"但有一个领地正准备制造麻烦。

分歧

此时，英国距离一个政治里程碑（第一位女首相的当选）还有几周的时间。不过目前撒切尔夫人仍在对战哈罗德·威尔逊在唐宁街的继任者吉姆·卡拉汉。他年轻而精力充沛的外交大臣大卫·欧文，打算利用卢萨卡峰会来促成罗德西亚和平协议，并与女王详细讨论了他的计划。直到今天，他依旧对她出席的决心毫不怀疑。事实上，他甚至说女王和他一样期待着看到罗德西亚问题一劳永逸地得到解决。"那将是一个非常重要的会议，我们已经策划好了。"他说，"她知道我想做什么。她理解。"

欧文投入了巨大的精力，想要促成罗德西亚交战派系之间的协议。他周游了非洲各国，会见了白人罗德西亚的伊恩·史密斯——"一个难缠的浑蛋"——和许多重要的非洲领导人。他目睹了1976年在日内瓦举行的"和平"会议在激烈的分歧中不欢而散。欧文希望1978年在伦敦再组织一次，但他最能干的顾问警告说，现在为时过早，罗德西亚人会拖延时间，等待保守党在即将到来的英国大选中获胜。他心情沉重地总结道："不能再像日内瓦那样了。"于是他把重新谈判推迟到1979年大选之后。罗德西亚本国也很快就要大选了。这次占多数的黑人将被允许进行某种形式的投票。鉴于占少数的白人仍将保留对国家所有关键机构的控制权，包括司法机构在内，黑人解放运动的领袖们呼吁民众联合抵制选举。世界上大多数人谴责这次选举是假的。但罗德西亚白人仍抱有希望——如果撒切尔夫人能在英国当选，她可能会更同情他们。知道在大选之前什么也做不了，大卫·欧文只能寄希望于工党的胜利。与此同时，他陪同女王前往波斯湾，开始了她第一次中东之旅。在皇家游艇上的安静时刻，他向她讲述了他的罗德西亚战略。"1979年2月，我们在科威特和沙特的时候，我非常详细地跟她说了我的计划。"他回忆说,"我告诉她:'这一切都是为英联邦峰会服务的。到时候会有大选,显然我们认为我们会赢。那时,我们就可以让赞比亚和肯尼思·卡翁达站出来。'她听得很入迷。"

至于她与峰会东道主肯尼斯·卡翁达还有其他非洲黑人领导人的个人关系,欧文很清楚:"都没有问题。他们关系非常好,非常热络。"

如果说大卫·欧文对这次峰会仍然抱有很高的期望,那么白厅的一些重要人物越来越担心。多年来历史学家和评论员断言,当时女王的安全没有受到严重威胁。事实是有。在《信息自由法》下最新公布的政府文件反映了忧虑的真实程度。3月19日,内阁秘书约翰·亨特爵士写信给外交部部长迈克尔·帕利瑟爵士,表达了他深切的担忧。约翰爵士首先引用了联合情报委员会最新的一份报告,该报告警告说:"在赞比亚,卢萨卡国际机场的防空设备很集中,加上赞比亚当局无法控制的、嗜杀的恩科莫游击队就在附近,机场会非常危险。民用(或赞比亚军用)飞机被误伤的可能性很大。"约翰爵士接着说:"如果这一评估被核实,那么我们对女王前往卢萨卡的问题需要更加谨慎地考虑。我知道你一直在评估,但我想知道你是否可以告诉我,你认为我们什么时候会遇到麻烦。"

大多数罗德西亚白人不喜欢卢萨卡峰会正常举行,他们知道那只会导致英联邦施加更多压力,结束赞比亚的白人统治。他们从新西兰得到许多支持,因为很多人有亲戚在新西兰。近来新西兰总理罗伯特·穆尔登发表了同情罗德西亚和南非的言论,疏远了许多非洲黑人领导人。1976年蒙特利尔奥运会上,对新西兰橄榄球队"全黑队"的南非之行,25个非洲国家宣布抵制,让人记忆犹新。穆尔登已经表达了公众对女王在赞比亚的安全的担忧。毕竟,她也是新西兰的女王。英国驻新西兰高级专员4月6日提醒他的上司说:"他肯定会向英国政府提出这个问题。"其他首相/总理开始担心自己的安全。外交部说,新加坡总理李光耀开始动摇。他刚刚要求英国高级专员进行直率的安全评估,声称担心穆尔登可能遭到暗杀。

"他问赞比亚人是否真的认为可以阻止对穆尔登的袭击。"高级专员约翰·亨宁斯对安东尼·达夫爵士说。"我们做了些什么？我们是不是给赞比亚派了一个SAS团（英国第22特别空勤团）？"亨宁斯还说，"李十分担心自己的安全。"和越来越多的人一样，穆尔登和李光耀都希望英联邦峰会从卢萨卡转移到相对安全的肯尼亚首都内罗毕。

情况越来越糟。4月12日，外交部中非司接到国防部的紧急电话。女王的航班机组人员正准备做一次前往卢萨卡的"试飞"。国防部官员佩里先生坚持认为航班应该取消。他警告说，这架飞机"有被击落的严重危险，因为它的颜色和标记都很显眼"。可是到现在为止，国防部的危言耸听已经开始让外交部恼火，比如外交部副部长助理德里克·戴。戴以前是曲棍球运动员，参加过奥运会，近来担任驻埃塞俄比亚大使。他很了解非洲，感觉到国防部像是要破坏皇家之旅："取消试飞，似乎是他们取消这次访问的第一步。"女王自己倒是没有这样的不安，她现在担心的是，关于赞比亚的紧张情绪可能会影响她计划中的其他三个非洲国家之行。她当然不希望这些行程受到影响。她的私人秘书菲利普·摩尔对外交部表明了她的观点。

小白鼠

在白金汉宫，当然没有人想取消"试飞"，更不用说女王的访问了。事实上，她的许多员工——从厨师、私人侦探到最高级的官员——都将前往卢萨卡。赞比亚是她此次非洲之行的第四个国家。这是自1952年在肯尼亚树屋开始的非洲之旅中范围最广的一次。她非常期待。19岁的安德鲁王子也会陪同前往。

和每次皇家访问一样，侦察团会提前去确认一切，从床上用品的布置到国宴，还有两者之间的每一寸红地毯。主导这次侦察行动的是威廉·赫塞尔廷，女王的副私人秘书。他以在"炮火"下保持冷静而闻名。在他召集团队时（包括女王的私人护卫和厨师皮特·佩琦在内），他似乎诠释了这种特质的字面意思。

在王室团队准备动身时，4月23日英格兰国庆日，内阁秘书约翰·亨特爵士邀请所有主要成员在办公室开会。出席者有威廉·赫塞尔廷、女王的首席私人秘书菲利普·摩尔爵士,英国驻赞比亚高级专员伦·艾林森,掌管外交事务的首相私人秘书布莱恩·卡特利奇,女王航班的机长阿尔奇·温斯基尔准将[1]等。最后,大家一致认为"试飞"应该照常进行。在第二次世界大战期间,温斯基尔曾两次在敌方领土上被击落(两次都逃脱),他非常乐意当这个小白鼠。不过,赫塞尔廷必须"非常小心",不要夸大英国在安全方面的担忧,否则恐怕会惹恼赞比亚人。相反,他会提出一些微妙的问题,并将答案传回伦敦,供联合情报委员会进一步审查。只有受欢迎的盟国才会知道结果:"联合情报委员会的评估结果可以发送给美国和英联邦'旧'成员国,但对外分发应该根据具体情况来考虑。"换句话说,英联邦"新"成员国是不可信的。

即便已经在王位上坐了25年多,这对女王来说也是令人兴奋的新天地。行程中的这四个国家,在她执政之初都是英国殖民地,现在都是由独裁开国元勋领导的共和国。他们都曾与前殖民势力有过激烈的争斗,但都与女王本人建立了密切的私人关系。外交部开始为女王和她的团队准备简报。最先迎接她的是坦桑尼亚的朱利叶斯·尼雷尔。他以前是学校校长,被大家称为"Mwalimu",意思是导师。正如英国高级专员彼得·穆恩在写给他伦敦上司们的信中所说,尼雷尔可能与英国政府有过无休止的争斗——甚至一度断交——但他对女王只有最深切的敬意。在他看来,女王是英国人民的使者,而不是英国政府的使者。"对于坦桑尼亚广大村民来说,世界上依旧只有一位女王,那就是英国女王。"穆恩向外交部保证说,"女王在坦桑尼亚受到热烈欢迎的景象,将向世界人民表明,无论在南非的重要问题上可能存在什么分歧,两国都高度重视双边关系。"

他们之间的私人关系很深。"女王和朱利叶斯·尼雷尔的关系特别好。"前外交大臣、后来成为乐施会负责人的弗兰克·贾德(现是贾德勋爵)说。贾

---

[1] 几年内,这些人全部会被授予爵位,像菲利普爵士一样。

德跟尼雷尔的关系已经到了在临终时陪伴的程度，因此看到了两位领导人之间的许多相似之处。"他是个严肃的人，这是他与女王友谊的基础之一。他是非常虔诚的天主教徒，女王也是。他的一个消遣就是把莎士比亚译成斯瓦希里语！"回顾过去，桑尼·兰帕尔表示，像尼雷尔这样的人之所以能与女王相处得如此融洽，是因为在他们带领国家争取独立的同时，女王也找到了自己作为新君主的道路。兰帕尔说："诸如尼雷尔和卡翁达之类的领导人，在他们都还年轻时，她也正年轻。对于他们的抱负，她能给予的理解是那些老派大公们永远做不到的。"

这次非洲之行还包括马拉维。女王很喜欢哈斯廷斯·班达博士，马拉维的"终身总统"，虽然他们之间的年龄差距相当大。官方记载，他生于1906年，因此比她大20岁。但有人认为他是1898年出生的，所以他算是维多利亚时代的人。班达带领前殖民地尼亚萨兰独立，并让它于1964年作为马拉维重生。班达一直梦想着女王的来访。他在苏格兰当了多年的医生，可以说是英国历史专家。他极度反共、反流行文化、亲英联邦，也是少数几个与南非和以色列保持外交关系的非洲黑人领导人之一。他总是戴着黑色的卷边软呢帽、太阳镜，拿着拂尘。在平衡经济和偿还国际贷款方面，他很谨慎。他虽然赞成技术进步，但不喜欢现代化的其他方面。报道这次访问的记者被警告说，无论何时，都要穿夹克和领带，喇叭裤（"裤脚比腿最窄的部分宽六分之一"）是不允许的。至于政敌，班达喜欢把任何可能的政敌称为"鳄鱼的食物"。英国高级专员迈克·斯科特在为王室撰写的简报中这样总结他："非洲最杰出的人物之一。从某种程度上来说，他就像一个非洲酋长，德高望重……随着年龄的增长，他越来越表现出老年人倚老卖老的弱点，但他的控制力和无情丝毫没有减弱。"斯科特说，女王访问马拉维的决定，让班达"欣喜异常"。实际上，总统的私人秘书承认，在他告诉总统这个消息时，"那个时候，无论我找总统要什么，总统都会给我。"

在博茨瓦纳，欢迎之情同样热烈。博茨瓦纳总统是个亲英人士，有个英国妻子，两个儿子接受的都是英式教育。多年后，博茨瓦纳会成为威廉王子和哈里王子的钟爱之地；哈里王子将在那里向未来的萨塞克斯公爵夫人求爱，甚至选择博茨瓦纳钻石来做他的订婚戒指。不过英国外交部本来想把这段行程彻底省略，腾出更多的时间到别处去。当消息传到外交大臣大卫·欧文（塞莱茨·卡马爵士的崇拜者）时，这个想法就被打消了。英国高级专员威尔弗雷德·特纳在首都加巴隆写信说："他外表随和，头脑精明、冷静。没有个人虚荣心，坚信威斯敏斯特模式的多党民主是博茨瓦纳的正确制度，是英联邦关系的坚定信赖者。"

不过女王可能会被问及皇家农场的问题。特纳还说："牛是永恒的话题。总统拥有的牛可能是这个国家最多的，所有的大臣都有牛。问他有多少头牛是不礼貌的，但关于牛的其他话题都可以讨论。"到这里为止，都不会有什么问题。而第四个也是最后一个目的地赞比亚将是问题所在。

1979年4月底，赫塞尔廷和皇宫的同事动身前往非洲。在坦桑尼亚，尼雷尔总统亲自热情接待了他们。得知女王和菲利普亲王会带着安德鲁王子前来，尼雷尔很激动。在马拉维，"侦察团"对总统官邸的富丽堂皇感到惊讶，也被一对姐妹迷住了。班达未婚，她们似乎控制了他生活的方方面面。卡扎米拉小姐身材高挑，仪态端庄，她很喜欢被称为"官方女主人"。她的妹妹玛丽小姐身材矮小，总是咯咯笑个不停，是班达博士的私人秘书。坦桑尼亚和马拉维显然为女王做了充分的准备。博茨瓦纳也是。赞比亚却大不相同。

说回到英国，保守党刚刚赢得大选，撒切尔夫人的首相时代刚刚开始。就在她的新政府在白金汉宫向女王宣誓就职的那一刻，皇宫的小白鼠们正抵达卢萨卡。各种各样的征兆并不能鼓舞人心。尽管没有人向英国皇家空军的航班及其上空发射过导弹，但空军准将阿尔奇·温斯基尔落地后却被军方正式拘禁，因为他没有着陆许可证。这对这位两次获得优异飞行十字勋章的英国老兵来说是一次非常新奇的经历。皇宫团队看到的是一座陷入混乱的城市，因为罗德西亚的游击队近来经常突袭，卢萨卡实行了强制宵禁。正如赫塞尔廷向伦敦汇报的那样："每个人都必须在晚上8点之前回到室内，而且随着越来越多的枪击、抢劫和部队的胡乱设障，你不会愿意跟他们争辩的。"更糟糕的是，他想要进行会谈的人，一半都不在赞比亚国内。

在赞比亚着陆后不久，温斯基尔收到了伦敦空军参谋长助理办公室的一份秘密电报。它警告他说，英国情报部门刚刚获悉三枚新的SA-7导弹袭击了该地区的飞机，不过没有一枚击中目标。文中写道："虽然自你离开英国以来，风险略有增加，但飞行仍可继续；尽管如此，相信如果飞机尽可能保持在15000英尺以上的空域，来自SA-7的威胁会减少很多。"温斯基尔是否会将这一令人担忧的消息与皇宫团队的其他成员分享尚不可知。第二天，当一行人飞过赞比亚铜矿带检查女王的行程时，他采用了在战争中学到的喷火式躲避战术。威廉·赫塞尔廷爵士记得他是以"垂直俯冲"的方式冲向跑道的。

虽然飞机安全着陆，但温斯基尔还是连同他的整个机组再次被捕。他又一次被指控未经允许降落，鉴于所有降落地点都是总统办公室安排的，这个局面十分可笑。最令人震惊的不是官员的无能，而是赞比亚政府和赞比亚国防军根本没有沟通。第二天，赫塞尔廷和高级专员伦·艾林森会见了卡翁达总统，卡翁达总统立即对女王的私人飞行员两次因将飞机降落在本应降落的地方而被捕表示遗憾。然而这种令人尴尬的混乱局面也有一个好处。了解到卡翁达对来自英国方面的批评有多敏感，伦敦仍然不愿说出其安全隐忧的真实程度。但当赫塞尔廷委婉地建议在女王抵达前英国派遣一名高级军事官员"检查一切"时，卡翁达积极地接受了。此时赫塞尔廷还有其他事情要担心，尤其是女王的住处。她会住在国家旅馆，一个政府招待所。"扩建厨房和卧室的工作正在进行中。"他写道，"我觉得它非常逼仄，但我希望工人们离开后会显得好一点。那里布置得很好。"

"铁娘子"时代

既然撒切尔夫人已经当选，罗德西亚白人及其盟友不失时机地试图让撒切尔夫人和她的新外交大臣卡林顿勋爵更加同情他们。他们认为，如果运气好的话，他们依旧能够阻挠女王对赞比亚的访问，破坏英联邦首脑峰会，因为这个峰会对罗德西亚白人不利。罗德西亚领导人伊恩·史密斯写信给英国的新首相，宣称："所有罗德西亚人都感谢上帝，感谢您的伟大胜利。"几天后，卡林顿收到了哈里·格伦费尔的"秘密备忘录"。格伦费尔是一位著名的英国商人，在非洲各地都有影响力和人脉。他的母亲认识塞西尔·罗德斯，罗德西亚的殖民地创始人。他本人与马拉维总统班达关系很好。现在，他正敦促英国政府将英联邦峰会从赞比亚转移到相对安全的肯尼亚。他警告说津巴布韦民族主义游击队在卢萨卡十分猖獗，而赞比亚总统肯尼思·卡翁达对此无能为力。格伦费尔写道："卡翁达没有力量控制约书亚·恩科莫毫无纪律的部队。"他利用西方对苏联的担忧，报告说"约书亚·恩科莫实际上在卢萨卡克格勃的控制之下"。他还用图表描述了恩科莫对赞比亚白人平民的报复，他们就住在离女王下榻处只有几英里的地方。格伦费尔说，就在两周前，恩科莫的游击队袭击了卢萨卡12英里外的一个白人家庭。"母亲在家人面前被强奸，父亲和母亲在孩子面前被折磨，然后全部被杀。"格伦费尔写道，"在赞比亚或津巴布韦/罗德西亚举行英联邦首脑峰会是不可想象的，那里正处在战争当中。"

虽然在工党执政期间，外交部的官员们都赞成将女王派往卢萨卡，但现在在托利党领导下，他们的热情有所下降。英联邦协调司的詹姆斯·帕特森总结说，格伦费尔说得"很有道理"。可是在众多非洲国家都坚决要求首脑峰会在卢萨卡举行之际，英国不能提出改变地点。英国人最好低调行事，让别人来带头。

新西兰的罗伯特·穆尔登非常高兴地站了出来。5月22日，他对内阁说："该地区有很多地对空导弹。如果我们真的飞往卢萨卡，我肯定会很紧张的。"这是撒切尔夫人上任的第一个月，她有许多事情要处理，这根本不算是最重要的。直到6月1日，她收到了内阁秘书长约翰·亨特爵士一份阐述局势的长长的机密备忘录，情况才发生了变化。他当然没有掩饰这些危险："当女王的飞机接近或离开卢萨卡时，赞比亚军队持有的防空导弹，特别是ZAPU（恩科莫的津巴布韦非洲人民联盟）持有的防空导弹，有可能对其发动攻击，这一点值得真正关注。在赞比亚境内，有几次导弹发射到民用或赞比亚空军飞机上，因为担心他们是罗德西亚人。我们没有太多信心相信，只要赞比亚发布官方指令，英国女王的飞机就不会遭到类似的意外袭击。"

从最高幕僚那里收到这份女王可能遭到暗杀的报告，刚上任几个月的撒切尔夫人开始对卢萨卡持保留态度也就不足为奇了。作为公开的保皇派代表，她是一个坚定的君主主义者，对任何危及女王的可能都感到震惊。如果这次访问继续下去，出现任何问题，她的首相生涯将立刻结束。约翰爵士很清楚这些风险。女王去卢萨卡要身兼两职。最初几天，她将以英国女王的身份对赞比亚进行国事访问，因此在这部分行程中她会"完全依赖"撒切尔夫人的建议。但是关于英联邦首脑峰会，其他人有权向她提出建议："关于她作为英联邦首脑出席卢萨卡会议是否明智，其他领地的首相们可以发表自己的意见。"最后他断言，最后的决定是撒切尔夫人的："最后，英国首相必须履行最终的责任（作为女王常住国的首相），就此事提出建议。"这是英国政府大胆的宪法主张，即它的建议比女王其他领地的建议更重要。时至今日，在堪培拉、渥太华或女王的任何其他领地，宪法律师们可能都不同意这一观点。因为它挑战了王权可分性的神圣概念。而这一说法也即将受到考验。

就在同一天，外交部向所有中非特派团发送了一份令人震惊的新报告，称最近又有一架VIP航班在赞比亚领空遭到袭击。这份绘声绘色的报告（它更像是电影剧本，而不是官方报告），详细描述了几周前从博茨瓦纳飞往卢萨卡的一架加蓬猎鹰飞机的下场。飞机上坐的是一个官方代表团，其中有一位是加蓬的高级大臣。报告是博茨瓦纳航空公司的一位机长写的，他从上空目睹了整个事件。猎鹰飞机的飞行员报告了燃料问题，并请求许可紧急降落利文斯通，那是罗德西亚边境附近的一个赞比亚城镇。赞比亚空中交通管制员坚持说，不管紧急与否，他必须先获得外交许可。几分钟后，飞行员被告知，虽然已经获得外交许可，但空中交通管制员仍然无法联系到机场周围的地面部队。"飞行员极度不安，表达了对乘客安全的担心，并要求获得降落许可。"报告说，"猎鹰被允许着陆后才10秒，就收到利文斯通的信号。后面可以清晰地听到重型火炮的快速射击声，还有惊恐的管制员大喊道：'看在上帝的分上，快攀升，快上去，你被地面部队击中了，转向057径向线，继续前往卢萨卡，我不能给你降落许可。我和这些士兵没有沟通。攀升，赶紧攀升。'"

当广播里传出一个"非常惊恐"的女声，尖叫着说加蓬总统也在飞机上时，猎鹰飞机上出现了恐慌。几秒钟后，飞行员报告说他的飞机被击中，不可能飞到卢萨卡。随后博茨瓦纳航空公司A2-ABY航班的机长拯救了一切，他对这一地区了如指掌，并且一直在倾听事态发展。他很快与罗德西亚边境附近的维多利亚瀑布的空中交通管制部门取得联系，给加蓬的猎鹰飞机拿到紧急许可，并将它引向安全地带。"这不是在罗德西亚吗？"伤痕累累的飞机下降到他讨厌的贱民国家时，猎鹰飞行员问。"现在的处境下，"博茨瓦纳航空公司的拯救者说，"你不能挑三拣四。"

到了6月初，女王的安全已经成为英国媒体的一个主要话题。道格拉斯·巴德爵士也加入了"她会去吗？/她不会去吗？"的大辩论。这位伟大的战斗英雄（虽然在战前的一次事故中失去了双腿，但仍以战时的英雄事迹闻名），在《每日快报》上发文说，女王不应前往赞比亚。一周后，新西兰总理罗伯特·穆尔登在伦敦与撒切尔夫人共进午餐，并举行记者招待会，再次重申他对卢萨卡峰会的担忧。"会议如果真的举行，我肯定会去。这是毫无疑问的。我担心的是女王的安全。"他还说，撒切尔夫人也持同样的观点。

那次午餐会的机密纪要显示，政客们比女王本人更担心。纪要说，卡林顿勋爵担心恩科莫游击队可能会铤而走险，对女王采取行动。正如首相所说："女王决定去卢萨卡，肯尼思·卡翁达决定接待她。"

尽管两位首相/总理有这些深切的疑虑，女王和她的团队都没有考虑取消原定计划。相反，他们已经在收拾行李了。英国高级专员被一连串的问题"轰炸"。安德鲁王子需要准备哪些行头？得到的回答是："普通的野外套装和结实的鞋子，这里可以提供蚊帐。"王室的大总管想知道在国宴上使用的盘子的精确尺寸。他还需要十二打瓶装的汤力水和六打苏打水（女王会带上自己的烈酒）。与女王一样，英联邦秘书长桑尼·兰帕尔也急切地想要看到峰会继续进行。如果会议因被阻挠而取消，他担心整个英联邦会解体。回首往事，他相信女王也有同样的感受。他知道赢得撒切尔夫人的支持是至关重要的。

兰帕尔担心撒切尔夫人会承认罗德西亚近期选举的结果。大选之后，这个反叛的殖民地改名为"津巴布韦－罗德西亚"。虽然黑人总理阿贝尔·穆佐雷瓦主教当选，但国家的所有控制权仍掌握在少数白人手中。津巴布韦的两个解放武装联合抵制这次选举。联合国、美国和世界大多数国家都拒绝承认这一结果。如果英国承认此次选举结果，并允许这个政权独立的话，那么这个每周有500人丧生的国家可能会爆发全面战争。在撒切尔夫人与罗伯特·穆尔登共进午餐的一周后，兰帕尔去见她，他仍然用反对者喜欢用的绰号来称呼穆尔登。"猪崽穆尔登是在拱火。"他说，"他是想破坏这次会议。"在他的回忆录中，他说他知道会有麻烦。他发现撒切尔夫人是一个"善于倾听争论"的人，尽管当他敦促她别再把这两个解放武装称为"恐怖分子"时，她毫不动摇。她能不能把他们当作"二战"中与纳粹作战的铁托游击队一样？他恳求道，可以称他们为"自由战士"吗？不可能。"他们当然是恐怖分子。"撒切尔夫人回答说，"就像爱尔兰共和军一样"。不过兰帕尔还提醒了她一个重要的因素，虽然这位新首相也没有忽视这一点。石油资源丰富的尼日利亚刚刚宣布，在英国"澄清"对罗德西亚的立场之前，它将终止与所有英国公司的全部贸易。因此，英国公司刚刚被禁止参与一亿英镑的港口开发项目的竞标。兰帕尔向她保证，如果她以积极的心态前往卢萨卡，就不会有"合伙排挤她的局面"。然而她还没有下定决心要给女王什么样的建议。

现在距离峰会还有六个星期。每过一天，局势就更加紧张一点。6月21日，伦·艾林森从卢萨卡报告说，又一架来自莫桑比克的飞机被穆加贝的游击队击中。同一个星期，一架英国飞机被赞比亚当局扣留，上面坐的是撒切尔夫人派往该地区的特使哈莱克勋爵，就像几个月前阿奇·温斯基尔的皇家空军飞机被扣留一样。这时候，根据卡翁达总统与威廉·赫塞尔廷达成的协议，英国派高级军事专家前往赞比亚视察王室安全方面的布置。但是6月25日，空军副元帅亨利·里德·珀维斯抵达赞比亚与卡翁达会谈时，这位总统却不肯露面。里德·珀维斯从一位助手那里得知，总统不记得在安全问题上达成过这样的协议。碰巧在同一天，罗德西亚特种部队决定对卢萨卡的一个游击队基地发动袭击。这个基地距离英联邦峰会地点只有一英里。家门口就要爆发战争，总统卡翁达很快改变了态度。第二天，他终于同意去见空军副元帅。

英国媒体方面，人们的情绪在对女王的担忧与对她"沉着冷静"的赞美之间摇摆不定，因为很明显，她的热情丝毫没有减弱。6月28日，英国《每日电讯报》援引一位"知情人士"的话说，"女王习惯于访问危险的国家"，并补充说"逃避责任不是女王的天性"。另一方面，《每日邮报》则报道了新的安全警告，标题是"女王有生命危险"，要求取消访问计划。几年后，女王与撒切尔夫人的关系将因社会和英联邦政策上的分歧而达到危机点。然而即便在新托利党政府执政早期，她们之间也有摩擦的迹象。在峰会前夕，一位参加宫廷花园派对的客人被女王和官员们几乎戏剧化的方式打动，他们会说："当我们去卢萨卡的时候……"他补充说："而不是'如果'我们去卢萨卡。"

这不仅仅是因为，女王觉得有责任参加"她的"英联邦的所有聚会，也有另一个方面的考量。女王注意到一个观点，在最近给外交部长们的一份备忘录中，非洲老手安东尼·达夫爵士也回应了这个观点。他提醒说，如果女王放弃卢萨卡，会危及查尔斯王子以后继任英联邦首脑的可能性。正如他所说："如果人们有了这样一种感觉：女王在担任英联邦首脑时，过于受制于英国政府，那么在考虑继任者问题时，认为英联邦下一任首脑不应该是女王的继任者的人数可能会大大增加。"

皇宫和唐宁街之间的紧张关系在7月2日达到顶峰。在访问澳大利亚期间，撒切尔夫人被问到她是否会最终确认女王将前往卢萨卡。她只说，她"希望"是这样，但还不能提供"最后的建议"。英联邦官员对她消极的论调感到沮丧，它呼应了罗伯特·穆尔登的"深切担忧"。"我对她的无能感到震惊。"前秘书长阿诺德·史密斯在回忆录中写道，"毕竟，在这件事上，向英联邦首脑提供建议不是英国首相的职责，而是桑尼·兰帕尔作为秘书长，或者所有政府首脑集体的责任。"在这两个方面，他是错的。女王将以英国国家元首的身份前往非洲，只有到了卢萨卡的峰会上，随着宪法魔杖的挥舞，她才从英国女王变成英联邦首脑。即便在那个时候，英联邦的领导人们也没有权利给她正式建议，反之亦然。

但几小时后皇宫采取非同寻常的程序发表声明时，女王的想法就非常清晰了。它只是一个简短的信息，却让撒切尔夫人和罗德西亚"游说团"手忙脚乱。声明简单地说，女王"坚定地打算"下个月前往四个非洲国家，包括赞比亚在内。现在撒切尔夫人非常清楚没有什么能阻止女王。问题是要尽快把风险降到最低。

必须要促成此事了——要快。桑尼·兰帕尔很清楚，再来上一枚导弹，一切就都毁了。因此，这位英联邦秘书长设法说服约书亚·恩科莫和他的游击队在女王的非洲之行期间停火。但恩科莫随后把停火协议降级成言不由衷的"静止"。但这足以让"津巴布韦－罗德西亚"新的穆佐雷瓦政府确信，它不会再对"伊丽莎白女王或任何出席英联邦峰会的人采取危险行动"。现在，撒切尔夫人对卡翁达总统还有一个要求，如果她不会让事情变得更加困难的话，她希望在峰会期间总统能够允许一名英国高级军事专家监督机场周围的巡逻。总统立刻同意了。

因此，7月9日，相关内阁大臣、公务员、外交官、情报部门和军方负责人成群结队来到唐宁街首相办公室举行最后一次会议。他们的结论由白厅发言人宣布："鉴于非常周密的防范措施，没有必要建议女王不要离开英国。"现在该由撒切尔夫人来做正式的决定了。接下来的一周，7月17日，她通知下议院她已经下定了决心。她不会告诉女王不要去赞比亚。这样正好，因为两天后女王就启程了。

"女王万岁"

皇家访问以熟悉的节奏在坦桑尼亚开始，以阅兵式和文化展示活动居多。威廉·赫塞尔廷还记得桑给巴尔岛丁香花的香味，以及乞力马扎罗山山坡上的模范村庄之旅。那个村庄是在尼雷尔总统的集体农业理念下建立的，虽然这项尝试后来失败了。这个国家刚刚从内乱中恢复，又驱逐了入侵的精神错乱的乌干达领导人伊迪·阿明，因此条件是非常一般的。令王室忍俊不禁的是，女王的新闻秘书迈克尔·谢报告说，一只老鼠刚刚从他的床上窜了过去。然而在国家元首层面，女王和热爱莎士比亚的总统之间的相互敬仰却越来越强烈。

从坦桑尼亚出发，王室飞到马拉维，从旧首都布兰太尔开始对这个国家的访问。马拉维妇女联盟总是会出现在这样的场合。女人们穿着"奇龙杜"，一种民族服装，上面印着终身总统的脸。但没人看过这么多穿成这样的女人。她们和成群结队的学童一起，沿着从机场到班达的桑吉卡宫之间8英里长的路线排成行，一路高唱着"女王万岁"。双方交换勋章后（班达得到一枚荣誉骑士勋章，女王得到一枚马拉维雄狮一级勋章），接下来是350人的招待会和国宴。两位领导人的关系非常融洽，这表现在许多方面。在女王面前，班达不戴墨镜，非洲媒体认为这一点意义重大。英国王室观察员们对女王在国宴上不同寻常的表现感到震惊，大部分时间里，她胳膊肘撑在桌子上，与东道主进行深入交谈。一头烤全牛被六个勇士抬到高处，总统终于起身致辞。他的讲话，在很大程度上是对他自己的经济政策和苏格兰的致敬。他提醒客人们，布兰太尔是以苏格兰传教士大卫·利文斯通的出生地命名的。班达解释说，他本人曾在一所苏格兰教会学校上学，他在英国工作多年，过得很愉快。作为回应，女王告诉他，爱丁堡皇家医院依旧记得他。但她也利用这次机会，为即将在卢萨卡举行的首脑峰会定下了一个明确的基调，即"届时每个人都将有机会进行协商与合作，这是英联邦的基本结构"。在这次相对简短的讲话中，她三次提到英联邦的"合作"。这位首脑早早就提出了团结的要求。

第二天，王室来到新首都利隆圭。在阅兵和敬献花圈之后，王室会见了国王非洲步枪队的退伍军人。其中有一位在两次世界大战中都曾效忠王室的老兵，他能记住自己的团号，却记不清自己的年龄。班达博士和"官方女主人"在另一个总统府为王室准备了一顿私人午餐，女王在那里种下了她带来的二十四朵英国玫瑰中的一朵。那是送给班达总统的私人礼物。访问已经进行了一个星期，她要休息一天。她选择在马拉维的佐姆巴高原度过24个小时，在女王看来，这个著名景点的名字是她母亲1957年来访时起的。

如果说女王很享受这次访问的话，那么玛格丽特·撒切尔在准备乘飞机前往卢萨卡与她的君主和英联邦其他领导人会合时，就并非如此了。她对这次出行仍感到不安。英联邦小组的一位高级成员（也就是未来的秘书长）埃梅卡·安约库认为，她早些时候不愿意让女王去卢萨卡，部分原因是出于私利。"她自己不想去。"他说，"女王要是不去，她就有了不去的借口。"撒切尔夫人最终会戴着墨镜抵达卢萨卡，这一事实反映了这位新首相的压力。她的外交秘书卡林顿勋爵后来讲述了在飞往赞比亚的飞机上，看到她拿出太阳镜后，他与她的对话。"玛格丽特非常清楚地回答说：'我确信当我在卢萨卡着陆时，他们会把酸泼到我脸上。'我笑了。'你完全误解了非洲人！他们欢呼着迎接你的可能性更大。'玛格丽特盯着我。'我不相信你。'"

首相在VC10飞机上的这一戏剧性时刻或许会让我们哈哈大笑，但考虑到她新收到的信件，她的担心其实更容易理解。就在女王启程前往非洲的那一周，撒切尔夫人收到了前外交部长朱利安·艾默里的来信。作为前首相哈罗德·麦克米伦的女婿，艾默里是党内坚定的右翼人士。撒切尔夫人认为他是非洲事务方面的权威。唐宁街的文件显示，艾默里从一位一直在关注最近罗德西亚大选的美国学者那里获得了一份报告，声称他们发现了古巴筹划的阴谋，企图在卢萨卡杀害女王。刺杀罪责会被推给罗德西亚人。加州大学洛杉矶分校的约翰·哈钦森教授补充说，他也从美国反卡斯特罗的古巴流亡者那里听到过类似的传言。他想和英国与南非政府讨论他的发现。"索尔兹伯里最大的恐惧是有人会杀死女王，并将其归咎于津巴布韦—罗德西亚。"他写道，"我会见的古巴代表认为，女王和其他与会者处于巨大的危险之中。他们认为，如果安全形势恶化到一定程度，卡斯特罗打算入侵津巴布韦，而且他很可能打算破坏英联邦峰会。"事后看来，这是冷战阴谋论。卡斯特罗怎么可能会想入侵一两个非洲内陆国家呢？尽管以色列突击队在三年前对乌干达恩德培机场发动了一次出人意料的袭击，成功营救了一百多名被劫持的人质，但哈钦森的设想是荒谬的。古巴不是以色列。这份报告在距离首脑峰会只有两周时来到首相的办公桌，这一事实说明关于卢萨卡的国际背景是狂躁的。然而就罗德西亚问题达成协议变得更加紧迫。峰会前夕，拉各斯传来消息。尼日利亚刚刚宣布将英国石油公司国有化，作为对英国在罗德西亚政策上的惩罚。

在利隆圭桑吉卡宫与班达博士和"官方女主人"共度最后一天之后，女王、菲利普亲王和安德鲁王子启程前往非洲国事访问的第三站。在两天的时间里，他们看到了博茨瓦纳两大主要产业——钻石开采业和养牛业——最好的一面，并参加了塞雷茨·哈马爵士在加巴隆假日酒店为他们举行的有点混乱的国宴。当总统向女王"伟大的勇气与承诺"致敬时，警察在酒店巡逻，命令酒店的其他客人"待在房间里"。那是暴风雨前的平静。外交部刚刚给女王的私人秘书发了一份电报，其中有卡翁达总统准备在卢萨卡国宴上做的演讲的文稿。它读起来让人很痛苦。卡翁达首先祝贺女王做出"个人"决定，来到赞比亚，而事实显然是，女王是代表她的国家和英联邦出访的。接下来，他便失控一般地说："尽管我们的主要敌人为了诽谤我们的国家、摧毁英联邦而加强了心理战，但您还是成功了。"这显然是在谴责撒切尔夫人早先的不情愿，肯定会让女王疏远撒切尔夫人。卡翁达对女王本人的赞美之情溢于言表："您是一个全天候的朋友。……整个世界都验证了白金汉宫在英联邦领导能力'测试'中的表现。我们很高兴陛下以优异的成绩通过了考试。"听到自己被捧上天时，女王一贯感到不自在。"像您这样的人，增强了积极的力量，使全世界的兄弟情谊和爱成为真正、持久和平的工具。"女王听了有些尴尬。然而最大的问题是他对"罗德西亚摇摇欲坠的反叛武装"及其同情者的攻击。"我们希望罗德西亚的疯子们不会导致英联邦的解体。"在语气和实质上，这与几天前女王统一呼吁的"合作"都相去甚远。

就好像这还不够让英国高级专员伦·艾林森头疼似的，他刚刚获悉，卡翁达将在女王降落机场时，把女王介绍给反罗德西亚游击队领导人约书亚·恩科莫。虽然这大概是确保恩科莫那些紧张不安的士兵不会向皇家乘坐的飞机发射SA-7导弹的一种方法，但这肯定会激怒津巴布韦—罗德西亚的白人领导人，制造一种敌意。至少大家都忘记了，就在同一天，罗德西亚突击队刚刚对赞比亚发动了另一次突袭，可能是为了报复三天前他们绑架了一群白人传教士。还有不到24小时，女王就会来到这里。

伦·艾林森立即寻找卡翁达总统即将发表的这篇可怕演讲的作者。提出让女王会见恩科莫的也是这个人。他就是总统的政治顾问马克·乔纳，外交部在备注里用"肆无忌惮"这个词形容他。艾林森指责乔纳和他的老板"把女王卷入政治"。此外，他还要求英联邦秘书长桑尼·兰帕尔也向卡翁达施压。当被告知能邀请谁、不能邀请谁走上自己的红毯时，卡翁达总统表示自己"极度震惊"。但是最终艾林森被告知，恩科莫会被要求远离一切。高级专员如释重负，立即给正在准备离开博茨瓦纳的王室一行发了一封电报，向他们保证女王在三个半小时的飞行结束后不会面对任何尴尬的介绍。不过他还向英国政府提出了一个隐晦的威胁，由乔纳转达给艾林森。乔纳说，虽然女王在卢萨卡会受到"尊重"，"但撒切尔夫人必须对被反叛武装夺去性命的赞比亚人负责。赞比亚有自己的公众舆论，首相一定会感受到的"。正如艾林森所说："这个信息，恶毒得令我无法深入探究。"也没有迹象表明卡翁达会修改他的演讲稿。如果他坚持他的反撒切尔、反罗德西亚、反共识的言论，英联邦将陷入大麻烦。

两位女士

1979年7月27日，星期五下午4点过后不久，女王没有受到枪声或飞弹的干扰，终于抵达卢萨卡，这是她第一次访问独立后的赞比亚。当时负责英联邦新闻工作的帕特西·罗伯逊回忆说，当天人们的兴奋之情越来越强烈。"我记得那天早上，赞比亚新闻说，两位女士从英国来到我们这里：'两位女士来自英国。我们爱其中一个，以后也会爱另一个。'"事实上，女王先到，帮助平息了人们对撒切尔夫人压抑已久的敌意。每个人都想见女王。正如伦·艾林森在访问报告中所记录的那样："中央委员会（赞比亚中央政治局）的成员们，像往常一样，在最后时刻无法克制自己，陷入了难以控制的混乱。女王抵达卢萨卡机场时，受邀的英国儿童们被议员和政党激进分子淹没，根本没有看到女王。说到最冒犯王室的人，梅因扎·乔纳先生当之无愧。"梅因扎·乔纳，是难缠的马克·乔纳的兄弟，也是赞比亚唯一政党——联合民族独立党的秘书长,是赞比亚仅次于总统的重要人物。很快他就会比他哥哥更惹恼英国外交官们。

在总统的陪同下,女王随后被送往国家旅馆的皇家住所。发现上次视察时闻到的那股恶臭味已经消失时,威廉·赫塞尔廷松了一口气。与卡翁达夫妇喝完茶后,女王和菲利普亲王为报道访问的所有媒体召开了招待会。此次访问中,王室在行程的每一站都受到了群众的热烈欢迎,媒体为之震动。"他们不仅仅是奉党的指示'被派'来的。"伦·艾林森写道,"原因不是这么简单。人们很感激女王在危难之际来到赞比亚。毫无疑问,人们对女王本人也充满了神秘的尊重之情。"第二天,卢萨卡中央委员会政委费恩·布拉瓦约接到当地长老代表团的紧急请求。他们坚持认为公众希望撤走女王的警察护卫队,因为这妨碍了他们的视线。"人们想见女王。"布拉瓦约解释说,"她不需要警察的保护。人民就是她的保障。"

即便如此,空军准将阿奇·温斯基尔当天上午仍然没有冒险,他驾驶皇家飞机送王室一行视察基特韦附近的赞比亚铜矿带。快要接近跑道时,这位前战斗机飞行员决定不采用悠闲的"王室式"降落,而是采用了"垂直俯冲"式,以防携带导弹发射器的游击队战斗机以信号不良为由而未收到"停火"信息。又一次,欢迎女王的人多到可以载入史册。罗恩联合矿业公司的负责人报告说,当天的产量出现了"戏剧性"的下降,因为大多数矿工都想去迎接女王。伦·艾林森看到基特韦一家诊所外的大树被人们压断了树枝。大人和孩子们脸上都挂着灿烂的笑容,注视着皇家车队消失在路上,还一边高呼"KK(肯尼斯·卡翁达),女王。KK,女王!"这个画面令人颇感温暖。

KK很快就发现,有女王在身边,对于提升他自己的威信有着极大的好处。不过当晚当他站起身在洲际酒店的国宴上致辞时,英国方面却相当紧张。总统挥舞着右手一直拿着的白手帕,开始就女王的"人性"、英联邦体现的"尊严、自由和平等"以及他对罗德西亚和平与民主的希望,发表漫无边际的讲话。他原稿里所有煽动性的段落都奇迹般地消失了。作为回应,女王向赞比亚在世界上的地位和影响力致敬,"这都是因为您的领导与赞比亚人民的巨大贡献"。女王在祝愿卡翁达总统担任英联邦首脑峰会主席期间一切顺利的同时，还传达给罗德西亚领导人（仍然以白人为主）一个明确的信息："我们从来没有如此强烈地感受到，我们都属于同一个人类。"

双方都认为当晚是一个巨大的成功，尽管后来有人听到菲利普亲王谈到卡翁达的夸夸其谈时，说他的脑袋是个"大杂烩"。虽然如果卡翁达说出他原本打算说的话，整个非洲大陆都会崩溃，但此时此刻的局面，对一次历史性的、和谐的英联邦峰会来说已经足够了。

那么，是什么导致了这种戏剧性的变化呢？访问结束后，艾林森在发给伦敦的报告中简单地记录了原因：卡翁达总统本来打算在他的演讲中"加入一些绝对不可接受的段落"，但与女王"面对面"之后，他"退缩了"。女王私人秘书菲利普·摩尔对此反应极大。它说明了这一切是如何发生的。摩尔在巴尔莫勒尔写给外交部罗杰·杜·布雷的信中坚持说，艾林森应该重写这份报告，以便非常清楚地表明，女王实际上已经获得了政治胜利。在他看来（女王也是如此），这是"女王多年来从政治角度出发的最重要、最成功的海外访问"。而成功的关键，却被人们忽视："女王亲自与总统交涉。"随后摩尔简述了两国元首之间发生的事情。"我们抵达卢萨卡后，伦·艾林森向我报告说，他认为，要把卡翁达演讲中冒犯性的段落删掉，只有一个办法，那就是女王亲自与他会谈。女王是在车上跟他谈的。那天晚上，马克·乔纳就来找我，说总统同意按我们的要求修改演讲稿。"因此摩尔正式要求报告里应该说明，女王曾经出面做了"个人干预"。事实上是她力挽狂澜。如果没有女王本人的授权，很难想象摩尔会出面干涉此事。也许她想让以后的外交官们知道，如果他们以后面临这种紧迫的外交灾难，她可能是解决问题的人。

在《信息自由法》下发布的外交部正式报告说："赞比亚人让步了，尽管演讲稿的修改，是女王亲自与卡翁达总统商谈的结果。"至于她具体说了些什么，谁也不知道。

叮咚

这时候，英联邦的其他领导人都在前往卢萨卡的途中。结束了对赞比亚的国事访问之后，女王现在已经从英国国家元首变成了英联邦元首。在卢安瓜游戏公园休息了24小时后，她回到卢萨卡，开始了与所有政治家的一对一会谈。而菲利普亲王则带着安德鲁王子参观铜矿、学校和野生动物保护项目。1979年的英联邦规模如此之大，以至于女王的会谈需要整整四天时间。一个接一个的领导人会悄悄地离开峰会会议厅，参加宝贵的一对一会谈。女王没有把他们拽到国家旅馆，而是征用了峰会场地的一栋小别墅，和其他领导人住的小别墅一样。威廉·赫塞尔廷回忆说，英国女王的男侍从厄尔内斯特·本尼特，尽了最大努力营造一种王室氛围，尽管还是有点乡土气息。提醒女王会谈开始及结束的蜂鸣器，原来只是一个普通的门铃，发出"叮咚"的声音。有些幸运的领导人会被邀请到隔壁别墅共进午餐，女王坚持客人名单中应该包括英联邦小国的领导人，就和大国一样。第一天，所罗门群岛、斯里兰卡和汤加的领导人与女王共餐。卡灵顿勋爵事后说："所有人她都见了。他们住的是小屋，她住的也是小屋，只是豪华一点点，他们对她感觉如何是很明显的。"

而在峰会会议室里，关于罗德西亚的辩论还没开始，紧张气氛就已经慢慢累积。直到最后一刻，卡翁达总统还是忍不住与撒切尔夫人作对。在她抵达前夕，他接受了一家报纸的采访，指责她对俄罗斯在该地区的影响力如此痴迷，以至于失去了"理智"。正如伦·艾林森后来记录的，卡翁达陷入了"妄想"，认为英国会在最后时刻试图"回避"罗德西亚问题。7月30日午夜前，撒切尔夫人戴着墨镜，原本打算低调抵达，却遭遇了乔纳兄弟安排的计划外记者招待会的埋伏。这一幕给此次峰会平添了几分戏剧色彩。卡翁达的策略仍有破坏峰会的危险。不过，机智的桑尼·兰帕尔在会议室里尽了最大的努力来缓和气氛。女王在她的小别墅里也是这样做的。她建议尼日利亚减少一点好斗的言论，她鼓励澳大利亚的马尔科姆·弗雷泽帮助赞比亚找到解决办法，等等。开幕之夜，女王为所有政府首脑举行的宴会上有更多的皇家策略。当然，她和所有的领导人都相处得很好。"您和我母亲是同一代人，"她逗乐了哈斯廷斯·班达,"什么都拦不住她!"

英联邦秘书长埃梅卡·安约库清楚地记得她的大战略。女王不仅为各国的领导人留出时间,也为所有的大臣、官员和筹划者留出时间。"通常,女王会为各国元首举行宴会,宴会结束后,她会为外交官们举行招待会,并在10:30前离开。但这一次,她在那里一直待到午夜,确保和所有人都谈过话。"安约库回忆说,"她的平静和克制起了很大作用。正是这一点促使他们同意制定应对罗德西亚危机的方案。"女王虽然没在峰会会议室里,但她依然可以为会议定下基调。

两天后,在关于罗德西亚的第一次讨论中,各国没有像英国人担心的那样"联手对付"撒切尔夫人,卡翁达也没有咆哮大骂。相反,总统邀请"导师"朱利叶斯·尼雷尔就罗德西亚问题发表讲话。这位导师风范十足的坦桑尼亚领导人仔细阐述了他的理念,即只有英国才有"责任、经验和政治意愿",为饱受战争蹂躏的殖民地制定一种持久的宪制,从而获得英联邦的一致支持。这番话得到了肯尼亚总统丹尼尔·阿拉普·莫伊的支持。现在,轮到撒切尔夫人了。她会为罗德西亚寻求一个新的开始,还是坚定地支持白人统治与现状?在这一点上,整个英联邦的未来悬而未决。如果她认为罗德西亚及穆佐雷瓦主教的傀儡政权是合法的多数统治,那么许多非洲领导人就会起身离开。但如果英国首相宣布宪制改革的时候到了,罗德西亚就会知道这场游戏已经结束了。

撒切尔夫人说,罗德西亚已经发生了很大的变化,穆佐雷瓦主教是一位非洲总统,由"非洲多数"选举产生,没有必要再使用"炸弹和枪支残害、杀戮男人、妇女和儿童"。英联邦屏住呼吸。她接着说,她做过的咨询、磋商也同样让她相信,现行的罗德西亚宪制是"有缺陷的"。听到这句话,兰帕尔和所有领导人都意识到,历史已经被创造。撒切尔夫人不会承认史密斯/穆佐雷瓦政权。旧日的罗德西亚前途黯淡。"辩论结束了。"他在回忆录中写道。撒切尔夫人还有一些观点。她说,英国会让罗德西亚的所有党派尽快团结起来,实现"真正的黑人多数统治"。

第二天,领导人开始他们的"休养会"之旅(维多利亚瀑布一日游),

撒切尔夫人、卡翁达和尼雷尔等六位关键人物留下来，敲定最后的细节。在关键条款还没有达成一致并签署的情况下，澳大利亚总理马尔科姆·弗雷泽就向澳大利亚媒体泄露了一切，整个交易差点就泡汤了。灾难迫在眉睫。如果英国媒体和保守党右翼敦促撒切尔夫人在与她自己称之为"恐怖分子"的人做交易之前再考虑一下，整个交易可能就要取消。她知道许多保守党人士——包括她的丈夫丹尼斯在内——对罗德西亚白人有着深刻的同情，以及私人关系，所以她一定会邀请党内某个有影响力的人陪同她。然而她的议会私人秘书伊恩·高在关键时刻却毫无用处。正如撒切尔夫人的传记作者查尔斯·摩尔透露的那样，高在午餐时错服了安眠药（他以为是抗疟疾的药片），还喝了一杯酒，然后昏了过去。

要赶在消息在英国扩散之前搞定交易，情况变得非常急迫。兰帕尔把所有领导人从"休养会"拉回来，在几个小时内，英联邦每个国家都匆忙签署了最终协议。那个时候，英联邦首脑正在回家的路上，或许在英国波音707客机上为自己的杰作举杯庆祝。在卢萨卡，撒切尔夫人和桑尼·兰帕尔讨论罗德西亚的未来时心事重重。她在午餐时对他说，"你当然也明白，我们已经把它交给了共产党。"

在一切结束之前，还会有一个更不寻常的时刻。在她的幕僚的建议之下，撒切尔夫人接受了卡翁达总统的邀请，在赞比亚媒体俱乐部的年度晚宴上发表讲话。她在新闻工作者的诚信问题和"诚实的揭露与虚假的轰动"之间"危险的界限"上有很多话要说。但她先从私事说起。她转向卡翁达说："总统先生，您可能不知道，您和我有一个共同点，它是好运的标志。我们都有双胞胎孩子。"在演讲结束时，她收到了热烈的掌声，还有"她是一个快乐的好朋友"的欢呼。卡翁达总统邀请她跳舞。乐队甚至为他们谱写了一首新曲子："来跳舞吧，漂亮的玛吉，没什么好害怕的。玛吉是个好女人。KK是个好男人……"这一刻将被记录下来，这些照片是铁娘子首相任期最著名的照片。不过，人们不知道的是，当时撒切尔夫人胃疼得非常厉害，已经24小时没有进食。

卢萨卡英联邦峰会确实创造了历史。它让伦敦的兰开斯特宫和平会议顺利举行，确保结束漫长而残酷的罗德西亚丛林战争、自由选举和创建津巴布韦——所有这些都在不到一年的时间内。而这反过来又给了英联邦动力，让其能够在力所能及的范围内寻求最大的收益——南非种族隔离的终结。兰帕尔事后总结说，女王在关键时刻，发挥了她的稳定作用。她在外交上极具天赋。女王给卢萨卡带来的是具有特殊意义的疗愈。

她还帮了她的英国首相一个大忙。撒切尔夫人去的时候害怕遭受硫酸的袭击，走的时候却非常愉快。她的官方传记作者查尔斯·摩尔十分确信，尽管早前与皇宫关系紧张，但女王的出现"实际上让撒切尔夫人的日子好过了不少"。正如这位铁娘子后来在接受威廉·肖克罗斯采访时所反映的那样："如果女王想去，那么她就能去，所有必要的安全措施都必须到位。会议很成功，我很高兴她去了。她认识每一个人。"虽然上任还不到三个月，但这位首相也给人留下了很好的印象。

赞比亚官媒《赞比亚周末世界》的头条是这样总结的："女王像耶稣——到访正如基督复临。"也许，谦虚的英国教会最高领袖不会同意这种观点。但即使女王也可能承认，经历了漫长的挫折和阴霾之后，奇迹发生了。她的英联邦不仅是一个整体，而且恢复了活力，它一如既往的强大。她再也不会遇到像卢萨卡那样的峰会了。

第九章
皇家游艇

"别人把我抱下船,我不停地乱叫乱踢。"

1997年12月11日晚,威尔士亲王起身发表了他一生中最简短的餐后演讲。"我只想闭上眼睛,疯狂地大醉一场。"他说完又坐下,现场响起雷鸣般的掌声。他的听众很清楚他的感受。1954年,他是皇家游艇的第一位皇家乘客。在40多年里,"不列颠尼亚"号航行了100多万英里。在它的告别晚宴上,由他来当这个主要贵宾再合适不过了。几个小时前,在朴茨茅斯码头举行的仪式上,在女王和王室面前,"不列颠尼亚"号退役了。它曾经是完美无瑕的,就像它在全世界执勤时在它上面举办的所有阅兵式和展览一样。不过,在那最后一天,皇家海军陆战队的乐队意外地没有服从命令。在退出阅兵队式时,他们奏响了《友谊地久天长》。对于风雨飘摇的看台上的许多老水手来说,这个时刻皇家海军陆战队也妥协了。

有人看见女王在那天流下了眼泪,还有安妮长公主。流泪的不止她们两个。正如前海军军士长迪克·菲尔德对"不列颠尼亚"号的传记作家理查德·约翰斯顿·布莱登说的那样:"如果媒体们转动摄像机,就会拍到两千名前皇家游艇的官员和船员们做着同样的事情。这是我们一生中最糟糕的一天。"

对女王和王室在国际上的作用,人们做过许多研究,但如果没看到他们是如何往返于世界各地的，那么这些研究就是不完整的。女王在主要交通工具还是水上飞机和蒸汽火车的时代就开始了统治，她的旅行记录已经远远超过了历代君主的总和。她走过了民用超音速飞机的时代，从头到尾，亲自尝试了多次。协和式飞机从来就不是她最喜欢的，虽然用过几次。它确实壮观地出现在具有里程碑意义的皇家场合，比如2002年的金禧年。而我们也知道，她不太喜欢直升飞机。从她继位以来，有些座驾非常有名，特别是用作长途飞行的维克斯VC10和用作短途飞行的豪客·西德利的安多弗和英国航空的BAe 146。在地面上，皇家专列几十年来几乎没有变化，车内装饰仍然是20世纪70年代的风格，浴缸是塑料的，牛油果色，家具都是棕色的福米卡塑料贴面。女王早年的许多海外访问都是搭乘皇家专列。在1947年南非之行、1951年加拿大之行和1965年西德之行的大部分行程中，女王都是坐的火车。1981年对斯里兰卡的国事访问中，因为缺少机场而无法做长途飞行，东道主决定重修女王在1954年访问时曾经坐过的皇家专列。许多人喜欢女王乘坐旧日列车的怀旧感，所以这次旅程耗时比1954年那次要长得多，因为列车的最高速度降到了每小时25英里。

在国内，皇家马厩维护着女王独有的宾利，还有各种各样的劳斯莱斯复古车、轿车和许多路虎"发现"。用于国事场合的，有各种各样的马车，从著名的、又慢又不舒服的金马车（为乔治三世打造的），到安装了21世纪液压稳定器的钻石禧年马车。

但人们从未对王室最喜欢的出行方式有丝毫怀疑。40多年来，皇家游艇"不列颠尼亚"号绝非仅是运送这个著名沿海国家元首的交通工具。最重要的是，它还是最接近女王"自己的"家的地方。其他宫殿和城堡都是她继承来的。所有的家具和装备都是由她之前的40多任国王决定的。只有"不列颠尼亚"号，是女王和爱丁堡公爵实践自己的设计与想法，从灯具到地毯，自由选择一切而来的。正是在"不列颠尼亚"号上，作为16个国家元首的女王，才会有"下班"的感觉。王室所有成员都有同样的感受。当安妮公主被问到她的21岁生日派对是想在伦敦、温莎或苏格兰举办时，她回答说都不想。她想在朴茨茅斯，在这艘游艇上办。结果皇家地毯被卷起来为舞池腾地方，这是"不列颠尼亚"号有史以来第一次（也是最后一次）。

不列颠尼亚号的最初设想是战前内维尔·张伯伦政府提出的，它仍向世界展示着，它是如何迈进又是如何退出21世纪的门槛的。1995年女王抵达开普敦港，远处是桌山，码头边是纳尔逊·曼德拉，这一幕会出现在未来许多代人的历史课本上。1997年7月1日午夜过后，它载着威尔士亲王和最后一任总督柏藤爵士（彭定康）从香港驶出，这是英国撤离香港的最后时刻。"不列颠尼亚"号在城里的时候，每个人都认识它。安东尼·莫罗是"不列颠尼亚"号的最后一位船长。1977年，"不列颠尼亚"号停靠在墨尔本，当时担任信号官的莫罗弄到了墨尔本板球场世纪大赛的门票。游艇从伦敦收到一条重要信息，需要他关注，于是"不列颠尼亚"号的无线电操作员联系了板球场。突然听到广播里呼叫"莫罗中尉，请联系皇家游艇"时，莫罗吓了一跳。他永远不会忘记接下来发生的事情："当我起身准备离开时，板球场所有人都起立鼓掌！"

正如人们常说的，没有女王的支持，英联邦不会持续这么多年。也可能有人认为，如果没有"不列颠尼亚"号皇家游艇，女王就没法做到这一切。从某个层面来说，这是有实际意义的。因为只有在游艇的帮助下，特别是在继位初期，女王或王室成员才能真正出访英联邦那些很少（如果有的话）见到王室访客的地方。然后是外交层面。在敏感而充满安全问题的场合，游艇可以提供一个独立的平台，以便人们进行更为克制与融洽的讨论。出席过纷争激烈的英联邦会议的人，诸如1985年拿骚峰会（南非问题可能会导致该组织内部不可挽回的分裂），都记得让一切重归于好的不只是女王，还有"不列颠尼亚"号。1993年的塞浦路斯利马索尔英联邦首脑峰会，在希腊和土耳其都对抗王室的情形下，"不列颠尼亚"号提供了一个庄严的基地，让英联邦首脑得以单独会见每一位领导人，并举行宴会。

最重要的是，无论目的地是哪儿，无论举办什么活动，游艇都会让女王更容易做女王。如果问那些与女王亲近的人，女王不知疲倦的秘诀是什么，他们通常会回答：良好的健康状况、虔诚的信仰，还有菲利普亲王。她的前私人秘书查特里斯勋爵也曾被问到同样的问题，他的回答令人难忘：女王像牦牛一样强壮。他接着说："她睡得很好，她的腿很好，能站很长时间。"他还可能补充说，因为在她继位后的大部分时间里，她有自己的游艇。

"不列颠尼亚"号的一位船长，海军少将罗伯特·伍达尔德爵士，清楚地记得1990年他被任命为皇家游艇司令官去见女王的那一天。女王问他，如果她对游艇的角色提出自己的看法，会不会有帮助？他回答会有帮助的。"了解我们的人都知道，白金汉宫是办公室，"她开始说，"温莎城堡是过周末的地方，偶尔会有些国家大事，桑德林汉姆和巴尔莫勒尔是度假的地方。好吧，那不是我要的那种度假，比如，今年夏天，会有90个人来巴尔莫勒尔和我们住在一起。每年我唯一的假期就是，从朴茨茅斯乘皇家游艇长途跋涉到阿伯丁，在船上时，我想什么时候起床都可以，穿我喜欢的衣服，拥有彻底的自由。你作为司令官能让皇家游艇变成我夏天度假的地方，这就是我的全部要求。"

对于英国国民生活中地位最超常的人来说，游艇提供了她渴望的——一点点寻常之处。在充满了仪式和规矩的世界中，"不列颠尼亚"号是一个可以尽情欢乐、胡闹的地方。

指挥官约翰·普里查德记得80年代的一次西岛巡游，当时"不列颠尼亚"号发现自己和高船竞赛中的方帆巨船们在同一条航线上。在听皇家海军陆战队乐队的爵士乐独奏时，女王看到了苏联的克鲁岑斯滕号。"我们给他们来点音乐好吗？你们能演奏点什么？"她问乐队指挥。不一会儿，一队饱经风霜的苏联海员突然发现自己被皇家游艇追上，乐队演奏着爵士乐，而英国女王正向他们挥手致意。正如普里查德回忆的那样："俄国人都惊呆了。"

1974年，外交官罗杰·杜·布雷在担任新赫布里底群岛（瓦努阿图的旧城）驻地专员时，和他的夫人在皇家游艇上度过了一周。就像克鲁岑斯滕号上的那些俄罗斯水手一样，杜·布雷夫妇看到晚宴过后的娱乐活动时也感到同样震惊。那是一场精心制作的默剧，在王室和船员面前，女王是节目的服装助理。"一个侍从官扮演了一个波利尼西亚美人。"杜·布雷说，"我记得他坐在地上，我记得我看到女王跪在地板上，他光着上身，她正在给他穿胸罩。这真是不同寻常的一幕！"在船上，人们可以不拘礼节，但也有它的局限性。澳大利亚前总理约翰·戈顿还记得,在女王1970年澳大利亚访问期间,他与王室一起在海滩烧烤的情景。当时,王室觉得该游泳了。"安妮公主被扔进海里,菲利普亲王也被扔了进去。"他说,"我坐在女王陛下旁边,我正要把她扔进去。但我看着她,而她看着我的样子告诉我,也许我不该这样做。最后,只有女王一个人身上是干的。"

第691号船

作为一艘船以及王室住所,"不列颠尼亚"号是独一无二的。除了这里,没有地方可以让王室的客人坐在廉价的柳条椅上(菲利普亲王1959年在香港停留期间买的),也没有任何一艘皇家海军轮船像这样用手势无声无息地下达指令。但"不列颠尼亚"号肯定不是什么新理念(甚至不是新设计)。从查理二世时期开始,就有一支皇家游艇队,一共83艘游艇。有些是为了宣扬国威而建造的,有些是为了娱乐或比赛而建造的。在"不列颠尼亚"号之前的是1899年的"维多利亚与阿尔伯特"号。维多利亚女王从来没有上过这艘游艇,因为在它下水之前就知道了它有稳定性方面的问题。它在北欧待了多年,很少冒险进入英国水域。或许,它最著名的一次航程也是它的最后一次:1939年载着乔治六世国王及其家人参观了达特茅斯不列颠皇家海军学院。在那里,伊丽莎白公主第一次正式认识了一位有前途的年轻海军学员,希腊和丹麦的菲利普王子。那个时候,国王已经和当时的首相内维尔·张伯伦讨论了建造一艘新游艇的想法,海军部已经确定了90万英镑的预算。船厂被邀请在1939年9月12日前提交初步方案。而在距离最后期限还有九天的时候,英国向德国宣战。多年后,人们才会重新考虑这艘游艇。

战争结束后,1947年的皇家南非之旅,需要一艘合适的豪华轮船载着国王及其家人前往开普敦。皇家海军的新战舰先锋号被选中执行这项任务。这让人们仔细考虑是否需要一艘新游艇。除了需要新游艇把王室成员运送到充满异国情调的目的地之外,"维多利亚与阿尔伯特"号在战时的朴茨茅斯曾经充当驻地,马上就要报废了。如果有一艘新游艇,现在正好还有一些老水手记得旧游艇上一切是怎么运作的。更重要的是，随着国王的健康状况恶化，许多人认为，在海上施咒可能有助于国王的恢复。1951年10月，就在大选前，工党首相克莱门特·艾德礼宣布了建造新皇家游艇的计划。他明智而正确地向反对党领袖温斯顿·丘吉尔澄清了这一声明。丘吉尔对此毫无异议。然而重要的是要确保新船在竞选期间不会成为问题。多年后，约翰·梅杰政府忽视了这一点，带来了灾难性的结果。

从一开始，海军部就宣布国家重整军备计划中会有一艘中型医船，它在和平时期还兼有皇家游艇的功用。格拉斯哥的造船公司约翰·布朗公司被选中，原因是考虑到国王的健康状况，他们的交期最短。合同于1952年2月初签订。与1939年最初的竞标一样，重大事件又出现了。2月6日早上在桑德林汉姆，国王在睡梦中去世。不过建造这艘船是刻不容缓的。女王继位的第一个月，第一批会见的人里就有海军建设部的负责人，会谈主题就是这艘新游艇。到了6月份，龙骨已经搭好，丝毫没有大张旗鼓。目前它只是691号新船。考虑到时间和价格，海军部决定采用已经在哈利奇和荷兰角港之间航线上服役的北海渡轮的现有设计。同时新船会有一些改进——船头和船尾更加光滑，使它看起来更加豪华，吃水量（船身在水下的部分）也减少了。如果游艇要进入英联邦一些较浅的港口和河流，那么就需要清理船底。游艇同时是医船的设想并不是凭空捏造的。英国皇家海军总医务长起草了详细的医疗使用计划，包括在皇家公寓内设置两百张床位，并在第五层甲板上为肺结核患者准备了露天病房（也会被改造成可以供直升机降落）。X光设备要放在设施齐全的剧院里，还确定了一个明确的最后期限。短短24小时内，这艘新船就能从皇家游艇转变成医船。

密切关注建造进度的并不只是海军部的高层。还有爱丁堡公爵。他在不断开拓自己的新职能，因为皇宫不让他插手国事。在他不忙着领导加冕典礼的委员会或是管理皇家庄园的时候，这艘新游艇将是他完美的消遣之地。"菲利普亲王上船时，你必须保持警觉。"首席建筑师、后来的造船厂总经理约翰·布朗博士解释说。有一次，他在船上，一台新的绞盘机正在测试。公爵对此不感兴趣。"他立即下令把它扔出去。"布朗对"不列颠尼亚"号传记的作者说,"他就是那样。"

也是公爵,根据自己的龙型帆船蓝瓶号的颜色,选择了"不列颠尼亚"号著名的配色方案。公爵对理查德·约翰斯顿·布莱登说:"深蓝色的船身,配上红色的顶部,我觉得很好看。"他决定在蓝色船体的上方加上一条细金带,需要额外花费90英镑。虽然用金箔比用金漆要贵,但使用寿命更长,能节约维修费用。每个人都敏锐地意识到公众对成本的态度,尽管议会对这一问题的质疑从未升级为有些人猜想的媒体风暴。最初160万英镑的估算最终会达到210万英镑,但正如加冕典礼的方案一样,公众的共识是,新继位的女王应该有值得骄傲的东西,而不是廉价的。尽管如此,她还是对最初的室内设计提出了异议。约翰·布朗公司建造了"玛丽王后"号和"伊丽莎白王后"号,新游艇最初的设计方案里有远洋客轮最先进、宏伟的部分。女王一点也不想要这样,于是委托休·卡森爵士想出更朴素的方案。他后来写道:"女王是一位细心的观察者,有非常明确的观点;你给她展示一个客厅,她不可能会说'好吧,这样就行了'。她对一切都有明确的看法,从门把手到灯罩的形状。"

1953年4月8日,在加冕典礼的两个月前,女王在苏格兰主持"691号船"的下水礼。一直到女王宣布,它的名字都被严格保密。30000人聚集在约翰·布朗造船厂内,其中有7000个孩子,还有300名正在闹罢工的钢板工人,他们已经罢工三个星期,为了来看女王为他们的杰作揭幕,他们特意投票暂停一个小时。船厂的主人阿伯康威勋爵对她表示欢迎。他回忆起她1938年第一次造访"伊丽莎白女王"号时的情景,那时她才12岁。她第二次来,是给英国皇家海军先锋号主持下水礼,那时她已经18岁,还是公主。他向她保证,这艘新船将为"帝国的遥远地区"带来幸福,但同时也配备了医船的精良装备。他对她说,"如果真的到了那个时候,您会为世人所称赞,船上的人会因为这是您的船而欣慰。"

女王身穿黑色衣服,因为那段时间她在悼念最近去世的玛丽王后。她没有用通常的下水礼讲话稿:"我给这艘船起名叫'不列颠尼亚'号。祝她和所有与她一同航行的人取得成功。"没人知道她为什么不用"愿上帝保佑所有上船的人"这样惯用的话来召唤上帝。或许她觉得劝诫上帝保佑自己是不合适的。另一个打破传统的做法是，宴会上她打开的是帝国葡萄酒，而不是香槟。尽管英国海军部对一个在他们看来过于英国中心主义、不够世俗的名字并不感兴趣，但"不列颠尼亚"是女王和公爵最喜欢的名字。它也非常受公众欢迎。

在那天的人群中，有一个十几岁的男孩乔克·斯莱特。有一天，他会在游艇上服役，然后成为女王的侍从，最后成为掌管整个皇家海军的第一海务大臣。当时，他被住在附近的朋友带去观看下水礼。他笑着说，"欢呼声太大了，我们听不到女王说了什么，也不知道游艇叫什么，直到我们回到家，听到新闻里的消息。"

但有一个人，看得很清楚、听得也很清楚，那就是被选来向女王献花的8岁女孩。罗宾·布拉德是造船厂董事长阿伯康威勋爵的继孙女，也就是现在的昂斯洛伯爵夫人。她记得她专门上过屈膝礼的课，还有女王宣布游艇名字时人们的欢呼声。她还记得，她们家送给女王一套"非常漂亮"的玻璃高脚杯，雕花是雷克斯·惠斯勒（艺术家，在诺曼底登陆中牺牲的"聪明的年轻人"）的弟弟劳伦斯·惠斯勒做的。女王作了一个简短的演讲，向她已故的父亲表示真挚的敬意。她说，国王曾是这场伟大的王室新冒险的幕后指挥家："他和我一样强烈地感到，游艇对伟大英联邦的首脑来说是必需品，而不是奢侈品，因为英联邦国家之间的海洋不是屏障，而是天然而不可摧毁的高速公路。"

与加冕礼一样，游艇也让这个国家再次感到更加自豪和自信。菲利普亲王在一本"不列颠尼亚"海上岁月纪念文集的前言中谈到了这一点。他写道，在她服役的近五十年中，她在战后英国复苏过程中发挥了非常特殊的作用。她成功地展示了英国人生活中所有最好的东西。

为了强化这种复苏，也为了重振1949年《伦敦宣言》后仍在形成当中的全新英联邦，女王和公爵已经在为历史上最雄心勃勃的皇家之旅做准备了。在1953—1954年的加冕之旅中，这对王室夫妇环游世界，途经南海、新西兰和澳大利亚。当时"不列颠尼亚"号还没有准备好，那次旅行的大部分时间，他们都在简陋的班轮"哥特"号上度过。"哥特"号是专门为那次旅行租用并被重新喷漆的。而那一次旅行的包租费就多达"不列颠尼亚"号全部费用的10%，光从这一点，游艇就已经证明了它的价值。当王室夫妇进入那次旅行的最后阶段时，"不列颠尼亚"号也已经准备好在归途中迎接他们了。它在所有海上试航中都表现很好，包括在苏格兰附近97英里/小时风速下的试航。船组人员都是新招募的，接受了严格的培训。皇家游艇服务公司作为皇家海军完全独立的分支机构，再次成立并运营。

1954年4月14日，王太后前往朴茨茅斯，将游艇的第一批皇家乘客托付给船员。5岁的查尔斯王子和3岁的安妮公主，以及他们的保姆莱特博迪小姐和比伯斯小姐，都受到了欢迎。两名水手被额外赋予救生员的职责，在"不列颠尼亚"号多年的服务中，这一角色有个众所周知的名字——"海上爹地"。锅炉技工鲁特和麦基翁最先总结出这项工作的一条铁律：永远不要让你负责的对象离开你的视线。

游艇起航，途经马耳他前往利比亚托布鲁克港迎接女王。按照国际外交礼节，女王和公爵要先拜访英联邦的主要陵园，再与利比亚国王伊德里斯喝茶，最后才能和五个月没有见面的孩子们团聚。年幼的乘客们倒没怎么受到打扰。两人在船上都有很多事情要做，而且都度过了他们一生中最快乐的时光。安妮公主回忆说："我们一直很忙，有很多事情要做，有各种各样的地方要去，还有很多擦洗的活儿要干。"

长公主记得在游艇上骑脚踏车，还有在橡胶泳池里玩水的快乐，威尔士王子仍然记得船上分配朗姆酒时的气味。[1]在经历了北非战役中最惨烈的几次战斗之后，看到托布鲁克港零乱而锈迹斑斑的残骸，他还深感迷茫。战争仍萦

---

[1] 从18世纪开始，皇家轮船每天中午都会给军官以下的船员分配朗姆酒或烈酒。配给量相当于70毫升95.5%的酒精，很容易让人驾驶超速。直到60年代，海军部认为，在这个一触即发的导弹时代，这是非常危险的。当时的海务大臣大卫·欧文亲自做了测试："我在中午喝了这些酒，下午两点半之后都无法清醒地做任何决定。"为了避免哗变，每天的烈酒换成了三罐啤酒。

绕在许多人心头。最后,在1954年5月1日11点46分,女王第一次登上了"不列颠尼亚"号。对她以及军官和船员们来说,这是一个令人相当紧张的时刻。毕竟,维多利亚女王和新游艇的故事并不令人高兴。[1]不过从一开始,"不列颠尼亚"号显然会有很特殊的气氛。第二天,皇家餐厅做了礼拜。由于船上没有牧师——女王认为这是一种不必要的奢侈——这项工作被"不列颠尼亚"号的船长、海军中将科诺利·阿贝尔·史密斯接管。他适时地为女王、王太后、公爵、查尔斯王子和"所有王室成员"诵念了传统祷词。结束后,一个小小的声音打破了寂静。"他没有为我祈祷,妈妈。"安妮公主说。人们都大笑起来。这个时刻为"不列颠尼亚"号接下来的100万英里航程定下了基调。

绘制航线

1954年5月,伟大的加冕之旅已经接近尾声,整个国家都期盼看到女王沿着泰晤士河航行,穿过塔桥,回到伦敦。这是自加冕礼以来最壮观的皇家庆典。前一天,英国首相温斯顿·丘吉尔已乘摆渡船出海,与怀特岛附近的皇家游艇会合,走完最后一段航程。但女王邀请了另一位客人,游艇皇家公寓的设计师休·卡森爵士,参加这个精选派对。这或许是凯旋的前夜,但女王和公爵的心思显然是在家装与配色上。晚餐过后,他们又用船上的放映机看了一部电影。之后,爱丁堡公爵把休爵士从其他客人身边引开,跟他商量改装清单。正如设计师在日记中回忆的那样,女王也偷偷地溜了出去,偷偷地跟他们一起商量。"女王也加入了我们,她说人们的注意力都在丘吉尔身上,她离开也没关系。"休爵士后来说,"我们三人都坐在主楼梯上,讨论了各种改进建议。"他指出,女王特别希望让阳台甲板"更具家庭特色"。

---

[1] 在第一艘"维多利亚与阿尔伯特"号的处女航中,维多利亚女王待在船上的避风处,发现船员躁动不安,船长解释说皇室队伍挡住了酒库的路,已经过了喝酒的时间了。事后女王说:"我认为它十分出色,但还可以更好一点。"——编者注

大量人群聚集在伦敦，期盼看到第一次环球旅行回来的在位君主。"不列颠尼亚"号游弋在泰晤士河口，河道逐渐变窄。其他王室随行人员被温和地鼓励退后，以便公众能在皇家大桥上清楚地看到女王和她的家人。河两岸的车辆纷纷按响喇叭。游艇从塔桥下驶过时，英国皇家海军陆战队乐队奏响了《不列颠万岁》。岸边的起重机们也放下悬臂敬礼。这是一种庄严的致敬，1965年温斯顿·丘吉尔爵士葬礼当天，他们也这样做了。休·卡森爵士写道："这次经历当时就让我感动不已，但我却觉得像是在做梦一般。""不列颠尼亚"号有了最好的开始。在上岸之前，海军中将阿贝尔·史密斯在皇家餐厅被授予爵士头衔——还有他的剑。

游艇回到母港朴茨茅斯，进行初步改装。维多利亚与阿尔伯特号现在要去废料场了。爱丁堡公爵非常想把一些东西搬上游艇，包括银器、玻璃和罗盘座。女王想有一些东西能让她想起以前的航行。她要求把先锋号上的沙发和扶手椅、哥特号上海王星风格的镜子和小麦捆状的壁灯安装在"不列颠尼亚"号她的起居室里。虽然她想要光线明亮、家庭式的氛围，但公爵希望自己的起居室更像是书房，深色木质，写字台的台面是皮制的，有充足的空间摆放书籍，还有一个陈列柜，里面放着他统率的第一艘船皇家海军喜鹊号的模型。防护甲板上，他们的卧室是挨着的，他们也选择了不同的布置。女王更喜欢鲜艳的花饰和蕾丝刺绣床单，而公爵则选择了深色的床品。他还特别指示说，他不想在任何东西上加花边。

与女王在下水礼当天的讲话一样，"不列颠尼亚"号早期的重点是英联邦。那年夏末，"不列颠尼亚"号启航前往加拿大，这是皇家游艇首次横渡大西洋。它去那里把被派去温哥华给英联邦运动会开幕的爱丁堡公爵接回家。第二年，这艘游艇在加勒比海海域，开始了它经由英国西海岸到苏格兰的第一次夏季巡航。他们会在威尔士的沙丘上野餐——当地一位港口管理员帮助孩子们上岸的时候，得知自己是在把未来的威尔士亲王第一次带到威尔士的土地上，他不禁泪流满面。不过，王子对某些船员的耐心来说是个考验。在去马恩岛的路上，他把足球踢出船外，问他的"海上爹地"能不能把它拿回来。这一请求被转达给了阿贝尔·史密斯中将，他同意了，认为把船降低将球取回可能是有用的航海技术练习。王子觉得这太好玩了，很快又把球踢出船外。这一次，他再也没见过那个球。

这次航行非常成功，它很快为接下来的四十年航行建立了模板。王室喜欢在英国西海岸游船。最主要的是，他们能够随心所欲地在任何地方停下来，上岸时尽量不引发骚动。正如约翰斯顿·布莱登记录的那样，有一天晚上，女王正独自在托里登湖畔散步，碰到一个牧羊人。他只是抬起帽子，说"陛下，这真是个适合散步的夜晚"，然后就走开了。同时，菲利普亲王也很乐意在最不起眼的地方烧烤，做任何他喜欢的食物。"他会带着所有的烧烤用具上岸，女王稍后会带着沙拉和其他的配菜。"罗伯特·伍达尔德爵士说，"他是一位才华横溢、极具创新精神的厨师。如果你从海里打起了什么奇怪的动物，他会把它处理好并做熟。即便吃到章鱼，你也不用感到惊讶。"

晚餐后的仪式很快就建立起来了，即使到了"不列颠尼亚"号服役的最后时光，它依旧很盛行。"我每天晚上都会在起居室的钢琴边给王室做简报。钢琴上面是放图表的好地方。""不列颠尼亚"号的最后一任船长安东尼·莫罗解释说。他的前任罗伯特·伍达尔德爵士也深情地回忆起每晚的争论。"我们会围着钢琴，对着一张大图，所有的王室成员都会在说：'我们能这样吗？我们能那样吗？'女王听了会说：'我很想去这里或者那里。'然后她会看着我，我可能不得不解释潮汐或风向不对，我们需要考虑更多。然后女王会说：'我们就这么做吧。'"

在第一次航行中，游艇还在梅城堡停留。梅城堡在16世纪曾是英国大陆最右上角的要塞，离约翰·奥格罗茨不远。王太后在乔治六世去世后不久就买下了它，当作寻求安慰与逃避的地方，但她总是期待着每年看到"不列颠尼亚"号出现在地平线上。一家人在一起愉快地度过一天后，他们还会在游艇和城堡的无线电通话里开玩笑，"不列颠尼亚"号再次启航时会燃起奇怪的烟火。从早期的航程开始，无论天气如何——可能很糟糕——"不列颠尼亚"号都有一种神奇的特质，即便面对最苛刻的外交任务，也能振奋大家的情绪。长公主说，第一次夏季巡游结束时，"不列颠尼亚"号终于抵达阿伯丁，她舍不得离开，"别人把我抱下船，我不停地乱叫乱踢。"

探险

新继位的君主已经有过环球航行了，但她的游艇却没有。1953—1954年巡游，女王和公爵是向西走的。1956年，"不列颠尼亚"号会向相反的方向走。游艇的计划是，送爱丁堡公爵去墨尔本奥运会开幕式，然后前往南极洲，与英联邦南极考察队会合。"珠穆朗玛峰征服者"是英国探险家维维安·福克斯和新西兰的埃德蒙·希拉里爵士组织的，一共两支队伍，由陆路长途跋涉到南极，这是继阿蒙森和斯科特之后的第一次。在王室守时的规矩与极地探险的变幻莫测不可调和时——探险不可能再等上一年，公爵决定要抓住个理想的机会，去以前从未去过的地方。原定的航行装备中，额外增加了冰箱、大量的保质期超长的牛奶，还有一辆路虎。因为一些王室无法控制的因素，计划变了许多次。1956年埃及对苏伊士运河的国有化，迫使游艇经由好望角绕行非洲，在东非接上了公爵。当他到达新加坡时，暴乱又让"不列颠尼亚"号转移到了马来西亚。但在访问锡兰和巴布亚新几内亚之后，游艇及时抵达墨尔本参加奥运会。

与电视连续剧《王冠》中虚构的巡游截然相反的是，"不列颠尼亚"号当时并没有去南海玩乐。相反，公爵身边有两位尊贵而年长的同伴。一位是艺术家爱德华·西格，另一位是探险家雷蒙德·普里斯特利爵士，年轻时他曾和英国最著名的极地探险家欧内斯特·沙克尔顿爵士和罗伯特·斯科特一起去过南极洲。

《王冠》还虚构了"不列颠尼亚"号船长阿贝尔·史密斯与公爵的一次争吵：公爵命令游艇偏航数千英里，为的是送一位受伤的渔民返回汤加。这一片段完全是子虚乌有。令游艇的船员们更感荒谬的是，虚构的公爵还奚落船长在"二战"时只在"岸上服役"。"不列颠尼亚"号服役的多年间，公爵十分清楚游艇的掌事者是船长，而不是他。他也没有诋毁过任何人的参战记录，更不用说这位海军中将了，毕竟在《王冠》中这位中将的形象与实际相去甚远。作为维多利亚勋章获得者的孙子,阿贝尔·史密斯曾经参加过一战,是海军航空队史上第一批飞行员之一,同公爵一样,"二战"的报道里也曾提到过他。

游艇途经新西兰和查塔姆群岛(公爵说,那里与设得兰群岛并无不同),然后在圣诞节及时抵达南极洲。在女王传统的圣诞节无线广播之前,公爵通过英国广播公司向英联邦广播了一条信息。这不仅仅是对王室有益的圣诞节乐趣。就像女王在"不列颠尼亚"号下水礼及伟大的加冕之旅中发表的讲话那样,它有一个潜台词:英联邦之间是没有边界的。它提醒全世界,王室是英联邦的大家庭。它也让战后原本自尊就受挫,又遭受1956年苏伊士运河危机打击的英国人民放心,英国还有一些值得骄傲的事情。圣诞节那天,南极洲和桑德林汉姆的王室都做了广播,接下来呢?

"我们不在家,大部分人都不在,因为英联邦。"公爵说,"我希望桑德林汉姆的所有人都能度过一个非常快乐的圣诞节,我希望你们这些孩子玩得开心。对不起,我不能陪在你们身边。"他对家人说,最后他祈祷说,"我们不在一起时,上帝会关照我们。"片刻之后,听众们听到了女王的讲话。她说:"在今天下午听到的所有声音中,再没有比我丈夫的声音更让我和孩子们高兴的了。"

在向病患、值班人员还有那些"命中注定要独自生活的人"发出充满"希望和鼓励"的信息后,她又说回到公爵。"如果我的丈夫圣诞节不能在家,我想不出比'他在英联邦的其他地方奔波'更好的理由。"第二天,"不列颠尼亚"的船员们看到了第一座冰山。公爵说,他们将继续参观分布在南极圈各地的科研站,并与一艘捕鲸船有了一次"不太舒服"的亲密接触,那种恶臭"无法形容"。

游艇继续途经地球上一些最孤独的地方,包括特里斯坦-达库尼亚和圣赫勒拿,最后在里斯本与女王会合。当时,女王正在葡萄牙进行国事访问。那时这次环球旅行已经引起了国际媒体的关注,因为公爵的私人秘书、海军少校迈克·帕克已经卷入了离婚官司。帕克很早就飞回家平息此事(尽管几个月后他还在为公爵工作)。早在50年代,在王室圈子里,只要提到离婚就能成为新闻。外媒甚至开始揣测王室婚姻状况，皇宫不得不专门出具声明，否认王室婚姻有任何"裂痕"。事实上，女王和公爵团聚时曾经非常欢乐。女王知道他在旅途中留了胡子，便要求所有王室随行人员——包括她自己在内——在公爵进来时戴上假胡子。

  公爵的环球英联邦之旅非常成功。两年后，1959年，他和"不列颠尼亚"号会再有一次。那一年游艇将送女王和公爵前往加拿大，为连接大西洋和北美大湖的圣劳伦斯航道揭幕。在美国总统德怀特·艾森豪威尔和加拿大总理约翰·迪芬贝克的陪同下，这对王室夫妇在甲板上，乘坐"不列颠尼亚"号驶过圣劳伦斯河美国和加拿大河岸之间一道特别建造的"大门"。这个过程中不可避免地存在一些复杂的礼节问题。美国安全官员担心桥上会有人扔下炸弹，而"不列颠尼亚"号的船员们则更担心会撞在桥上。游艇的三根桅杆中有两根要高过一路上的六座桥。船上安装了特别的铰链装置，以确保桅杆顶部可以折叠，让船刚好可以从桥下经过。老船员们会记得游艇驶过一座船闸时听到的巨大的爆炸声。原来是"不列颠尼亚"号和船闸墙之间挡泥板被压爆的声音。当值的诺思·达尔林普·汉密尔顿上尉永远不会忘记，女王、公爵和总统一起把游艇从墙边推开挽救游艇的画面。

  "不列颠尼亚"号的官方记录记载了1959年访问的一个夜晚。达尔林普·汉密尔顿接到女王的化妆师、令人生畏的波波·麦克唐纳的电话。她在电话里发疯一样大喊："女王的卧室里有一只蝙蝠，女王陛下不喜欢蝙蝠！""不列颠尼亚"号的值班军官听到后是什么反应，人们只能自行想象了。他们没有丝毫迟疑。女王正在岸上吃晚饭，但很快就要回来了。达尔林普·汉密尔顿和另一个同事，一人挥舞一个网球拍，终于"击毙"了这只不幸的蝙蝠，却发现还有一只在皇家客厅里拍打着翅膀四处乱飞。

  "不列颠尼亚"号很熟悉圣劳伦斯河道，多年间它曾多次经过这里。如此著名的轮船载着如此尊贵的客人经过如此狭窄的河道会有一个问题，那就是长达数英里的岸边经常有大量的人聚集。"不列颠尼亚"号上服役时间最长的船员之一，士官长阿尔伯特·迪克西·迪恩记得，船员们下班后会被要求在上层甲板上组成"挥手分队"。他回忆说,冲着桥上的人一路挥手很累,但他们不想让当地人失望。"所以我们专门成立了一个分队,他们的工作就是挥手致意。"这就是典型的"不列颠尼亚"号的问题,"不列颠尼亚"号的解决方式。

轮船的陪伴

在海上的头十年里,"不列颠尼亚"号曾经十七次横渡大西洋,造访了每一个大陆。然而去非英联邦国家的航行却屈指可数,其中大部分是去附近的君主制国家,包括挪威(1955年)、瑞典(1956年)、丹麦(1957年)和荷兰(1958年)。由于恶劣的天气和大雾,"不列颠尼亚"号延迟到港,对瑞典的访问有了不祥的开始。在给女王的一封关于最新政治形势的信中,首相安东尼·伊登首先对女王的坎坷旅程表示了"最深切的同情"。令人遗憾的是,瑞典国王为了女王的到来,安排了300架飞机做迎宾飞行。为了弥补延迟的时间,大雾一散,"不列颠尼亚"号及皇家海军护航队就开足了马力前进。"为了赶时间,他们全速前进,导致了巨大的波浪,冲毁了斯德哥尔摩群岛上的一些船坞和码头。"英国驻斯德哥尔摩大使罗伯特·汉基爵士告知英国外交部说,"但事情已经解决,正在支付赔偿金。"事实上,大使不得不去瑞典电视台道歉。"不列颠尼亚"号制造的小海啸最终花费了英国纳税人10万英镑。尽管如此,女王还是迟到了一个小时。

在最初的几年里,"不列颠尼亚"号及其船员基本上把他们的时间分配在不列颠群岛和旧帝国属国之间,只有空隙时才能上岸休假。军官们都是从皇家海军借调过来的,在游艇上待一两年,然后再回到他们所谓的"灰色海军"部队。但其他级别的船员可能会终身留任。他们被称为皇家游艇船员或"尤蒂斯",离开家乡的时间要比同龄人乘坐传统船只的时间长得多。唯一的晋升阶梯就是所谓的"死人的鞋子"。在下一份工作的人离开之前,你要一直待在原地。但这却阻止不了像水手埃利斯·诺里·诺雷尔一样从一开始就在"不列颠尼亚"号服役的人。他从底层做起,做一些粉刷船体之类的活,给水手长打打杂,然后晋升到洗衣房,最后是游艇上最崇高的位置之一,皇家驳船(女王的汽艇)的舵手。他回忆说,"我们在考斯的时候,我刚上任5分钟,就撞上了舷梯,打碎了挡风玻璃。"他最担心的是,要怎么跟他的父亲、前皇家游艇"维多利亚与阿尔伯特"号的老船员交代这件事。"我想要是我被解雇了,爸爸会不高兴的。"诺雷尔对船员们说了再见,等待着传唤。但被传唤后,他却吃了一惊。"司令官给我倒了一杯酒,说:'别担心。意外是难免的。'"后来几代游艇船员都熟识的诺里,将在"不列颠尼亚号"上创下服役34年的纪录。

所有在游艇上服役的人都会记得一种类似家族式的友情。这种友情是从最高层传下来的。"如果女王看到船员没有穿救生衣就在船舷边干活,她会第一个通知我。"罗伯特·伍达尔德爵士说,"任何危及生命或身体的事情都需要立即解决。她不会责备我们,只会说:'快,快,有人没穿救生衣。'她对他们非常了解。"

像"迪克西"(迪恩)和"诺丽"(诺雷尔)这样的骨干依然被邀请参加皇家招待会,即便退休很久之后。在最近的一次招待会上,诺雷尔无须别人介绍。"女王对我说:'你好,诺里。迪克西在哪里?'我解释说他其实在度假。她说:'哦,那太好了。我还担心他身体不舒服。'"

想要融入这台运行良好的"机器",对所有局外人来说都是个挑战,不管你有多高的资历,因为它有许多怪癖和不同寻常的规矩。罗伯特·伍达尔德爵士记得他是1990年就任船长的。他在航空母舰上开过喷气式飞机和直升机,指挥过护卫舰和驱逐舰,还亲自指导过威尔士亲王和约克公爵。接到关于"不列颠尼亚"号船长这份工作的电话时,他正掌管着法斯莱恩的皇家海军潜艇基地(当时他打扮成圣诞老人)。但即使是他也必须花时间适应。"如果你指挥的是战舰,你进入的是军队编制,你会说,这艘船就是要这样做事。但如果你登上的是皇家游艇,那是他们的家。他们很快就会把你训练成照他们的方式来做事。"

军官们也会搞一些恶作剧。罗伯特爵士的前任给他留下了严格的指示说,在王室巡游时女王坚持要求司令官必须始终穿着最好的制服。"完全是瞎说。"罗伯特爵士笑着说,"就是花衬衫和拖鞋!"伍达尔德第一次穿着全套制服上班时,女王乐坏了。"是羊毛的吗?"她逗罗伯特爵士说,"被蒙住了眼睛?"[1]

要学的东西很多。例如当王室成员在船上时,除非另有要求,否则船员必须在上午8点后留在主桅前方。王室居住区和游艇的其他部分之间有明显的分界线。像所有的船一样,游艇是钢框架的,有一根根的钢"肋"。从"第100根钢肋"开始,是绿色羊毛毡门或"楼梯下"部分。甚至在王室所在的船尾,也有进一步的等级划分。深红木门的是王室船舱。浅棕色门的,是私人秘书、侍从官或侍女的船舱。但是每周内部无线电里的小测验,却没有等级制度。获胜的团队往往是船员食堂。如果军官食堂赢了,那么位于船员食堂正上方的军官食堂就会有一个跺脚仪式。女王很有竞争力,尽管当她在船上时问题可能会对她稍微有些倾斜。一位前王室成员笑着说,你可能会拿到那种问题,韦瑟比是否有(马术)障碍赛。他回忆说,有一次外交大臣道格拉斯·赫德在陪同女王国事访问期间,被命令挂掉电话走出船舱,加入王室团队为他们增添实力。

只要女王在船上,皇家海军陆战队的乐队就会在。他们可能会为六人小型晚宴表演,也可能在灯火通明的海岸为数千人演出。1971年,"不列颠尼亚"号在太平洋上的皮特凯恩小岛停留,船上有菲利普亲王和他的舅舅蒙巴顿勋爵。游艇的部分任务是为水道测绘局对某一区域进行调查。上一次对其勘测的还是库克船长。它还要把王室送去访问英联邦最偏远的地区之一。该社区是弗莱彻·克里斯蒂安及其同伙在1789年英国皇家海军邦蒂号哗变后建立的。尽管"不列颠尼亚"号的船员人数比岛上人口多了一到两倍,但皇家海军陆战队乐队还是穿了全套军装上岸,在皮特凯恩唯一一块空地上表演鸣金收兵仪式。

在这个不同寻常的世界,也曾有过年轻军官乔克·斯莱特的身影,尽管

---

[1] 用羊毛蒙住人的眼睛,表示欺骗别人的意思。——译者注

时间很短。乔克·斯莱特还是个学生时就观看了游艇的下水礼。1961年,这位未来的第一海务大臣被任命为当年的"季节官"。他满怀深情地回顾这件事,因为它极大地考验了他的主动性。他会在格洛斯特公爵为希腊国王准备的午餐上凑数,坐在索菲亚公主(未来的西班牙女王)旁边。在游艇抵达加纳、女王进行最棘手的国事访问时,他是值班军官。女王的目的是拉拢脾气暴躁的加纳独立之父克瓦梅·恩克鲁玛。斯莱特的任务同样艰巨。国宴的食物都是从伦敦空运过来然后运到卡车上。可是卡车上没有冷藏室,而且连同司机一起不见了。斯莱特想方设法找到了那个人,原来他只是想顺道回家吃个午饭。克服了重重困难,国宴同访问一样取得了巨大成功。女王继续前往利比里亚。斯莱特永远都忘不了当地军事领导人把女王的雪茄都塞到自己口袋里的情景。

回程中,斯莱特被派去组织一个音乐比赛。他曾是国家青年管弦乐团的横笛手,那年年初的地中海巡游中,他的才华被王太后发掘。一天晚上,他被邀请与王室共进晚餐,之后王太后让他一起坐在沙发上。"我知道你以前是国家青年管弦乐团的。"她告诉他,她不知道从哪里听说了他的音乐才华。"我们想要是今晚你能为我们表演就太好了。"斯莱特礼貌地说没有人给他伴奏。王太后立即说,她的侍女费莫夫人(戴安娜·斯宾塞夫人[1]的祖母)就是音乐会级别的钢琴家。年轻的斯莱特去船舱取来横笛,然后两人开始了表演。那天晚上,"不列颠尼亚"号驶进了突尼斯。"不列颠尼亚"号的每一任船长招聘员工时都要着意挖掘他们的潜能。"我会招聘合格的水手来做我的军官,以防王室想要去航海。"罗伯特·伍达尔德爵士说,"同样,我可能也会选中某个人,只因为他是个钢琴家。什么场面你都要应付得来。"

娱乐是游艇生活的一个关键部分,尤其是当王室成员在船上的时候。甲板上可能有网球赛或"赛马"——掷色子,用马的模型玩。电影总是很受欢迎的,不过这对于负责放映电影的年轻军官来说有点压力。安东尼·莫罗曾在

---

[1] 即戴安娜王妃。——编者注

"不列颠尼亚"号上工作过三段时间。1965年第一次来时他还是个初级军官。他清楚地记得,当时给女王和公爵及船上投票选出的不同部门的船员们放映了第一部詹姆斯·邦德电影《诺博士》。幸运的是选电影不是他的任务,而是女王侍从官的工作。有一个限制条件,那就是不应该有"太多滚床单的镜头"。

每次航行都会有一场音乐派对(或者有些人所谓的"草地歌剧"),就像罗杰·杜·布雷在去斐济途中观看的那样。因为风俗习惯不同,船上各个部分之间会有许多问题。"那时每艘船上都是那样。"安东尼·莫罗说,"我们没有iPad这样的现代产品,不得不即兴表演,搞点娱乐活动让大伙儿开心。"所有的客人都要参加,包括王室。在一次前往新西兰的途中,腼腆的蒙巴顿伯爵表演了自己独特版本的毛利哈卡舞蹈。"不列颠尼亚"号的老船员们甚至还记得,有一次在医务人员的要求下,女王被说服,不情愿地当了素描模特。她事后说:"是外科主任让我这么做的。如果他再这样做,他就不再是外科主任了。"在"不列颠尼亚"号的晚期岁月中,一个更令人难忘的惯例是,士官们穿着橡胶靴用爱尔兰舞步跳音乐剧《大河之舞》。

在1979年女王出访波斯湾期间,前国会议员弗兰克·贾德(现为贾德勋爵)当时还是外交大臣,也参加过这些娱乐活动。"很好玩。"他回忆说,"他们说:'弗兰克,你现在是王室团队的一员了,船上的习惯就是大伙儿一起玩,我们希望你也能参加。'我有一张珍贵的照片,拍的是我在船上带领女王和公爵一起合唱。"他记得他带着自己的团队,其中还有女王的新闻秘书,穿着旧军装改成的衣服,一起唱着"屁股、乳头、屁股、乳头"。他记得他们唱得很不错。"看得出来,女王很喜欢。"

1961年为王太后初次表演后,乔克·斯莱特就经常被要求演奏横笛。多年后,他又回到"不列颠尼亚"号,这次是给女王当侍从官,他写了一出喜剧叫作《音乐童话》。在剧里,他(戴着头盔)演奏横笛时,威尔士亲王不时地用木棒打他的脑袋。当这些快乐的、乡村礼堂式的活动在世界各地一个大陆到另一个大陆继续举行时,皇家游艇马上就要开始它新的职业生涯——作为电视明星和营销工具。

营销能力

从来没有在位君主造访过南美洲,直到1968年女王万众瞩目地抵达巴西。这与"不列颠尼亚"号通常的英联邦长途访问和欧洲附近的短途访问都是截然不同的。据说在女王飞到南美洲东北部城市累西腓后,有50万人观看她登上游艇。几天后,她在萨尔瓦多停留了三个小时,超过10万人聚集在外面,只为了看她一眼。但只有在王室和"不列颠尼亚"号抵达里约热内卢时,才真正显示出他们的出场是多么壮观。在休格洛夫山下迎接"不列颠尼亚"号的海军陆战队,还有欢迎女王上岸的盛大场面,都壮观到令人难以置信。这一切都被理查德·考斯顿的摄制组拍摄下来,做成了电视纪录片。现在英国公众比以往任何时候都更能看到这艘游艇在海外的作用。但他们也知道船上过的是什么日子,也知道"不列颠尼亚"号是女王国事访问期间躲避喧嚣的不显眼之处。

王室乘飞机前往智利后,"不列颠尼亚"号还有了另一项重要的创新。它被暂时移交给英国工业界,举办了一系列被称为"海洋日"的贸易促进活动。巴西国防和工业部的要员们应邀来船上用餐,参观海军护卫舰"仙女"号的航海技术和武器装备展览。英国大使约翰·拉塞尔爵士向上级汇报了这次活动的"独特宣传价值"。他写道,"这对我们进军巴西海军和商业采购领域是非常有用的,我很希望看到回报,希望他们会订购我们的潜艇和护卫舰。"数据似乎支持了约翰爵士的乐观态度。在接下来的十年里,巴西从英国买的军事装备比其他拉美国家都多两倍,包括奥伯伦级潜艇、尼特罗伊级和大刀级护卫舰、多架直升机和400枚海猫导弹。最令人惊讶的是,几年后"不列颠尼亚"号再次被要求充当贸易促进平台。那是在女王1975年对墨西哥进行国事访问期间。"不列颠尼亚"号的热情好客,加上英国皇家海军"塔尔塔"号在维拉克鲁兹附近海域展示的英国火力和海军技术,沃斯普·桑尼克罗夫特公司当即售出一批巡逻艇。

第二年女王横跨大西洋参加美国独立200周年纪念活动,并为1976年蒙特利尔奥运会开幕,皇家行程中又被加进一个"海洋日",当时"不列颠尼亚"号正在纽约。30家美国公司（总价值660亿美元）的负责人齐聚一堂，在英国海外贸易委员会的追捧下度过了一天。与会嘉宾里还有未来的美联储主席保罗·沃尔克等顶级金融家。考虑到这是70年代中期，垂死挣扎的英国经济已经是国际笑柄，这当然算得上是伟大成就。安东尼·莫罗是当时的信号官。"女王去了华盛顿，所以我们从纽约出海一天，船上全是商界人士。"他说，"让他们上船就是主要目的。你永远不会拒绝皇家游艇的邀请。你可能会拒绝一些无聊的酒店或大使馆的活动，但不会拒绝游艇活动。尤其是一个特别好的活动。"

英国政府真正意识到这艘游艇作为贸易平台的潜力，还是在"不列颠尼亚"号运营寿命的最后1/4。讽刺的是，这一时期，游艇的花费引起的政治分歧比任何时候都要大。在90年代，"不列颠尼亚"号平均每年运营成本为900万英镑，与英国一个中等级别的大使馆相当。当时英国金融服务业的推广方、英国无形委员会的盖伊·默多克一贯坚称，这艘游艇"为英国赚了数百万美元，令所有竞争对手羡慕不已"。"不列颠尼亚号因素"很难有确切的价值，但它的存在从未受到质疑。1986年，在上海的一个"海洋日"，英国一个公司的高管想要在一份价值40亿英镑的钢铁合同中分一杯羹，他对"不列颠尼亚"号当时的船长、海军少将约翰·加尼尔表示感谢。他在皇家餐厅的午餐会上见到了所有需要会见的中国高官。他解释说，如果不是在这里，他最少要花六个月时间才能与这些人取得联系。

1993年，"不列颠尼亚"号中途在孟买停留，许多英国与印度之间的合同就在它上面签署。这些交易原本在法律方面扯皮了好几个月甚至好几年，突然奇迹般地解决了。短短四天内，双方就签署了价值15亿英镑的合同。所以，一直到最后，游艇都在发挥这种作用。"不列颠尼亚"号的最后一次航行，1997年出访中东和远东，安东尼·莫罗在船上举办了不少于88场商业活动，比前十年的总和都多。这艘游艇原本是按医船设计的，现在却成了一个完美的国家会议中心。"船员们在各个方面都提供了令人惊讶的帮助，他们中的许多人做了许多分外的事情。"安妮长公主说，"许多船要靠过来，舷梯时常要放下又收起，餐桌搬进又搬出，还有那么多招待会——这些活大多都是船员在做。"不幸的是，一切都太晚了。

爱之船

在一场王室婚礼之后，"不列颠尼亚"号的王室惯例会有一次中断。在它服役的44年中共有四次蜜月巡游，只有在这个时候，船上才会安装双人床。第一对新婚夫妇是玛格丽特公主和斯诺多伯爵，1960年他们游览了西印度群岛。1973年，安妮公主和马克·菲利普斯上尉举行婚礼后，登上了"不列颠尼亚"号，从同一地点出发驶往新西兰。虽然他们在加勒比海度蜜月的时候遭遇了暴风雨天气，但比起八年后的威尔士亲王和王妃，他们享有了更多的隐私。威尔士亲王夫妇的蜜月还没开始就引起了外交纠纷。西班牙反对这对夫妇驶出直布罗陀。西班牙人一直声称英国的海外领土是西班牙的，也因为他们的蜜月计划，西班牙国王和王后拒绝了他们的婚礼邀请。船上也为这对新婚夫妇举办过一些不太浪漫的官方活动，包括为埃及总统举行的晚宴。1986年7月举行婚礼后，约克公爵夫妇在亚速尔群岛附近航行了十天。

1999年，当女王最小的孩子爱德华王子，也就是威塞克斯伯爵与索菲·里斯－琼斯结婚时，游艇已经退役。不过"不列颠尼亚"号在他们恋爱早期扮演了重要角色。王子邀请他未来的妻子和他一起参加怀特岛考斯镇一年一度的帆船赛。报道这个活动的摄影师们乐疯了。不过几天后媒体的关注度开始飙升。船长罗伯特·伍达尔爵士现在依旧对自己的转移策略感到骄傲。"狗仔队太可怕了，所以我把一个船员打扮成里斯－琼斯小姐，另一个打扮成爱德华王子，把他们放到皇家驳船上送到奥斯本宫去了，"他笑着说，"所有的狗仔队都追在他们后面。他们走后，爱德华王子和他的女朋友从另一边下去上了我的驳船，在比尤利度过了一天。他们非常感激我这么做，现在仍然如此。"

"不列颠尼亚"号在"考斯周"出现，完全是因为爱丁堡公爵。他非常喜欢英国最盛大年度帆船赛的比赛及其友爱精神。对女王来说，竞技性航海运动的吸引力和代数差不多，她是不会参加的。当"考斯周"结束，"不列颠尼亚"号启航前往西部群岛的时候，女王会要求它在朴茨茅斯或南安普敦接上她，而不是横渡怀特岛。"她像躲避瘟疫一样躲着考斯周。""不列颠尼亚"号的一位军官说，"这是菲利普亲王喜欢的活动，她让他独自享受。"对公爵来说，"不列颠尼亚"号代表着他与皇家海军的持久联结，毕竟在女王继位时，他被迫放弃了指挥官的身份。如果给他机会，没人怀疑他会升到最高职位。

"别忘了他是一个非常聪明的人，他是和平时期最年轻的舰长，这个纪录至今没有被打破。"罗伯特·伍达尔德爵士说。因此对皇家游艇的船长来说，爱丁堡公爵可能是一位可怕的乘客。伍达尔德说事实并非如此。他记得公爵只有两次对这艘船的操作"特别感兴趣"。一次是在他试图送公爵按时参加西棕榈滩一个重要慈善活动的途中。拥挤繁忙的港口只给"不列颠尼亚"号分配了狭窄的停泊处。而这艘游艇有一个弱点，在低于6节（每小时7英里）的速度下，它的方向盘就不管用了，20节的横风就可能把它的一侧拍进码头的死角里。最终"不列颠尼亚"号完好无损地停靠了进去。"我的导航员紧张得汗流浃背。公爵抬头说：'我想你现在可以扔掉你的见习车牌了。'那时我已经当了两年船长了！"另一个让伍达尔德毛骨悚然的时刻，是在"不列颠尼亚"号最伟大的一次航程中——在诺曼底登陆50周年纪念日前向诺曼底致敬。重点是沿着卡昂运河航行，经过飞马桥，这是1944年纳粹占领下的欧洲得到解放的第一片土地。在英国空降部队完成这一英勇壮举的地方，游艇的两边离河岸只有几英寸远。女王和公爵登上皇家大桥，数千名退伍军人在运河两边排起了好几英里的长队，现场还有许多电视台的摄像机拍个不停。伍达尔德和船员们紧张地以巡航的速度朝着这个最窄的地方驶去。这时一个熟悉的声音从皇家大桥传来。"注意看路！"公爵喊道。人群一阵大笑。同往常一样，他对船员们充满了信心。而事实再次证明，他的信任没有被辜负。

女王表现出同样的镇定。"不列颠尼亚"号的最后一任船长安东尼·莫罗说，即便在暴风雨中她也是个沉稳的水手。在1969年对西部舰队的视察中，天气变得非常糟糕。女王回游艇上时，从皇家驳船跳回"不列颠尼亚"号时太危险了。整艘驳船都必须吊在游艇的一侧，而她就在船上。当她终于回到游艇上时，她说："很好玩，不是吗？"罗伯特·伍达尔德爵士还记得，1992年女王对法国进行国事访问，游艇在波尔多搁浅时有一个特别不稳定的时刻。女王在船上为密特朗总统举行国宴后，又邀请了数百名宾客参加晚宴后的招待会，观看皇家海军陆战队乐队的传统表演。游艇的军官们要确保人们均匀地分布在甲板上，以便空出好位置，让乐队表演《高地大教堂》《日落》和其他人们喜爱的曲子。同时驾驶台值班军官需要密切关注测斜仪，一种用来监测船的倾斜角度的装置。吃得饱饱的法国贵宾们靠在游艇的一侧，大约有几吨重。军官用船上的驳船作为平衡物，放在游艇的另一侧。然而密特朗总统却忘了告诉女王，他给她准备了一个惊喜。皇家海军陆战队乐队一完成表演，法国人就在对面方向燃放起巨大的焰火。这时所有的客人都冲到了游艇的另一侧。由于那一侧已经被驳船压住了，突如其来的负重令"不列颠尼亚"号像泰坦尼克号一样在水里挣扎。"整艘船一片混乱，女王问我：'我们会没事吧？'"罗伯特爵士回忆说，"我说：'当然，我们会没事的。'因为我们俩没有什么需要担心的。"

告别

所有王室成员都对"不列颠尼亚"号有着特殊的回忆。他们都参加了1997年游艇在英国的最后一次告别之旅。所有人都出席了1997年12月11日"不列颠尼亚"号光荣而痛苦的退役纪念仪式，除了王太后。她不愿意参加。在船上女王享受了许多天伦之乐——不仅与她自己的家人，还有她的"国际大家庭"。更重要的是，她的孩子们是和船员们一起长大的。这群兄弟在这艘船上待的时间比皇家海军其他船上的船员都多。作为海军的妻子、母亲和女儿，女王那天很难过。这一点也不奇怪。二十多年后，安妮长公主说她不喜欢听《高地大教堂》，因为听到它就会想起"不列颠尼亚"号。1953年女王给心爱的"不列颠尼亚"号主持下水礼，那时一位小女孩骄傲地献上花束，游艇最后一次出现在伦敦时她也去了。昂斯洛伯爵夫人罗宾说："她（'不列颠尼亚'号）来到泰晤士河做最后的告别。最后一次见到她时我哭得很厉害。"然后，她看到新闻里的退役仪式。"这可能是女王第一次在公众面前差点落泪。但摄像机对着她拍，实在是太残忍了。游艇几乎是王室的一员，她安全地运送这家人到过那么多地方。"

在一个越来越重视"软实力"价值（影响力胜过胁迫）的世界里，许多人仍然感到困惑的是，一个像英国这样的海洋大国竟然会处理掉皇家游艇这样宝贵的资产。前英联邦秘书长、尼日利亚人安约库依旧不明白："英国本应该用一艘新游艇取代'不列颠尼亚'号的。英国近代的一些首相往往低估了软实力的深度与价值。如果我是首相，我会更加注意维护它。"

在马堡宫任职的许多年里，秘书长安约库访问过的英联邦国家几乎与女王一样多。回忆起女王1982年乘坐独木舟抵达图瓦卢时的情景，他笑着说："我没有'不列颠尼亚'号，所以我从来没有去过图瓦卢。"不过，他能看到"不列颠尼亚"号在全世界的足迹。没有游艇女王不可能取得现在的成就，对此，他毫不怀疑。

归根结底，"不列颠尼亚"号的"逝去"是因为时机不对与政治上的无能。在90年代中期，它需要大规模整修的时候，王室的经济状况正处于低谷。1994年，约翰·梅杰领导的政府宣布，"不列颠尼亚"号将于1997年退役，同时大臣们对替换的可能性保持开放的态度。1997年大选前不久，还是这一届保守党政府宣布，它会建造一艘新游艇，预算为6000万英镑。但它未能遵循1951年订购"不列颠尼亚"号时遵循的黄金法则，即涉及君主制的重大议题需要跨党派协商。托尼·布莱尔的工党从没收到过协商邀请，因此正式反对这一议题。毫不奇怪，几个月后工党当选，新政府拒绝订购新游艇。布莱尔后来向作者承认，当初把"不列颠尼亚"号处理掉是错的，如果早点当选他会保留它。然而即便在皇宫内部，也有人怀着沉重的心情，认为皇家游艇的时代已经结束。一位前王室高级成员说，"不列颠尼亚"号已经到头了。他说，"访问的时间越来越短，以至于我们会做一些事情，只是为了把游艇送到那里，而不是因为我们需要做这些事情。"

一位前私人秘书对此表示赞同："游艇的离开令人难过，但对我来说它没有意义了。就像有人说的那样，'吃力不讨好'。每次女王在西部群岛巡游时，媒体都会计算他们用了多少燃料、花了多少钱等等。那些日子已经过去了。是的，乘游艇去哥本哈根或斯德哥尔摩很愉快，但去程两天，回程再两天，日程更忙了。女王是个现实主义者。她知道时候到了。"

王室自己也决心避免卷入任何争论。不管他们对游艇及其船员有多么依恋，这显然是一个政治问题，因而是有严格限制的。也正因为如此，威尔士亲王在"不列颠尼亚"号退役之夜发表的讲话十分简短。议会、新闻界和公众中有很多人热衷于推动新游艇的建造。英联邦也有许多支持。例如，秘书长埃梅卡·安约库加入了一家财团。这些财团多年来一直在为建造新游艇而奔走。由于没有政府愿意投入公共资金，而赞助又不可避免过于敏感，所有的尝试都失败了。王室始终坚定地远离纷争。不过一个囊括了前皇家海军高级人物、著名的海军建筑师和领先的海运业人士的财团，已经起草了一份先进的设计方案。那是一艘国家级轮船，在不履行皇家或科学职责的情况下兼有大学和航海训练的作用。成本高昂的方案强调，这将是一艘"英国舰艇"，绝对不是"游艇"，也不依赖公共资金。

"不列颠尼亚"号的固有缺点之一是"游艇"一词，暗含着奢侈与享乐的意味。实际上，它起源于17世纪荷兰语的一个词，指的是赛艇或领航艇。一位前官员说，恐怕有些人总是把"游艇"和金水龙头联系在一起。如果从一开始就认定"不列颠尼亚"号是"英国舰艇"而不是"皇家游艇"，情况可能会有所不同。

看到"不列颠尼亚"号没有起死回生的希望，有些人，包括长公主在内，认为它应该报废。大臣们则不这么认为。看到它如今安顿在爱丁堡郊区莱思的"新家"，数百万参观过它的游客感到由衷的高兴。它现在由一家慈善机构——"不列颠尼亚号皇家游艇信托基金会"——精心维护，是苏格兰最受欢迎的景点之一，也是英国国家历史船只注册协会"核心收藏"的获奖成员。游客可以通过王室舱房，感受到女王、公爵和休·卡森爵士想要营造的那种清新、不张扬的"家庭"氛围。在英国，这是第一个也是唯一一个地方，在那里，任何人都能参观在世君主的卧室。除了一些小的改动（例如，侍女的舱房现在是男士洗手间），唯一明显的变动是原来的餐厅家具和餐具。菲利普亲王把它们中的大部分都搬到了温莎的弗罗格莫尔宫，打造了一个"不列颠尼亚室"，作为对游艇的纪念，也是为了避免这些收藏品被打碎。在爱丁堡，参观真正的"不列颠尼亚"号的人，对船员的旧住处同样感兴趣。所有人都喜欢去游艇酒吧看看。这家酒吧被正式命名为"放松室"，大家都知道它，因为威尔士王妃在蜜月期间来过这里，还弹了钢琴。透过一个玻璃屏幕，人们可以看到船长的船舱，那里忠实地按原样布置早餐，并配有塑料仿制的油炸食品和晨报（尽管以前的船员们总是不明白，为什么里面摆的报纸是《卫报》）。

　　皇家游艇船员协会至今仍有定期聚会，其中许多聚会都有王室成员参加，这反映了游艇、军官、船员和乘客之间的持久联系。几年前，女王把这些人都请到温莎城堡。她总是发一个特别的信息，让他们在聚会上宣读。更引人注目的是，每年春天，都会有几十名以前的船员穿着工作服，去船上执行一周的无偿维修服务。以前的轮机技工会在引擎舱里打磨管道。以前的一级水手在楼梯上打磨木制品并上漆。以前的两位厨师长会在船上的厨房里给老同事们做饭。最后一天，老船员们会在阳台甲板上列队，聆听历史悠久的指令"喝酒乐一乐"，再痛饮一杯。这个时候，每个人都会分到一杯朗姆酒。在喝之前，他们举杯遥祝，那个人不仅是一个遥远的象征，还是他们引以为豪的："女王"。

第十章
伊丽莎白，玛格丽特和纳尔逊

"他需要作秀。"

谦卑顺从的仆人

没有哪个国家像南非一样，对女王产生如此大的影响，正如没有哪个国家让她刻意回避了将近半个世纪。1995年国事访问结束时，她对南非人民的讲话毫不含蓄。她说，"这是我一生中最出色的经历之一。"她的一生，充满了各种各样与众不同的经历。所以当她把这一次出访形容为"出色"的时候，那就是最高级别的赞扬。

她第一次出国去的就是南非，那是1947年，她和父母一起，并在旅途中度过了她21岁的重要生日。而南非将在她继位后的大部分时间内困扰着她深爱的英联邦，将给她带来接近于宪制危机的麻烦。曾几何时，它差点导致英联邦的最终分裂及永久覆灭。现在，她在这里为南非的自由举杯，为或许是英联邦最伟大的成就致敬。"出色"，并不是夸大其辞。

二十年来，虽然英国的王室故事从80年代的婚礼狂喜转变为90年代浓烟弥漫的苦难与悲剧，但一系列与此毫不相关的事件让英联邦首脑心神不宁。对女王来说，幸运的是她在国际的际遇与国内的截然不同。尽管这些年君主制在国内的情形十分糟糕，但至少在海外，会得到巨大的安慰和重振。在这漫长的篇章中，两位重要人物占据着主导地位，女王会对他们保持最高的敬意。她会很好地了解他们两人，尽管他们两人很快就会见面。一个会在公众视野中消失，另一个则会在阳光下出现。他们对当时几乎所有的问题都有着截然相反的意见。但如果他们在某一点上达成一致，那也是为了表示对女王的尊重。反过来，她也授予了他们最杰出的个人荣誉。即使以功绩勋位的严苛标准来衡量，也不会有比玛格丽特·撒切尔和纳尔逊·曼德拉更杰出的获得者了。

女王和她的第一位女首相之间的关系会在未来多年里让历史学家日夜思考。但她与纳尔逊·曼德拉的关系则可以用温莎城堡皇家档案馆里的一系列信件来概括。这可能是除了家人（或学童）以外，女王唯一会收到的以"亲爱的伊丽莎白……"开头的来信了。我们可以肯定的是，撒切尔夫人不会这样给女王写信。据撒切尔夫人的前首席私人秘书罗宾·巴特勒说，这位保守党领袖在早期与女王的私人办公室有过一次摩擦之后，就总是严格地遵守正确的信件格式要求。巴特勒说，当她还是反对党领袖时，她去白金汉宫参加了一个活动，之后她写了一封感谢信，开头的称呼不那么正式。"我不认为她写的是'亲爱的伊丽莎白'，但是皇宫给卡罗琳[1]打了电话，说：'女王希望她的首相或她的反对党领袖注意正式格式。'"据撒切尔夫人的传记作者查尔斯·摩尔说，女王的私人秘书曾温和地指出，给君主写信时，"你真诚的×××"并不是正确的结束语。"正确的"格式应该是"我很荣幸，夫人，能继续做陛下谦卑顺从的仆人"。

这似乎更像朝臣的干预，而不是女王的命令。众所周知，她原谅了那些不小心违背了王室礼节的人，不管是宴会上喝了洗指碗里的东西的客人，还是那个紧张地在授职仪式上行屈膝礼的男人。查尔斯·摩尔说，撒切尔夫人"想遵守礼节，不想把一切都颠倒过来"。他接着说："那些为她工作的人注意到，她总是担心衣着和礼仪的问题。"

---

[1] 卡罗琳·斯蒂芬斯（后来的赖德夫人），撒切尔夫人的日程秘书。

从撒切尔夫人上台的那一刻起,她就小心翼翼地不让女王久等,经常早早出现,等待每周的会谈。1984年10月12日,爱尔兰共和军的炸弹炸毁了保守党在布赖顿的会议酒店,女王当时在美国,急切地想和首相通话。最后女王打通了电话,与撒切尔夫人的紧急指挥部取得联系,据说当时首相一上来就愉快地说:"您过得好吗?"

每年首相访问巴尔莫勒尔,角色颠倒时,撒切尔夫人感到特别难熬。王室的传统是,每当庄园里有烧烤时,做饭和打扫卫生这些事都是由王室成员来做。晚饭后,撒切尔夫人看到女王在洗碗,再也受不了了。她一次又一次地提出要帮忙,虽然是好意,女王却并不领情。当她又一次说要帮忙时,女王对侍女们说:"有没有人能叫那个女人坐下?"事后撒切尔夫人寄去了感谢信,还有一副手套。

据女王前私人秘书威廉·赫塞尔廷爵士说,女王和首相之间是互相尊重,而不是亲善。"这是一种非常正确的关系。有些首相,跟她的关系似乎更友好。"他指的是70年代的工党领袖哈罗德·威尔逊和吉姆·卡拉汉。"据我观察,她跟这两个人相处比较轻松。与撒切尔夫人的关系一直都很正常,但可能不像那两位工党首相那样放松。"

正如摩尔所指出的,面对与女王的会谈,撒切尔夫人非常紧张,她会带着一长串紧迫的事情出席。女王天性不爱打断别人,所以会谈很容易变成撒切尔夫人的独白。罗宾·巴特勒经常陪同撒切尔夫人去皇宫,他怀疑他们之间的交流可能并不是很有成果。"我感觉,她把事务清单放在腿上,一条一条认真处理,这种方式可能不是女王想要的。"与卡通和讽刺剧中的刻板形象相反,真实的撒切尔夫人并不像她的批评者所说的那样专横。"她并不是过度自信。"罗宾·巴特勒说,"她很坚决,恰恰是因为她缺乏自信。我已经习惯了,她在说话时,你说些什么她是能听得进去的,但你得跟她反着来,这可不是女王的风格。"

1979年卢萨卡英联邦首脑峰会大获成功后,保守党新政府、英联邦和皇宫之间初期的紧张关系将会缓和。在她就任首相的几个星期内,撒切尔夫人帮忙制定了一项战略,为饱受战争蹂躏的罗德西亚带来和平,并在新独立的津巴布韦实现黑人多数统治。后来许多政治家都为这一成就对撒切尔夫人赞誉有加,虽然正如我们现在知道的那样,突如其来的和谐在很大程度上归功于女王本人谨慎但坚定的干预。但"国际大家庭"的领导人们不会永远保持团结。20世纪80年代,英联邦出现了一条新的断层线,撒切尔夫人站在了一边,而其他人站在了另一边,在这种情况下,女王的和解力量将变得更加重要。

种族隔离与制裁

一开始,卢萨卡会议后的共识持续坚定。令人惊讶的是,右翼的唐宁街10号与左翼占大多数的英联邦之间继续保持着良好关系。1982年,当英阿战争爆发时,撒切尔夫人意识到,英联邦可能是一笔非常积极的资产。当英国准备夺回土地,解救生活在那里的1800名英国公民时,后殖民时代的兄弟情让大家团结起来。在联合国,英联邦各国给英国提供了许多支持,在某些情况下还提供了军事援助。新西兰提出接管皇家海军在加勒比海的职责,以便英国可以为福克兰特遣部队增派一艘战舰。据女王的一位高级官员说,女王肯定能看到英联邦可以提供哪些帮助。"她不会亲自打电话求助,但可能会在跟首相会谈时说:'你可能会发现谁谁有一艘护卫舰。'"

然而一年后当英联邦首脑在德里会晤时,福克兰群岛时期的共识已经在逐渐消失。关于那个永恒的问题——对于南非,我们该怎么办?——他们又有了分歧。在1947年与父母的南非之行中,女王目睹了种族分裂。当时,国王乔治六世甚至不被允许在南非黑人退伍军人身上挂上勋章,这件事在王室的脑海中挥之不去。英国王室曾被视为同情黑人的盟友,以至于一位名叫纳尔逊·曼德拉的法律系学生敦促非洲国民大会对国王表示满怀敬意的欢迎。

但一年后,白人占主导地位的国民党让南非走上了种族隔离的道路,即按种族划分国家,由白人统治。在接下来的十年里,像在其他领地一样,公主被加冕为南非女王,政府出台了各项法律禁止非洲黑人进入某些地区,并禁止不同种族之间通婚。这些都是以她的名义通过的法律。然而她的立场越来越站不住脚。她怎么可能既是英国的女王,同时又是南非的女王?前者正在实行后帝国政策,给予其前殖民地独立和多数统治,而后者却做着截然相反的事情。

1960年,事态到达了顶点。南非总理亨德里克·维沃尔德博士宣布就建立南非共和国举行全民公投。一个月后,英国首相哈罗德·麦克米伦来到南非议会发表了他的"变革之风"演讲。又过了一个月,南非警方在沙佩维尔袭击了手无寸铁的人群之后,国际谴责蜂拥而至。数千名黑人聚集在一起,抗议一条要求他们随身携带存折的法律。69人被杀害,这就是人们通常说的"沙佩维尔大屠杀"。立即有人呼吁将南非驱逐出英联邦,虽然在维沃尔德就是否用总统取代女王举行全民公投(当然,大多数黑人没有投票权)之后,就没有必要这样做了。正如我们所看到的,英联邦要求任何不把女王作为元首的国家都需要申请才能加入英联邦。南非刚刚成为共和国,因此必须重新申请。1961年3月在伦敦举行的英联邦首相会议上,有人愤怒地表明,这种局面要立即结束。所以维沃尔德的申请还没有提交便撕毁了,就这样,南非走进了三十年的荒野。

随着非国大等党派开始鼓动抵抗和破坏,这个国家开始自暴自弃。1962年,非国大武装派领导人纳尔逊·曼德拉被捕,1964年他与其他几人一起被判处无期徒刑(检方要求判处死刑)。由于以英国为基地的反种族隔离运动盛行,斗争远没有结束。多年来,一系列的国际政治、经济和体育制裁将让南非长期处于孤立境地,尽管直到80年代中期,变革的压力才达到一个新的水平。随着戈尔巴乔夫执掌苏联,东西方关系开始解冻。南非日渐成为外交政策的主要问题。在国内,新一代的政治抗议运动正在使该国部分地区变得无法治理。到了80年代,新独立的津巴布韦已经展示了黑人多数统治是如何实现的。对英联邦来说,尤其是对"新"英联邦下的前非洲殖民地来说,世界舞台上没有比这更重要的事情了。在这个国家,白人仍然可以殴打黑人工人致死,只会被罚款700英镑;白人婴儿死亡率为2.7%,黑人婴儿的死亡率则为40%。

如何才能带来最好的改变呢?主要的绊脚石是经济制裁。大多数英联邦国家认为,在把南非种族隔离制度推向边缘的过程中,经济制裁发挥了关键作用。撒切尔夫人则不这么认为。她觉得经济制裁既损害了南非最贫穷人民的利益，也损害了英国的贸易利益。这一时期的英联邦秘书长桑尼·兰帕尔爵士至今依然严厉地批评她的立场。在他的回忆录中，他甚至指责撒切尔夫人把曼德拉关在监狱里。他写道，如果不是她那么卖力地阻止制裁，南非"可能就无法存活，纳尔逊·曼德拉也可能不会被剥夺十年的自由"。他的回忆录里有一个主要章节，就叫"撒切尔时代"。

在她就任首相的头几个月里，为防止英联邦非洲成员国与撒切尔夫人"勾结"，特别是在卢萨卡举行的英联邦首脑峰会上，兰帕尔做出了相当大的努力。这在当时是一个精明的举动。但后来他变得更加好斗。撒切尔夫人则发现，英联邦变得越来越令人恼火。正如查尔斯·摩尔所指出的那样，她特别讨厌那些国家就南非问题喋喋不休，明明他们私下里一直在跟南非进行秘密交易。她还本能地对那些没有和她一样怀抱反国际共产主义热情的国家保持警惕。有些英联邦国家反而对共产主义非常热情。在德里峰会的大部分时间里，撒切尔夫人公开维护美国，对抗激烈的反美言论。美国在英联邦腹背受敌，尤其是因为当年早些时候入侵格林纳达。撒切尔夫人有自己的理由对格林纳达感到愤怒。她的朋友和盟友，美国总统罗纳德·里根，袭击了女王英联邦的一个领地，却没有事先通知女王或她这个英国首相。然而在德里峰会上，撒切尔夫人却极力为里根辩护，以至于在最后公报中除了呼吁与苏联进行新的对话外，几乎没有提到美国。撒切尔夫人在写给里根的信中还说："这绝不是一份理想的文件，但你应该看看更早的版本！"

德里峰会的安排近乎混乱，对紧张的国际形势于事无补。在果阿的"休养会"上，丹尼斯·撒切尔的耐心终于在又一次断电时耗尽了。他冲向他们夫妇俩住的酒店阳台，用所有人都能听见的声音大喊道："这个地方糟透了！"被1983年英联邦峰会上的一些安排激怒的不只是丹尼斯·撒切尔。女王及其幕僚同样对与印度政府一系列毫无意义的对抗感到沮丧。巴特勒勋爵记得，女王对圣雄甘地非常尊重，但她的官员却并非如此。女王还没着陆，她的抵达计划就不得不屈从于印度教占星家的要求。他们警告说，原定的在中午着陆是不吉利的。女王的VC10航班被推迟到12点05分。最荒唐的争吵发生在女王准备迎接加尔各答的特蕾莎修女来到位于总统府的王室驻地时。女王打算向这位诺贝尔奖获得者、修女和圣人致敬，给她颁发功绩勋章，这是她曾祖父授予佛罗伦萨·南丁格尔的荣誉。谁料印度政府出面干预，称这是"不可能的"，原本是访问一大亮点的事情变成了闹剧。"他们说，女王不可能在总统府向任何人授予任何勋章，这是被禁止的。"威廉·赫塞尔廷爵士说，"他们一心想在路上设置障碍。"女王最后在花园里给特蕾莎修女授勋，避开了这个问题。事实证明，这花园更漂亮，更合适，拍起照来也更好看。

然而，女王的印度之行给她留下了深刻的印记，而这又会在唐宁街引起一定程度的不适。在1983年的圣诞广播中，女王详细讲述了她目睹的贫困。在抵达印度之前，女王曾访问过孟加拉国，在那里她明显地被一个名叫贾马尔的瘦得皮包骨的小孩所触动。她向他的看护人员承诺，她会向安妮公主提起此事。安妮公主将于几个月后作为"拯救儿童"这一组织的主席访问首都达卡。[1]在广播里，女王没有采用通常的圣诞讲话，而是加了一节简短的经济学课。她说，"尽管取得了种种进展，但当今世界最大的问题仍然是富国与穷国之间的差距。除非我们少说民族主义，多说相互依存，我们才能缩小这一差距。英联邦的主要目标之一，就是为改善国家间的经济平衡做出有效贡献。"

这位英联邦首脑更进一步地提出了许多建议："我们希望看到的是，较贫穷国家可以利用更先进的技术，为人民提供就业机会，生产初级产品和零部件，而较富裕国家会以有竞争力的价格购买它们。"她注意到许多新科技，也指出了它们的缺点。"也许更严重的是，这种对新技术的掌握可能会使我们对人们更基本的需求视而不见。电子产品不能创造同伴情谊，计算机不能引发同情心，卫星不能传递宽容。"无论是语气还是内容，这次讲话都令人震惊。

---

[1] 公主的确见到了贾马尔，随后前往孤儿院看望贾马尔。她说，"有些地方我们真的觉得做得特别好。"

这次广播突然成了一个重大新闻。右倾媒体说，女王是在"搞政治"，还说她显然早有预谋。而她的首相对此毫不知情。难道女王现在也和其他人"勾结"在一起，对付撒切尔夫人吗？

有人怀疑桑尼·兰帕尔领导下的英联邦秘书处一直在向王室低头。激进的反英联邦、北爱尔兰联合主义者、议员埃诺克·鲍威尔也加入了这场辩论。他不愿看到女王把"其他国家的利益和事务"置于英国人的最大利益之上。女王的新闻秘书迈克尔·谢煽动了事态的发展。他没有说"无可奉告"，而是发表了一项声明说，圣诞广播是女王对英联邦的个人发言。"女王把所有人民放在心上，不管种族、信仰或肤色。"也就是说，这一切都是王室言论，而非大臣的建议。历来坚定支持撒切尔夫人的《泰晤士报》比鲍威尔更过分。在一篇严厉的社论中，它去掉了政府在广播中的同谋，无论如何，这似乎与撒切尔主义的世界观相抵触。这份鲁伯特·默多克旗下的报纸说，女王被流行的"全球平等主义"蒙蔽了，认为她那套"有问题"的经济理论是争辩的好话题。这一切不过是即将到来的争端的预演。

不列颠尼亚平息风浪

下一次的英联邦峰会，1985年，更是火药味十足。"俱乐部"在巴哈马首都拿骚相聚，南非制裁问题已经到了关键时刻。除非英联邦同意采取具体措施反对种族隔离，否则，一些成员国将一同彻底退出该组织。撒切尔夫人会是这些措施无法绕过的障碍。就像在卢萨卡一样，女王又要担当起维护和平的责任。

三十多年后，有些人依然费解，撒切尔夫人竟然如此坚定地捍卫南非政权。很多人包括戴维·卡梅伦在内发现这其中有丹尼斯的干预。卡梅伦说："在这场争论中，撒切尔夫人站到了错误的一边。这其实没有必要，但丹尼斯挡在中间。"他将丹尼斯·撒切尔的世界观总结为："关于南非，你喜欢说什么都可以，但在白人掌权的情况下，至少它还能运转……"正如前外交部常务副秘书帕特里克·赖特在1986年的日记中所说："她（和丹尼斯）的所有本能都是支持南非白人。"

查尔斯·摩尔在给撒切尔夫人写的传记中揭示了丹尼斯·撒切尔是如何越来越喜欢南非的。他在那里有亲戚，1964年他正是在那里从精神崩溃中恢复过来。撒切尔夫人更是持怀疑态度，认为种族隔离是某种形式的"种族社会主义"。她与海伦·苏兹曼等反种族隔离运动人士关系很好（她提名她为圣米迦勒及圣乔治勋章获得者，外交官的最高荣誉）。撒切尔夫人的首要目标是非暴力过渡，而不是革命。尽管这可能会让妖魔化撒切尔夫人的左翼批评者感到惊讶，但她的确做了一些她的工党前任们都没有做过的事情。她是第一位寻求释放纳尔逊·曼德拉的英国首相。

在1985年的英联邦首脑峰会之前，风险已经很难再高了。桑尼·兰帕尔在伦敦向记者发表讲话时宣布，拿骚峰会可能与废除奴隶制一样具有历史意义。撒切尔夫人却没有这样的期望。据查尔斯·摩尔说，当英国航空公司董事长金勋爵为她提供飞往拿骚的英联邦协和式飞机的座位时，她拒绝了。她在一份备忘录上写道："就坐VC10。"她不想被指责抢了女王的风头。但其实皇家游艇"不列颠尼亚"号在港口享有盛誉，这种可能性很小。

女王并没有坐在一旁无所事事。这位英联邦首脑深知其组织面临的威胁，正在进行一些谨慎而先发制人的维护工作。加拿大总理布莱恩·穆罗尼后来承认，当时她很依赖他。他写道："女王亲自要求我与其他领导人合作，防止组织内部出现重大分裂。"其他领导人，包括赞比亚的肯尼斯·卡翁达和澳大利亚的鲍勃·霍克也这样做了。但这位铁娘子真的是铁做的。战斗一旦打响，就是激烈、毫不妥协的。首先谈到南非问题的是马来西亚的马哈蒂尔·穆罕默德。"如果英联邦不肯采取明确的行动，那么就不应该再惺惺作态。"他宣称，"它应该承认，它真的无法帮助成员国解决面临的问题，更别提全世界的了。"

接着事情变得更加个人化。当被指控把金钱放在"黑人性命"之上时，她也指责同桌的其他人与南非做秘密交易是多么虚伪。她在回忆录中写道："我从未像在那个房间里那样被侮辱。"人们在激烈地争论时会说一些立刻就后悔的话，所以英联邦领导人意识到，也许他们的"团结一致"太过分了。最后，他们放下愤怒，力图寻求共识。桑尼·兰帕尔起草了一份人人都可以签署的协议。双方同意，英联邦将实施一系列轻微制裁，如禁止克鲁格朗硬币和贸易推广。更重要的是，鲍勃·霍克达成了一项协议，即英联邦将向南非派遣一个"名人小组"。尽管一些非洲国家不喜欢与南非的种族隔离政权进行任何对话，但这将是一个既重要又有启发性的建议。团结还是得到了维持，虽然撒切尔夫人不会让大家安安心心回家。当一名记者暗示她终于同意了对南非实施制裁时，她冷冷地回答说，制裁不过是一个"微小"的姿态。她的外交秘书杰弗里·豪感到震惊。英联邦给了她很大面子，而现在她却轻视这笔交易，辜负了所有善意。他后来回忆说，他的老板"羞辱了其他三十多位政府首脑，贬低了他们刚刚签署的协议，同时也贬低了她自己"。

  与此同时，英联邦的这次危机得以顺利化解，女王对自己很满意。不过对她来说，峰会期间并非没有闹剧。在她等待客人参加"不列颠尼亚"号上的宴会时，这次峰会的东道主林登·平德林爵士[1]却没有出现。他是一个骄傲又挑剔的人，对当地针对他的反腐败示威活动感到不安。得知抗议者正在通往港口的路上等着他，他决定乘船去参加宴会，并邀请其他领导人跟他同行。不幸的是，保卫皇家游艇的皇家海军巡逻队没有得到通知，命令船只待在警戒线之外。女王只能在甲板上踱步，不停地看表。帕特西·罗伯逊说，平德林和其他人，包括肯尼斯·卡翁达，都被这艘巡逻船拦住了。巡逻船命令他们"退回海面去，核实身份"。"可怜的KK等着核实身份，而女王也无奈地等着，手指轻敲着栏杆，因为没有首相她无法开始宴会。当他们沿着舷梯走上来时，桑尼·兰帕尔说：'女士，坐船的人已经到了！'很有意思。"

  尴尬的平德林想要解释，他是为了避开抗议者才坐船的，女王被逗乐了。

---

[1] 1967年，平德林组建了巴哈马第一个黑人政府，并领导巴哈马群岛于1973年走向独立。也正是在1973年，查尔斯王子与平德林夫人举办了一次著名的舞会。平德林担任了二十多年的总理，于1983年被封为爵士。2000年平德林去世后，人们以他的名字命名了国家机场。

"有什么用呢?"她说,"我们都看到了那些抗议者和条幅,上面写着'总理是个贼'。"就像在卢萨卡一样,她尽了最大努力让当天晚上气氛愉快,确保与每个人都有一次友好的交谈。桑尼·兰帕尔团队的高级成员斯图尔特·莫尔清楚地记得游艇上的餐后招待会。"那天晚上,女王在甲板上举行了一个酒会。我们俯视着码头,看到皇家海军陆战队乐队表演的鸣金收兵仪式,还有巴哈马皇家警察部队的表演。他们几乎是在以不同的方式竞争。这很神奇。"

拿骚峰会或许没有取得太大的成就,但它避免了分裂,关键是它提出了进程与战略。英联邦代表团会带着提案前往比勒陀利亚:如果非国大停止暴力并开始谈判,南非会释放包括纳尔逊·曼德拉在内的政治犯吗?

意料之中的,"名人小组"——尼日利亚前领导人奥卢塞贡·奥巴桑乔将军、澳大利亚前总理马尔科姆·弗雷泽和前财政大臣巴伯勋爵等七人——这一计划遭到南非政府的强烈反对。彼得·威廉·博塔最近刚把自己的职位从总理提升为"国家总统"。一开始,他拒绝与他们对话。是撒切尔夫人告诉他不要那么愚蠢,除此之外,她还让里根总统也这么跟他说。即便那些批评英国首相的人,包括桑尼·兰帕尔在内,也赞扬她为该组织打开了必要的大门。

不过,其中最重要的一扇门是纳尔逊·曼德拉在波尔斯莫尔监狱牢房大门。在那里,他们看到466/64号囚犯穿着西装,系着非国大的腰带,精神饱满。当时陪同的英联邦副秘书长埃梅卡·安约库还记得关押方给予曼德拉的尊重。当南非司法部长科比·科特西及其下属坚持要参加会议时,"名人小组"一度提出抗议。"让他们来吧。"曼德拉开玩笑说,"不管怎样,他们都会听到的。"当时的情景堪称一出喜剧。做过介绍之后,司法部长礼貌地想要退出房间。"请留下来。"曼德拉说。"不,这是您的好日子。"科特西说。"我坚持让你留下。"曼德拉说。"我真的认为今天是您的好日子。"部长说完,让一个下属留下参加会议。令安约库感到震惊的是,这位下属坚持称曼德拉为"先生"。

曼德拉会告诉英联邦代表团,他们的来访——总共有三次——是他被囚禁24年来最重要的事情。当被介绍给巴伯勋爵时,曼德拉说:"我听说,撒切尔夫人说戈尔巴乔夫是一个可以做生意的人。请你告诉她,和纳尔逊·曼德拉做生意要容易得多,也会安全得多。"当"名人小组"向曼德拉阐述提案时,这无疑是一个历史性的时刻。曼德拉立即接受了"停止一切暴力"的要求,来交换结束对非国大的禁令。而博塔总统表现得就没有那么愿意和解了。在一次充满敌意的会议上,博塔总统尖锐地将非国大斥为"共产党人"。不过南非总统会见了一个刚刚见过曼德拉的代表团,这个事实就已经是一个开端了。南非政府还做了一件更加过分的事。

当天上午,就在英联邦"名人小组"正要会见南非政府的一个高级代表团时,南非喷气式飞机突然侵入三个邻国的领空,轰炸了赞比亚、津巴布韦和博茨瓦纳境内的疑似非国大基地——这几个国家都是英联邦国家。正如安约库回忆的那样,"名人小组"及时撤出了南非,速度如此之快,以至于他都来不及收拾衣服,落在酒店的洗衣房里。

国际社会即刻全面震怒。撒切尔夫人感到震惊,她对博塔说,这次袭击是一个"分水岭",粉碎了"我以为我们已经建立起来的信任与信心"。就这样,南非疏远了这个关键人物,虽然她的善意是南非最需要的。她意识到博塔终究是个笨蛋。不过她同样确信,释放纳尔逊·曼德拉对任何解决方案都是至关重要的。

英联邦当然不会放弃。在之前的拿骚峰会上,他们同意再举行一次特别会议,讨论"名人小组"的调查结果。这次会议不是英联邦全员参与,而是七个主要领导人的紧急会议,而且要讨论的事情很多。日期定在了1986年8月初,地点在马堡宫。女王也收到了通知。她毫不怀疑形势的严重性。在那些催促她直接干预的人中,有一个叫德斯蒙德·图图的。这位新上任的开普敦大主教刚刚给她写了一封极度苦恼的私人信件,请求她帮助镇压"自纳粹主义以来最邪恶的制度"。英联邦特别会议可能会与她在巴尔莫勒尔的假期发生冲突,但她肯定不会错过。事实再次证明,英联邦首脑对事态的发展是至关重要的。当时她并不知道这会成为她继位以来最具挑战性的两个星期。

联合抵制与坏消息

1986年6月，"名人小组"在发表其报告《南非使命》时，做到了一些正式报告从来没有做到的事情，无论是之前还是之后。它一夜之间成为国际畅销书。企鹅图书把它编辑成一本平装书紧急出版。它得出结论说，南非问题前途暗淡，英联邦不会让步。报告说，世界可以"袖手旁观，任由暴力循环不断升级"，也可以采取有效的"协同行动"，"而这样的行动可能是我们最后一次机会，能够避免'二战'以来最严重的大屠杀"。这无疑为马堡宫会议定下了基调。当然，这时候英联邦领导人们认为撒切尔夫人会转而考虑制裁吗？不，她不会的，他们被告知。出于对欧洲伙伴的尊重（通常她不会因此感到困扰），她会等待欧洲经济共同体的看法，在它派出自己的访问团之后。如果这还不足以让大多数英联邦国家感到不安的话，7月初她在《卫报》的一次采访中的言论就彻底激怒了他们。她说，制裁游说团不过是高高在上的自由主义者，擦亮自己的光环，让自己的良心好过一些。她对雨果·杨说，她关心的是穷人："南非的经济是整个非洲最好的。你会希望南非所有人民继续维持这个经济，而不是毁掉它。你有没有考虑过300万人可能会被遣返——他们去南非工作，是为了养家糊口。我不知道对南非进行制裁结果会是怎样。拜托，我不想做那个令南非陷入饥饿、失业与巨大痛苦的人。"

简言之，她的态度是"否定"。就在同一天，两个国家宣布，他们将抵制即将在爱丁堡举行的英联邦运动会。爱丁堡最终举办了1986年的英联邦运动会，作为一种善意的表态，因为没有其他地方愿意主办这次运动会。爱丁堡在1970年曾经举办过这种运动会，基础设施还在那里，所以何乐而不为呢？只需要一个新的标识和一个新的吉祥物——一只叫"迈克"的顽皮苏格兰狗。资金已经很紧张了，又突然传出尼日利亚和加纳因为撒切尔夫人在制裁问题上的立场拒绝出现在运动会上的消息。用尼日利亚政府发言人的话说，他们希望"向英国政府戏剧化地表达我们对此事的感受有多强烈"。

在接下来的几周里，更多的非洲国家和加勒比大部分地区纷纷拒绝参加此次运动会。运动会的比赛项目会越来越少，而且参加的绝大多数都是白人。

这对运动会的组织者们乃至对英联邦首脑本人来说,都是令人担忧的事情。马尔科姆·里夫金德爵士当时既是爱丁堡议员,也是苏格兰事务大臣。因此他经常陪同女王和王室参加苏格兰的活动。他清楚地记得当时紧张的态势。"他们会非常难过。"他说,"如果人们抵制英联邦运动会,那么抵制英联邦只是早晚的事。"

女王不仅关心英联邦运动会,还关心下个星期在马堡宫的紧急会议。在那些国家第一次宣布抵制运动会的第二天,她告诉大家,她会中断休假,在会议前赶回伦敦。她希望开会之前在白金汉宫为英联邦领导人们举行一次晚宴。皇宫解释说,在英联邦峰会上款待领导人是女王的传统。据她所知,英国政府也很热衷于这一想法,因为兰帕尔这么说过。事实并非如此,英国政府并不这样认为。这不是普通的峰会。唐宁街对女王坚持举办皇家宴会感到担忧与怀疑。不难看出,兰帕尔在此事当中的操控。正如兰帕尔及其继任者安约库后来所说的那样,他们迫切需要女王的参与。

撒切尔夫人及其团队对7月20日上午感到更加忧虑。《星期日泰晤士报》头版头条的标题是:"女王因'冷漠的'撒切尔而沮丧"。距离安德鲁王子和萨拉·弗格森的婚礼只有三天,这不仅仅是一种不受欢迎的干扰,而是一场真正的宪制危机。文章说,女王"认为她的首相的做法往往是漠不关心、对抗和分裂社会"。除了强调英联邦内部的严重分歧外,文章还报道了唐宁街和皇宫之间更大的鸿沟。女王的"沮丧"扩展到了近来英国煤矿工人的罢工和美国对利比亚的轰炸。据说女王认为撒切尔夫人与矿工们毫不妥协的对抗,给英国的社会结构造成了"长期损害"。此外,据说她还对英国决定让美国轰炸机从英国基地对利比亚进行突袭感到"担忧"。如此说来,女王不仅与她的首相不和,而且与撒切尔夫人的朋友、盟友罗纳德·里根不和。正如《星期日泰晤士报》编辑安德鲁·尼尔后来所说,这是对一位执政君主政治观点前所未有的洞察。

在皇宫里,王室婚礼突然像是无足轻重的小事。高级官员们模糊地意识到,《星期日泰晤士报》将刊登一篇关于君主制的"时事短评"。女王的新闻秘书迈克尔·谢已经让大家知道,他之前一直在接受报纸的采访,这篇文章将会对他的老板非常有利。王室的一位高级成员记得,谢说:"我刚刚和某某聊得很愉快,我想《星期日泰晤士报》可能会写出一篇好文章来。"故事发生的前一天晚上,谢在温莎的一次欧洲朝臣聚会上说的话也差不多。在王室婚礼之前,欧洲大陆王室助理非官方协会在城里聚集,并与女王一起在温莎喝酒。在场的人甚至还记得谢"吹嘘"他娴熟的新闻管理即将取得的成果。

然而,撒切尔夫人的新闻秘书伯纳德·英汉姆却从自己的消息来源得到了一份完全不同的解读。得知这篇文章的真正意图时,女王的私人秘书威廉·赫塞尔廷爵士大吃一惊。他立即联系了唐宁街10号的对接人奈杰尔·威克斯。两个人制定了一个行动方案。威廉爵士径直前往温莎,在那里,女王即将参加为欧洲朝臣举办的酒会。他建议女王致电撒切尔夫人,明确表示这一切与她无关。女王及时联系了她的首相,并进行了赫塞尔廷后来说的"非常友好的谈话"。

撒切尔夫人认为,在双方都确切知道他们需要应对什么之前,不应该有任何回应。当他们明确之后,皇宫起草了声明说,这个故事"毫无根据"。安德鲁·尼尔对此非常恼火,他拒绝发表这篇声明。就他而言,这个故事来自于皇宫内部无可挑剔的"消息来源",这个人曾与他的记者西蒙·弗里曼谈起过这些。在皇宫里,迈克尔·谢向他的同事们还有女王保证,故事中的爆炸性新闻都不是他说的。该报曾用复数形式提到"消息来源们",而不是"某个消息来源"。肯定还有别人参与其中。

与此同时,其他媒体和广大民众只能依靠自己的判断了。在三十多年的恪尽职守之后,女王突然通过各大报纸大肆抨击保守党政府,这似乎不太可能。另一方面,最近有一系列报道称女王和首相关系紧张。今年6月,还是这家报纸曾报道说,女王对南非城镇警察暴力事件的电视画面感到"恶心",对因制裁而产生的英联邦裂痕感到"忧虑"。其他报纸则一直在鼓吹宪制利益冲突,这些国家拥有同一个女王,与此同时,彼此之间却有着尖锐的分歧。"如果英联邦内部的分歧失控,她会对外挑明吗?"《金融时报》一位专栏作家问道。

因此，《星期日泰晤士报》的独家报道并非完全出人意料。"无风不起浪"这句话在那个星期内被频频使用。那篇文章说的是真的吗？时任兰帕尔特别助理的斯图尔特·莫尔说："我认为英联邦圈子里的每个人都认为它说得对。"然而无论在皇宫还是唐宁街，都没有人真的相信女王会授权甚至怂恿任何人用这些话来谈论她的政府。不过尽管故事的起源似乎很奇特，但女王的情绪却并非如此。许多人愿意相信女王对撒切尔主义深感怀疑。因此，这个故事才如此具有破坏性。

值得称赞的是，撒切尔夫人没有提出任何反驳。她向她的幕僚明确表示，她不会用任何简报或者托辞为自己辩护。不过毫无疑问，她很难过。巴特勒勋爵记得她"非常伤心"。"她对女王很敬畏，同时对女王也有一定的政治意识，表现为：首先，她不想站在女王的对立面，也不想让人们认为她站在女王的对立面，因为这会在政治上损害她的利益。但就她个人而言，她对女王深感敬畏，如果她觉得女王不赞同她所做的事情，她会深感受伤。"

撒切尔夫人对女王的尊敬甚至延伸到了各种场合邀请与服饰上。"总的来说，她有一个惯例，除非必须，否则她不会与女王出现在同一场合。"巴特勒勋爵说，"作为一个女人，她非常在意彼此的穿着。撒切尔夫人不想穿得比女王讲究。同样，她也不想佩戴同样的配饰。"有一次，她不小心这么做了，皇宫的女发言人试图用一句话来阻止有关的新闻报道——"女王从不注意别人穿什么衣服。"——最后却事与愿违。

那些与女王亲近的人说，女王对撒切尔夫人，既极度尊敬她所取得的成就，又有点着迷于挖掘她如此成功的原因。这也是她热衷于在世界所有领导人身上发掘的东西。[1]她们的生日只差了不到七个月，有许多相似的基本性格特征。正如两人的传记作家肯尼思·哈里斯所说："她们都不是凭理智做事，也

---

[1] 2007年对美国进行国事访问时，女王对布什总统晚上9点睡觉的习惯非常好奇。"他每天都起得很早吗？"她问她的大使。

不是内省者或哲学家；事实上，她们都是直率务实的、感性的。有时候，她们之间甚至稍微有一点竞争倾向。"有一次，女王举行年度外交招待会时，注意到撒切尔夫人头晕，需要坐下来。"哦，瞧，她又倒下了。"女王说完，没有表现出多少同情，就继续高高兴兴地与一千多名外交官和他们的配偶握手问候。

但王室内部没有人承认听到女王对撒切尔夫人表达过任何不安，更不用说批评了。一个非常了解她的人说，这根本就不是她的为人方式。在白金汉宫内，私人秘书威廉·赫塞尔廷爵士试图查出为何《星期日泰晤士报》会如此自信地"代"女王发表言论。慢慢地他发现，所有的"消息来源们"其实都只有一个，那就是迈克尔·谢。尽管他声称自己不该受到指责，但《观察家报》在随后的一个周末点了他的名，而在同一天，《星期日泰晤士报》再一次指责皇宫。如果王室如此强烈地反对这个故事，它问，那么在他们得知它即将出现时，为什么不插手呢？

第二天，威廉爵士在《星期日泰晤士报》的兄弟《泰晤士报》上发表了一封信。在信中，他承认谢和《星期日泰晤士报》的弗里曼谈过。他也承认弗里曼发了一些材料给他，但他说这些材料与文章的主旨没有任何关系。这又促使该报编辑安德鲁·尼尔透露，谢早已知道全部情况。他还冷冷地补充说："在《星期日泰晤士报》的文章还没发表时，皇宫里的知情人是在玩火，在文章烧到他们身上之前，他们没有勇气把它扑灭。"

大谜团已经解开。谢自作主张地谈论了女王在当代一些特别敏感的问题上可能会有或可能不会有的感受，他完全出于想象，没有事实依据。而小谜团是：为什么？谢在2009年去世，但熟悉他的人说，他本人是一个自由派、中间偏左的人，他只是在政局动荡时期谈论雇主的中立立场时有一些越界；他只想把女王描绘成一个不支持撒切尔（或不支持任何人）的人，结果却说成了她是反对撒切尔的。"他是傲慢的牺牲品。"威廉·赫塞尔廷爵士说，"他有点忘乎所以。"前外交大臣大卫·欧文很了解谢。"有人说是女王让他这么做的，但我根本不相信。"欧文说，"我敢肯定，她不喜欢被迫应付关于英联邦问题的许多指责。我相信她对此也非常不满，但我不相信是她让谢编造了那个故事。他可能觉得有些事情需要做。我想，很明显她会抛弃他——她的确这么做了。"

正如《星期日泰晤士报》的编辑随后高兴地承认的那样，这一切发生的时间并非巧合。当时不仅有王室婚礼，而且麻烦缠身的英联邦运动会即将开始，紧接着是南非问题英联邦特别首脑会议。这是一场完美的媒体风暴。英国女王、英联邦和撒切尔夫人将连续几天成为聚光灯下的焦点人物。就在谢被《星期日泰晤士报》点名为消息来源的那个周末，女王在她的爱丁堡邸霍利罗德豪斯宫为英联邦运动会举办宴会。宾客当中就有首相。当他们都坐下来用餐时，迈克尔·谢发现自己正坐在女王和撒切尔夫人之间，他立即没了食欲。这位新闻秘书向首相道歉，她回答说："亲爱的，别担心。"然而，伤害已经造成了。那天晚上晚些时候，丹尼斯·撒切尔向女王的一位侍女承认，他的妻子对此感到"非常不安"。

有一个人没有丝毫不安，那就是英联邦秘书长。就桑尼·兰帕尔而言，整个事件强化了撒切尔夫人与英联邦共识的分歧。时至今日，他认为《星期日泰晤士报》的报道真实反映了女王当时的内心想法。"我觉得那是真的，我知道那是真的。"他说，"我不想让它继续发酵，因为如果它失控了，女王的角色就会被削弱。"这个故事可能对皇宫和英国政府都没有帮助，但桑尼爵士确定："它帮助了英联邦。"

不过，它并没有帮到英联邦运动会。英联邦运动会的组织者面临着债务不断增加以及参赛国家不断减少的困境。原本运动会涉及的国家比英联邦成员国还多，因为它们还包括帝国属地和海外领土，如泽西岛和直布罗陀。但在1986年的开幕式上，原本59支参赛队伍中，有30多支宣布因为撒切尔夫人的政策而抵制运动会。事情已经到了如此地步：英国驻英联邦一些首都的外交官警告外交部的官员们，津巴布韦等国正处于与英国全面断绝外交关系的边缘。装在女王的红盒子里的每日简报，一定让英联邦首脑很头疼。

当时的局势非常混乱。百慕大代表团带着国旗、巴拿马帽和百慕大短裤参加了开幕式，但第二天却被告知他们实际上是要抵制这一活动。百慕大运动员提出抗议，把床单挂在窗外，上面写着："百慕大想留下来"，却徒劳无功。

桑尼·兰帕尔对东道主苏格兰感到非常抱歉。他在回忆录中写道："爱丁堡一向对英联邦忠诚，我尽了我所能，但在撒切尔夫人那里，我没有得到我需要的帮助。"开幕前不久，他曾请求她出手相助，寻找挽救运动会的解决方案。他很清楚地记得她的"尖锐"反应。"这不是我的运动会，"她告诉他，"而是你的。"更糟糕的是，工党《镜报》和《每日记录》的老板罗伯特·麦克斯韦介入此事，以运动会救世主自居。和以往他许下的金融承诺一样，这次他承诺的救助计划最后也会被证明是赤裸裸的谎言，但他非常享受当下的吹捧。英联邦领导人们准备再次就南非问题摊牌，这显然是英联邦首脑的又一个低潮时刻。"这不仅让女王难堪，还让所有人难堪。"马尔科姆·里夫金德爵士说，"虽然我很钦佩玛格丽特·撒切尔，但如果她能在坚持原则时更加温和的话，这一切都可以避免。换作是别人，会用更温和的方式来处理这件事。"

"工作餐"

现在，所有的目光都聚集在马堡宫的会议上。在《星期日泰晤士报》事件和抵制爱丁堡运动会之后，撒切尔夫人是否会感到些许安慰？马堡宫会议召开前不久，《星期日电讯报》的格雷汉姆·特纳对撒切尔夫人的一次采访为我们提供了答案。当被问及她在制裁问题上的不妥协是否会造成英联邦解体时，她严肃地回答说："这是他们的英联邦。如果他们想解体，我认为这是荒谬的。它是一种什么样的关系……我们创造的这个东西没有强大到不能接受不同的意见？天哪，看看它到目前为止经受了什么！"

女王尽其所能地安排了一场聚会，就在马堡宫会议的前夕。此外，它不是宴会，甚至不是晚餐，而是"工作餐"，也许是皇宫历史上的第一次。这表明女王是认真的。着装要求是休闲服，而不是黑领结（更不用说国宴上的白领结了）。而且女王甚至不会有爱丁堡公爵陪同。正如桑尼·兰帕尔所说，这不是向英联邦领导人提供款待的问题。这是女王经过深思熟虑的冷静举动，是为了阻止撒切尔夫人和英联邦其他成员退缩回自己的阵营。"撒切尔夫人孤军作战，而危险总是在于，如果她继续被孤立，可能会对英联邦造成损害。"他说，

"每个人都认可女王是中立的。"

餐前不久，撒切尔夫人的新闻秘书伯纳德·英汉姆给他的老板写了一份备忘录，提炼出了一些观点："媒体的兴趣可以概括为这位女士会转换立场吗？如果不转换的话，英联邦会解体吗？"他提醒说，其他领导人"会为了电视画面不择手段"，并告诉她不要停下来对着电视台的摄像机发表看法："不要跟他们纠缠。媒体很少甚至从不引用对你有帮助的话。有冲突，他们才有活干。"

其他六位领导人抵达伦敦后，在主要会议之前，他们分别与撒切尔夫人进行了一对一的会谈。内阁文件显示，加拿大的布莱恩·穆罗尼可能比撒切尔夫人更加爱嘲讽英联邦。"他同意她的观点，即英联邦的有些成员说了许多伪善的话。"唐宁街10号的会议纪要说，"他的印象是如果英联邦'解散'，无论在加拿大还是在英国，没有人会在意它。'首相插话说，事实上如果发生这种事，她会非常难过。"

与赞比亚总统肯尼思·卡翁达的会晤则没有那么亲切。他一如既往地激动，挥舞着白色手帕，泪流满面。会议纪要里，他警告说，如果不采取制裁的话，南非会"爆炸"的。如果不提前采取行动，"上帝不会原谅我们。"撒切尔夫人说，最好还是把辩论留到会议上吧。当时，她收到了外交部关于来访者的最新个人信息。谈到卡翁达，外交部的报告中写道："他为政府和国家定下了基调，对国家更有利……他的弱点是情绪化、易受影响和思维混乱……他对英国的感情可以说是爱与痛的混合。他崇拜女王。他扬言要让赞比亚退出英联邦，可能只是情绪上的爆发，而非真正的意图。"

内阁简报显示，女王参加的是热闹的聚餐，她不需要这些客人的个人记录。她对他们早就很熟悉。关于澳大利亚总理鲍勃·霍克，外交部的报告说："聪明、勤奋、精明、口齿伶俐……私下里很有魅力，在公共场合却很粗鲁。与英国的关系不太好……越来越怀疑女王与澳大利亚的关系……在澳大利亚工会联合会工作时期，他出了名地爱喝酒，爱玩女人，但现在已经改过自新。"加拿大的布莱恩·穆罗尼是一位"精明的政治家"，尽管他会给人以油嘴滑舌和肤浅的印象。容易被低估……相貌俊朗,看上去非常有爱尔兰魅力。[1]

英国大臣们曾经收到过建议,在说到印度总理甘地的教育问题时,要谨慎发言,因为他对没能拿到剑桥学位依旧非常敏感。拿骚峰会的东道主林登·平德林爵士是一个"非常活跃和聪明的人"。但他经常会遭到抗议示威。"他买了一辆劳斯莱斯,在富人区买了一栋豪宅。他已经变得像进步自由党其他领导人一样傲慢和狭隘。"马堡会议的最后一个成员是津巴布韦的罗伯特·穆加贝。当时他被认为是英联邦中明智而成熟的存在,虽然后来他会被排斥。"一个马列主义者,但承认他的理念需要被调整……不太反对白人,却倾向于发表考虑不周的言论。他对妻子萨利忠心耿耿,萨利是唯一能真正影响他的人。"

这些就是女王第一次"工作餐"的客人。布莱恩·穆罗尼后来在他的日记中写道,女王"兴致勃勃"地出现,讲了许多爱丁堡运动会的趣闻逸事,并且"与所有人都轻松交谈"。女王显然很关心肯尼思·卡翁达,还问拉吉夫·甘地:"情绪激动的那个怎么样了?"穆罗尼说,尽管早些时候与撒切尔夫人的会面很尴尬,但"KK"似乎精神不错,尤其是因为他"崇拜王室"。这位赞比亚领导人甚至一度中断用餐,为即将庆祝86岁生日的王太后举杯。

威廉·赫塞尔廷爵士是在场的少数官员之一,他还记得他坐在津巴布韦的罗伯特·穆加贝旁边。"我不得不说,我觉得他很有魅力。"他说,"不过,我确实注意到气氛相当紧张。对撒切尔夫人来说,这并不轻松,因为她发现自己与所有成员都意见不合。"

"工作餐"上没有演讲也没有议程。但所有人都敏锐地意识到,女王从苏格兰回来主持这个奇怪的、一次性的夜晚——这是一次厨房晚餐,遵循的是

---

[1] 三十多年后,穆罗尼家族将会与王室有一次愉快而截然不同的接触。这位前总理的双胞胎孙子,7岁的布莱恩和本是萨塞克斯公爵和公爵夫人婚礼上的花童,而4岁的孙女艾薇则是公爵夫人的伴娘。孩子们的母亲杰西卡是公爵夫人的密友。

王室标准——本身就是一种声明。桑尼·兰帕尔在回忆录中写道，这完全是女王的主意，目的是在有关南非问题的艰难谈判之前，"打破僵局"。女王的意思很简单：英联邦在这件事上绝不能不和。她要求大家在这个重要时刻保持团结。时任英国外交大臣的杰弗里·豪后来说，"这是女王有意在提醒我们所有人，要我们承诺和睦相处。"

威廉·赫塞尔廷爵士总结了皇宫的立场，他解释道："我认为我们并没有试图卷入这件事。但是女王想要一种氛围，我们要在这里达成一致。我想她以自己典型的方式，设法让他们的心情比到达时好得多。晚餐结束时，气氛似乎比开始时好多了。"正如威廉爵士多年后对英国广播公司所说："就政治动机而言，这也许是十年来最大胆的一次尝试——也是成功的一次。"

桑尼·兰帕尔记得，女王巧妙地把话题引向团结。他说，她主导着桌面上的谈话，也从每个人那里得到承诺。在他看来，整个场面其实是针对某位客人的劝诫："这是一种请求，当着大家的面，请求撒切尔夫人与大家站在同一立场。这是对团结的呼吁。这是在给首相传达信息，因为私下里传达起来更难。"

然而布莱恩·穆罗尼回忆说，王室的警告扩大到了圆桌会议的每一个人。"毫无疑问，女王陛下支持英联邦。"布莱恩·穆罗尼对传记作家萨利·贝德尔·史密斯说，"但她不能说出来。你得领悟这其中的细微差别和肢体语言。晚餐时，她对每个人都有很大的调节作用。她带领我们进行了一次关于人权的高级讨论。"也许她一直在重读德斯蒙德·图图写给她的信。穆罗尼的个人日记里对那个晚上还有个有趣的脚注。"我们都走了，除了撒切尔夫人和杰弗里·豪爵士。在我们被护送出去的时候，我发现他们在和女王陛下秘密谈话。"

到8月5日，这些领导人签署共识时，会议终于有了某种进展。七位领导人中有六位同意对南非实施一系列制裁，包括禁止空中联系、投资和粮食。更重要的是，所有人都同意开创一个重要的先例。从现在起，英联邦可以达成不那么一致的共识；它可以在关键问题上往下进行，而不需要完全达成一致，只要声明它同意在没有英国的情况下继续前进。关键的是，英联邦没有解体。这一点，正如桑尼·兰帕尔所说，应该归功于女王。他回应了尼赫鲁关于英联邦基础的原话,"她充满了人们急需的治愈力量。"

毫无疑问,在布莱恩·穆罗尼心里,英联邦的首脑是举足轻重的。"那天扭转局面的是玛格丽特知道女王陛下的某种决心。"他对萨利·贝德尔·史密斯说,"所以我们能把玛格丽特可以接受的三到四项经济措施放进去。"

"情况可能会更糟。"英联邦未来的秘书长埃梅卡·安约库说,如果女王没有发挥自己作用的话。"撒切尔夫人会说,她不想和此事扯上任何关系,而英联邦的共识会就此破裂。"他毫不怀疑地相信,在卢萨卡,英联邦无限接近于自我毁灭。在这两件事中,女王都出手相救。"她传递的信息非常明确:不能让英联邦分裂。"他毫不犹豫地说,"正是这一点,拯救了英联邦。"

再见,玛格丽特;你好,纳尔逊

明确了在达成最后共识前英联邦与英国政府之间可以有分歧之后,撒切尔夫人执政期间的最后两次英联邦峰会就没有那么杀气腾腾了。桑尼·兰帕尔曾写道,它们"同样令人不快,但这并不重要"。但传统左翼人士对撒切尔夫人的中伤,认为她是南非现状的"无情"辩护者,似乎过于简单化且极具误导性。如果说她被英联邦许多国家及其她所谓的虚伪激怒,但她仍然决心以自己的方式帮助南非实现变革。尽管她会继续将非国大及其同僚描述为"典型的恐怖分子"和"共产主义者",但她同样相信,释放纳尔逊·曼德拉是解决问题的关键。她还将非国大的恐怖主义和爱尔兰共和团体(如爱尔兰共和军)的恐怖主义进行了区分,指出爱尔兰共和军的目的是攻击民主国家,而南非黑人是在与剥夺他们基本人权的政权做斗争。

正如开普敦大学的克里斯·理查兹教授和南非历史学会主席所指出的那样,撒切尔夫人在曼德拉最终获释过程中起到的作用常常被忽视。正是因为她,"名人小组"才得以进入南非,并制定谈判战略,最终让曼德拉重获自由。理查兹指出,没有任何国际组织真正呼吁释放曼德拉,直到80年代。在他被囚禁的早期,就连国际特赦组织也不肯将他归类为"政治犯",因为他拒绝放弃暴力。在2017年12月出版的英联邦内部刊物《圆桌会议》里,理查兹教授对撒切尔夫人在动荡的十年中所扮演的角色做出了极高的评价。毫无疑问，像桑尼·兰帕尔这样的英联邦左派和老派人士会认为这是异端言论："关于曼德拉获释的具体问题，可以说，撒切尔夫人对如何最好地结束种族隔离有着自己坚定的观点，在20世纪80年代，她比任何一位英联邦领导人都更努力地让他获释。"

那么，作为英国的君主、其他15个国家的君主和英联邦的首脑，女王在她充满矛盾的角色中，对她的首相到底是什么看法呢？尽管她的新闻秘书和其他许多人都有各种推理和猜测，但我们依然不清楚。王太后对撒切尔夫人的敬仰绝非秘密（据她的传记作家威廉·肖克罗斯称，撒切尔夫人是她"最喜爱的政治家之一"）。但上层社会有一些保守党人士却瞧不起这位杂货店店主的女儿。对于这位首相的看法，女王依旧是无可揣测的。或许猜测女王如何看待她的处事风格，会更容易一些。"她最烦恼的不是英国政府的政策，而是撒切尔夫人的基调，她的个人进攻性。"在撒切尔夫人身边任职多年，后来当上了外交大臣的马尔科姆·里夫金德爵士说，"你不能把撒切尔夫人和她的风格分割看待。"

1990年，就在卸任并被约翰·梅杰取代的前几个月，撒切尔夫人终于见到了那个男人，他的前途曾经如此深远地影响了她的外交政策。纳尔逊·曼德拉于1990年2月11日出狱，立即成为世界上最有影响力的政治家之一，尽管截至当时，他从未经历任何选举及任命。他的政党非国大不再被取缔，而转年的多党会谈将诞生一部临时宪法。在导致数千人丧生的一系列内部暴力事件之后，大选将在1994年举行。不过，英联邦已经成为曼德拉可以依靠的事实权力基础。

出狱几天后，他第一次乘坐国际航班前往赞比亚首都卢萨卡，非国大领导层在那里流亡。在那里，他还会见了英联邦秘书长桑尼·兰帕尔和他的副手埃梅卡·安约库。不久后，英联邦国家的外交大臣们在尼日利亚会晤时，曼德拉应邀发言。当年4月，他曾短暂前往伦敦出席在温布利体育场为他举办的一场音乐会，并参加了在桑尼·兰帕尔公寓举办的招待会。他感谢了英联邦的工作人员和英国主要支持者。他还想见见撒切尔夫人，撒切尔夫人邀请他去唐宁街，但非国大领导层出面阻拦。不过他信守承诺，于7月返回伦敦，出席安约库就任英联邦新秘书长的就职晚宴。当时已经有迹象表明，曼德拉的心态是崭新的、前瞻性的、暗藏玄机的。他找安约库要了一份晚宴宾客名单，他不想面对那一批反种族隔离组织的老顽固。他特别要求安约库召集一屋子英国高管和金融家，以便向他们推销未来共和南非的长期前景。撒切尔夫人又一次邀请他前往唐宁街，这次曼德拉坚决表示他会去。

熟悉曼德拉的英国驻南非大使罗宾·伦威克在会见前向撒切尔夫人作了简报。"请记住，他等了27年才有机会对你讲述他的故事。"双方都不打算就制裁问题达成一致，但还有很多其他问题可以讨论。在经济重建方面，撒切尔夫人也不乏建议。谈话拖得太久了，媒体在外面的记者围栏里等得无聊，最后竟然高呼反种族隔离的口号"放了纳尔逊·曼德拉"。最后他对她说了许多感谢的话。"毫无疑问，她是反对种族隔离的。"他说，"我们采取了不同的立场，但从来没有任何敌意或争执。"

撒切尔夫人曾经肯定希望在过去十年的所有英联邦峰会上能有这种对话。这两个战后政坛巨人宣称他们可以"做生意"。不过，现在没有时间了。四个月后，在十一年堪称杰出的首相生涯之后，撒切尔夫人向女王递交了辞呈。第一轮选举中，她没有赢得足够的选票，在与党内老对手迈克尔·赫塞尔廷的对战中败下阵来。她决定下台，而不是考验那些议员对她的忠诚。女王当即决定授予她功勋勋章，体现了她对英国第一位女首相的尊敬。当撒切尔夫人含泪告别唐宁街时，曼德拉的政坛之旅还没有开始。

"让他来吧。"

终其余生，曼德拉将对英联邦怀抱一种特殊的感情，时刻牢记英联邦在现代南非故事中的关键作用——以及女王本人的角色。她与曼德拉的首次会晤将于次年进行，那时英联邦的领导人们将在津巴布韦首都哈拉雷聚会。这也将是又一次重要的非洲之旅，充满了辛酸的回忆。她上一次去哈拉雷是在1947年，同她的父母一起，当时那里还叫索尔兹伯里。现在她会看到，在她发挥了重要作用的坎坷独立进程中，津巴布韦取得了怎样的进展。

但这一路上，有一个重要的停留。在1990年2月纳尔逊·曼德拉出狱的激动气氛中，世界上许多国家都忽略了几天后邻国纳米比亚的一个历史性事件。自第一次世界大战以来，非洲西南部的这个前德国殖民地一直被南非控制。这个人烟稀少的国家，多年来一直是世界上孤独的存在。但1990年3月，在北部边境漫长而艰苦的游击战之后，它终于获得了完全的独立。就在同一天，它加入了英联邦。英联邦现在已经有了50个成员国。尽管女王从未想在数量上取胜（不像法语国家组织），但对英联邦及其首脑来说，这仍然是一个里程碑式的时刻。女王继位时，英联邦只有8个成员国。现在，它可以庆祝这半个世纪的辉煌了。

虽然纳米比亚并没有正式成为大英帝国的一部分，多年来它一直与各种语言磨合，但它的新领导层已决心加入以英语为基础、总部设在威斯敏斯特的"俱乐部"，而"俱乐部"也乐于接受它。事实上这是一次尝试，关于南非短期内可能发生的事情。在德国及随后南非统治下，当地的殖民主义体验是残酷的。正如一位前外交官所言："纳米比亚成了最糟糕的南非白人垃圾场。"如果黑人多数统治在那里奏效，那么它将向隔壁的南非发出一个强烈的信号。特别是英国，渴望通过一种历史悠久的方式，也就是女王的国事访问，来表达对英联邦新成员国的信心。另外还有一个好处，就是在这个前殖民地没有殖民地的负担。尽管其他英联邦国家对之前的殖民势力依然怀有历史性的怨恨，但这个国家将英国视为进步的灯塔。所有的坏事都可以归咎于德国人。

如果说纳米比亚对英联邦知之甚少的话，那么它对皇家访问就更一无所知了，但它渴望学习。当时的英国高级专员弗兰西斯·理查兹清楚地记得，纳米比亚人是如何简单高效地解决了敞篷车问题（女王需要从车里向人群挥手致意）。"他们找到一辆路虎，取下车顶，在后面放了一张沙发。"他说。效果很好。当女王的VC10即将到达温和克国际机场，沙漠疾风差点把红地毯吹跑时，他们也有类似的办法。纳米比亚人让一个健壮的警察站在红毯的末端，虽然这解决了地毯问题，但同样的大风还会引起另一个令人担忧的问题：女王走下飞机阶梯时，裙摆会被吹起。德国人对英国女王的到来感到相当困惑。当地主要报纸刊登了一幅漫画，画的是一个南非白人、一个德国人和一个纳米比亚非洲人看到女王挥手致意的样子,女王以肯尼迪式的口吻用德语说:"我是纳米比亚人。"

这次访问的首要主题是和解。王室的行程包括北部的独立战场——革命的中心地带——和国家农业展,也是当地以白人为主的农业社区的焦点。理查兹回忆说,德国人和南非白人可不是保皇派。"他们对英国在他们的国家扮演如此重要的角色感到怨恨,但与此同时,就他们在纳米比亚的安全而言,这被视为一个非常有益的进展。"当女王会见穿着牛仔服的反对党领袖并给他颁发奖章时,人们对这位王室访客的迟疑全都消失了。后来,她不动声色地在一个300人的招待会上认出了他,当时他穿的是西装。"这让人印象深刻。"理查兹说,"他当然很高兴。"

女王在国宴上的讲话出人意料地激烈,她的话针对的远远超出了纳米比亚的国界。她说,非洲不能再把种族隔离当作解决所有问题的借口,它必须认识到"独裁和经济停滞"是更大的威胁。不过她在它独立一周年之际所做的这次访问,给人们留下了至今难忘的印象。"纳米比亚试图成为一个像样的国家,这提升了它的认同感。这意味着它并不是一只被赶出窝的小鸭。"理查兹说,"人们对它有着更高的期望。"

女王登上VC10飞向哈拉雷时当然也对它寄予了厚望。在哈拉雷,当女王和爱丁堡公爵开着一辆敞篷车穿过市中心时,有大批民众欢迎他们。在英联邦峰会之前,女王正式对津巴布韦进行国事访问。在穆加贝总统的国宴上,她称赞了穆加贝在带领国家走向民主繁荣的道路上的"智慧和良好判断力"。曾经有一段时间,她和许多人仍然把穆加贝视为一个典型的、煽动者出身的开国元勋,一个其他英联邦领导人应该效仿的人。她对听众说,"当代历史每天都在向我们展示,良好的政府和机会均等可以克服种族、文化或宗教的差异。"

然而在参加峰会的领导人中,却有一种奇怪的不确定感。随着纳尔逊·曼德拉出狱,纳米比亚获得自由,种族隔离制度日渐式微,柏林墙被拆除,撒切尔夫人也下台了——所有的进展都是大多数英联邦国家会欢迎的——但这些也都是考验它们的时刻。如果这时没有人在英联邦的聚光灯下,那么,下一个倒下的会是谁？谁都不想当那个不受欢迎的人。新任秘书长埃梅卡·安约库希望能在这次峰会上重申其民主原则，即便这让那些没什么把握的国家听着不太舒服。

有史以来第一次，英国首相似乎在期待英联邦峰会。约翰·梅杰曾经作为外交大臣出席了上一次的峰会（在马来西亚举行）。现在作为首相，他很高兴地得知，同为板球爱好者的罗伯特·穆加贝决定参加一场为板球运动领袖举办的慈善比赛，甚至他自己也会上场。他还期待着与南非非国大的峰会观察代表团团长纳尔逊·曼德拉讨论这个问题。梅杰渴望让南非重返国际体育圈，这是迈向多数统治的重要一步。由于非国大仍然是一个非英联邦国家的、流亡的非政府组织，曼德拉很难在峰会上占有一席之地。不过每个人都能看到南非的前进方向。曼德拉是一位非常受欢迎的观察者。

像往常一样，女王会与各个领导人单独会谈，然后主持传统的黑领结宴会，让他们在面对政治难题前有一个愉快的心态。她把王室团队和大帐篷都带到了英国高级专员公署的草坪上，还安排了能坐十个人的圆桌，因此不存在座次问题。客人们陆续到场享用餐前酒水时，秘书长安约库得知曼德拉在入口处。女王当时的新闻秘书查尔斯·安森回忆说，他刚刚露面，从一辆旧车里出来。安约库立即找到了女王的私人秘书罗伯特·费罗斯。曼德拉不在官方的宾客名单上，因为这只是给政府首脑及其伴侣准备的晚宴。他也没穿黑领结礼服，只穿了一套休闲服。但显然他给人的印象是，他的出现是被期待的。不可思议的是，一个地位如此崇高又谦卑的人竟然会不请自来。所以很明显，这要么是误解，要么是恶作剧。如果某些"尽忠职守"的官员把这个现代最著名的前政治犯拒之门外，这将发出一个可怕的信号。另一方面，南非故事中的其他主要角色——尤其是南非总统德克勒克和祖鲁的酋长布切莱齐——不会觉得受到冷落吗？需要立即做出决定，而这个决定只有一个人能做。

女王毫不迟疑。"让他来吧。"她说，并让费罗斯找到曼德拉，把他带到宴会上来，同时重新安排宴会。正如王室一位前资深工作人员指出的："当时没有考虑礼节这回事，只是常识。"重新安排一场普通的晚宴就够棘手的了，重新安排50位总理和总统的晚宴,还要让他们都能在晚餐前喝上一杯,这真是有趣的挑战。"女王真的掌控住了局面。"查尔斯·安森说,"她说曼德拉应该坐在她旁边的桌子上,他可以看到她,当然他不能在房间外面。他不能坐在她桌上,但要让他感到他是跟女王坐在一起。有人的座位——我忘了是谁——被换掉了。随后女王与曼德拉聊了很久,先喝了酒,接着又喝了咖啡。"

"陛下,您看上去状态很好,尽管您的行程那么紧张。"他对她说。

"明天,我要见16个人。明天我可能就没那么好了!"她回答说。据在场的人说,他们的谈话主要集中在体育运动的治愈力上。显然他们相处得很好。安约库说,毫无疑问,他们俩之间有一种非常愉快的化学反应。

"他很有风度。"一位王室成员说,"他有一种威严感,举止非常优雅。你很清楚你面对的是谁。他非常幽默。"即便是现在,也没有人能完全肯定是谁让曼德拉出现的,尽管许多人怀疑是津巴布韦领导人、峰会东道主罗伯特·穆加贝。虽然女王通常不喜欢意料之外的客人,但这一次她很高兴。这将是一段非凡友谊的开始。

回到开普敦

1994年5月9日,纳尔逊·曼德拉成为新共和南非的第一任总统。令女王高兴的是,上任不到一个月,他就把他的国家送回种族隔离之前所在的地方。桑尼·兰帕尔爵士说:"南非重返英联邦,对我来说,但更重要的是,对女王来说,是一个无比快乐的时刻。"这并非一个必然的结论,正如这位前秘书长所解释的那样:"我承认一开始我曾有过担忧。我曾问自己,在这场可怕的斗争之后,在这场可怕的种族隔离经历之后,南非黑人是否希望与英联邦再次扯上关系。我和奥利弗·坦博(在纳尔逊·曼德拉入狱期间,他担任非国大的主席)谈过。我问他:'奥利弗,当一切都结束了,南非会加入英联邦吗?'他疑惑地看着我说:'桑尼,南非黑人从来没有离开过英联邦。'我感到如释重负。而女王从曼德拉那里听到这番话时会有同样的感受。"

在曼德拉看来,是种族隔离政权在1960年废除南非君主制时切断了与英联邦的联系。虽然南非人肯定不会恢复女王的职位，但他们会很高兴回到"俱乐部"。毕竟，英联邦运动会几周后就要举行了。英联邦的关系网已经越来越牢固了。曼德拉期待着大获全胜，一直要求英联邦提供援助，从警察的重新培训到税务稽查员的增派。这次选举由有史以来规模最大的英联邦观察员小组监督。严格来说，所有新成员国的加入，都必须经过其他成员国的批准，但安约库不用费多大力气。6月1日，他向女王汇报结果。"她很高兴。"他回忆说，"不过，她已经知道了这个消息。"英联邦也赢过了联合国。还要再过三个星期，南非才会重新加入联合国。

接下来的一个月，威斯敏斯特大教堂举办了一次感恩仪式，图图大主教高兴地跳起了舞；马堡宫办了一个大派对，一支酒吧乐队在花园里演奏，女王和威尔士亲王也在场，谈论着她接下来的旅行计划。自从她21岁生日过后，第一次重返南非的时机到了。曼德拉非常高兴。1994年8月8日，他正式写信给女王："女士，我很高兴听到你正在考虑1995年3月访问南非。你会受到热烈欢迎的。"那时，他谦虚地签下了自己的名字"N. R. 曼德拉"。

正如她1991年的纳米比亚之行一样，按照王室标准衡量的话，这项工作进展得非常快。新南非成立还不到一年，就要接受一次国事访问。事实上，如果不是为了女王，这件事可能要过很久才会发生。这是一个尚在襁褓中的民主国家，在1994年大选前还发生过可怕的暴力事件。据埃梅卡·安约库说，1990—1994年间，有14000名南非人被杀害，是种族隔离时代暴力死亡人数的两倍多。前皇家游艇司令官、"不列颠尼亚"号船长罗伯特·伍达尔德爵士记得，对于女王这么早前往南非，道格拉斯·赫德持严重的保留态度。"外交大臣很担心，但女王驳回了他的建议。"伍达尔德说，"她说：'曼德拉从很多人那里得到很多建议，但实际上没有人给他任何帮助。他需要实质上的帮助，还需要一场秀。'她打算给他一场。"

女王并不是在自夸。她在模仿她心里的"白芝浩[1]"。正如这位伟大的维多利亚时期宪制专家观察到的那样,国家的"效率"部门也许能办成事情,但真正让人兴奋的是"尊严"因素。这位南非新总统已经看到一些外国政客和许多商界领袖争先恐后来到他的门口。密特朗总统和约翰·梅杰是首批来访者,不过据报道,法国总统的先遣队希望曼德拉在总统抵达前一小时到达机场,这激怒了东道主。当时法国人的想法是,要拍到曼德拉焦急地等待法国总统的画面。这一想法遭到了拒绝。法国人还要求曼德拉在密特朗整个逗留期间都陪在他身边,这一想法当然也被拒绝。曼德拉的团队不会让他看起来像是法国人的下属。虽然密特朗会大肆宣扬法国的革命传统和对种族隔离的反对,但法国曾兴高采烈地向种族隔离政权出售战斗机、直升机和潜艇,这一事实并没有逃过人们的眼睛。此外,即便是弗朗索瓦·密特朗这样的政治家,也无法产生与女王国事访问一样的轰动效应。但她已经预见到了一个问题,伍达尔德回忆说:"女王陛下对我说:'很遗憾,我们不能坐游艇去。'"

据当时的王室工作人员说,女王担心,如果宣布"不列颠尼亚"号千里迢迢出行,只为到南非进行一次国事访问,可能会招来媒体的敌意。多年后再看,这似乎不太可能令人担忧,尤其是考虑到这次访问的重要性。但这是1994年年底,王室婚姻破裂和王室财务问题前所未有地占据着报纸头条。女王已经倍感挫折,没有心情再引发一轮攻击。

不过伍达尔德知道,没有什么比女王走海路抵达开普敦更宏伟、更具有历史象征意义的了,就如同1947年那次一样。他还知道,如果"不列颠尼亚"号能为英国贸易和工业举办"海洋日",有了收入,任何批评都可以抵消。"我说:'夫人,如果我能办一些商务活动抵消它的花费,你能不能重新考虑一下?'她说:'可以,你有24小时的准备时间。'在24小时内,在王室总管及其团队的帮助下,我们筛选出了5天的贸易活动。"

---

[1] 白芝皓(Walter Bagehot,1826—1877,英国经济学家、政治评论家、宪法学者)。——编者注

下一个问题是，女王从哪里上船。毫无疑问，她不可能像1947年那样在海上航行几个星期前往好望角。她会先飞到那里，上船，然后隆重亮相。有一件事是不行的。正如伍达尔德解释的那样，她跟他说，她不想绕着好望角航行。她说："我不想绕着海角走。"我说："夫人？"她说："我21岁的时候，去过那里。我和玛格丽特公主住一间船舱。我们刚一打开舷窗，一个浪花就拍了过来。"她是一个非常好的水手，但和所有理智的人一样，她讨厌被拍得一身水。因此计划已经拟定：女王会在夜间低调地飞往开普敦，乘直升机飞往西蒙斯敦海军基地，然后登上游艇。从那里到开普敦只需要几个小时的航程。直到后来，伍达尔德才敢说出，从西蒙斯敦出发一定会绕着好望角。

1995年3月20日早晨，灿烂的阳光和桌山上空的云朵，连同一队鸣笛的大船，还有小船，迎接皇家游艇的到来。它驶过了罗宾岛——曼德拉曾在岛上的监狱度过了多年囚禁时光——然后朝着码头潇洒地驶来。那里不仅站着衣着朴素、头脑清醒的曼德拉（自由南非的象征，激发了整个非洲大陆灵感的伟人），还有他的外甥女罗谢尔·姆蒂拉拉。曼德拉最近与妻子温妮离婚，他的家庭成员将共同扮演他配偶的角色。女王穿着天蓝色的亚麻外套，一只手护住她的天蓝色帽子以免被所谓的"道格特角风"吹跑。即便女王经历了那么多次盛大的迎接，也一定感觉到了历史的触碰，这是近五十年来，她第一次踏上开普敦的土地。"噢，陛下，欢迎来到南非。"总统说。1947年那一次，南非因为害怕吓到马匹而没有鸣炮迎接。这次不仅有21响礼炮，还有6架战斗机拖着红白蓝烟飞过。女王走过一队规模适中的迎接队伍，里面有欣喜若狂的图图大主教，然后开始了她的第一次步行致意。在白人占多数的人群中，有一支离奇的队伍。为了向新南非致敬，女王横穿半个地球，首批见到的团体里竟然有西开普威尔士柯基俱乐部。为了占据最好的位置，天刚亮他们就带着狗赶到了。

在总统官邸，女王给了曼德拉珍贵的荣誉。她没有像寻常的国事访问仪式一样，给东道主授予巴斯大十字勋章，而是像1983年在印度送给特蕾莎修女一样，授予曼德拉功绩勋章。这里不像印度有诸多限制。而曼德拉赠给女王"好望勋章"和一枚新南非国旗颜色的胸针。女王带着她1947年从南非人民那里收到的21岁生日礼物——21颗特别的钻石来到这里。她在开普敦的国宴上特意戴上了它们。走进宴会现场后，她突然意识到，一些年长的南非人正在数钻石的数量。她乐坏了。他们也毫不避讳。"他们数不对的。"事后，她对一位王室成员说，"因为我脖子上只有17颗。"然后她举起手腕晃了晃，说："其他的都在我的手镯上呢！"

议会里挤满了想要听女王发表演讲的人。她似乎和听众一样动情。"48年前，我看到我父亲在这里讲话，"她说，她的声音流露出一种奇怪的情绪，"当然，现在的情境已经大不相同。"她引用了乔治六世所说的"必须以自由和正义为基础获取和平"，接着说，"你们的斗争表明，实现真正和平的唯一途径是遵循这些原则，这个国家许多人都坚定拥护的原则。"

曼德拉对来访者的喜爱明显地体现在官方活动中。正常的国事访问规则规定，东道主欢迎来访者，先是举办欢迎仪式，接着是宴会，然后让客人自由活动。几个月前，曼德拉就是这样对待法国总统的。但是对于女王，情况则大不相同。曼德拉在女王逗留期间不断出现。曼德拉及其团队不断提到英联邦的重要性，人们对此深表赞赏。他想让一切都准确无误。女王抵达前，公共事务部甚至花了20000英镑为总统官邸购置了新桌布和餐巾纸。而密特朗总统来访时，他们用的都是旧东西。

在这次访问中有两个反复出现的特点，那就是人群的规模，还有英国人原本担心的敌意并没有出现。道格拉斯·赫德承认，由于撒切尔夫人长期反对制裁，他预计会有一些残留的不满情绪。但随着访问从开普敦的贫困地区进展到伊丽莎白港，它从未出现。在布道谷的棚户区，女王遇到了一位名叫埃塞尔的爱尔兰修女，她的工作给女王留下了如此深刻的印象，以至于在当年的圣诞广播讲话中，她特意提到了这位修女。访问的第二天，女王参观了最著名的城市索韦托。长期以来，索韦托一直是暴力和不公正的代名词。外交部对王室在这里的活动特别紧张。女王再次表示，她没有这样的忧虑，并对她的一个工作人员开玩笑说："只要不用绕好望角航行，我可以在索韦托走上一圈。"

在麻烦重重却充满挑衅的约翰内斯堡小镇上，女王视察了英国支持的一个项目，目的是让更多的年轻人打板球（这是一个受人喜爱的项目，由她热爱板球的首相约翰·梅杰一年前发起）。在曼德拉的陪同下，她为南非土著劳工团607个劳工揭幕了一座纪念碑。这些人于1917年2月在门迪号上遇难。门迪号当时正开往西线，在雾蒙蒙的英吉利海峡撞毁，船上的南非黑人乘客留下了许多英勇的故事。女王和纳尔逊·曼德拉的共同魅力让索韦托的大部分人走上了街头。他对记者们说，"他们都是为她而来的，不是为我。"他慷慨地补充说，这是"我们历史上最难忘的时刻之一"。还有另一个重要因素。尽管英国政府在南非种族隔离的岁月里一直与南非政府保持着密切的联系，但王室与南非没有任何往来。正如女王在同一时期访问原苏联地区时所发现的那样，许多国家都散发着同样的信息："谢谢你没有来。"

访问的最后一站是夸祖鲁纳塔尔。虽然持续一天的大雨搅黄了格雷维尔的比赛，成千上万的人还是不顾如此恶劣的天气，赶来看女王在赛马场喝茶。她赢得了"莫特拉普拉"——"雨中女王"的美誉。在德班，她受到了祖鲁国王古德维尔的欢迎。他送给她一头母狮。皇家航班装不下它，它只能乘坐皇家游艇返回英国。而南非在德班市政厅告别仪式上送给女王的另一份离别礼物，就连"不列颠尼亚"号也装不下。那是一头巨大的公牛——也是活的，它被立即捐赠给了祖鲁农业研究学院。临走前，女王发表了讲话，说这是"我一生中最杰出的经历之一"。纳尔逊·曼德拉说："这也是我一生中最不寻常的经历之一。"

那时女王已经邀请曼德拉对英国进行对等的国事访问。"你很擅长创造历史，"她对他说，"但我希望，对你来说这也是一个重要的里程碑。"他立刻同意了。短短一年后，新的南非国旗就飘扬在摩尔大街上。

"亲爱的伊丽莎白"

在女王身边工作的人说，这两位国家元首之间，不仅仅是友善的关系，更多的是思想交流。习惯了善意但无益的奉承的他们，深知作为"国宝"要面对哪些陷阱。"很难说是什么造就了他们之间的化学反应，但他们都有巨大的责任感、深切的期望。"当时一位王室高级成员说，"他们都是情感充沛的聪明人,所有的相似之处让他们非常合拍。可能是那种举重若轻行使权威的能力。"他们两人都敏锐地意识到过去的重要性。曾经他或许是激进的律师,但他的王室血统(他是腾布部落摄政王的后代)、接受的传统教会学校教育还有早年对英国历史的热爱,塑造了真正的曼德拉。正如南非记者约翰·巴特斯比所说:"他与伊丽莎白女王有一种特别的亲密感。因为有着部落皇族血统,他跟她在一起很放松。"

2005年3月31日,女王致曼德拉的感谢信,远远超出了私人秘书起草和打印的官方的陈词滥调。它是手写的,发自内心的。"亲爱的总统先生,"她写道,"很高兴在这么长时间后又回到南非。我平生第一次出国访问去的就是南非,因此在我的记忆中,它非常清晰、特别。"她比大多数领导人在位时间都久,因而建议他从长远考虑。"我希望,我们看到的项目和随后将要进行的许多项目,会有助于解决那些复杂问题,哪怕它们需要很长时间。我相信,鉴于令人如此惊讶的奇妙气氛,我们将克服这些问题。你自己的影响力对这一目标非常重要,我们祝愿你一切顺利。"她最后说:"我们期待着明年迎接你的到来。你真诚的朋友,伊丽莎白。"

不用等到那时候,这两位国家元首又见面了,是在同年年底的英联邦奥克兰首脑峰会上。这将是曼德拉第一次参加英联邦政府首脑峰会。意料之中的是,虽然他受到了东道国和其他代表团的大肆吹捧,但他很快就卷起袖子想大干一场,甚至试图寻求女王的帮助。

这次峰会有两个问题悬而未决。首先,法国最近对南太平洋两个法国环礁岛进行了第一轮核试验,该地区所有英联邦国家,包括首脑峰会的东道国新西兰,都大为不安。由于法国不是英联邦的一员,所有的愤怒和抗议都只能针对约翰·梅杰,因为这位英国首相是法国的盟友。其次,尼日利亚对电视制作人、环保人士肯·萨罗-维瓦及其他几位环保人士判处了死刑。他们的罪行是揭露了一桩暴利的石油勘探交易——该国腐败的军事独裁者萨尼·阿巴查将军与包括荷兰皇家壳牌石油公司在内的多家石油公司。尽管阿巴查没有来参加峰会,但他还是派了粗暴、夸夸其谈的外交部长汤姆·伊基米出席。当记者试图采访伊基米时，为参会代表和媒体准备的自助餐变成了一场闹剧。"走开，我正在吃午饭。"他对他们说。一个英国记者问："你的午餐比那个人的性命还重要吗？"他回答说："是的。"

有些领导人，包括加拿大的让·克雷蒂安，表达了对萨罗－维瓦的关切，但身穿蓝袍的伊基米拒绝进行对话。他宣称，"你们的手上也全都沾满了血！"纳尔逊·曼德拉大为震惊，恼怒地决定去找女王，请求她出面干预。当时负责非洲事务的外交大臣查克尔女爵记得，曼德拉曾问她，怎么跟女王提这件事情更好。"他希望女王严厉地斥责阿巴查。"查克尔女爵说。"我只能解释说，这不是她的做事风格。他说：'好吧，她得告诉我她是怎么想的！'"

就在领导人们准备前往皇后镇的一家度假酒店开"休养会"时，有消息传来，萨罗－维瓦和他的伙伴们被吊死在尼日利亚的一所监狱里。这显然是对英联邦权威的挑战与蔑视。曼德拉非常愤怒，他希望当场把尼日利亚逐出英联邦。而其他领导人们则决定采取更实际的应对措施，成立了一个名为"英联邦部长级行动小组"（CMAG）的新机构，负责监督违反英联邦原则的行为，并向流氓成员施加压力。正如未来的秘书长唐·麦金农所解释的，CMAG有效地在那些行为不端的国家的脖子上贴上标语，"宣传它们的不足"。尼日利亚将再次接受人权调查。以前当英国这样的国家提出这种建议时，会被指责为旧的"白人"英联邦在欺负新成立的国家。不过在曼德拉全心全意的支持下，没有人会说这其中有什么"殖民主义"的成分。这种新道德权威的出现，无疑会让女王最喜爱的组织中那些不太进步的成员的处境更加尴尬。

多年来，没有一个国家的来访者能吸引到像1996年7月女王欢迎曼德拉来到伦敦那样大规模的人群。自从有了电视，人们更容易在家里观看这些欢迎仪式，去现场观看的人已经不多了。但这一次，皇家骑兵卫队阅兵场和林荫大道上却挤满了人，仿佛要观看皇家婚礼似的。前一天晚上，曼德拉已经抵达多尔切斯特酒店。早上5点，他穿着运动服开始散步，这是他27年监禁生涯养成的习惯。到了午餐时间，他身穿深色西装，在女儿泽纳尼·曼德拉·德拉米尼公主的陪同下，驱车前往皇家骑兵卫队阅兵场接受正式欢迎。女王身穿黄色真丝礼服，头戴花帽，和爱丁堡公爵一起等待，就像他们多年来为许多国事访问的访客所做的那样。仪式都是一样的，但之前没有一个来访者像曼德拉下车与女王握手时激起那样的尖叫和欢呼。"纳尔逊！纳尔逊！"的呼声在唐宁街后面的老阅兵场上响起。"陛下！"曼德拉笑容满面地说。

这两位领导人登上1902年皇家马车，前往白金汉宫，两旁是皇家护卫队，叮叮当当、灯光闪烁。人群夹道欢呼，其中就有27岁的约翰·盖维瑟。他是在伦敦生活的南非人、非国大成员，多年来在附近的南非之家参加了许多抗议活动，呼吁释放曼德拉。现在他的领袖正与女王同行，这是"我们南非人能从英国得到的最高礼遇"。曾在1994年曼德拉就职典礼上演唱的伦敦歌手乔·莫佐西声嘶力竭地喊着："马迪巴！马迪巴！"[1]听到自己这个著名的绰号，曼德拉挥手回敬。

在皇宫内，女王招待客人吃了一顿清淡的午餐，芦笋慕斯、鲑鱼和夏日布丁。和以往一样，她在礼物上花了很多心思。她知道曼德拉在被囚禁的大部分时间都在阅读一套偷偷复印的莎士比亚作品，于是送给他一套八册的约翰逊博士的版本。作为回礼，曼德拉送给她一套纪念金币，送给菲利普亲王一副国际象棋。

虽然一切都是按礼仪规程走的——与王太后喝茶，在无名战士墓前敬献花圈——但所有的细节都是为这位特殊的客人量身定做的。考虑到曼德拉的生物钟，女王提前半小时开始国宴，以确保她的客人在晚上10点前能回到皇宫比利时套房的床上。尽管着装规范是惯常的白领结，但女王显然交代过，曼德拉完全可以自由选择——根本不戴领结，除了脖子上的功勋勋章之外。那个时期，国际社会对英国牛肉颁发了禁令，为了声援英国农业，皇宫会给每一位正式访客自动准备英国牛肉。但是，曼德拉不喜欢红肉。于是女王制作了一份特别菜单，咖喱火鸡、草莓–柠檬蛋饼，佐餐的是路易·罗德尔香槟和1993年的南非霞多丽。

---

[1] 马迪巴是曼德拉的族名，意为"调解人"。——编者注

不同寻常的是，这位国宾在晚宴上发现自己身旁两边各有一位女王/王后，因为王太后决定出席，当时距她96岁生日还有三个星期。女王本人对这次访问的前瞻性做出了一点不引人注目却重要的让步。尽管她前一年访问开普敦时就戴过21岁生日的钻石，但这次她决定不戴任何南非珠宝。虽然她有许多南非珠宝可供选择，但她不想挑起对过去时代的讨论，更不想就是否应该归还珠宝展开辩论。因此，她戴了玛丽女王收藏的俄罗斯王冠。在演讲中，她再次向客人的模范作用致敬："你领导了南非人民，并且，你愿意拥抱以前囚禁你的人，为民族和解铺平了道路。"他依旧没有提及殖民主义或制裁，只发表了一个简短的讲话，宣称"过去几个世纪的对立已经不复存在"。

由于曼德拉广受欢迎，访问所到之处都有一些小混乱。当威尔士亲王带他去伦敦南部的布里克斯顿时，几千人挤满了步行路线，访问不得不缩短时间。当泽纳尼公主与随行团走散时，救援队不得不出发寻找。曼德拉在议会两院发表讲话时，几名议员和工作人员带着他们的孩子来到威斯敏斯特大厅，聆听超过35年以来第一位外国人的演讲。克林顿总统和里根总统来访时，只能在皇家美术馆发表讲话。

无论曼德拉去到哪里，人们都有着无限的崇拜。当他在唐宁街拜访约翰·梅杰时，全体员工自发地排起长队为他鼓掌。梅杰同他的客人一样深受感动。"总统先生，"他说，"我想让你知道，这是六年来，我所有的员工第一次像这样表达他们的钦佩之情。"

最有趣的是一群好胜的英国学者。许多大学都想授予曼德拉荣誉学位，以至于整个夏天曼德拉都可以穿着各种不同的学位服戴着不同的学士帽穿梭于英国各大高校。不过由于停留的时间很短，他觉得如果接受了这个大学而没有接受那个，就会冒犯到他们。剑桥大学校长菲利普亲王找到了解决办法：在白金汉宫的花园里举行大规模的授勋仪式，想要授予曼德拉学位的大学可以来找他，而不是反过来。即便如此还是有麻烦，正如当时的华威大学校长桑尼·兰帕尔在回忆录中所记录的那样。詹金斯勋爵担任校长的牛津大学向女王的私人秘书传达了一个自负到令人震惊的信息：牛津大学不可能在校外授予任何人荣誉学位，因此曼德拉总统必须去牛津。女王回答说，这显然是牛津的问题，不是她的问题，如果牛津不来，其他人都会理解的。这时，罗伊·詹金斯那些已经吓坏了的工作人员终于找到了一个理由，为什么他必须授予这个荣誉学位。当时有一个问题令人烦恼，那就是各所大学授予学位的顺序。最后决定，每所大学有5分钟的时间来履行仪式，按它们成立的时间先后排序。牛津大学的"沃伊"·詹金斯[1]因此有幸成为领头羊，也有幸成为第一个尝试在公开场合读出曼德拉中间名字罗利赫拉赫拉（Rolihlahla）的名人。

另一个打破传统的做法是，取消了国宾为东道主举行的"答谢晚宴"。曼德拉想知道他是否可以招待女王午餐和晚间音乐会。不用特意挑选不含非洲钻石的头饰，女王高兴地答应了。她与曼德拉一同享用了南非风味的扇贝和芦笋馅饼，鸡胸肉与"波波提"（咖喱肉末），玉米、豆子、水果，还有冰淇淋。随后，两国元首出席了在皇家阿尔伯特音乐厅（曼德拉称之为"伟大的圆形建筑"）举行的南非灵感音乐满座音乐会。

随着菲尔·柯林斯、休·马塞凯拉和昆西·琼斯开始演出，这位国宾有了跳舞的冲动。据萨利·贝德尔·史密斯说，曼德拉小心翼翼地向罗宾·伦威克请教："王室包厢里允许跳舞吗？""你可以跳。"伦威克回答，"别担心。"于是，（曾经在曼德拉的诺奖获奖仪式上表演的）雷村黑斧合唱团开始唱歌时，曼德拉站起来，跟着拍子扭动起来。王室其他成员迅速效仿，直到女王也亲自加入。人们不记得上一次看见女王在公共场合跳舞是什么时候了，尤其是在国事访问期间。但在这个星期里，所有的规则条文早就被扔进了宫廷的废纸篓。也正是因此，当天早些时候在多尔切斯有一个令人动容的时刻。曼德拉打破了在答谢宴会上不发表演讲的惯例，决定还是说些什么，并在午餐时亲自向这位"优雅的女士"致意。而女王不喜欢即兴演讲就如同不喜欢贝类和猫一样，她愉快地打破了自己的规则，没有准备演讲稿，站起来称赞这个"了不起的人"。

---

[1] 詹金斯有语言障碍，将"Roy"发成"Woy"。

曼德拉的访问，以两场截然不同的活动结束。在特拉法加广场，他出现在南非之家的阳台上，那个场景仿佛是在对返乡的冠军足球队讲话。"我想把你们每个人都放进我的口袋里，把你们一起带回南非。"他对他们说。不过在此之前，他在白金汉宫与同获功绩勋章的玛格丽特·撒切尔举行了一次秘密会晤。两人都不愿透露会议内容，不过当稍后被问及此事时，曼德拉回答说："就让过去的过去吧。"

对两国元首来说这是令人陶醉的一周。尽管曼德拉肯定会为这件其实很沉闷的事情说些好话，但临别前他还是发自肺腑地告诉记者，他在"民主的大本营"受到的欢迎"超出了最疯狂的期望"。对女王来说，这又是一次杰出的经历，是她继位以来最黯淡的十年中令人难忘的亮点。

一来一往的国事访问都已经完成，意味着她与曼德拉的友谊现在将变得更加"正常"。当他经过英国时，就像他经常做的那样，无论是公务还是私事，他都会顺便来打个招呼，不过没有什么新闻价值。第二年，他又回到爱丁堡参加英联邦首脑峰会，在那里他与女王见过几面。一年后，在前往威尔士参加欧盟峰会的途中，他顺便到温莎喝茶。他们更像是朋友，而不是世界领导人，谈论的都是王太后的生日和哈里王子成功考入伊顿公学的消息。"有些题很难。"她对他说。总统说他只是看了一些试卷，就非常赞同女王的说法。

1999年，当他准备卸任总统时，他还是直呼其名，虽然也注意了礼节。"亲爱的伊丽莎白"，1999年4月，他给她写信，邀请她在年底的德班英联邦峰会之前再次对南非进行国事访问。署名那里，他写上了："陛下，请接受我们最崇高的敬意，纳尔逊。"她参加峰会的时候，他以前总统的身份会见了她。在1999年6月把总统职位交给非国大的塔博·姆贝基后，他和女王在一起时更放松了，却永远没有忘记女王地位的尊严。在2000年被任命为女王荣誉顾问后，他坚持24小时往返伦敦参加活动，尽管女王不会出席。他觉得如果不参加的话是对女王的不尊重。"我们确实劝说他不要一天内往返伦敦，但他坚持要去。"他的行政助理塞尔达·拉格兰奇在回忆录中写道，"他想要致敬他与女王温暖的友谊。"女王和爱丁堡公爵一得知他要来伦敦，就邀请他到白金汉宫喝茶。

塞尔达·拉格兰奇总是被老板与女王的亲密逗乐。"我认为他是少数几个叫她名字的人之一,而她似乎很喜欢这样。"拉格兰奇写道,并补充说,曼德拉的第二任妻子格拉卡·马谢尔经常试图纠正他。"有一天,马谢尔夫人质疑他,说直呼女王的名字不合礼仪时,他回答说:'可是,她叫我纳尔逊。'"有一次见到她,他说:"哦,伊丽莎白,你瘦了!"曼德拉的友谊也延伸到威尔士亲王和其他王室成员身上,只要他们去南非,都会顺便去看他。

2013年12月,得知朋友曼德拉去世,享年95岁,女王深感悲痛。她在一份声明中说,"我记得与曼德拉的每一次热情会面。"她派威尔士亲王前往南非,代表她出席他的葬礼。南非依旧是女王心中特别的存在。在2018年英联邦峰会前,南非的新任总统西里尔·拉马弗萨第一次正式访问了白金汉宫。其他的领导人看着手表等着会见女王,因为女王与拉马弗萨谈话的时间超过常规的两倍都不止。女王给这位新总统——曼德拉的门徒——看了她和曼德拉的一些信件。她甚至还复印了一些,放在相框里做成了礼物。一个月前,她还欢迎了前非国大总统奥立弗·塔博的女儿藤碧·塔博,成为长驻伦敦的南非高级专员。那些"非凡"的经历对她来说依旧历历在目。

曼德拉的去世,正好在撒切尔夫人去世九个月后。在世人看来,撒切尔夫人是他的宿敌,虽然曼德拉本人不这样认为。在一年的时间里,女王悼念了她继位以来两位最重要的政治人物、两位统领了时代的巨人的离世。

女王亲自出席撒切尔夫人的葬礼,表现了她对英国第一位女首相的敬意。除了近亲和非常亲密的朋友外,女王一般不参加葬礼,以免打扰其他哀悼者,抢了他们的镜头。她在圣保罗大教堂的出现,将这个活动上升到了国家事件,几乎等同于国葬。最后女王在大教堂的台阶上和撒切尔一家亲切交谈。如果说人们对她对这位前首相的持久尊敬还有疑虑,那么这些疑虑可以同撒切尔夫人一起安息了。玛格丽特·撒切尔可能没有像曼德拉那样,被她的母校牛津大学授予荣誉学位;她可能没有像曼德拉那样,在议会广场上留下塑像,但是女王的出席已经给了她莫大的荣誉。毕竟在此之前,现代政治家里享受过女王这一待遇的只有温斯顿·丘吉尔。

第十一章
打破僵局

"我们打出了一张只有英国才能打的牌。"

在鲜花、掌声与战利品的拥簇下（加上现代人死后的最高荣誉——一个以他名字命名的国际机场），瓦茨拉夫·哈维尔跻身于20世纪政治家的前列。因此当他看到出类拔萃的人，他立即就能识别出来。在成为捷克共和国第一任总统后，他的心愿清单上只剩下几件事了，其中之一就是女王来访。她在1996年的访问将会抛开先例和礼节，因为他让这次访问变得比这个国家短暂历史上任何一次国事访问都更加壮观和私人化。在她离开后，这位诗人/剧作家/前囚犯/总统在每周的全国广播中描述了这位访客。这位穿着漂亮衣服、举止优雅的女王可不是什么娇滴滴的女人。相反，他解释说，这次访问是一堂政治礼仪课。女王将"王位的尊严"与"接受事物本来面貌的能力、好奇心、幽默感、判断力、不拘小节的态度"融合在一起，这一点让他大吃一惊。简言之，她表现出了"真正的魅力，一个人找到恰当方式承担自我的责任"。

对哈维尔和他的同胞来说，女王的来访，是这个新生的民主国家奋斗史上真正具有历史意义的时刻。而多年来，许多国家都有着同样的时刻——国家的转折点。以1979年女王访问阿联酋为例，当时她的东道主是阿联酋国父谢赫·扎耶德。这次访问后来被加入学校历史教学大纲，因为"历史"就是一个自豪而年轻的国家的过去和现在。这样的访问不只是外交上的客套，而是里程碑。事实上，女王在这些事件发生后的长时间执政，只会增加它们的共鸣与辛酸。因此想要挑出女王"最伟大"的访问，只能靠主观判断。很可能，她希望她所有的访问在旁观者眼中都是"伟大的"。

她是第一位访问了众多国家的在位君主，包括日本、巴西和图瓦卢。她访问过许多在她继位时根本不存在的国家，包括哈维尔的捷克共和国。她还访问过许多不复存在的国家，从南斯拉夫到北罗德西亚。在多年后皇家档案馆给出答案之前，我们不会知道她最喜欢（以及最不喜欢）哪一次访问。作为英国的头号外交官，她太老练了，绝不会说出口。不过我们能做的是，倾听那些和她一起访问的人或是迎接过她的人。他们会指出，在对超过125个国家和地区的260多次访问中，哪一些不仅在她或东道主眼中，而且在全世界的眼中，是具有历史意义的。

德国，1965

时至今日，许多德国人回顾往事，有两个时刻能够定义德国在战后重返国际舞台。第一个是1963年，柏林墙刚刚建成，美国总统约翰·肯尼迪访问德国，发表了著名的"Ich bin ein Berliner"演讲[1]。第二个就是1965年女王的到访。托马斯·基林格，伦敦的德国媒体老前辈、女王的德语传记作家，保存了一本这一时期的纪念邮票专辑。他说总统和女王在德国的出现是这个时代最闪亮的时刻。如果说在冷战最紧张的时期，肯尼迪给德国带来了政治方面的慰藉，提升了德国人的士气，那么女王的到访不仅传达了同样的信息，而且平添了几分魅力与神秘感。

---

[1] "我是一个柏林人。"人们都知道在这里肯尼迪出现了语法错误，正确的说法是"Ich bin Berliner"。结果，他把自己说成了果酱甜甜圈。"ein Berliner"是果酱甜甜圈的意思。从学术上来说，德国语言学家指出，现场的45万人，每个人都知道他在说什么。

"人们很狂热。"基林格说,"女王和她妹妹漂亮又迷人,小报上总是有许多关于她们的报道。作为公主,她们在很长一段时间内提高了报纸的发行量。所有这些都是亲英主义。英国的软实力是巨大的。"

多年来,德国一直渴望王室来访。英国人的紧张情绪是此事的绊脚石。这种不情愿让德国人民感到困惑,毕竟当时其他的老敌人早都准备好建立新的友谊。英国驻波恩(当时的德国首都)大使弗兰克·罗伯茨爵士在访问结束后的回顾中解释了这一困境:"在德国,人们普遍认为英国对欧洲,特别是对德国持保留态度。人们不明白为什么英国人的负面记忆比其他欧洲国家持续得更久,明明那些国家在希特勒的统治下遭受了更大的痛苦。"

弗兰克爵士指出,两国的政治关系是合理而明智的。英国和德国都认可欧洲统一的必要性、跨大西洋合作的重要性和自由贸易的重要性。法国总统戴高乐的自大姿态,让两国都非常恼怒,因而进一步缩短了它们之间的距离。1963年,戴高乐否决了英国加入新欧洲经济共同体的申请,理由是英国是"孤立"于欧洲大陆的"岛国"(当然,他会在1967年再次否决)。简言之,他用同样的说辞激怒了伦敦与伯恩。

不过,如果英德关系在政治层面处于不断上升的趋势,那么它们还缺乏一个关键部分。弗兰克爵士直言不讳地说:"关系中缺少了温情。"能解决这个问题的只有一个人。

那么,为什么英国人对女王的国事访问感到紧张呢?在政府内部,有人担心英国民众及媒体的反应。第二次世界大战结束了二十多年后,许多人——工人俱乐部、议会和新闻界——还没有原谅或忘记两次世界大战的惨剧。1958年,西德第一任总统特奥多尔·豪斯已经对英国进行了国事访问。人们并不认为那是一次成功的访问,特别是在豪斯访问牛津大学之后。德国媒体充斥着他被学生冷落的报道,说他们故意把手放在口袋里。与英国随后各种各样的学生抗议相比,这当然是相当温和的,但在德国人们感到愤怒,因为他们依旧认为英国是世界上最讲究礼仪的国家。弗兰克·罗伯茨爵士指出,德国媒体对"把手揣在口袋里的大学生们"的报道,极大地破坏了气氛。

英国政府不能无限期推迟国事访问，尤其是因为女王已经对法国和意大利都进行了国事访问，否则就会显得很粗鲁。现在法国挫败了英国在欧洲的野心，英国政府只能重新审视德国，决定是时候打出王室这张王牌了。

不过，皇宫里明显热情不足。这并不是因为女王不喜欢拜访她祖先的土地。相反，王室非常清楚自己的德国血统，并因此对任何关于英国给德国特殊待遇的指控都极为敏感，因为它曾经是他们的敌国。即便在第一次世界大战期间就把王朝的名字萨克森－科堡－哥达改掉，并带领帝国度过第二次世界大战之后，王室依然没有完全摆脱坊间"温莎家族其实是一群德国人"的流言蜚语。而菲利普亲王的姐妹们都一边倒地嫁给了德国人，这一事实对局面没有任何帮助。[1]

此外，女王清楚地意识到，对英国寻求更紧密的欧洲关系，英联邦老成员国的敌对情绪越来越强烈。在澳大利亚和新西兰，英国的"亲朋好友"在帮助英国抵御德国入侵时，牺牲了许多亲人的鲜血与性命。为什么英国现在要以得罪老朋友为代价，去亲近旧日的敌人呢？

因此，当外交大臣拉布·巴特终于在1964年提议对德国进行国事访问时，女王的私人秘书迈克尔·阿德恩爵士却出人意料地冷静下来。她会去的，他说，在"英国政府的要求"与"建议"之下。否则她将被指责为寻求"私人联结与关系"，而这项指责是"完全错误和不真实的"。保守党政府毫不犹豫地正式提出了要求与建议。等到女王和菲利普亲王于1965年5月18日启程前往波恩时，执掌英国的是哈罗德·威尔逊领导的新工党政府。

正如女王所有早期开拓性的访问一样，从一开始，人们的兴趣就非常强烈。来自世界各地的一千多家媒体前往德国，记录王室此次的复交活动。对于

---

[1] 公爵幸存的三个姐妹都嫁给了德国贵族，他们都曾参战，穿的是德国军装。另一个妹妹，塞西尔，在1937年的一次空难中丧生。他的父亲在1944年流亡蒙特卡洛时去世。1947年，他的直系亲属里，只有他的母亲，希腊的安德鲁王妃，受邀参加他的婚礼。

一位刚到皇宫工作的澳大利亚人来说，这是一项令人振奋的任务。威廉·赫塞尔廷刚刚被任命为新闻秘书长理查德·科尔维尔的助理。当时科尔维尔因身体不好而情绪低落。赫塞尔廷突然发现自己正在处理的是有史以来最大的王室媒体业务之一。"我是在最后一分钟被扔进去的。"他说，"我会说一点德语，坐在不怎么开口的总理夫人旁边，我勉强可以应付一顿晚餐，但对着1200家媒体讲话，是万万不能的。"他仍然记得女王与德国总理路德维希·埃哈德共进午餐后还有拍照的环节。"日程表上，午餐后他们打算到外面去'观赏莱茵河'，但他们看到的只有1200家媒体。所有的风景都被他们挡住了。"

这次访问将是第一次做电视直播的国事访问，并且会详细介绍每一位随行人员。威廉爵士依然记得，一个播音员激动地气喘吁吁地播报："现在走来的是普朗基特男爵……"[1]令英国外交官们高兴的是，这次访问一共十天，但电视报道的激动气氛并没有逐渐消失，而是一直持续到结束。女王从一开始就知道确定访问的节奏和基调是多么重要，所以在国宴开始前就花了很多心思。国宴将在（当时的）总统府，波恩附近布鲁尔的奥古斯都堡举行。女王知道这座宫殿以其旋转的淡蓝色洛可可风格内部装饰而闻名，于是提醒了她的服装设计师哈迪·埃米斯。埃米斯设计了一件无袖晚礼服来搭配当晚的场景。这件晚礼服轰动一时，以至于三年后，摄影师塞西尔·比顿要求女王穿着它拍摄了一系列官方画像。女王身着布鲁尔灵感的礼服、头戴俄罗斯钻石王冠、珍珠闪闪发光的样子，正是德国公众一直希望看到的。德国人对本国领导人或许有着诸如"沉闷的平均主义"的追求与期望，对"女王"却没有丝毫这方面的苛求。

"1965年，德国人喜欢的是女王没有做出任何妥协。民粹主义在现代英国没有容身之处。她很威严。"托马斯·基林格说，"她总是在高处挥手。德国

---

[1] 帕特里克·普朗基特，第七代男爵，王室副总管是宫廷常识的来源，也是女王最亲密的知己之一，直到1975年因癌症早逝。

对王室的尊重仍在，即便它在英国已经衰落。在德国我们欣赏宏伟的表达。这是一个伟大的戏剧性事件。而英国正是戏剧的伟大国度。"

在欢迎致辞中，海因里希·吕布克总统在欢迎辞中称赞英国是"其他国家的老师"，为"文明的传播"和世界贸易做出了决定性贡献。从长远来看，他说"直到第一次世界大战，我们两国之间几乎没有任何严重的利益冲突"。他引用了温斯顿·丘吉尔"欧洲合众国"的梦想，并补充说德国希望看到英国"被纳入未来统一的欧洲版图"。与此同时，鲁贝克希望女王能享受这次访问，就像120年前维多利亚女王和阿尔伯特亲王在莱茵河的返乡之旅一样。这次访问不会掩饰家族的根基。

虽然她的裙子惊艳了德国民众，但让德国政界和媒体好评如潮的却是女王的讲话，尤其是第二天被特别引用的一句："我们关系中的这个悲惨时期现在愉快地结束了。"

在德国各地，一个又一个地区，当女王乘坐皇家火车（在德国的十个夜晚里有八个，女王是在火车上度过的）出行时，经常有数十万人在现场观看。德国政府告诉弗兰克·罗伯茨爵士，访问前几周，德国售出的电视机数量比去年全年还多。这一场面与英国加冕礼时非常相似。

当女王戴着铸造工人的安全帽出现在杜伊斯堡的曼内斯曼钢铁厂时，德国人非常激动，但这仅仅是因为她几小时前在本拉特宫的国家午餐会上充满了君主威严。儿童和马是这次行程的两个安排。关于女王的引述可能无法与肯尼迪相比，但就公众影响而言，战后德国没有谁能比得上她。

在英国方面，他们非常小心地确保女王和公爵没有被拍到与任何令人难堪的德国姻亲或是表亲们在一起，虽然德国政府希望让他们参加重要的活动。在访问之前，英国大使就已经写信给女王的副私人秘书马丁·查特里斯，提醒说，东道主们对王室把德国亲属排除在外的企图非常不满。弗兰克·罗伯茨爵士报告说，他与德国总统就此事有过一次讨论，总统指出这是非常不礼貌的行为。"联邦共和国基本上是一个资产阶级国家。"总统解释说，"公众关系也是资产阶级化的。在德国人们普遍的做法是，在招待海外来客时，他们的近亲当然也会被邀请共进晚餐。"无论他们中的一些人，是否在二十年前曾经佩戴过纳粹的十字记号。如果女王的德国亲属被排除在王室宾客名单之外，吕布克总统将受到"非常严厉的批评"。

最后，布伦维克公爵和汉诺威乔治王子等鲜为人知的人物被悄悄地安排在晚宴和招待会上，尽量不引起任何人的注意。女王和公爵还与公爵的一些亲属在完全保密的情况下度过了一个周末，为的是让女王看到公爵小时候就认识的一些地方。其中包括塞勒姆城堡，公爵的叔叔巴登的马克斯亲王的府邸，还有公爵曾经求学的地方。"这是一个私密的周末，媒体没有打扰他们。"威廉·赫塞尔廷爵士回忆道。"我记得我进去时要经过许多大门，还有看门狗。"

英国媒体在很大程度上对这次访问进行了正面的报道，尽管皇家摄影师雷金纳德·戴维斯记得，这是出于对女王而不是东道主的尊重。他回忆说，英国的一些记者很抵触德国国歌，很明显地不肯起身致敬。他说，"当他们演奏国歌时，我们故意四处走动。"

不过唯一类似于外交事故的插曲，既和英国媒体不相干，也和德国媒体不相干，而是关于法国媒体。他们对5月20日女王在科布伦茨的演讲大为不满，因为她提到了历史上最著名的英德胜利。这次国事访问是在滑铁卢战役150周年纪念日前几天进行的，女王提到了普鲁士的陆军元帅冯·布卢彻王子，他帮助威灵顿公爵在1815年打败了拿破仑。女王实际上并没有谈论滑铁卢。她只是把它当作一个比喻。"五十年来，我们听到了太多分裂我们的事情了。"她说，"现在让我们努力记住那些让我们团结起来的东西。"

法国人，也许是在总统的怂恿下，对此事大做文章。"伊丽莎白女王的可怕失态"在巴黎的报刊上登上了头条。就连一向沉着冷静的《费加罗报》也呼吁女王停止"庆祝胜利"（尽管该报没有要求重新命名凯旋门、奥斯特里茨宫和法国所有与胜利相关的纪念碑）。关于法国的"暴躁"及德国媒体对脸皮薄的邻居是多么不屑一顾，英国外交部专门分发了一份有趣的备忘录，

对许多德国评论员来说，这次访问的高潮是女王对柏林以及柏林墙的访问。将柏林放在行程之内是一个微妙的决定，因为严格说来，它不是西德的一

部分，而是由英、法、美和苏联管理的盟国领土。英国和德国政府都决心让苏联"没有理由声称盟军在柏林的地位受到了暗中破坏"。考虑到这一点，关于女王要如何参观柏林墙而不会触发与苏联之间的外交事故，伦敦和波恩之间有过颇具喜剧色彩的讨论。最后双方达成了一致，女王会"看着"墙，但目光不会正式地"越过"墙。另一方面，如果她快速地瞥一眼墙的另一边，也没有人会介意。

就德国媒体而言，她显然看得非常仔细。《法兰克福邮报》报道了她"几乎震惊的表情"，而《南德意志报》则说她"明显被感动了"。毫无疑问，她看得非常仔细，因为她在几周后的大使汇报面谈中向外交部负责人保罗·戈尔-布斯爵士谈到了这一点。对于这次谈话，他做了一份绝密纪要，现在保存在国家档案馆。该纪要指出，那堵墙给女王留下了"相当深刻的印象"。她承认，她曾经怀疑过，在东欧边境部署那么多部队是否真的有必要。"正是那望向并越过柏林墙的一眼"让她重新思考这个问题。

而依然忍受孤立的柏林人民，急需这次参观来提升他们的士气。基林格说："我叔叔是战后柏林的第一任总检察长。在这个四面楚歌的城市，柏林人特别高兴被挑出来接受这种特殊待遇。"

事实证明，王室的出现并没有让俄国人感到很困扰，他们就这样让这件事过去了。外交部的文件显示，另一边的共产主义东德政府却义愤填膺。它开始做一些陈词滥调的宣传。官媒《柏林报》就女王所有城堡的高昂成本发表了一份长篇报告，并严肃地补充道："女王的礼服，穿一次就烧了，埋单的却是英国工人。"尽管如此，有人看到大批东德人在无人管辖区域拼命寻找女王的踪影。英国情报官员M.P.巴克斯顿报告说，负责马里恩伯恩过境点的苏联军官曾向一名英国翻译询问，他是否可以购买西德的期刊。这个俄国人因为没能看到清楚的女王照片而感到失望。

女王在汉堡举办了告别晚宴后，"不列颠尼亚"号启航回国，西德媒体对此次访问赞不绝口，它对两个国家都具有里程碑式的意义。[1]《星期日世界报》指出，英国看到了德国的新一面。它还感谢女王参观柏林墙。这家报纸简明扼要地指出，戴高乐将军三年前访问德国时甚至没有踏足柏林，怕惹恼俄罗斯人。一位来自汉诺威的前国务秘书甚至把为了看女王而挤满火车和公共汽车的人群形容为"民族大迁徙"——这个词通常用于描述罗马帝国衰落后的欧洲大迁徙。

英国大使在给伦敦的信中指出，德国媒体一直在缜密研究英国的报道，并对结果感到惊喜。弗兰克爵士说，自从大众传播媒体出现以来，英国公众第一次接触到关于德国和德国人的无偏见报道。

对于女王的第一届工党政府来说，这也是一种新奇的体验。新的外交大臣刚上任几个月就被解雇了。"我知道你原本打算去契克斯庄园过周末。"5月26日，迈克尔·斯图尔特写信给英国首相哈罗德·威尔逊说，"如果你能回来迎接女王陛下，我想这是非常值得的。这次访问是个人的胜利，也是对耐力的考验。"威尔逊不需要被要求两次。

女王显然很享受这次访问。她对英联邦之外的国家访问得并不多，而对德国，她却进行了五次国事访问，还有几次更加正式的访问。王室的其他成员更是德国的常客。德国是英国在七国集团、欧洲和北约的伙伴，与英国有着如此多的共同点、历史（和王室）纽带，但也有着如此多的包袱。和解将是她随后所有访问的主题。在1978年的国事访问中，女王又一次来到柏林墙，她说的"我的人民都站在你们身后"令无数柏林人落泪、鼓掌。墙那边的东德越来越不满，而法国的怨言也越来越多。这一次令他们不高兴的是，女王在某个演讲中影射了法国对胡格诺教徒的迫害。这是欧洲恐怖主义猖獗的时期。令德国媒

---

[1] 虽然女王很少被指责"干预宣传"，但她在访问开始时就为德国媒体举行了招待会，这的确为后来的正面报道打下了基础。《德国图片报》宣称：那是最激动人心的派对。在德国，这是第一次有国家元首做这种事。女王的私人秘书迈克尔·阿德恩爵士事后写道："我认为，他们以前从未与总统握过手。"

体折服的是，苏联领导人勃列日涅夫先前来访时带了数百个保镖，而王室访客却没有。"女王和公爵每个人只带了一名负责安全的随从。"《星期日世界报》说，"比波恩的国务秘书带的都少。这位女性真的让人肃然起敬。"在政治层面上，两国的关系比以往任何时候都要亲密（虽然女王并未完全原谅总理赫尔穆特·施密特去年在北约伦敦峰会皇宫晚宴时把烟头掐灭在皇家瓷器上）。德国的军队领导人们被邀请在"不列颠尼亚"号度过一天时都非常惊喜。"我们五天的女王"，《德国图片报》的头版这样说道。她名副其实。

1992年，女王评论德国的重新统一时，还有许多和解的动作。在考文垂大教堂唱诗班的礼拜仪式和爱丁堡公爵（用德语）朗读的主日课上，女王向盟军轰炸德累斯顿时牺牲的平民致敬。2015年，当她第一次参观集中营、会见贝尔根－贝尔森的幸存者和解放者时，她仍在和解过去与现在。"她在德国深受爱戴。"2015年陪同她在柏林的前首相戴维·卡梅伦说，"欢迎她的人，数量创下了历史新高。她去过那里那么多次，在这段关系中投入了许多精力，真的让我非常感动。"

多年来，德国发生了许多变化，尤其是在形态、规模、边界和首都方面。然而两国关系的根本并未改变。头条新闻亦如此。1965年访问结束时，德国最大的报纸《德国图片报》头版头条写道："陛下，您是如此出色。"半个世纪后的2015年6月25日，女王再次拿起《德国图片报》看到标题："我们爱你，夫人"，她那片刻的恍惚就不难理解了。

中国，1986

媒体至今忘不了那次访问，因为"眯眯眼"这个词。1986年爱丁堡公爵对中国进行国事访问期间，他对一群在中国留学的爱丁堡人说了那句话。此后爱丁堡公爵的"失言"清单里必然会提到它，否则它就是不完整的。因为没有留下录音，没有人知道那句话确切是怎么说的，完全是那名21岁的学生西蒙·柯比转述给当时的记者的，引爆了一场媒体轰炸。30多年过去了，许多人回忆起这次改变游戏规则的皇家访问时，第一个想到的就是这个，虽然此事中最重要的中国人本身并非如此。

这曾经是，现在仍然是王室历史上最重要的访问之一。它是继1972年访问南斯拉夫之后女王第二次访问共产主义国家。但意义与第一次完全不同。即便不能与1972年尼克松访华媲美，它依旧是一次全球性的外交突破。密切关注它的不仅有英国，还有全世界。用《洛杉矶时报》的话说，这是"20世纪历史上最具象征意义的转折之一"。访问前的种种预兆无疑是非常有可能出现的。中国人或许是世界上最拘泥于礼节的，但为了这次访问，他们很乐于打破规矩。为了尊贵的客人伊丽莎白二世女王（"陛下"）和菲利普亲王，他们不会嫌麻烦。国事访问的邀请，是两年前中国领导人邓小平[1]发出的。这次访问将让1984年中英双方签署的历史性联合声明正式生效。在联合声明里，双方达成一致，中国政府将于1997年7月1日对香港恢复行使主权，香港现行制度和生活方式五十年内不变，也就是"一国两制"。这一折中协议将避免市场崩溃，以及数百万香港华人流向英国。女王前往中国，不仅表明了对中国人的信心，也能使香港股票市场保持稳定。除此之外，它将预示着英中关系的新纪元。

女王也带来了她的皇家游艇，中国人决心让它一尘不染。为了保护皇家游艇的漆面，中国特意从荷兰订购了特殊瓷砖，铺设在中国港口两侧。女王的宴会计划，进一步显示了中国人对她的尊敬。她很想在上海，在"不列颠尼亚"号上举办，显然这违反了中国所有国宴都应在北京举行的规定。不仅如此，中国国家主席兼国家元首李先念身体不适。因此他的下属们非常不愿意让他飞往上海参加女王的晚宴。然而在得知这一计划后，李先念本人的回答是："为什么不呢？"

为了迎接女王，上海也进行了大规模的改造。上海海关大楼顶部中国最大的钟刚刚修好，它将再次响起来，这是"文化大革命"之后的第一次。中国人希望它的"大本钟"能让女王"有宾至如归的感觉"。

---

[1] 中国共产党中央政治局常务委员会五位委员之一。他不是正式的国家元首，而是"中国共产党中央顾问委员会主任"。

中国接待国宾的标准计划是,在北京停留三天,然后再去另外两个城市。不过,女王将访问五个城市。距离访问还有两个星期的时候,大使理查德·埃文斯用完了所有的压花请柬,他要从伦敦订购更多的请柬。和往常一样,国内的许多企业都渴望得到王室的注意。贝塞尔兄弟公司的E.J.迪克森在写给英国外交部的信中说,"我很清楚王室的日程安排将非常繁忙,但由于我们公司自1898年以来就一直与中国进行贸易,我确信,我们这样的公司多年来与中国建立的友谊会极大地帮助王室访问成功,让它成为愉快而难忘的经历。"他的恳求的确奏效了。

1986年10月12日,女王戴着白帽子,穿着柠檬黄长裙,从英国航空公司包机上走下来,对迎接的人群说:"我很高兴来到中国。"从白厅王室访问委员会的会议记录中我们知道,女王的确如此。她已经盼望了许多年。即便多年来习惯了阅兵仪式而逐渐麻木的王室助手们,也对在天安门广场上举行的欢迎仪式印象深刻。

第一拨活动是会见邓小平。"这是一顿难忘的午餐,只有我们8个人,"前私人秘书威廉·赫塞尔廷爵士说,"邓小平问候女王,说女王陛下不辞辛劳地来和他这样的老人共进午餐,他感到非常荣幸。对此,她用自己最喜欢的一句话回应:'为什么,你和我妈妈的年龄差不多,她一点也不认为自己老了。'"

"邓小平在午餐会上非常幽默。"英国大使理查德·埃文斯向伦敦报告说。中国共产党总书记胡耀邦也是如此,他"在带领女王和公爵参观前皇城部分老建筑时最为活跃"。在国宴上,双方都为对方的致辞感到高兴。"我们取得了巨大成就,但尚未完全摆脱经济和技术落后的局面。"李先念坦率地说,"英国人民是一个充满智慧和创造力的伟大民族,为人类文明和社会进步做出了杰出贡献。"

女王对中国的成就表示钦佩,并表示愿意"为中国实现未来计划做出贡献"。女王讲了一个笑话,英国派往中国的第一个大使在海上失踪,跟他一起消失的还有伊丽莎白一世写给中国皇帝的信。"幸运的是,自1602年以来,邮政服务有所改善。"女王还巧妙地提到了邓小平的"一国两制"。"未来是属于年轻人的。"女王说,"通过这种接触,人们越来越认识到,我们的传统各不相同,但对未来的希望都只有一个。"

大使指出,中国领导人对女王和公爵"非常友好"。他对所有社交活动中活跃的气氛感到震惊。"在中国,通常要到正式的晚宴上,谈话才会真正开始。"他在事后的电报中写道,"在上海,确实是这样。"

在中国,欢迎女王的人数是女王继位早期很少见到的。理查德爵士报告说,"国事访问在中国人中激起了相当大的热情。"中国当局告诉他说,从老城区到"不列颠尼亚"号的泊位,200多万人排在街道两旁,观看她抵达为李先念举行的国宴现场。他们中有100万人半夜还在那里,看她从皇家游艇乘车回国宾府,按照规程,王室夫妇在上海期间应该留宿国宾府。人们记得,那是有史以来第一次,外滩——上海的海滩——彻夜灯火通明。但是女王还给街道两旁的人群准备了一个"第一次"。她坚持在豪华轿车上开着灯慢慢行驶,让每个人都能看到她。

一切都很完美。外交部长杰弗里·豪还与中国总理进行了接触。英国大使馆迫不及待地给伦敦发电报,报告了两人之间富有成果的晚宴讨论。撒切尔夫人很高兴,尤其是当她得知"不列颠尼亚"号上的商业活动时。

女王不在船上时,"不列颠尼亚"号一直徘徊在黄浦江和长江上下游举办贸易活动。许多合同得以签订。英国大使对他的老板们说,如果这些业务全部成熟,将会产生价值数千万英镑的出口交易。

因此在处理了这次访问的政治和商业要务后,女王和公爵可以稍微放松一下。在机密报告中,大使挑出了三个令人难忘的场景:女王和公爵在中国长城,女王乘船穿越昆明附近的滇池,还有西安的兵马俑。兵马俑是一个伟大的考古发现。成千上万的泥人军队和公元前209年伟大的中国皇帝埋葬在一起,并于1974年被发现。女王和公爵像往常一样,被一大群穿着西服的官员包围着,站在机场大小的泥坑边,低头凝视着那些泥人。一位在场的人回忆说:"现场非常肃静。"这时,他们听到在场的一位英国记者模仿公爵走路的样子,低声咕哝:"你当兵马俑多久了?"英国团队的好几个人,据说包括女王在内，都忍不住笑出声来。

女王和王室的高级成员随后被特别允许走下泥坑。"我们被允许走进坑里，在兵马俑中间走动，就好像我们是它们的一部分一样。"杰弗里·豪说，"你会有一种极大的特权感。她非常激动，跟我一样被打动了。"

轻松好奇的情绪没有持续多长时间。一批在中国交换的爱丁堡大学生被介绍给公爵，因为他是爱丁堡大学的校长。据说这是一次轻松愉快的谈话。公爵询问了他们的学习情况。在愉快的气氛中，他应该是玩笑似的说："如果你们在这里再待久一点，你们都会变成眯眯眼的。"当他们反过来问起他的访问感受时，他说漏了嘴，说他觉得北京的污染"很可怕"。一会儿过后，皇家车队接着上路，几个英国媒体人却留在后面，询问人们对这一事件的印象。在王室访问中，许多活动的时间和空间都很有限，媒体通常会划分不同的活动，然后交换资料，他们称之为"集中资源"。在赶往机场的路上，一名记者读起了他从爱丁堡大学的西蒙·柯比那里引用的话。就在这时，一个小报的资深记者大喊一声："停车！"在手机还没有出现的年代，公共电话依旧是报道故事的首选方式。显然这句话注定要登上头版。

标题是众所周知的。第二天的《太阳报》嘶吼着："菲利普搞砸了"，还贴了一张公爵的照片，照片上公爵的脸被涂成了溥满洲的样子。再接下来一天，报纸的头条还是一样："女王灰常灰常愤怒"[1]。公爵的朋友们总是说，公爵所谓的"失态"只是把沉重的对话变得轻松起来的一种方式。

英国外交官们尽力淡化这个故事。理查德·埃文斯爵士向伦敦的外交部远东小组报告了他对这次访问的"主要印象"。他说："中国人已经竭尽全力了。"在对这次访问做了相当长的总结之后，他谈到了不可避免的症结："当然，不幸的是，爱丁堡公爵对爱丁堡大学的学生们说了那样的话。当时我没有在他身边，所以不知道他究竟是怎么说的（我听过很多版本）。同样不幸

---

[1] 这里是在模仿中国人说英语发音不准。——译者注

的是，王室离开后，柯比和其他人太急于跟围过来的记者交谈（我认为他们根本不知道会有什么后果）。中国人对这起事件的处理很有判断力。"

在随后的官方报告中，理查德爵士（女王离开时授予了他爵士头衔）用了许多篇幅来描述这次访问的成功，然后提到"一个事件，它将给中国以外的人留下这次国事访问不太成功的印象"。大使没有提到公爵所说的话，而是指责几家英国报纸"太过冒失"，并将这一事件完全归咎于媒体本身。他说，对于相传的爱丁堡公爵所说的话，中国政府完全不以为意，但令他们愤怒的是，有些英国媒体竟然如此诋毁中国主席的贵客。

然而英国外交部不可能如此轻易地处理掉这一事件。11月21日，访问结束一个月后，远东小组的索罗德·梅斯菲尔德发表了一份直言不讳的报告，抨击外交部对国事访问的整个做法，说他们缺乏明确目标。他坚持说，女王的访问像首相的访问一样应该做好充足准备。他警告说，"目前我们还没有制定国事访问目标的程序。"各种各样的建议零零星星地被送到皇宫，女王收到的简报似乎只是"相当平淡、笼统的背景介绍"。他还说："这其中的大部分内容都是女王已经知晓的。有趣的观点，尤其是那些会惹恼东道主的东西，基本上都被忽略了。"

他指出，虽然电视台做了一些好的报道，拍到了一些好照片，但新闻界几乎没有得到什么新的材料。"或许，不可避免的是，他们的报告都集中在琐事上。在每日新闻发布会上，不要光说女王礼服的细节，而是说一些当天与中英关系相关的活动，或许可以让他们有点别的东西可写。"

大使馆也面临其他一些挑战。在去香港之前，广东省省长送给女王一盆独特的茉莉盆景，让她可以养在温莎城堡。盆景放在一个竹笼里，笼子太大。女王是乘一架小飞机前往香港的。笼子进不去飞机的舱门，而盆景又太娇弱，无法寄存。所以中国人给它买了一张头等舱火车票，让它在香港与女王会合。外交部的工作人员给它起了一个名字——杰克——并安排了一个警察把它护送到机场，把它安置在女王回家的飞机上。到了英国，它不得不先去位于哈彭顿的农业部检疫站。外交部的菲利普·劳斯被派开车去接它，但车也装不下它，最后他不得不借了英国航空公司的一辆卡车。它终于在午夜抵达检疫站，工作人员正熬夜等着它。劳斯向英国驻北京大使馆汇报说,那位工作人员是一位"盆景爱好者",一看到它,他就"欣喜若狂地接了过去"。最后,这棵树通过了检疫,最后一次被看到还是在温莎大公园的温室里。

在外交部,关于女王的交通安排,工作人员又收到了类似的抱怨。英国的高管们再次抱怨,女王飞往中国乘坐的是美国制造的三星飞机,在北京期间坐的是奔驰轿车。"戴高乐在国外访问时总是使用法国制造的产品。"英国商人汤姆里昂写信给英国海外贸易委员会的詹姆斯·克莱明森爵士说,"如果我来你家,你没有给我吃科尔曼牌的芥末,我会卖掉我的科尔曼股票!"不同的政府部门之间流传着许多类似的信。贸易与工业部的埃里克·贝斯顿简洁地辩护说:"只有坐皇家游艇离开中国,才不会被挑出错来。"

虽然有着这些小毛病,但这次访问实现了它的基本目标,推开了中国的大门。而英国的企业和外交官们也从中获得了巨大的利益。中国人当然认为这是一个巨大的成功,并热衷于讨论下一次王室访问。再过几个月,玛格丽特公主就会抵达北京。像以往一样,这些新建立起来的友谊都将为了政治活动服务。几年后,王室访问因为双方关系的紧张受到了影响。

不过此后王室与中国的关系将再次密切起来。1999—2015年间,中国领导人对英国进行了不少于三次国事访问,是近年来白金汉宫最常见的访客。"失言"一事早就成为过去。

俄罗斯,1994

多年来,"不列颠尼亚"号的船员们看到过许多奇怪的景象——冰山、鲸鱼、革命[1]、煎培根鸡蛋的王太后,还有身着奇装异服载歌载舞的王室成

---

[1] 1986年,前往澳大利亚与女王会合途中,海军少将约翰·加尼尔带领"不列颠尼亚"号穿过红海。当时亚丁爆发了内战。作为离得最近的皇家海军船只,游艇临时搭载当地的英国公民。在政府军和叛军之间的枪战和炮击中,罗伯特·艾森中尉的救援队最终疏散了55个国家的1082名公民,外加一只法国狗。

员。但他们从未见过靠近俄罗斯城市圣彼得堡时所看到的景象。涅瓦河沿岸到处都是生锈的船骸。"冷战刚刚结束，我整个海军生涯都是在冷战规则下度过的。"前"不列颠尼亚"号船长罗伯特·伍达尔德爵士说，"这些大船铁锈斑斑，枪炮上到处都是晾衣绳。他们已经好几个星期没给水手发工资了。水手们被赶出了住处，只能和家人一起住在船上。这种情况真是不正常。一边是多余的潜水艇，满满当当地排成行，另一边则是完全荒废的商船，让河道显得狭窄无比。"这是唯一一次，"不列颠尼亚"号的导航官不得不从广告牌上获取方位信息，因为当地海图根本没法用。这就是苏联解体后1994年的俄罗斯。

俄国人从未见过像"不列颠尼亚"号这样的东西。他们也从未见过一个在位君主。现在一切都要改变了。就像她八年前访华一样，1994年女王对俄罗斯的国事访问，会见叶利钦总统，也是战后外交上的重大突破之一，颠覆了70多年来僵化的礼节——从飞行执照到着装规范。自沙皇被处决以来，克里姆林宫的人们首次穿上了晚礼服。女王在国宴上对笑容满面的叶利钦说的话恰如其分地概括了当时的欢乐气氛："你和我大半辈子的时间都认为这样的夜晚永远不会出现。我希望你和我一样高兴，因为事实证明我们错了。"他的确如此。

自从苏联领导人米哈伊尔·戈尔巴乔夫五年前对女王发出邀请以来，这次国事访问就一直在讨论之中。戈尔巴乔夫的改革和开放计划，导致冷战结束，东欧发生剧变。在他执政期间，叶利钦升到了莫斯科市长的位置，并成为俄罗斯第一位民选总统，而戈尔巴乔夫仍然全面掌管苏联。在1991年那场不成功的政变中，戈尔巴乔夫被软禁，叶利钦面对策划者的挑衅赢得了胜利。他以胜利者的身份出现。苏联在几个星期内正式解体。当投机者、企业家和犯罪团伙在旧国有企业的废墟上掀起疯狂的西式淘金热时，英国却热衷于支持叶利钦的民主改革。反过来，总统也希望向人民表明他的政府赢得了国际社会的尊重。女王进行国事访问的时机已经成熟了。

"英国外交部有很多人说，我们应该等到他们有了一个'恰当的'民主制度。"当时的英国驻莫斯科大使布莱恩·法尔爵士说，"而精于计算的人则说：不，让我们等等看他们有没有恰当的经济，然后再把他们放进王室访问计划吧。但那样就太晚了。正确的决定是现在就去，趁着人们还会感激到访的时候。"布莱恩爵士认为，女王和她的顾问们也有同样的看法。因为就在同一时期，她提出立即访问纳尔逊·曼德拉新成立的南非共和国（几个月后她真的去了），尽管许多人建议采取更为谨慎的做法。90年代对于国内的君主制来说可能是相当悲惨的。然而在世界舞台上女王却处于巅峰。

在接管莫斯科大使馆之前，布莱恩·法尔爵士曾经是三位外交大臣的私人秘书，之后是华盛顿大使馆的"二号人物"，然后是英国驻加拿大高级专员（并获得两个爵士头衔中的第一个）。在苏联解体后，他其实成了英国驻其他十个国家的大使。他下定决心想让英国成为俄罗斯值得信赖的伙伴。他看到在所有的动荡和不确定中，对叶利钦摇摇欲坠的自由市场民主表示支持是至关重要的。莫斯科已经出现了某种外交真空，可发挥的空间很大。在这样一个特殊而不精确的政治环境中，有着巨大的潜力和一切可以发挥的东西。英国政府、女王和其他王室成员都热衷于上场。在三年的任期内，布莱恩·法尔爵士凭着罕见的直觉，为女王、爱丁堡公爵、威尔士亲王、威尔士王妃和安妮长公主分别组织了多次访问。

"那是一段令人兴奋的时期。你都想不到两个星期以后会发生什么事。"当时英国驻莫斯科大使馆的"二号人物"弗朗西斯·理查兹爵士回忆说。因此相较于女王的其他访问，这次国事访问的筹划完全是凭经验的。一年前，威尔士亲王已经作为先遣队建立了全面国事访问的意愿。爱丁堡公爵还以国际马术联合会主席的身份，出席过一次半私人的比赛。不过派遣女王的决定直到1994年夏天才做出。那年秋天，她就要出发。真的没时间可以浪费了。

7月，英国女王的副私人秘书肯·斯科特爵士（东欧老手，曾经是驻南斯拉夫大使）按惯例先去侦察。

访问将从莫斯科的常规流程开始，然后换到圣彼得堡大皇城，女王将在那里在"不列颠尼亚"号上宴请叶利钦。肯·斯科特爵士去见了圣彼得堡新当选的市长阿纳托利·索布恰克及其副手，一位前克格勃中校弗拉基米尔·普京。大部分的讨论都围绕游艇的安排展开。肯爵士很高兴地得知，"不列颠尼亚"号将停泊在著名的红色舰队堤岸上，就在俄罗斯巡洋舰"阿芙乐尔"号打响俄国十月革命第一炮的地方。肯爵士决定再碰一碰运气。"革命前，那里叫英吉利堤。"他对索布恰克和普京说，"以后再这么叫不是很好吗？"市长认为这是个好主意。

把"不列颠尼亚"号送进圣彼得堡相对简单，让叶利钦总统上船参加女王的回程宴会却是另一回事。根据苏联时代的规定，俄罗斯领导人从不出席答谢晚宴，实际上从来没有在克里姆林宫外接受外国的招待。然而英国人却期待总统来到圣彼得堡，享用女王准备的晚宴。"让头号人物走出克里姆林宫参加答谢晚宴？已经三十年没有发生过这种事了。"布莱恩·法尔爵士说，"让他去圣彼得堡？从没听说过。"但俄国人同意了。叶利钦也许不会为别人这样做，但会为女王这样做。

总会有一两个绊脚石。为了达到访问标准，女王曾要求提前将皇家劳斯莱斯轿车派往莫斯科和圣彼得堡（这样就不会有人抱怨女王乘坐梅赛德斯轿车了）。英国大使馆安排那辆去往莫斯科的轿车在当地的劳斯莱斯展厅展出，直到布莱恩爵士接到皇家司机的投诉。"他想知道，大使能否帮他把衣着暴露的女孩们从车盖上赶下来。"他回忆说，"他们想把莫斯科小姐放在前面！"

事实上，就皇宫和外交部而言，唯一值得注意的、让人恼火的事将出现在英国。乔纳森·丁布尔比在威尔士亲王的帮助下撰写的传记，在访问前几天被连载。结果在白金汉宫和英国政府都希望把重点放在历史性国事访问上的时候，占据各大报刊头版头条的却是王子对不幸童年的抱怨。爱丁堡公爵不得不在访问前夕接受了《每日电讯报》的采访。在采访中，他向亲王表达了一种隐晦的斥责——"我从来没有谈论过私人事务，我认为女王也没有谈论过"——然后以家庭的视角谈起了即将开始的访问。

因为这次访问有一个重要的个人因素。1918年，布尔什维克处决了俄罗斯王室罗曼诺夫一家，他们正是女王祖父乔治五世的表亲。许多年后人们会发现，拒绝为沙皇尼古拉二世提供庇护的是国王本人，而不是他的大臣们。乔治五世一直担心当时席卷欧洲大陆的布尔什维克主义会传染英国。

女王访问圣彼得堡时，不可能不去沙皇陵墓。那里为安葬新发现的尼古拉二世遗骸预留了空间。然而对爱丁堡公爵来说，访问将更加个人化，因为他自己的家庭与俄国革命的关系更为密切。公爵是沙皇尼古拉一世的曾曾孙，也是沙皇亚历山大三世的曾甥孙。1903年，公爵的父母结婚时，俄国最后一位沙皇尼古拉二世曾是婚礼的宾客，他的粗野行为成了家族世代相传的笑话。公爵的母亲曾叫他"蠢驴"，因为他冲着她的马车扔了一只白拖鞋，不小心砸到了她的脸。公爵与沙皇的血缘如此相近，以至于他提供了一份DNA样本，让科学家鉴定罗曼诺夫一家的遗骸。因此，他对这次访问想了很多。

公爵解释说，20世纪初，英国君主制和俄罗斯君主制的命运截然不同，归根结底是宪制的演变。"我们很容易就走过了工业革命和城市工业知识分子的发展，因为我们实行的是君主立宪制。"他说，"而他（尼古拉二世）还是独裁者。"

但公爵最感兴趣的还是他的曾姨母俄罗斯大公夫人伊丽莎白·费奥多罗夫娜的命运。在被布尔什维克逮捕前，她在莫斯科建立了修女团。"最后她被扔到西伯利亚的一个矿井下。"他说，"他们把手榴弹扔在她身上。"[1]她的英勇对公爵的母亲希腊安德鲁王妃产生了深远的影响。她在1949年也建立了自己的修女会。因此，公爵不仅热衷于参观圣彼得堡的王室陵墓，还想参观莫斯科伊丽莎白修道院的原址。他还煞费苦心地强调自己没有心怀怨恨。"那是家族渊源。"他解释说，"但我不认为这是家族场合。你不能因为几个极端分子过去

---

[1] 1905年，伊丽莎白·费奥多罗夫娜的丈夫谢尔盖大公（沙皇尼古拉二世的叔叔）被杀。1909年，她创建了莫斯科圣玛莎和圣玛丽修道院。1918年，她跟一批王室亲属一同被捕，被扔到阿拉帕耶夫斯克附近的一个矿井里。西蒙·塞巴格·蒙蒂菲奥里在《罗曼洛夫王朝》中记下了她生命的最后时刻。契卡分队把手榴弹和烧着的木头扔到她身上，她唱起了赞美诗《上帝拯救世人》。

或现在的所作所为就谴责整个国家。"他和他的东道主一样热衷于采取积极、放眼未来的态度。"我们经历了崩溃闹剧，现在我们看到了在相当开放的基础上，有着三四百年过往的国家逐渐融合。这其中孕育着巨大的潜力。"

1994年10月17日，星期一下午四点半，女王的BAe146[1]飞机降落在莫斯科机场时，这种潜力是显而易见的。与一些总统专机相比，BAe146或许是只有30个座位的小飞机，但它是由俄罗斯苏–27喷气式飞机护送进入莫斯科的，后者在空中做了精彩的特技飞行表演，这一荣誉自70年代以来没有给过任何来访的国家元首。

女王被直接送往克里姆林宫，叶利钦总统和他的妻子奈娜在克里姆林宫最大的房间圣乔治大厅精心安排了握手仪式。两对夫妇分别从两端走进300英尺高的大厅，在6个400瓦的大吊灯下，走到中间握手。尽管英国媒体一直在津津乐道猜测总统会给女王一个大大的拥抱，但叶利钦似乎在向女王献上一大束玫瑰之前，只鞠了一躬，幅度不大却充满了敬意。她似乎比平时收到这种致意时更加高兴。

那些与女王亲近的人说，她一直对鲍里斯·叶利钦深怀敬意。"女王在叶利钦面前大放异彩，她敬佩他。"罗伯特·伍达尔德爵士说，"我想，她认为一个能控制这么大一个国家的男人肯定很特别。"

不到两个小时后，女王与叶利钦一同在莫斯科大剧院观看《吉赛尔》。这部芭蕾舞剧在她的大多数访问当中都上演过（尤其是在她1972年对法国的国事访问中，当时是在凡尔赛宫）。布莱恩·法尔爵士揭示了其中缘由："如果有贵宾来访，《吉赛尔》是很适合上演的剧目——因为它很短。"70多年的时间依然没有侵蚀俄罗斯对王室享乐的兴趣。事实上，大使馆工作人员曾向皇宫指出，俄罗斯公众非常期待在这个特殊场合出现一位看起来像君主的君主，即便叶

---

[1] 英国皇家空军第32中队现在还有两架146飞机。虽然名字叫皇家中队，但它们大部分时间都在运送政府大臣和高级军事人员。

利钦会穿着休闲服去看芭蕾舞剧。当女王穿着丝绸花夹克、绿色长裙，戴着白手套、钻石和王冠入场时，每个人的目光都集中在仍然被称为"沙皇的包厢"之上。坐满剧院上下六层的观众都起立为她鼓掌，在英国国歌奏响期间也一直站着以示尊敬。在这次访问中，女王在着装方面也颇费心思。因为各种动物保护团体，皇家皮草被留在白金汉宫的衣柜里，但俄罗斯对此的期望丝毫没有降低。

第一天晚上英国大使馆举行了一个招待会，招待了俄国社会各个行业的人。这在几年前是不可思议的。帮助准备宾客名单的弗朗西斯·理查兹爵士说，这里有很多未经改造的人，也有很多自由派人士，"但我们从未遇到任何反对。"大提琴家姆斯提斯拉维·罗斯特罗波维奇和异见者安德烈·萨哈罗夫的遗孀叶莲娜·邦纳也被邀请参加招待会。

不过第二天早上，日常困扰俄罗斯公众生活的混乱和内讧就生动地呈现在女王面前。她的计划是步行穿过红场，参观拥有像洋葱似的雄伟圆顶的圣巴西尔大教堂，聆听唱诗班吟唱，并与俄罗斯人民见面。但是，几支争相声称对女王安全有管辖权的部队中的一支，决定清除广场上的普通民众以确保女王的安全。因此，女王和公爵在广场上碰到的只有国际媒体和几个游客。

更糟糕的是，莫斯科市长尤里·卢日科夫还出手干预，把女王从圣巴西尔教堂转移到红场一个不那么有趣的地方。她被带着参观了喀山大教堂，一座老东正教教堂的复制品。市长最近重建了这座教堂。王室团队的一个人说："有几次，行程完全偏离了计划。当克里姆林宫的钟声响起时，女王和叶利钦从大楼梯上走下来，卢日科夫这个家伙立刻抓住她的胳膊，带她穿过红场。她本打算去圣巴西尔听出色的演唱，而卢日科夫却毁了这一切。她根本没听到演唱。"王室团队义愤填膺。"完全是胡来。"一个记者冲着他的俄罗斯对接人喊道，"她来这里是为了见见人民，而不是空气。"

尽管如此，女王和东道主却相处得非常好。在克里姆林宫15世纪建成的多面大厅举行国宴（鱼子酱、香槟三文鱼、芦笋汤、鸡肉至尊，最后还有草莓冻）之前，两位领导人交换了礼物。女王送给总统一套饰有金色俄罗斯双鹰的波斯德餐具，一对金色袖扣，还有一个里面装满了种子的小胡桃箱，送给叶利钦夫人种在花园里。作为回礼，叶利钦送给女王一个俄罗斯茶壶（白金汉宫上茶点时依然在用）和一个镶有宝石的钟。

官员们紧张地盯着总统的酒杯。就在三个星期前，总统的跨大西洋之旅中，在爱尔兰停留时发生了一次糟糕透顶的事件。叶利钦本该与爱尔兰总理阿尔伯特·雷诺兹进行双边会谈。总统的专机莫名其妙地盘旋了一个小时，终于降落在香农机场，走下舷梯的却是叶利钦的副手。他对雷诺兹说，他的老板"很累"，没法下飞机。叶利钦决心以最好的面貌出现在女王面前。他第一次穿着正装参加宴会，并在宴会前的招待会上滴酒不沾。晚宴开始时，他只喝了一点伏特加，祝酒时他喝了红酒，最后喝了一点格鲁吉亚白兰地。

他在演讲中向女王致敬，称赞她是不稳定世界中的稳定的灯塔。"在俄罗斯，女王被视为国家智慧、历史延续、国家伟大的化身。"他对女王说，"陛下，您肩负着庄严的使命，确认了一个重要的理念：君主制可以成为民主政体的组成部分，可以是一个国家精神和历史统一的体现。"

"变革的时代不是令人舒适的时代。"她承认，但她对他的使命充满信心，"变革的过程带来了不确定性，并不是所有人都相信这一巨大努力会得到回报。但我坚信会的。"叶利钦显然被女王有力的回答感动了。

访问的行程排得异常满，理由很充分。"你必须看很多东西，但不能在任何一个地方停留太久，否则就会有人发现那里发生过可怕的事情。"布莱恩爵士说，"到处都是骸骨。"国事访问的一个直接结果是，莫斯科以前的圣安德鲁教堂又回归了英国国教。先前它被关闭，改成了录音室。爱丁堡公爵也来到了他英勇的姨母死前建立的修道院。

大使夫人德尔玛·法尔密切参与了行程的每个环节。女王在英国大使馆用午餐时，她决定不顾礼节，不按级别给人们安排座位。她让大使馆医生休·卡彭特坐在女王身边。这位医生在莫斯科的英国人里很受欢迎。她回忆说："他肯定不会被坐在旁边的人吓倒。我记得他妻子坐在房间对面，冲他比着手势，好像在说：别说那么多了。女王被逗乐了，说：'以后我得跟菲利普试试这个。'显然，她很享受这一刻。"

王室访问一进行到圣彼得堡，气氛就发生了明显的变化。不仅主要的政治问题得到了解决，而且欢迎女王的人更多，热情也更高涨，无时无刻不提醒着人们，这座城市更具欧洲特色。在巨大的蓝白相间的凯瑟琳宫——罗曼诺夫家族对凡尔赛宫的回应，以及它的镜厅和琥珀厅，古老的帝国旗帜第一次飘扬在人们的记忆中。艾尔米塔什博物馆的工作人员面临着巨大挑战：如何在一个小时零一刻钟的时间内展示世界上最伟大的博物馆之一。女王避开了一个关于沙皇尼古拉二世和皇后亚历山德拉的特别展览。外交官们——还有女王本人——认为，这次着眼于未来的访问不应该成为尼古拉二世的纪念活动。

然而，"不列颠尼亚"号的皇家驳船载着女王和公爵沿着涅瓦河前往沙皇陵墓，沿岸的钟声响起，太阳从圣彼得堡的圆顶和尖顶上落下，不由得让人们想起古老王朝之间的关系。一个世纪前，在这座要塞城堡内，未来的爱德华七世国王和乔治五世国王参加了沙皇亚历山大三世的葬礼。女王刻意避免发表评论或表达自己的观点，只是出于礼貌听一些重建工程方面的介绍。她本可以在西米德兰兹看到相当有趣的图书馆扩建。

市长和他的副手弗拉基米尔·普京在另一座前皇宫享用了一顿皇家午餐。当时发生了一场小闹剧。女王的侍女杜格达尔女士不小心摔倒，摔坏了髋部。王室总管西蒙·库珀爵士和"不列颠尼亚"号船长罗伯特·伍达尔德爵士用橡木椅把她抬到一旁等候的轿车上，然后又把她抬到皇家游艇上。她将留在船舱里，直到三天后从赫尔辛基乘飞机回家。随后女王和叶利钦总统把重点转移到皮斯卡列夫斯科耶公墓。那里是死于列宁格勒三年围攻（历史上破坏性最大的一次）的大约150万俄罗斯人的安息之地。

看到两位领导人在一群皇家海军退伍老兵、北极护航队幸存者面前致意时，伍达尔德感到震惊："女王与大约7英尺高的鲍里斯·叶利钦一起往前，而那些俄罗斯警卫比他还高。他们一起走了大约300码。树上的扩音器里响起《葬礼进行曲》。他们向着100万具尸体前进，来到纪念碑前。我们的船员也戴着白色贝雷帽，等候在那里。场面非常感人。"

"不列颠尼亚"号即将带来这次访问的高潮。船上给当地孤儿院的孩子们举办了一场喧闹的海盗主题派对。厨房里，皇家厨师们已经开始制作苏格兰主题的国宴菜式——格拉米斯鲑鱼、巴尔莫勒尔烤鹿肉和巧克力甜品。

夜幕降临在新改名的英吉利大堤上，叶利钦总统及其高级部长和两院议长登上大船，度过了一个非常欢乐的夜晚。尽管在答谢晚宴上不发表演讲是惯例，但女王决定破例（两年后对纳尔逊·曼德拉也是如此）。她显然已经和爱丁堡公爵谈过了。"我看到菲利普亲王开心地看着她，托着下巴，眼睛里闪烁着光芒。"德尔玛·法尔夫人说，"她要来一把小木槌，然后'嗒''嗒''嗒'地敲了起来。她起身做了一个简短的讲话。没有演讲稿！"

远远坐在桌子那头的罗伯特·伍达尔爵士还记得，女王站起身，向俄国人举杯，然后坐下时的情景。"突然，一枚手榴弹爆炸了——或者说我是这么以为的！桌子上发出一声巨响。原来是鲍里斯·叶利钦把拳头砸在桌上。"

法尔夫人看到了一切。"女王通过翻译把小木槌递给叶利钦，叶利钦说：'俄罗斯男人不需要木槌！'他攥起拳头，使劲砸向桌子，玻璃器皿被砸得到处都是。突然全场一片寂静，我们都想'到底怎么了'，接着我们都笑了起来。"

叶利钦并不是酒后失态。相反，据说叶利钦在晚宴上非常克制。他只是很激动，典型的俄罗斯人。他没有等翻译，继续热情地（用俄语）讲了几分钟。罗伯特·伍达尔德爵士说，总统显然是发自内心的。"我当然觉得关于叶利钦饮酒的事被夸大了。总的来说，你面对的是一个非常优秀的角色，一个充满热情的人。"他说，"叶利钦非常敬佩女王陛下。离开时，他的眼里含着泪水。"

最后一场演出是皇家海军陆战队传统的鸣金收兵仪式。女王准备换装御寒。"她走下楼梯，我站在菲利普亲王旁边。她穿着华丽的皮草长披风。"法尔女士说，"我看着他说：'哇哦！'他说：'加拿大人！'"

皇家海军陆战队没让人失望。令大使高兴的是，叶利钦转身对女王说："俄罗斯国歌就应该这样演奏！"正如法尔夫人说的，这真是一个巨大的赞美。

当"不列颠尼亚"号在焰火表演下离开时，俄罗斯仪仗队的一个士兵在码头上回敬了这句话。没有比这更宏大或更戏剧化的启航了，即便不是灾难，也很容易以尴尬结尾。黑暗中，汹涌的潮水下，罗伯特·伍达尔德爵士不得不用过时的航海图引导"不列颠尼亚"号离开这个陌生的港口。船上有一名俄罗斯领航员，雇用他是因为他的专业知识，而他的语言技能显然跟不上。"我们来到第一个拐角处。"罗伯特爵士说，"我转向领航员说：'我能切到左舷吗？'他说：'哒！哒！'但是当我们这样做的时候，一个军官跑过来说：'先生，你知道吗，那个领航员走到我跟前问我：'左舷是哪一边？'这成了一句名言！"

幸运的是，当天早些时候罗伯特爵士被告知俄国人无法在夜间照亮浮标，他已采取了预防措施，派他的航海员白天沿着海边航行，画出了一条路线。"我让他坐着我的驳船，帮我们借助灯光导航。谢天谢地，他这么做了，因为当时我们只能用公交车候车亭和可口可乐广告牌的灯光来导航！"

布莱恩爵士在给英国外交大臣道格拉斯·赫德的正式报告中写道，"我们打出了一张只有英国才能打出的牌。"他还说，时机已经被证明是成熟的。"一切都发生在恰当的时机：俄罗斯仍处于一场不彻底的变革的阵痛之中，民主派和改革者非常需要鼓励。"他说，这次访问特别能引起俄罗斯人的共鸣，他们既不希望回到过去，也不太喜欢宝马车里的"急躁的年轻人们"。叶利钦是最大赢家。"女王的访问给了他一个难得的机会来强调和庆祝新旧俄罗斯的延续。"

尽管英国与俄罗斯的关系可能在十年后开始呈螺旋式下降，最终导致化学暗杀和外交驱逐，但在未来几年它是平稳的。"这非常重要。所有的事情都出了问题，但这很重要，有助于说服俄罗斯高层人士世界已经变了。"弗朗西斯·理查兹爵士说，"他们还没有搞清楚，一个有着像样政治家的像样国家是什么样的。它有催化作用。"

这是英国及其女王的胜利，令其他外交使团羡慕不已。布莱恩爵士说，"他们刚刚意识到，我们加入了一个别人未曾加入的联盟。"大使夫妇肯定会注意到此后的变化。"在那之后，俄国人变得非常热情。"法尔夫人说，"我们走进克里姆林宫，总是会得到叶利钦夫人的拥抱。"

爱尔兰，2011

无论任期长短，所有与女王共事过的官员和政治家都会把女王2011年对爱尔兰的国事访问列为她作为政治家的最伟大成就之一。英国前外交部负责人西蒙·弗雷泽爵士认为，这是近年来"最有趣、最戏剧性的一次访问"。对女王而言，这也是最令人愉快的一次。"她对此非常兴奋，非常期待。这次访问真的特别好。"剑桥公爵事后说。

女王访问的国家比她所有前任的总和还多，但她不得不等到85岁生日后才访问这个离英国最近的国家。英国只有一条陆地边境，而自她祖父1911年访问以来，一个世纪内，英国君主没有再越过这条边境。事实上，乔治五世上次访问都柏林时，爱尔兰共和国还不存在。爱尔兰和萨里郡一样是英国的一部分。

随后的一百年里，我们看到了分裂、分离、独立和混乱、狂暴、血腥的爱恨情仇。它的特点是祖辈的苦痛——从土豆饥荒和奥利弗·克伦威尔到都铎王朝——以及宗派冲突和深刻的政治不信任。同时在另一个层面上，两国人民之间有着深厚的、牢不可破的人类纽带：婚姻、文学、体育、马匹、音乐甚至是海上救人。1922年爱尔兰自由邦成立时，爱尔兰岛上皇家国家救生艇协会所有分站的志愿者们认为没有必要改变组织。他们比政治更有号召力。因此，从南部的科克到北部的波特拉什，仍然是皇家国家求生艇协会在营救那些处于危险之中的人。同样，依然只有一支爱尔兰橄榄球队。

在一种比大多数人更注重象征的文化中，王冠是爱尔兰南方苦难的终极象征；王冠的佩戴者是一个国家对另一个国家不公的化身。相反，在北方，王冠和宇宙统一秩序的全能者差不多。在最严重的"麻烦"中，30年的准军事冲突造成3500多人死亡（其中一半以上是平民）。女王肯定对踏足这个她经常从远处凝视的国家感到绝望。冲突有时很私人化。1979年，菲利普亲王的舅舅蒙巴顿伯爵和家人在爱尔兰度假时被爱尔兰共和军杀害。作为武装部队和皇家警察部队的首长，她完全理解那些为了效忠于她而服役的人所冒的风险和作出的牺牲。她的一生中承受的炸弹恐吓和威胁多得数不清。有一次，她被建议搬出白金汉宫，因为那里受到了迫击炮袭击的威胁（她拒绝了）。1982年，爱尔兰共和军轰炸了她的骑兵队,当时他们正像往常一样在海德公园的兵营换岗。"那是一个晴朗的好天气,突然有人听到了爆炸声,在北爱尔兰,这种爆炸声很常见。"那天的指挥官,准将安德鲁·帕克·鲍尔斯回忆说。[1] "一道路障打开,有人说,'他们炸了骑兵队。'所以我们都赶了过去——所有的骑兵都穿着皮裙,上身光着——我们都跑到烟雾升起的地方。我看到的第一匹马是塞夫顿。它身上有个血淋淋的大洞,我在心里说,我再也见不到塞夫顿了。但它还是挺过来了。"那天晚些时候,帕克·鲍尔斯和女王进行了交流。女王直言不讳地告诉他这是"我一生中最可怕的一天"。

1998年的《贝尔法斯特协议》将改变这一切。它把英国和爱尔兰政府以及北爱尔兰所有主要政党聚在一起,为未来的和平分掌权力奠定了基础,并终结了最严重的暴力事件。不过还需要十年的时间,各方才会有信心过上所谓的"正常"生活。然而想要爱尔兰岛真的与过去划清界限,没有什么能像女王的国事访问那样有效了。

早在1993年,共和国总统玛丽·罗宾逊在伦敦正式访问会见女王时,就有了一系列的铺垫。爱尔兰的元首来英国没有任何问题。反之则是无法想象的。1998年,女王和新总统玛丽·麦卡利斯在比利时的伊普尔附近会面,为一战中在佛兰德斯为国王而牺牲的近5万名爱尔兰人的纪念碑揭幕。

王室其他成员也会与他们的各种赞助和慈善机构进行联系。现在,女王知道她仍然排在队伍的后面。但她确实向大臣们明确表示,她已经准备好并愿意这样做。与她第一次访问德国不同,皇宫对这一想法并不紧张。2009年,朱利安·金[2]被派往都柏林担任英国新任大使。他被告知,皇宫和英国政府急于

---

[1] 1982年7月20日,海德公园和里根公园的两颗炸弹炸死了11个人和7匹马。帕克·鲍尔斯想为牺牲的下属建一座纪念碑,但遭到了大臣们的反对。"政客们不想再要一座纪念碑。所以,我去找了王太后,她又去找了女王。"他说,"如果你去海德公园,就能看到它在那里。"
[2] 朱利安在50岁生日前被封为爵士,随后成为驻巴黎大使。2016年英国脱欧投票后,他被任命为英国驻欧盟最后一任专员。

推动国事访问。时机掌握在爱尔兰人手中。"关于此次访问,只有一两个大概的想法。"朱利安爵士说,"但不保证一定能实现。"

英国正在尽力做一个好邻居。2010年年底当爱尔兰在金融危机中挣扎求生时,都柏林发现从以往的贷款机构获得贷款越来越难。英国财政大臣乔治·奥斯本提出可以给爱尔兰提供32亿英镑贷款。它被一抢而空。即便如此,爱尔兰政府在2011年年初仍在拖延,没有发出国事访问的邀请。在北方完成某些司法改革之前,衰弱的共和党布莱恩·考恩政府对王室访问持保留态度。对君主来说,幸运的是她在共和国有一个重要的盟友:麦卡利斯总统。这位前大学学者还有几个月就要结束她的第二个总统任期。她可不想让她的继任者拥有邀请女王的殊荣。最后访问邀请终于被发出并被接受,就在爱尔兰政府换届、恩达·肯尼出任新总理的几天前。

计划可以认真开始了。很明显女王有自己的想法。朱利安·金爵士说,那时,他的大致想法是在都柏林进行大约一天半的短暂访问。这不是女王想要的。在大多数情况下,皇宫官员每天都在努力维护王室的时间表,限制人们对女王时间的要求。针对这次访问,前大使说,女王非常高兴地延长了时间。"很早之前我就清楚皇宫想要更久更大型的访问,如果爱尔兰愿意的话。不是所有爱尔兰人都这么想!"

访问的消息一经宣布,国内便有了激烈的争论。一些评论员认为,现在就进行国事访问,步子走得太远太快了。毫无疑问,女王应该先来一次私人访问试试水。然而皇宫的愿望非常明确,就是要把这件事做好。这意味着,女王的首批活动之一将是在烈士陵园敬献花圈,纪念所有与英国王权做斗争而牺牲的人。这是所有到访爱尔兰的国宾必须做的一件事。一些强硬的民族主义者对这种向老敌人表示敬意的想法感到震惊,但如果女王不去那里,肯定会更加冒犯到共和党,就好像别的国宾到访伦敦时不肯去威斯敏斯特教堂的无名战士墓敬献花圈一样。双方都认为这是必要的。

然后在讨论中又有人提出了一个更加独特的建议:让女王参观克罗克公园,即盖尔运动协会的所在地,它曾见证了那个血腥的星期天。1920年11月,

14名英国特工在都柏林遇害，紧接着在克罗克公园举行的盖尔足球赛上，观众遭到野蛮的报复性袭击。英国的黑人辅警向人群开枪，造成14名平民死亡，另有多人受伤。对于爱尔兰的民族主义者来说，没有比这里更神圣的地方了，他们渴望女王去那里。

在女王于2011年5月17日抵达之前，已有一千多家国际媒体获得了报道许可。自一个月前剑桥公爵和公爵夫人的婚礼以来，君主制和全国许多地方一样仍旧处在高点。在结婚之前，公爵一直在考虑该穿什么，毕竟他有着那么多军事任命。作为皇家空军的现役军官，他应该穿皇家空军的制服。不过女王还有其他想法。她刚刚任命他为爱尔兰卫队上校。"我得到了一个明确的答复：'不，你得穿这个！'"公爵后来解释道。是否是即将到来的爱尔兰访问影响了女王尚不清楚，但2011年4月29日，站在威斯敏斯特教堂祭坛前的是一位爱尔兰卫队军官。

三周后，当皇家BAe146号客机飞抵巴尔多内尔的凯塞门机场时，博彩公司对女王会选择什么样的着装进行了押注。该机场以第一次世界大战期间因叛国罪被处决的爱尔兰共和国英雄罗杰·凯塞门爵士的名字命名。机舱舱门打开时，即使是记者看台上的职业老手也忍不住欢呼。女王穿的是翡翠绿色的衣服。尽管这个颜色一直是博彩公司的最爱，但它凸显了当下的戏剧性。正如一位记者所说，君主大可以回到飞机上，说："工作结束了。"

在爱尔兰骑兵团总统摩托车中队的陪同下，女王和菲利普亲王坐车，前往10英里之外的阿拉斯－乌阿赫特拉因，都柏林郊区的总统官邸。女王第一眼看到的爱尔兰很古怪。整个路线两旁都是路障，路障后面却没有人，因为被设置成了无人区。政府进行了有史以来规模最大的安全行动，动用了10000名士兵和警察（比爱尔兰国防军的总兵力还多1000人）。让公众一睹女王风采的最佳场所是在电视上。在前总督官邸的前门，很难说谁更高兴，因为麦卡利斯总统（穿着紫红色[1]）欢迎了女王，邀请女王种了一棵爱尔兰橡树。随后是午餐，熏鸡肉、大菱鲆和奶油冰淇淋。

之后的活动，女王选择穿自己的化妆师安吉拉·凯利设计制作的白色礼服。人群被拦在离都柏林烈士陵园至少300码远的地方。这是这次充满象征意义的访问中最有意义的时刻。奥康奈尔街的小型共和党示威游行，新闻的嘈杂声和安全直升机的轰鸣声，被淹没在一个几年前可能引发内乱的声音中：《天佑女王》。女王随后向"为爱尔兰自由事业献出生命的所有人"纪念碑敬献了花圈，退后三步，然后鞠躬。她并不是敷衍地点点头——虽然皇宫希望她只是点点头——而是非常清楚和明显的弯腰。从未向任何人弯腰的君主，向爱尔兰民族主义的英雄鞠躬。她还是一句话也没说。几乎没有人亲眼见过她。但是，白天的一大批电视观众一直在关注这一切，报纸也报道了这个故事。"工作结束了。"他们又一次说。

第二天，皇家车队开往克罗克公园，小型共和党示威活动基本不见了。这场同样重要的活动被彻底剖析，让人觉得仿佛是在按剧本演出。在一个空荡荡的体育场里，很难传达出一种宏大的场合感乃至真实的历史感，当这个体育场是欧洲最大的体育场之一的时候就更难了。女王从球员通道走出来，受到一群孩子的欢迎，并观看了一段关于盖尔足球的视频。运动协会的主席发表了一次庄严的演讲，没有掩饰1920年的暴行，但也没有反复强调。每个人都知道女王来这里的原因绝不是出于对爱尔兰足球的热爱。克莉丝蒂·库尼说："在我们共同的历史中，有很多悲惨的事件伤害了我们所有人，包括在这里死去的人。"但人们也是宽宏大量的。他说："陛下，您的出席对我们的协会，对它在爱尔兰生活中的特殊地位，对它的数十万会员来说，都是莫大的荣誉。今天将会载入盖尔运动协会的历史。"

当天最大的惊喜不是在足球场，而是在晚些时候。女王来到都柏林城堡

---

[1] 英国王室的颜色。——编者注

的国宴上，充分显示了女政治家的着装优越性。安吉拉·凯利是一位刺绣专家，她为女王设计了一件礼服裙，上面手工缝制了2091枚三叶草。和在德国或俄罗斯的盛装出席不同，这个夜晚应该展示的收藏，不是珠宝盒里最漂亮的，而是最合适的。除了一枚专门为这一场合设计的爱尔兰竖琴胸针，女王还戴着"大不列颠和爱尔兰王后冠"。它是1893年玛丽王后收到的结婚礼物，而玛丽王后又把它作为结婚礼物送给了伊丽莎白公主。

当女王起身在爱尔兰曾经的英军大本营向宾客致辞时，人们对她讲话的内容及语气产生了浓厚的兴趣，毕竟这是她继位以来最重要的宴会之一。君主的任何海外演讲都是在政府的建议下发表的，通常都有外交大臣出席。而这一次很不寻常的是，她的首相也来了。

大使做了大量的功课。朱利安·金爵士说，"我们采访了一些著名的爱尔兰作家和历史学家，知道了对于爱尔兰人来说，到底什么才是真正的意义重大。"不过归根结底它必须是私人的。"必须要跟王室和女王关系密切。"朱利安·金爵士说，"而不是跟外交部的官僚们浪费时间。"

几乎没有人知道接下来会发生什么。女王开口说："A Uachtarain agus, a chairde."她这句"总统先生和朋友们"发音非常标准，立刻赢得了热烈的掌声。总统麦卡利斯瞪大了眼睛，不断地说"哇！"。女王第一次说爱尔兰盖尔语，就有了如此完美的亮相。这一姿态几乎（虽然没有完全）抢占了此次访问决定性发言的风头。在明确提到"能够向过去低头，但不受过去束缚的重要性"之后，女王坦率地说："纵观历史，我们的群岛在历史上经历了许多心痛、动荡和损失，多到超过了他们应该承受的。这是一个可悲并令人遗憾的现实。这些事件触动了我们所有人，与我们中的许多人休戚相关，是痛苦的回忆。"基本上，她就是在说蒙巴顿勋爵。

"我向所有因我们过去的苦难而受苦的人，致以诚挚的思念和深切的同情。有了历史的后知后觉，我们都能看到，有些事情，做或者不做，以什么方式做。我们希望以不同的方式做或根本不做的事情。"对于一个经常被要求为自己没有做过的事情道歉的君主来说，对于一些如果没有大臣的指示而不能道歉的事情来说，这是最接近人们期望的道歉了。她的演讲得到了爱尔兰媒体的称赞。也许最著名的反应是新芬党主席盖瑞·亚当斯的一句话。他预料到人们会要求英国君主正式道歉，因此他不得不承认她的话是"真挚的"。这的确是一种赞美。

从那之后，剩下的访问就是闲逛了，单纯而善意地庆祝人们之间的联结。女王认为这是她的英联邦最强大的力量。为了致敬爱尔兰人对吉尼斯和赛马的热爱，女王参观了原吉尼斯工厂和爱尔兰国家育马场。[1]女王没有为总统举办答谢晚宴，毕竟答谢晚宴最后可能只会是扫兴的节目。她安排了一场音乐会。在众多的明星中有当地的男孩乐队西城男孩。朱利安·金爵士承认，对于纳税人来说一顿晚餐要便宜得多，但他坚持认为音乐会的效果是值得的。他说，在"无菌式"安保安排之下，当女王护送总统登上音乐会舞台时，人们激动得要疯了。"我想没人会想到观众居然会疯狂成那个样子。那真是一个惊心动魄的时刻。"

正如国事访问中经常发生的那样，首都之外的气氛和节奏完全变了。在爱尔兰第二大城市科克，安全问题明显没有那么敏感。在那里，当王室访客游览英国市场时，人们最终被允许靠近他们。女王与唠叨的鱼贩子帕特·奥康奈尔[2]聊得非常愉快，还邀请他去伦敦参加王室的招待会。

女王经过卡塞尔古镇时，新芬党市长迈克尔·布朗在迎接的人群里，是该党第一个与女王握手的人。"我只对她说：'欢迎来到卡塞尔，陛下，我希望您在这里过得愉快。'"他事后说，"不多，也不少。"布朗已经病入膏肓，生命只剩几个星期了，但他的党内高层却怒不可遏。后来他因这一句礼貌的问候被停职。这是这次访问的遗憾之处。事实证明，这是一个严重的判断失误。朱利安·金爵士

---

[1] 1759年，吉尼斯酿酒厂在爱尔兰都柏林建立，著名的《吉尼斯世界纪录大全》即由酒厂董事休·比佛爵士出版。——编者注
[2] 女王特别喜欢奥康奈尔把丑陋的鮟鱇鱼称为"婆婆鱼"。

说，新芬党认识到，他们没有抓住这种情绪，因为这次访问获得了极高的支持率——80%或90%。"新芬党的绝大多数人也都是这次访问的支持者。"

这次访问将在许多层面上引起共鸣，女王离开后很长一段时间都能感受到访问的影响。从第一个英属爱尔兰商会开幕，到邀请爱尔兰驻英国大使于纪念日在纪念碑前敬献花圈，那件绿色长裙、那一记鞠躬和那一句盖尔语，催化了爱尔兰海两岸大大小小无数的新举措。再一次，访问在人类层面上发挥了最大的作用。"有些人可能会愤世嫉俗，认为大型的国事场合只是表演，但它的确抓住了时机。"朱利安爵士说，"一位爱尔兰朋友对我说，对英国人有好感也是可以的。"

即便倾其一生都在创造历史、成为历史，女王也由衷地感到震撼。"就像是一扇锁上许久的大门，突然向她敞开。"剑桥公爵说，"现在她已经能看到门后的东西了。"

第二年，朱利安·金成为北爱尔兰办事处的总干事。他在那里再次欢迎女王，这一次是她的钻石禧年。在这次访问期间，还有许多更令人高兴的事情，包括女王的第一次北爱尔兰"巡行"。那是在斯托蒙特的广场上，两万多人参加，还有野餐活动。最后，她不得不在敞篷车上跟他们打招呼。朱利安爵士说，在访问前不久他接到了一个特别的电话。原来新芬党不会对这次访问有很大的敌意。在惩罚了鲁莽地跟女王打招呼的卡塞尔市长（已经去世）之后，新芬党领导人现在在想，是否有可能得到引荐与王室会面。朱利安爵士说，"他们意识到自己误读了公众情绪。盖瑞·亚当斯和马丁·麦吉尼斯联系了我，问是否有可能在某个时候与女王见面。"

2012年，爱尔兰历史上的一个决定性时刻到来了，前恐怖分子、爱尔兰共和军头目出身的政治家麦吉尼斯终于与女王握上了手。许多人在一生中的某个时刻被介绍给女王后，会把这一刻的照片裱起来放在明显的地方。朱利安·金爵士的办公桌上，却有一张女王会见马丁·麦吉尼斯的照片。

在这个自相残杀堪称常态的小岛上，女王与麦吉尼斯的握手证明一种新的常态正在形成。这都是因为一年前的国事访问。当然这种和谐的气氛在政治层面上并不能无限期地延续。双边关系中会有许多倒退之处，尤其在后脱欧时代的英国与爱尔兰边境问题上。即便如此，女王的访问永久地调整了双方的关系。分歧总是会有的，但他们已经站在了同一个立场上。

"我认为，这是我所见过的最具变革性的外交举措。"戴维·卡梅伦说。他很有说服力地补充说，女王对这种称赞感到有点尴尬。"她和以前一样，不知道这是怎么回事。"卡梅伦说，他和女王谈到过她与这个组织的领导人的历史性握手，而这个组织曾经下定决心要消灭她的整个家族。首相说，她与麦吉尼斯的会晤是近代外交史上一个非常伟大的里程碑。

女王的回答体现了她在做这一份比任何人都要久的工作时的谦虚与言简意赅。"那我该怎么做？"她对首相说，"我当然得跟他握手。不然的话，会很尴尬。"

第十二章
威尔士亲王

"吃人的蜘蛛和喷射酸液的毛毛虫。"

等待中的国王

经过多年的精妙外交和努力工作,这一时刻终于到来。半个多世纪以来,威尔士亲王与数十个国家的数千名政治家和数万名官员举行的所有会议、招待会和晚宴都将面临考验。所有的"巡行"、没完没了的演讲、航行、长途飞行、勉强拍下的照片、滑稽的帽子、冗长的菜单和巨大的危险(包括大象和水牛的惊险事故),最终都是为了今天上午的会议。在英联邦53个国家的领导人齐聚温莎城堡"休养"之际,没有人认为这件事是理所当然的。就在前一天,女王坦率、诚恳地呼吁政府首脑们支持她的儿子和继承人成为下一任英联邦首脑。她让政治家们在白金汉宫和温莎城堡举行这次峰会。但她从长期的经验中知道,当涉及这个规则不透明、不精确又非常挑剔的组织时,谁都不能志得意满。

几个小时后,这个问题以一种华丽却又虎头蛇尾的方式得到了解决。没有夸张地喷出一缕白烟,[1]没有奥斯卡式的打开信封揭晓获奖人的仪式,一

---

[1] 天主教教皇选举结果产生后,梵蒂冈宗座宫的西斯汀小堂的烟囱会冒出白烟。——编者注

份两面打印的"领导人声明"就这样平淡地分发给了媒体。第三段简单地写着:"下一任英联邦元首应该是威尔士亲王殿下。"他的名字出现在那里并不奇怪。反正从来没有其他候选人。但关键词是"应该",没有模棱两可之处。这个通常更乐于表达模糊愿望而非具体结果的组织,在这个问题上的立场再清楚不过了。这个话题曾经非常微妙,数十年来王室官员一直拒绝公开讨论。现在,一句话就解决了。无论何时,"国王"查尔斯三世都将是第一位自动被宣布为英联邦首脑的君主。这是一件大事,是王室现代进程的里程碑。不过实际上,2018年峰会的正式公报里,对一项针对小岛经济的小型新融资计划所花费的篇幅,比关于下一任元首的要多得多。

几乎所有的国际组织,无论是体育、政治还是经济方面的组织,在每次领导层换届时,都可能会出现大量的内讧,尤其是在65年来最高层实际上没有任何变动的情况下。然而,这是一个由24亿人组成的组织,在最高领导人问题上,它显然已经百分之百地达成了一致,这种情况或许极少能看到。在随后举行的首相级记者招待会上,媒体只有一句质疑:肯定有过某种争论吧?毕竟这可是英联邦。但是,没有。特蕾莎·梅形容这个决定是"全体一致通过的"。

这是迄今为止,亲王从王位继承人逐渐演变为"候任"国王过程中迈出的最重要一步。这也是女王多年来为这个组织所做的一切的有力证明。近年来,皇宫官员一直在谈论"温莎团队"战略,还有女王想要实现王室各代同步运作的愿望。自维多利亚女王统治以来,君主制从未像现在这样运作过。它一直以来都是两级组织,君主出面主持大局,王储自给自足。[1]近年来,它变成了三级运作,职责(而不是权力)逐步从女王转移到威尔士亲王。王室评论员

---

[1] 除威尔士亲王及其家人外,王室的资金来源于君主拨款,由王室资产盈余的15%(为了白金汉宫的整修,从2017年至接下来的十年,增加到25%。2017—2018年,总额为7610万英镑)。王室还有来自13世纪占地面积为46000英亩的兰开斯特公爵领地的收入(2017—2018年总额为2010万英镑)和私人投资的收入。威尔士亲王、他的妻子、他的儿子们及其家人的资金来源是14世纪13万英亩的康沃尔公爵领地(2017—2018年总额为2200万英镑)收入。

们不可避免地会寻找母子间的差异。毫无疑问，由于童年的成长环境不同，他们有着不同的品位、不同的风格、不同的眼界。女王喜欢法语菜单，喜欢纸面上的马，喜欢把文件放在红盒子里。而亲王则喜欢英语菜单，喜欢活蹦乱跳的真实的马，喜欢把文件放在绿盒子里。但把他们分开看待、非此即彼的话，是没有任何意义的。女王是英国历史上在位时间最长的君主，因此，亲王很可能就是历史上"候任"时间最长的王位继承人。自1976年离开皇家海军以来，他一直是全职的公众人物，时间几乎超过了英国所有政客。在他们两人之间，有一个多世纪的经验可以借鉴。女王能对世界产生如此大的影响，在很大程度上要归功于爱丁堡公爵、他们的孩子们和现在的孙辈们，还有她的母亲、妹妹和表亲们。女王喜欢把英联邦称为"国际大家庭"，很大程度上是因为，她与英联邦以及地球上其他国家的交往，经常是通过自己的家人进行的。

魅力王子

在2018年峰会之前，一些政治评论员和威尔士亲王的批评者警告说，对于英国王室干预它的未来领导人事务，英联邦国家不会友善接受。一家报纸宣称威尔士亲王对这项工作没有表现出足够的兴趣，他做得还不够，不配获得这个职位。然而提出这些观点的人，就像还在打上一场仗的将军们一样，并没有注意到当今世界对威尔士亲王的看法已经不同了。在他步入古稀之年时，那些古老的看法——不安的王室干预者，或者是历史上最著名的婚姻破裂事件的当事人——都已经过时了。他和以往一样忙碌，但自得其乐，而且越来越被视为女王的延伸，事实上无可取代的国家元首。他可以代替母亲，却不损害她的尊严，也不给她惹麻烦。那是因为这一切都是在她的祝福下发生的。

在伦敦峰会召开前几个月，一种独特的新型王室访问在亚洲展开，即半国事访问。在两周的时间里，威尔士亲王和康沃尔公爵夫人将在4个英联邦国家参加50多场活动。此访问是为了在伦敦的大型峰会之前激发额外的动力，并确保最重要的英联邦国家——印度——的热情参与。

访问在闷热的新加坡拉开序幕，亲王和公爵夫人从一开始就定下了此次访问的节奏。在刚开始的几个小时里，亲王会见了新加坡总统和总理，在新加坡的纪念碑前致意，在当地清真寺参加宗教活动，然后参观了一个自然保护区。当天的照片大多是在这个自然保护区里拍的。但当管理员从附近的树上拽下一条蛇时，王子明智地与它保持了距离。它看起来很可疑，好像是专门为了他放在那里的，是一条无毒的喜山树蛇。尽管如此，威尔士亲王觉得看看就够了。正如王室随行医生查尔斯·迪金教授后来解释说："总的来说，访问时最好不要碰蛇。"而公爵夫人则独自参加了一个活动，专门针对她最关心的一个问题：提高孩子的读写能力。

这次访问的每一天，以及其他每一次访问，都将涉及双边会谈、亲王独有的爱好、少数几次拍照机会（几乎没有令人愉快的时候）和一次小型的观光活动，以及偶尔精心安排的大型场合。只要有可能，午餐都会被删去。亲王对午餐很无所谓。"我就像一头骆驼。"他喜欢说。这常常让那些到了午餐时间就想吃饭的非骆驼式随行人员感到懊恼。康沃尔公爵夫人显然也不同意这种说法，她本人就是一家致力于食物和友谊的慈善机构的赞助人，而这家慈善机构的名字就叫"大午餐"。亲王偏爱简餐，如果不得不吃的话，通常是在皇家汽车的后座上快速地吃一份鸡蛋三明治。

访问的第一天，以总统晚宴（和牛、炸龙虾）结束。威尔士亲王在晚宴上详细讲述了新加坡在英联邦故事中的角色。他指出第一次英联邦政府首脑会议就是在这里举行的。他谈到新加坡与英国的渊源，还回忆起早先访问新加坡时，在现任总理的父亲李光耀执政时代他受到的款待。"我好像还记得，行程单上写的是'简单的午餐'，最后却有二十多道菜！"他说。或许这就是为什么他不喜欢隆重的午餐。但这句话引人遐想，它巧妙地提醒观众，亲王与这个国家的关系可以追溯到现代新加坡的创始人身上。

访问的第二天，王室参观了一个鲜鱼市场、市中心的几个园艺项目以及英国企业家詹姆斯·戴森建立的一个大型研究中心。戴森在这里雇用了一千多人。亲王挥舞着戴森吸尘器，摆好了姿势让摄影师们照相，然后被带进一个隔音效果相当惊人的声学测试中心。"哦，上帝啊。"他开玩笑说，"蛋盒疗法！"

午餐时间,他去了一家餐厅,那里雇用的都是背景有问题的年轻人(只有贵宾才能喝矿泉水),然后参观了曾经是新加坡最高法院和政府所在地的古老建筑群。它们已经被改造成市民中心和国家美术馆。与伦敦的同名建筑不同,它没有"可怕的肿包"——王子在1984年对伦敦国家美术馆扩建计划的著名描述——而且它的法国建筑师是亲王建筑理念的忠实崇拜者。最重要的是,他被带到了他最喜欢的舅舅蒙巴顿勋爵1945年接受日本投降的房间。很难有比这更合他心意的活动了。与此同时,公爵夫人正在参观一个社区中心,在那里她将体验艺术、插花和烹饪,并顺道上了一节老年人瑜伽课。当她走进房间时,人们都惊呆了。她看到一个"靠垫",对向导说她旅行的时候必须带着靠垫。"健康地变老——我们都需要!"她愉快地说。

英国高级专员官邸的两层楼被挤得满满的,几百个人来这里参加晚间招待会。所有人都可以跟王室握手、聊天。同样,这个夜晚依然会充满女王-英联邦元素。王室夫妇会见了当地的一位"女王青年领袖"获得者、一位"女王英联邦散文奖"获得者和英联邦皇家协会新加坡分会主席安东尼·耶伊博士。他说,当英国外交政策的重心从英联邦转向欧洲时,他的协会几乎消失了。现在,在英国脱欧公投之后,它又一次繁荣起来。

从新加坡出发,英国皇家空军"航行者"号飞往文莱。文莱的苏丹是个坚定的亲英派。这里有750名英国武装部队士兵,其中许多是廓尔喀人,他们帮忙保护苏丹的边境。在阅兵式和参观英国高级专员公署之后,这对夫妇来到了文莱苏丹的皇宫,金色圆顶的努诺伊曼宫。他们穿过喷泉环绕的庭院,来到铺着厚厚地毯的十字路口,路口的左右两边是豪华酒店和大学校园。庞大的地下车库里是王室的名车收藏。这两个王室是老朋友了。"你看起来一点也没老。"看到前来迎接的苏丹,威尔士亲王笑着说。公爵夫人暂时退场,与王后单独会谈。稍后他们会再碰面,跟王室其他成员一起享用行程中所谓的"茶会",但其实更接近于国宴。在八角形的餐厅里,在包括毕加索画作在内的各种艺术藏品下,50位客人坐在圆桌旁。工作人员刚刚用一把尺子量过每把皇家椅子扶手之间的间隙,精确到10英寸。菜品很多,龙虾饺子、牛肉丝和椰子奶油香蕉，都盛在金盘子里。苏丹在旁边的院子里为英国随行人员安排了类似的宴会，包括行李搬运员和摄像人员。大伙儿都回到"航行者"号上继续飞往吉隆坡时，几乎没人去动英国皇家空军的邓迪蛋糕。

马来西亚是英联邦的主要经济体，也是一个君主制国家。威尔士亲王从未访问过马来西亚，部分原因是马来西亚与英国的双边关系变化无常。不过在伊斯兰艺术博物馆，亲王早已很有声望。每个人都知道他长期致力于建立伊斯兰教与西方的联系，他甚至从牛津伊斯兰研究中心请来了一位资深学者阿菲菲·阿基蒂博士。当他用阿拉伯语（前一天晚上他还在练习）展示自己的签名，然后就伊斯兰学者对几何理解的贡献发表演讲时，人们报以热烈的掌声。在一个关于城市规划的会议上，他从宇宙模式的永恒真理出发，迅速转向排水和道路建设。他在这方面同样有自己的特点，他带来了"威尔士亲王社区建设基金会"的杰里米·克罗斯，尽管大部分时间都是亲王在讲话。"多年来，我一直试图说服公共建设公司把电缆和其他东西放在同一条沟里，这样他们就不用老是把路刨开。"他对城镇规划师们解释他的理念说，"我们应该把人——行人——放在中心，这样你才会有一个可步行的、有吸引力的宜居社区。"

威尔士亲王很快就要离开首都吉隆坡前往诺丁汉大学的一个分校。那里正在举办有史以来第一次英联邦青年峰会。当他出现在主楼的阳台上，然后一路走向大厅时，他像摇滚明星一样受到了热烈欢迎。接下来他要去一个研究中心，参加另一个最适合他的活动。这个研究中心经营着"被遗忘的食物网络"，致力于从玛雅人、阿兹特克人和其他古代文明使用过而现在被忽视的作物中创造新的食物来源。亲王在海格洛夫庄园的家里就有禁止食用转基因食物的标识。在这个研究中心，他非常激动地尝到了一些实验性的菜肴，例如姜黄酸奶配火龙果馅饺子，还有一种用沙漠杂草制成的咖喱味脆饼。"我在等待一场味觉爆炸。"他兴奋地说。

下一站是在阿贡宫与马来西亚国王穆罕默德五世苏丹（马来西亚的王位在九个王室之间轮换）喝茶。他们有很多事情要讨论。他们最后一次见面是在2015年，当时国王访问了亲王的牛津伊斯兰研究中心，亲王生活的这一部分在这次访问中成为一个相当重要的主题。很少有西方贵宾带着对伊斯兰和马来西亚文化如此深入的了解来到这里。这也解释了为什么这个活动有这么多人参加。英国在前马来西亚联邦独立60周年前后组织了一系列活动。这是动荡的60年——马来西亚一度实行"最后购买英国货"的贸易抵制——但是现在双边关系蓬勃发展。威尔士亲王举办了黑领结宴会,邀请了550位知名人士,其中包括周仰杰。这位出生于马来西亚的鞋业传奇人物,还是个努力求学的学生时就移居英国。他从来没有忘记,多亏了亲王信托基金每周40英镑的拨款,他才得以创立自己的鞋业帝国。难怪他永远感激亲王,骄傲地称他为自己的"教兄"。

那天晚上,令英国外交官们高兴的是,马来西亚九个竞争异常激烈的王室竟然齐聚一堂,还有总理和大多数政府官员。出席率远远超过最近为法国总统奥朗德举行的晚宴。马来西亚媒体正在把这次访问与奥巴马总统的上一次访问进行比较。很明显,就马来西亚而言,亲王是有实无名的国宾。

英国高级专员、出生于马来西亚的维多利亚·特雷德尔安排了一份适合双方的菜单,苏格兰熏鲑鱼配马来西亚酸橙,还有"冷当(咖喱)惠灵顿牛肉"。两名爱尔兰卫兵刚刚从泰国的丛林训练中被抽调出来,穿着礼仪制服、戴着熊皮高帽飞来这里,为晚宴平添了几分皇家色彩。

在演讲中,亲王称赞马来西亚是该地区"强有力的榜样",并谈到马来西亚与英国在国防、教育和经济方面的密切关系,以及马来西亚对英联邦的重要性。他以周仰杰为例提醒听众,积极进取的年轻人可以取得什么样的成就。在场的许多人都不知道亲王在马来西亚这个最著名的品牌起步过程中起到的关键作用。当晚的情形超出了外交部的预期。

接下来,亲王还要深入访问这个由各州和苏丹国组成的庞大而复杂的混合体。他乘飞机北上,向居住在另一座金色圆顶宫殿里的霹雳州苏丹(毕业于牛津和哈佛大学的前银行家)致以生日问候,随后前往皇家贝伦国家公园参加野生动物会议。之后他被带到湖边的雨林里乘船寻找野生动物。武装卫队事先在森林里搜寻,排除安全威胁,所以亲王没有看到任何野生动物。

威尔士亲王还拜访了太平岛的英联邦公墓。无论去世界的哪个地方，王室都会首先咨询英联邦战争墓地委员会，该委员会在150多个国家和地区的23000个地点纪念着170万名英联邦战争死难者。在这个公墓里，安息着864名英联邦士兵，他们是在第二次世界大战中与日本人战斗时牺牲的。一个穿着马来西亚军装的风笛独奏者，完美地演奏了哀乐。亲王在英国皇家空军中队长亚瑟·斯卡夫的墓前停了下来。他是在1941年日本人进攻新加坡时牺牲的。当时，他驾驶英国皇家空军唯一一架可飞行的布伦海姆轰炸机升空后，坚持攻击敌人，虽然受了致命伤，但还是设法使飞机着陆，让机组人员毫发无损。在医疗队里，他怀着身孕的妻子为了救活他绝望地献血，却很快就失去了孩子。他的墓碑上写着："他对生命的热爱，只有他献身的勇气才能超越。"公墓被维护保养得很好，像所有这种公墓一样，给了死难者远在他乡的亲人莫大的慰藉。正如旁边苏格兰高地军团一级准尉詹姆斯·埃德尼的墓碑上说的："永远不会被遗忘。永远属于苏格兰。"走在这一排排曾经为国王和国家效忠的战士之间，亲王感动得说不出话来。

原本这次访问应该包括缅甸，但在最近缅甸对罗兴亚穆斯林少数民族的事件之后，这段行程就被取消了。于是威尔士亲王和公爵夫人乘飞机回国，途经印度时，与英联邦最有权势的人——印度总理纳伦德拉·莫迪会面。在这次访问的数千次握手中，这一次是最重要的。正是因为印度，现代英联邦才得以建立，而今天印度占了英联邦一半人口。但近年来，德里已经对英联邦失去了兴趣，认为英联邦是一个不断衰弱的组织，背负着一些令人尴尬的殖民包袱。印度总理上一次出席英联邦峰会已经是快十年前的事了。威尔士亲王代表女王正式邀请莫迪去伦敦，并期待得到肯定的答复，否则他不会发出邀请。这对作为东道主的英国政府和英联邦来说都是一个难得的举措。

为了阵亡将士纪念日，威尔士亲王和公爵夫人及时赶回国，参加纪念活动。亲王再次代表女王出席。女王在全球的崇高地位并没有被削弱。但近年来亲王的光环无疑会越来越亮。他不再被视为候补人、替代品或者实习生。世界各国领导人现在都把他视为他们的一员。

学徒

威尔士亲王的第一次海外之旅是在5岁的时候。当时，他与3岁的安妮公主乘坐全新的皇家游艇"不列颠尼亚"号启航，与从英联邦加冕之旅中返程的女王和爱丁堡公爵会合。此后亲王几乎没有去过比苏格兰或怀特岛更远的地方，直到17岁。随后他被送到澳大利亚著名的吉隆文法学校蒂伯托普学习两个学期。尽管有许多辛苦之处，还有令人讨厌又难忘的虫子，他仍然认为这是他求学生涯中最快乐的时光。与他在苏格兰公立学校戈登斯敦的斯巴达式环境相比，在蒂伯托普学习显然是一件愉快的事情。他也是这么对家人和朋友说的，包括首相的妻子在内。曾担任哈罗德·威尔逊私人秘书的罗宾·巴特勒勋爵说，一封澳大利亚的来信寄到了唐宁街，写的是玛丽·威尔逊收，唐宁街觉得很奇怪。信上没有来信地址，但很明显是来自一个非常了解她的人，了解到足以署名为"查尔斯敬上"。"工作人员去找了玛丽，她立刻意识到是查尔斯王子写的。"巴特勒勋爵说，"他觉得唐宁街的人给他非常温暖的感觉，专门给首相夫人写信就说明了这一点。"

威尔士亲王与澳大利亚一直保持着联系。1967年，他的首次正式海外访问去的就是澳大利亚，代表女王出席前总理哈罗德·霍尔特的葬礼。1970年，他在卡纳芬城堡被正式封为威尔士亲王，从此以后，他可以开始真正的旅行了。1970年5月，虽然他在剑桥大学的期末考试很快就要到了，但他依然需要陪同父母和妹妹前往澳大利亚和新西兰，正是在那次访问中，英语中有了"巡行"这个词。他将独自回国，途经日本参加在东京举行的第70届世博会，并与裕仁天皇和王室成员共进晚餐。他一从剑桥大学毕业，就认真地开始了将自己塑造为未来英联邦首脑的进程。

1970年6月23日，亲王被邀请到英联邦秘书处所在地马堡宫度过一天。英联邦档案馆的档案显示，这不仅仅是礼节性的参观。一份内部备忘录说，参观期间，亲王并不十分需要会见年轻人。很明显，他事先得到过详细的讲解——或许是女王给他讲的——因为他刚坐下吃午饭，就开始向秘书长阿诺德·史密斯询问明年即将在新加坡举行的英联邦峰会。他特别想知道，关于女王出席这次峰会是否已经有了决定。考虑到女王对没有被邀请一直耿耿于怀，这个问题很可能是事先安排好的。史密斯的回答充满了外交口吻："还没有任何决定。"

亲王表达了自己的担忧，他觉得年轻人似乎对英联邦"尤其漠不关心"（他将在接下来的50年里持续表达这一担忧），认为英联邦在英国媒体方面受到敌视。他还希望进一步了解印度对该组织的看法。

这些当然不是闲聊。在参观马堡宫的经济部门时，亲王问到一些国家是否过早获得独立，人们展开了热烈的讨论。一位官员，凯洛克先生，坚决反对这种说法，称"时机是正确的；出错的是准备工作"。

很明显，史密斯和他的团队希望他能成为一位知名青年大使，就像在一代人之后女王为威廉王子和哈里王子考虑的那样。史密斯后来写道，这位亲王"以他个人独特的方式"成为"同他母亲一样优秀的公共教育者"。同年晚些时候，他在阿尔伯特厅就"青年与英联邦"问题向英国企业董事协会5000名会员发表讲话。这是他第一次在公众场合发表重要讲话，他没有退缩。他问，为什么人们对英联邦提供的机会并不感到"欣喜若狂"？接着，他继续攻击航空业缺少廉价航班。亲王希望更多的人能够有一些增益人生的经历，就像他在澳大利亚——"那个让我成长为男人的地方"——享受过的那样。他甚至怀念起上学时去巴布亚新几内亚郊游时遇到的"吃人的蜘蛛和喷射酸液的毛毛虫"。

很明显，这位认真的21岁年轻人已经对国际政治的方向和他在其中可能的地位进行过很多思考。参观过英联邦总部一个月后，他就去了白宫。理查德·尼克松总统为这位王位继承人以及安妮公主安排了一次充实的访问，包括在戴维营的野餐、700人的晚宴舞会和华盛顿纪念碑的顶层观光。在那里，亲王与总统的女婿比赛从898级台阶上跑下（并获胜）。原定在椭圆形办公室的半个小时关于领导能力的谈话，最后变成了90分钟的关于世界的讨论。这期间，总统说到了越南问题、印度共产主义的威胁，以及他认为王子应该是"一个有影响力的参与者"。很快就有消息称，总统还试图把自己24岁的未婚大女儿特里西娅和这位年轻的亲王凑成一对。两人发现每顿饭他们都被安排坐在一起。

总统和第一夫人对亲王说："我们希望我们能回避一下，这样你们才会真的放松。"如果说他们之间曾经有过相互吸引的话——现在看来似乎并没有——那也肯定会被一些暗示"他们已经是一对"的头条报道打消了。多年以后，亲王把这个故事讲给乔治·布什总统听，并轻松地承诺，他是不会对总统的女儿詹娜、芭芭拉和他的两个儿子这样做的。但他和安妮公主显然被尼克松欢迎他们的热情感动了。亲王后来写信给外交大臣亚历克·道格拉斯·霍姆爵士说总统对他们非常热情，并且对英美之间的特殊关系"充满了善意的评论"。

几个月后，当威尔士亲王试图在"英国朝圣者"这一演讲中回报对英美友好关系的赞美时，英国政府进行了非同寻常的干预。希思的幕僚根本不想让他谈论"特殊关系"。1970年12月，亲王的私人秘书爱德华·史密斯提醒这位"少主"注意英国外交部的观点，"即便曾经有过这样的关系，现在也已经没有了"。只要提到这个词，就会"惹恼所有欧洲人"。外交部这样说是再次表明，相比较疏远旧日盟友，它更关心不要惹恼欧洲经济共同体的新伙伴。正如希思第二年挡在女王和她的英联邦之间激怒了女王一样，他也在考验她儿子的耐心。

几周前，亲王与英国首相一同参加法国前总统戴高乐的葬礼时，曾讨论过英国加入欧共体对英联邦的影响。后来王子写道，希思向他保证即便有经济影响也会是最小的。希思忍不住挖苦英联邦说，有一件事他无法忍受，那就是非洲国家来告诉他该做什么。

作为未来的君主，他有义务听取大臣们的建议，修改了他的演讲稿。不过他做得非常勉强。他省略了"特殊"一词，但还是谈到了英美之间的"密切关系"，一种在"文化和语言的历史纽带"中形成的关系。正如他的官方传记作家乔纳森·丁布尔比所说："这是亲王和政要之间第一个但远远不是最后一个潜在的争执。"

也是在1970年，亲王被派往斐济第一次出席一个仪式，一个他的母亲在政府的建议下永远不能出席的仪式——前殖民地的独立仪式。整个60年代，一个又一个殖民地走向了独立，女王派菲利普亲王、玛格丽特公主或她的堂亲去那些地方降下英国国旗。现在轮到年青一代了。斐济人天生的幽默感,以及他们对即将离开的殖民势力丝毫没有恶意,这都让亲王感动不已。

他开始对英联邦及其内部大不相同的文化和权力争斗非常感兴趣。第二年,他陪同安妮公主对肯尼亚进行了联合访问。肯尼亚是重要的非洲国家,因为女王是在访问肯尼亚时继位的。在这里威尔士亲王开始了他作为东非上诉法院院长的第一个任期,为此他获得了骑士爵位。当安妮公主努力了解"拯救儿童"这一组织的工作时,她的哥哥消失了几天,在英国高级专员埃里克·诺里斯爵士称之为"肯尼亚最严酷的乡村"里徒步旅行。唯一的交通工具是几头用来搬运行李的骆驼。诺里斯说,这对于贵宾来说是一次很不寻常的旅行,"不是那种为有钱游客组织的豪华旅行,而是非常简朴的旅行。"不仅没有冷饮,甚至连帐篷都没有。诺里斯告诉他在外交部的上级说:"亲王殿下是个令人愉快的旅伴,从铁面无私的护卫到牵骆驼的人都很喜欢这次探险。"皇家摄影师雷金·戴维斯记得亲王第一次留起了胡子。

肯尼亚人对亲王的这次旅行感到高兴,因为它建立起人们对这个地区的信心,特别是在几个邻国的动荡局势之下。"邻国爆发着革命事件。"诺里斯写道,"而王储平静地在肯尼亚最荒芜的地方漫游,只需要提防大象、狮子或犀牛的袭击。"肯尼亚人感到非常骄傲。

单身汉时光

随后五年在皇家海军服役期间,王子将看到世界上许多地方。他对皇家海军并没有像他父亲那样热情。"可怜的查尔斯。"不久后,女王在晚宴上对一位客人说,"他的数学不好,他们还让他当领航官!"不过在达特茅斯的导师、皇家游艇未来船长罗伯特·伍达尔德的鼓励下,王子还获得了直升机飞行员的执照。"我负责他的生活。我带他去酒吧,知道了他有多担忧自己的未来,因为他的一切都不是私人事务。"伍达尔德说,"但他做得很好。他从皇家海军赫尔墨斯号上驾驶威塞克斯5号带领突击队离开。在统领扫雷艇皇家海军布朗宁顿号之后,王子于1976年离开皇家海军。从那时起,作为王室的全职成员,他代表女王的外派任务将变得更加严肃。他还开始试探政治和宪制方面的界限，什么是可以接受的，什么是不可以接受的。当时的外交大臣大卫·欧文收到了亲王一封长达五页的亲笔信，信中讲述了他最近访问巴西时的感想。这让欧文既震惊又印象深刻，以至于他不知道该如何回应。"我好几个星期都没回信，这很不好，所以最后我去见了他。"

然而到目前为止，对亲王来说最具挑战性的任务发生在1980年。继前一年卢萨卡那次气氛紧张、一触即发的英联邦峰会取得成功之后，罗德西亚终于要成为津巴布韦了。与以往许多独立庆典不同，这次庆典充满了危险，尤其是解除两支好战的游击队及一头愤怒的野牛的武装。即使是庆典本身，也会导致骚乱、催泪瓦斯和涉及联合国秘书长的激烈外交事故。在那里旁观这一切的人中，就有亲王未来的妻子。

第一次移交

罗德西亚的血腥内战已经结束。内战各方在兰开斯特达成协议后，英国重新确立了罗德西亚州总督的职位，由他组织大选及独立事宜。玛格丽特·撒切尔选择了克里斯托夫·索米斯——魅力超凡的前驻法国大使——来完成这项任务。

罗伯特·穆加贝领导的非洲民族联盟，领先于游击队领袖约书亚·恩科莫和白人领袖伊恩·史密斯，赢得了大选。独立事宜现在可以开展，而威尔士亲王会出席这个庆典。但总督、皇宫和外交部都面临同一个问题：时间不多。

英国外交部给索姆斯发了一封电报，推荐了一位可靠的前陆军礼仪专家埃里克·赫福德上校，他可以操办一场体面的移交仪式，只需花费1300英镑。索姆斯回答说，政府可以省下1300英镑，不需要赫福德上校，因为他们有一位陆军军官帕克·鲍尔斯中校，是伦敦区的助理副官，他在礼仪事务方面很有经验。

安德鲁·帕克·鲍尔斯从安普尔沃斯学校毕业后，就加入了皇家骑兵卫队（蓝队），对王室熟识已久。他的父母一直是王太后的赛马密友。他说，在他对没完没了的礼仪工作感到厌烦，想要离开骑兵卫队时，是王太后说服他留下的。"我父亲吓坏了。"他说，"那时候我还不知道，我正和王太后一起吃午饭。她说：'我给你找了份工作，新西兰总督正在找新副官。明天下午去见他。'我去了。"

帕克·鲍尔斯继续在军队中茁壮成长，升为准将，并在两个不同的时期指挥骑兵队。这两次指挥至今铭刻在骑兵卫队的历史上——1981年威尔士亲王和王妃的婚礼巡游，还有1982年爱尔兰共和军在海德公园的炸弹袭击。1973年，他与威尔士亲王的前女友卡米拉·尚德结婚，据说威尔士亲王在加勒比海皇家海军服役时听到她订婚的消息伤心不已。1979年，安德鲁·帕克·鲍尔斯"在伦敦做着一份相当普通的军队工作"。当时，他认识并非常钦佩的约翰·阿卡兰德少将被派去负责英联邦监察部队，维持罗德西亚大选前的和平局面。[1]帕克·鲍尔斯自告奋勇，几天后，他就在非洲丛林中试图说服数千名全副武装的游击队员撤出战场，让民主共和走上正轨。

"我的工作是与穆加贝和恩科莫的部队合作，把他们安置在集结地。罗德西亚白人正千方百计找借口把他们引诱出来，并杀死他们。所以我不得不把他们关在条件非常艰苦的营地里。"他回忆说。由此，他得以熟识并喜欢上罗伯特·穆加贝。有一次，穆加贝还给他一本书，送给他的儿子汤姆。

当时的帕克·鲍尔斯还是中校，手下有一支英国小分队，只有6名士兵。他的工作非常危险。1979年的第一个星期，他因英勇获得了女王的嘉奖。此前他来到宾杜拉附近的灌木林，与一支津巴布韦非洲民族解放军游击队（400人）进行谈判。这支游击队仍在活动，并警告说，谁挡他们的道他们就要跟谁斗争到底。女王用了"非凡的勇气"一词，讲述了"帕克·鲍尔斯中校在数英里的范围内搜寻他们，并多次被人用武器指着。在完全没有保护的情形下，他

---

[1] 阿卡兰德在罗德西亚的副官，是一个名叫伊恩·邓肯·史密斯的年轻苏格兰卫队军官，后来成了保守党的领袖。

不顾自己的安危,虽然知道风险巨大,他最终还是把这支队伍带进集结地。双方都没有伤亡。"

然而在遇到一个更具侵略性的对手的时候,就连上面说的行动也显得黯然失色。选举一结束,各方显然都会接受选举结果,帕克·鲍尔斯可以把注意力转移到移交安排上。作为总督的首席军事联络官以及索姆斯一家的朋友,在政府大楼里有一个房间供他使用。所以他邀请他的妻子卡米拉和他一起参加这个星期的独立庆典,当时威尔士亲王是否出席还没有决定。"这成了媒体的盛宴。"他笑着说,"我刚刚对卡米拉说:'出来和索姆斯一家待几天吧。'"《每日邮报》的奈杰尔·登普斯特发表报道说:"查尔斯的旧日火焰照亮了最黑暗的津巴布韦。"

不过,亲王最应该感激的人其实是安德鲁·帕克·鲍尔斯。因为在王室访问之前,这位30岁的军官亲自检查了外交部给亲王安排的每一段行程,包括去马佐伊的亨德森兽医研究中心。那里的工作人员开发了一个实验项目,来驯养以暴躁闻名的非洲水牛。这种水牛叫作开普水牛,仍然是地球上最危险的动物之一。但马佐伊的兽医们坚信,他们已经找到一种方法来驯服这种每年至少造成两百人死亡的动物,甚至打算邀请亲王骑一头水牛。

帕克·鲍尔斯并不相信:"我去到那里,他们说:'我们会给亲王展示这个和那个,然后让他骑这头已经被驯服的水牛。'我说,我想先看看别人骑它。水牛的背上没有马鞍,而且只被驯服了一半。他们说它可以骑,还把一个当地小男孩放在上面给我看。这根本没有意义,因为到了那天,会有一大群记者围在身边,一个陌生的成年白人骑上去。"小男孩骑上去后,水牛没有任何反应。这位勇敢的中校决定骑上去,亲自实验。"几分钟后,我就被甩了下来。还没等我反应过来我在哪里,另一头所谓的'被驯服'的水牛就冲了过来,抵伤了我。我的腿上现在还有个洞。"他指着水牛角穿过右大腿的地方,如果再往上几英寸,他可能就死了。

人们都对这件事轻描淡写。据《每日电讯报》报道,该学院院长约翰·库迪博士表示,这种名叫Ziggy的动物确实"非常顺从",是中校的"蓝色军装和皇家气派"激发了它的反应。如果亲王遵循了外交部的计划,他就会面临极大的危险。"我常提醒他,如果被抵伤的是他而不是我,现在事情可能就完全不一样了。"帕克·鲍尔斯笑着说,"他冲我苦笑了一下,非常轻松地就让这件事过去了。"但其实这是一次严重的事故。帕克·鲍尔斯受了重伤,在移交仪式前三天才出院。"第二天,我试着站起来,结果摔倒了。"他回忆说,"他们发现我的灯芯绒裤子上都是血。"最后他还是设法及时归队,迎接亲王。

接下来还有更多的戏剧性事件。在索尔兹伯里(几天后就会改成哈拉雷),亲王被带去访问格伦诺拉镇,因为他表达过对城市住房的兴趣。皇家车队停在一个有两个房间的棚屋外。棚屋的主人是一个22岁的失业男子,名叫兰斯弗德·马克瓦拉,他的第一反应是跑,因为他以为这些人是来抓他的。帕克·鲍尔斯说,那个可怜的人以为我们是警察,所以把自己锁在花园尽头的厕所里不肯出来。最后马克瓦拉在劝说下从厕所出来,给亲王看了他在火上炖的一锅豆子。

关于老罗德西亚和新津巴布韦的领导人,亲王都听取了详细的介绍。外交部的报告显示,有人警告他,恩科莫依然"充满仇恨、机警……给人的感觉是,他目前的地位并没有反映出他过去作为罗德西亚非洲民族主义之'父'的身份"(恩科莫赢得了100个席位当中的20个,而穆加贝赢得了57个)。有人警告他,要特别警惕津巴布韦非洲民族解放军的司令雷克斯·恩霍。外交部的报告称他"严重酗酒"。他的妻子(笔名"洒血")是新政府的青年和体育部长。报告还说,他"对帕克·鲍尔斯上校的耐心来说是一种考验"。帕克·鲍尔斯更简洁地说:"雷克斯·恩霍曾经威胁要杀了我。"不过后来神秘被杀的却是恩霍。

尽管有报道称,卡米拉·帕克·鲍尔斯将正式陪同亲王出席独立前夕的晚宴,但这项荣誉实际上给了28岁的芭芭拉·特拉弗斯。这位农民的女儿、护士,说自己是"罗德西亚最幸运的女孩"。

第二天黄昏时分,政府大楼终于降下了国旗,索姆斯总督站在亲王身边。紧随其后的是以精准、敏锐的军事观察力盯着手表的安德鲁·帕克·鲍尔斯。气氛非常愉快。索姆斯勋爵和穆加贝已经建立起融洽的关系，七年后后者将一路前往汉普郡的某个乡村参加前者的葬礼。在政权移交前不久，乐于助人的总督觉得可以给穆加贝一点建议，政治家对政治家那种。穆加贝离开时，总督靠在他的车窗边对他说："现在，不要搞砸了！"

至少有90个国家派出各种代表团来见证这一历史时刻。在移交仪式之前，他们被邀请参加当选总统迦南·巴纳纳举办的国宴（鱼片和鸡肉至尊）。联合国秘书长库尔特·瓦尔德海姆也参加了晚宴。早在抵达现场之前，他的情绪就非常糟糕。在他飞往伦敦途中，他遭到了"极不尊重"的安全检查。晚餐时，他对自己和妻子被安排在"不可容忍"的位置（例如，不与威尔士亲王同桌）同样感到愤怒。瓦尔德海姆向英国驻联合国代表团提出了正式申诉。

贵宾们都及时赶到了索尔兹伯里的鲁法罗体育场参加午夜的移交仪式。在仪式前的娱乐表演环节，在雷鬼之魂鲍勃·马利的带领下，有些人已经失控。当安德鲁·帕克·鲍尔斯监督整个仪式时，他的妻子和总督的女儿艾玛·索姆斯坐在一起。"艾玛对卡米拉说：'看，这些人都在哭。'"帕克·鲍尔斯说，"那是催泪瓦斯！"他依然盯着自己的手表，确保在午夜钟声敲响时，英国国旗最后一次降下，津巴布韦国旗第一次升起。

"这个国家的人民表现出了极大的勇气、决心和适应能力。"亲王对人群说道。他甚至尝试说了几句绍纳语，然后宣读了从女王那里带来的信息："这是一个让所有种族和所有政治派别忘记过去痛苦的时刻。"本着同样的精神，罗伯特·穆加贝敦促他的同胞们继续前进："过去的错误现在必须得到原谅和遗忘。"

世界的反应是压倒性的赞成。"罗德西亚可能会变成另一个肯尼亚。它差点变成另一个安哥拉。"《芝加哥论坛报》写道，"它没有变成安哥拉，全世界都应该感激英国。"撒切尔夫人还在执政的第一年，乐于见到这场外交"政变"，急切地在跑道上迎接移交小组返回伦敦。这当然是比亲王最后一次降旗——17年后在香港的倾盆大雨中降旗——更欢乐的时刻。

婚姻

　　第二年,(在帕克·鲍尔斯和骑兵护卫队的护送下),威尔士亲王和王妃举行了婚礼。世界各地许多电视台都直播了这场婚礼,收视率是王室活动中最高的。他们是世界上最有名、最被深入研究的年轻夫妇。每个国家——甚至是封闭的、专制的国家——都想见到他们。当王妃得知她将在1982年夏天生下威廉王子后,他们没有再进行任何正式的国际访问。第二年春天,他们一家三口都去了澳大利亚和新西兰,这是王室的婴儿第一次参加访问。对当时已经做过50多次国际访问的威尔士亲王来说,这只是熟悉而痛苦的折磨。但对于王妃来说,它是令人兴奋的,虽然她对新闻界和公众的关注感到不知所措。世界各国都热衷于对他们发出邀请。

　　有一项王室活动会涉及整个家族,那就是女王一年一度的外交招待会。它是皇宫规模最大的室内活动。所有高级专员、大使和使馆高级工作人员以及各国驻伦敦的使团工作人员及配偶都会被邀请享用自助餐,然后是舞会。首先,他们会与王室握手并简短交谈。可以理解的是,王妃初次亮相时,每个人都想和她谈谈。第二天,时任初级部大臣的马尔科姆·里夫金德在一个活动上见到了她,问她是否喜欢她的第一次招待会。"我犯了一个可怕的错误。"她告诉他,"我只是闲聊而已,大使们都说:'你一定要去我们那儿看看。'我说:'我很乐意。'今天早上,我的办公室接到了六个大使馆的电话,说'威尔士王妃想来拜访。我们能商量一下日期吗?'我再也不会那么做了!"

　　在成功访问了澳大利亚和加拿大之后不久,王妃就怀上了哈里王子。亲王和王妃一同访问将是1985年了,这一次是去意大利。此行包括与教皇会面。这期间,亲王和王妃出席(但并不是庆祝)梵蒂冈弥撒的计划被临时取消,令人十分尴尬。他们的工作人员直到最后一刻才向女王请教。有消息称,女王感到极度担忧,因为英国国教未来最高领袖出席这种弥撒,会有一些宪制方面的暗示意味。需要注意的是,亲王和王妃的所有正式国外访问都是"代表女王"的。代表她出席一个她自己都不会参加的活动是不可能的。

　　意大利之旅为这对夫妇此后多年的访问制定了模板。人们对王妃的兴趣太过浓厚,包括她的每件衣服、每件首饰、每一句话。至于亲王,人们只有出于礼貌的好奇心。意大利之旅还将为未来的王室之旅引入一个迷人、古怪却又老派的元素。亲王邀请肖像画家约翰·沃德为意大利访问的威尼斯之行留下艺术记录,并给他上一些素描课。这次尝试非常成功,以至于从那以后,亲王每次访问的随行团里都会有一个艺术家。[1]

不过就外交部而言,这对夫妇是外交界最有价值的"金粉"。对于他们1985年的美国之旅,美国最有影响力的报纸及其傲慢的评论员们毫不吝惜版面。亲王刚结束澳大利亚的访问,几乎无法思考,他在日记中说:"我们到达时,因为时差感到很不舒服。"然而即使在这种状态下,他仍然对有些荒谬的局面保持着敏锐的眼光。他的官方传记里有一段描述,他们抵达美国时:"一大群摄影师和电视记者涌了上来,就像爱乐合唱团搭在白色彩绘的脚手架上,所有的光圈合在一起,发出巨大的喷嚏般的响声。"

这次巡演的主要记忆是两个时刻:罗纳德·里根总统在白宫晚宴上向王妃敬酒时错把她称为"大卫王妃",以及约翰·特拉沃尔塔在白宫舞池中与王妃跳舞。事实上,总统并非是唯一一个健忘的人。正如亲王在日记中记录的那样,他的睡眠不足太严重了,以至于发表了一次"全都是废话"的演讲,还忘记向总统敬酒就坐下来,最后不得不再次站起来举杯。至于他的舞伴,最后是一位"很好的美国芭蕾舞演员,我忘记了她的名字"。没看到单身时的一个老朋友,他感到很遗憾。他承认他一直希望戴安娜·罗斯会在那里。

在访问中,亲王开始越来越多地留下自己的印记。所有访问都是代表女王并在外交部的要求下进行的,但会更加凸显亲王的激情,尤其在环境方面,这以后会变成一种标准程序。在80年代,人们嘲笑他与工厂谈论污水处理系统

---

[1] 包括艾玛·萨金特、苏珊娜·费恩斯、詹姆斯·哈特·戴克等在内的艺术家都受邀参加过王室访问。亲王总是自己支付他们的费用。作为回报,艺术家们会送给他一到两件访问期间的作品,并且减免他的学费——如果亲王有时间学习的话。

的细节。到了90年代初，由于环保问题已经从边缘政治话题演变为跨党派主流话题，亲王被视为这一领域的国际重要人物，团结了巴西、东欧等地的主要参与者。而大多数媒体只关注王妃做了些什么、穿了些什么，他们的婚姻是否有紧张的迹象。与此同时，外交部也乐于让他们两人满世界跑。

"1990年5月，威尔士亲王和王妃一同到访，人们都非常激动，因为他们是非常迷人的一对。"前驻匈牙利大使约翰·伯奇爵士在《英国外交历史口述》节目上说："每个人都喜欢他们。尽管那时他们的处境很艰难，但我一点也没看出来。他们花了很多时间和我们在一起。我们都被她迷住了。"

王室访问可以是主角们的放大镜和扩音器，无论是好的方面，还是坏的方面。他们受到的关注是在国内很少会经受的。这绝对是最无法容忍个人危机的时刻。在一个陌生的环境中，被陌生人包围，无时无刻不暴露在马戏团一般的媒体面前，这是非常孤独的境地。没有你飞机不会起飞，你的行李不会被送错，也不会堵车。尽管如此，巨大的压力让1992年的印度和韩国之行成了他们最后一次结伴出行。

在这对夫妇的印度之行中，王妃独自前往泰姬陵，仿佛是为了获得救赎，向全世界发出信号：她的婚姻陷入了危机。这已经成了一个传说。但事实上，在没有正式仪式的日子里，他们分开参加不同的活动是很正常的做法。泰姬陵早就在王妃的日程当中了。那天，时任外交部海外发展大臣的琳达·查克尔是亲王的陪同。她感觉到他知道接下来会发生什么，但还是决心坚持遵守外交部的安排。"王妃走了，坐在泰姬陵前面。"她回忆说，"我和王子一起坐在白色劳斯莱斯车的后座上去考察卫生项目，我觉得他很紧张。但他是个出色的人，对事情的看法超乎寻常。"

查克尔女爵记得，王妃参观泰姬陵后媒体方面的影响变得明显，高级专员公署也有了某种气氛。她说王妃"相当沉默"，而作为在场的大臣，她在亲王和外交官之间进行干预。"高级专员想给他一些建议，而我认为这并不合适。"曾经当过外交官的女爵说，"那个时候，你必须做出非常微妙的判断。"

尽管这对王室夫妇为英国企业带来了丰厚的利润，但媒体的报道是无法挽回的。安德鲁·莫顿在王妃帮助下出版的传记里，描述了这段破裂的婚姻，让他们之间的貌合神离再也无法继续。韩国之行是最后一根稻草。当这对夫妇满脸悲伤并肩出现时，英国的报纸谈论的都是"忧郁"。而他们其实是在为朝鲜战争中的死者敬献花圈，这一事实即便得到澄清，也不会让局面有任何变化。"他们是在公墓。"一位随行人员愤怒地对记者说，"你指望看到什么？翻跟头？"不久之后，英国首相约翰·梅杰对议会说，这对夫妇正在分居。

新的方向

  从那时起，亲王和王妃就各自出行了。虽然他们再也无法制造出一同出行时那种外交影响，但毕竟他们可以两次访问所有的地方。次年，在开始沙特阿拉伯和海湾之行之前，王子在牛津的谢尔多尼亚剧院发表了演讲，演讲的内容将会是他几十年来的外交政策目标。它被称为"伊斯兰与西方"，呼吁两种文化传统之间有更多的理解和相互欣赏。他承认西方十字军的入侵与拿破仑战争的残酷性，也承认伊斯兰教对西方社会和科学的重要贡献。他警示说，西方对伊斯兰教的看法"被极端、肤浅的东西蒙蔽了"。几天后，当他抵达海湾时，他被拥戴为"架起伊斯兰与西方世界之间桥梁的人"和共同的朋友。他的演讲在电视网络上播放、重播，之后的访问也是如此。后来他多次访问那里。

  "查尔斯在阿拉伯世界非常出色。"一位曾在中东与查尔斯王子共事的外交部高级官员说，"这主要是连续性问题。他们总是向大臣们抱怨：'我才刚认识你的前任。'他们喜欢连续性。这是亲王天生的优势。"

  亲王伊斯兰基金会赞助人的身份——乃至他上过的阿拉伯语课——让他在这一领域赢得了额外的声望。"我认为人们给他的赞扬并不够。"前外交大臣、亲王牛津伊斯兰研究中心战略咨询委员会委员杰克·斯特劳说："查尔斯王子有不为人知的一面，能够帮助英国的穆斯林和全世界的穆斯林感觉到，人们是理解和尊重他们的宗教的。这一点非常重要。"《赤裸的外交官》一书的作者、前英国驻黎巴嫩大使汤姆·弗莱彻说，亲王是这个地区的重要资产，即便是派驻点，比如他所在的大使馆，也认为王室访问是危险的。"我曾去克拉伦斯宫探望过亲王几次。他对不同宗教信仰间的事情感到震惊。"弗莱彻说，"看到他与逊尼派神职人员辩论伊斯兰的晦涩之处，真是不同寻常。"

很多年来，亲王都是一个皇家探路者。在女王对波兰、匈牙利和俄罗斯等地进行历史性的国事访问之前，亲王总是先去，充当女王的试飞员。在亲王成为俄罗斯革命以来访问圣彼得堡的王室最高级成员时，英国驻俄罗斯大使布莱恩·法尔爵士招待了他。法尔很快发现，亲王说起话来直爽到出人意料。当他在城里视察新发展时，"他不停地说'好丑的建筑，在圣彼得堡这样的大城市里怎么会有这样的建筑？'之类的话。后来才知道，那些建筑的主要设计和工程人员都是英国人。所以，这并不是促进贸易的最好方式。"

和以往一样，亲王访问的节奏是疯狂的。大使夫人德尔玛·法尔回忆起在行程安排中一个熟悉的小插曲。"查尔斯王子突然取消午餐，我们有了大麻烦！"她说。她劝说亲王的私人秘书，随行团的其他人需要吃午饭，但他对此置若罔闻。"我说：'你这里还有三十个人吃不上饭呢。你不能指望他们去麦当劳吧？'"

"他不是很喜欢出行，除非是以他喜欢的方式。所以只要他出访，就说明访问是非常严肃的。"外交部一位高级官员说，"但是在困难的情况下，他可以做得很好。在卡梅伦上任早期，有一段时间我们与沙特有些问题，与沙特阿拉伯国王的关系处于不好的状态。两个国家在武器交易上有点问题，还有一些误解。查尔斯王子在解决这些事情上做得非常好。"

亲王从不轻装上阵。他认为如果哪里有王室访问，就必须遵照恰当的标准。他的批评者质问，为什么他出访需要两名侍者、两名打字员和一个厨师；他的支持者说，与许多世界领导人相比，他和王室其他成员已经相当简朴了。例如，法国总统出访乘坐的是前总统尼古拉斯·萨科齐订制的总统专机，上面配备了价值65000英镑的定制烤箱。2017年，有消息称，总统埃玛纽埃尔·马克龙的内阁打算用新的空客A319取代现在的空客A330（不过飞机上的烤箱问题尚未敲定）。相比之下，女王是七国集团国家中唯一没有自己专机的国家元首。她、威尔士亲王和其他王室成员与军队的首长、首相和其他政府大臣共用几架飞机。

亲王团队的一位前高级成员说,外交官们经常会对他的随行团规模感到惊讶。"每个大使馆首先会问的就是随行团的人数——大概20人——然后他们总是说:'他为什么需要这么多人?'我会说:'等到访问结束后,我们再谈这个问题,到时候再看看你是否还觉得这是个问题。'然后,我们从来没有听到任何抱怨,因为他总能物超所值。他抵达的时候总是魅力十足。他从未表现不佳。没有人不满意。"

亲王的所有访问都是通过外交部的王室访问委员会安排的。这个委员会里有最高级的公务员和王室私人秘书。他们都知道亲王的团队肯定会有一些讨价还价的工作。像女王一样,他必须听从大臣们的建议。但他在安排行程方面仍有一些回旋的余地。例如,有一次访问日本之前,亲王很想去日本他没去过的地方看看。正如他对一位私人秘书所说:"如果我能把70%的时间花在东京之外,我一定会的。"

1996年,当亲王被派前往原本属于苏联的中亚国家时,也发生过类似的讨价还价。在这个新兴市场上,英国企业有着重要的商业机会。亲王的幕僚们提出了一个日程安排,似乎与中国和西方之间古老的丝绸之路紧密相连。当时的英国外交大臣马尔科姆·里夫金德面带会意的微笑说,"我怀疑是他自己想去撒马尔罕。"果然,乌兹别克斯坦的撒马尔罕和布哈拉这两座古老的城市在最后的行程中占据了重要位置。

这次被他的下属称为"斯坦之旅"的访问,是针对哈萨克斯坦和吉尔吉斯斯坦等从未见过王室访客的国家。或许这次访问中最具挑战性的一站是在土库曼斯坦,王子被邀请在总统萨帕尔穆拉特·尼亚佐夫的粉色宫殿度过一个夜晚。除了禁止狗和流行音乐外,这位总统还习惯于向来访的政要赠送马匹。这让收到礼物的人有了许多麻烦。1993年,尼亚佐夫送给途经该国的英国首相一匹马。当时的大使布莱恩·法尔爵士和他的下属不得不留下来收拾烂摊子。约翰·梅杰飞回了国,把礼物留在了土库曼斯坦。法国大使馆也遇到了同样的问题,不知道该如何处置尼亚佐夫总统送给密特朗总统的马。法尔安排这两匹马坐火车去莫斯科（它们的马倌在途中被抢光了钱和票），然后飞往英国。"当然，法国马咬了英国马。"他回忆道。即使在那时，梅杰那匹神经紧张的种马也没有什么明显的作用。[1] "典型的血腥军队。"法尔笑着说，"我们非常清楚这些马不适合服兵役。我们告诉了伦敦。有一件大事要做。"

因此，1996年威尔士亲王抵达土库曼斯坦时，英国外交部对英国的新大使尼尔·胡克和亲王的下属们有一个非常明确的指示：不要接受任何马匹了。那是一个紧张的夜晚。皇家车队停在总统灯火通明的粉色宫殿面前。尼亚佐夫的状态很好。"看看我的房子，"他对亲王说，"是不是很美？""是的。"王子回答，斟酌着合适的词语。"我们叫它草莓和奶油。"接下来尼亚佐夫紧紧地抓住王子的胳膊，把他带到一个巨大的马术场。在那里土库曼人为亲王展示了精湛的马术。他们两人走过马厩时，尼亚佐夫把每匹马都夸了个遍，似乎随时会送亲王一匹。但亲王坚持自己的立场，躲开了总统的奉承。"经常有人告诉我们，你很喜欢赛马。"总统说。"我只是随便玩玩，不敢班门弄斧。"亲王回答说。尼亚佐夫问亲王最喜欢哪一匹，亲王狡猾地说自己是多么惊讶于总统能够照顾这么多马，他自己有很多马照顾不过来。亲王时不时地摸摸自己的后背，说这些天他的后背不舒服，骑起马来很痛苦。他一次又一次温和而巧妙地让总统知道，他最不想要的就是马。在享用了22道菜的晚宴之后，亲王离开了尼亚佐夫的粉色宫殿，只带走了一顶帽子和一块地毯。

危险

在两年后一次更加具有挑战性的访问之前，亲王有过更多的讨价还价。这次访问凸显了通常不为人知的王室访问的另一个因素：危险性。有时候这种危险是可以预料到的，比如1979年的卢萨卡英联邦峰会，或者是1994年在悉尼

---

[1] 这匹马与皇家骑兵队相处得并不愉快，它显然不适合军队生活，最后快乐地生活在一个威尔士农场。

公园，亲王被一名男子用信号枪袭击[1]。1998年，外交部要求亲王访问斯里兰卡，参加斯里兰卡独立60周年纪念活动。当时斯里兰卡正在内战，泰米尔分裂分子和僧伽罗人占多数的政府陷入了漫长而激烈的厮杀。全国各地经常发生爆炸和自杀式袭击。亲王并没有畏缩地避开战区。但如果要去，他很可能会去他真正想去的一个地方——神秘的不丹山地王国。一位前工作人员回忆起当时与外交部的讨论："斯里兰卡非常危险，所以我们说：'如果你们要他去，就得让他再去一趟不丹。'从外交上说，这是一次毫无意义的旅行。我们在那里没有大使馆。但他想去。"

结果就是，亲王对斯里兰卡进行了一次极其危险的访问，随后游览了尼泊尔的古尔喀中心地带，从那里，亲王可以进入不丹进行为期三天的喜马拉雅徒步旅行。在访问前的"侦察"中，他的工作人员曾试图在斯里兰卡增加一个步行地点，但遭到斯里兰卡安全部门负责人的严厉抵制。他们说这太冒险了。亲王的手下问起原因，得到的都是同样的借口："蛇。"

当皇家包机接近斯里兰卡首都科伦坡时，亲王试着缓和气氛。"你穿防弹背心了吗？"他跟随行的记者开玩笑说（有些记者的确穿了）。飞机一降落，科伦坡的停机坪上就开始上演喜剧。为了欢迎亲王，斯里兰卡炮兵部队鸣枪21响，弹壳掉进跑道旁边的草地，草地燃起了大火。消防车从皇家讲台边驶过。亲王被邀请视察仪仗队，一只流浪狗不知道从哪里窜出来，居然跟亲王同行。就在这一刻，军乐团演奏起《自由之钟进行曲》，这首歌作为巨蟒剧团的主题曲更为人熟悉。正如亲王后来所说的，当时他是咬着舌头才得以保持镇静，差点咬出了血。他的第一个活动本来是去参观佛教圣地佛牙寺，但恐怖分子在那个星期的前几天炸毁了寺庙的一部分。于是他被带到为玛莎百货公司生产（档

---

[1] 出生于澳大利亚的大卫·康，23岁，在1994年澳大利亚国庆日朝威尔士亲王开了两下空枪。亲王丝毫没有退缩，并且因为沉着而广受赞扬。在肯尼亚骑大象时，遇到类似事件的亲王也是非常冷静。因为没有击中亲王，康免于牢狱之灾，被判完成社区服务。后来他学习法律并成为一位法官。

部Y形开口）男士内裤的考陶尔兹工厂。为了保持积极的情绪，王子尽最大努力发表了一篇演讲，感谢工厂员工们"为英国大部分人提供了隐性支持"。

第二天，他的团队开始害怕了。当时安全风险非常大，独立纪念日的庆祝活动不能再公开举行，而是被转移到总统官邸。"人们不断地把事情搞砸。"一名随行人员说，"当时亲王坐在那位总统旁边，我们都觉得自己好像是借时间活命似的，随时都可能被干掉——就像萨达特被暗杀一样[1]。只要一个士兵举着枪转身就行了。不过，亲王很勇敢，而且他很坚忍。"在他飞离科伦坡之后，有九个人在他一个小时前刚刚经过的一个检查站被炸死。在那之后，没有人会嫉妒他那三天的喜马拉雅山脉之行。

在分居后的几年里，威尔士亲王和王妃都为他们的国际工作制定了新的方式。虽然所有的婚姻破裂都是非常悲伤和私人的事情，但世界上许多人都觉得有权对这一婚姻的失败发表意见。值得称道的是，双方都采纳了丘吉尔的"坚持下去（KBO）"，继续代表女王和他们在全球各地的各种慈善机构，从自己的工作可能对别人产生的影响中得到一些安慰。然而对这位亲王来说，声望的下降正好符合了英联邦内部原本的担忧。他开始对英联邦失去兴趣了吗？只要度假，他都是去高山滑雪或在地中海晒太阳。他为伊斯兰世界所做的努力的确广为人知，但世界的其他地方正感到被忽视。

一位前马堡宫内部人士说，他见的埃米尔（穆斯林酋长）太多，见的英联邦领导人却太少。英联邦秘书处经常试着让亲王发挥更实际的作用。20世纪80年代至90年代的马堡宫幕僚长斯图尔特·莫尔还记得那场熟悉的辩论："我认识的每一位秘书长都在考虑未来的关系。当时人们觉得查尔斯王子对英联邦不是很感兴趣。也有人反驳说，他是不想惹恼他的母亲，不喜欢别人把他看成一个行走的傻瓜，只想要一份合适的工作。"

---

[1] 1981年10月6日，埃及总统安瓦尔·萨达特在开罗观看阅兵式时，队伍里的几个士兵用手榴弹和AK-47步枪袭击总统包厢，杀死了萨达特和另外十个人。

亲王与王妃分居时，恰逢英联邦一位超级明星的崛起，他甚至被认为是该组织未来的元首继任者。纳尔逊·曼德拉在1994年被选为新民主南非的总统后，让南非立即重回英联邦。当时的君主制处于低谷，一些评论员开始说，有朝一日，他或许是领导英联邦的理想人选，而不是英国君主——而曼德拉本人从未表达过任何相关意愿。"曼德拉如日中天时，人们突然意识到，英联邦的领导人并不是自动延续的。"王子的一位幕僚说，"有人说曼德拉会是英联邦的好首脑，如果这种说法逐渐成势的话，我们必须考虑如何应对。倒不是很严重，但既然已经被发现了。这个时候，亲王正处于最低谷、最厌世的状态。"

第二次移交

最低点将出现在1997年。7月，亲王被派往香港降下英国国旗。这并不像他以前参加的独立仪式，原因很简单，那就是香港并不是走向独立。在被英国统治了150年后，它将回归中国的怀抱。……当时的香港已经成长为世界上最出色的金融中心之一。

在全世界，第三方评论员们称之为大英帝国的终结，虽然其他领地，从百慕大到直布罗陀，再到开曼群岛，仍然牢牢地围绕在王冠之下，不打算放手。英国刚刚有了充满活力的工党新政府，信奉"酷不列颠"。香港的移交是旧秩序衰落的完美象征，是千禧年变革的绝佳表现形式。而旧秩序的化身，威尔士亲王，同政权更迭的最终象征——即将退役的"不列颠尼亚"号，一起完成了这个任务。

难怪亲王在皇家游艇基地度过后帝国统治的最后几天时心情忧郁。更让他难过的是，这是"不列颠尼亚"号的最后一次航行。托尼·布莱尔的新工党政府已经确定，"不列颠尼亚"号将在当年年底退役。布莱尔以前从未上过这艘船，更没看过它做过的最好的事情——在海外宣传英国。首相和妻子谢丽抵达香港时，王子邀请他们登船。一位王室成员记得，在王子的建议下，船长安东尼·莫罗提出带他们参观这艘船时的痛苦时刻。突然，他们后面传来质问声。"游说！"布莱尔的幕僚阿拉斯泰尔·坎贝尔喊道。"我想，他觉得自己很风趣。"一个在场的人说,"但那让大家都尴尬不已。"

更令人尴尬的是,6月30日晚,英国的移交仪式上险些出现事故。皇家海军塔玛号周围搭起了许多看台,以便观众和贵宾们观看仪式。午夜时分,古老的威尔士军营将成为中国人民解放军驻港的总部。对英国的声望和民族自豪感至关重要的是,最后的交接应该进行得毫无障碍。抵达后,亲王的侍从官约翰·拉维里中校,妥善地把亲王的演讲稿放在自己的座位上,然后继续履行职责,把他的老板按照正确的顺序介绍给正确的贵宾。然而,一场倾盆大雨对仪式程序完全没有帮助。因为看台没有顶棚,所有没带雨伞的人都湿透了,包括亲王本人。他身穿皇家海军全副军装,至少还奢侈地拥有一顶帽子,而即将卸任的总督彭定康看上去就好像穿得齐齐整整地游了个泳。

当苏格兰高地军团的军乐团把士兵领到阅兵广场的中心时,拉维里伸手去找亲王的演讲稿。它不见了。他们开始了疯狂的寻找。这不仅会终结这位侍从官的职业生涯,如果亲王不能宣读女王给400万香港人民的告别致谢和良好祝愿,那么英国和君主制即将遭遇的难堪是无法想象的,这一切都会被全球电视直播记录下来。突然拉维里发现一个勤劳的清洁工正在把簸箕里的东西倒在一边的垃圾桶里。他赶紧在垃圾桶里找到演讲稿,拽出来后回到贵宾看台,把它交给了亲王。

那天晚上的活动,虽然是历史性的,但两个月后的一场意外让它黯然失色。1997年8月31日凌晨,威尔士王妃戴安娜在巴黎的一场车祸中丧生,这一事件至今仍有回响,因为她的儿子们确保了她在他们生活中、在英国得到铭记与尊重。虽然王妃已经离婚一年了,但她的死是自爱德华八世退位以来君主制遭遇的最沉重打击。尽管大多数人都会明白这意味着什么——一位全球敬仰的年轻母亲早逝,所有相关人士的悲剧——但这将不可避免地分化那些在"威尔士夫妇之战"中站队的人。即使是亲王最严厉的批评者也不能责怪他对儿子的爱和忠诚。在他重建自己的生活并逐渐融入的时候,这些品质比以往任何时候都重要。

戴安娜王妃的去世,无疑会加快王室内部几年来一直在进行的变革步伐。传统观点认为，在1992年"灾难年"——王室一系列的分裂和丑闻，最终导致温莎城堡大火——之后，君主制勉强进行了自我改革。事实上，早在1986年，女王就对王室的管理和财政事务开始了全面改革。1992年的众多事件只是加速了这一进程，加快了女王缴纳所得税的计划（尽管约翰·梅杰的政府告诉她没有必要）。1994年，王子参与了一部纪录片的录制。这部纪录片主要是关于他的公共生活。在纪录片中，他谈到了他的婚姻"无法挽回的"破裂。一年后，威尔士王妃在英国广播公司的《全景》栏目上接受了主要关于她的私生活的采访。在采访中，她对威尔士亲王是否适合当国王表示了怀疑。这个节目有两个立竿见影的结果。首先，女王要求这对夫妇离婚。接下来，她成立了一个家族内部委员会，名为"前进之路小组"，负责审查王室生活的方方面面，包括那些无法控制的问题，例如长子继承权。因此在1997年9月的第一周，当泪流满面的人群在肯辛顿宫的大门前堆起鲜花时，君主制的变革早已开始。

王妃的去世促成了基调的改变，形成了一种全新的心态。人们更愿意用新的方法来做老事情，而不是用新的东西来代替旧的。例如，在英国的各个县郡政府，年轻人越来越多，名人越来越少。白金汉宫开始举办更多的招待会招待社会不同阶层的人。这么做并不是减少对童子军或"不被遗忘协会"这种老机构的支持。女王将举办更多的活动，认可英国生活中的其他元素，从零售业到教育。她成立了一个名为"协调与研究小组"的部门，来帮助君主制变得更加积极主动。皇宫不再等待重要活动的邀请，而是主动寻求适当的纪念活动。王室不再等着被邀请到全国各地。如果没被邀请，王室官员们就会千方百计弄清楚原因。

英国公众不会看到一夜之间的转变。这将是秘密的变革。王室的变革总是渐进的，要有非常充分的理由。当时的一位工作人员说："我们是着眼于未来的。"君主制的发展速度跟不上政党，更别提商业品牌了。你不能"重新启动"王冠，或者让它"改头换面"。但在王妃去世后，威尔士亲王不得不重新评估他在国内外事务的优先度。

继任

亲王在日记里记录了一次在南非的长期访问。因为正好赶上哈里王子放期中假,所以哈里王子也去了。日程安排包括会见纳尔逊·曼德拉总统,参加约翰内斯堡举行的辣妹慈善音乐会。在访问过程中一直有一个棘手的问题,那就是他应该如何缅怀已故的前妻,毕竟她曾积极参与这里的慈善活动。曼德拉在开普敦举行的宴会,亲王需要发表重要讲话。在那之前,王室阵营内部明显感到紧张不安。官员们写了各种各样的演讲稿,亲王却越来越生气,他坚信自己能找到合适的话语。

最后,他对南非人的悲痛表示感激,并称赞了戴安娜在防治艾滋病和反地雷方面的工作,并赞扬她"给这个大陆和其他地方很多人的生活带来了真正的变化"。人们纷纷起立为他鼓掌。其中有一位悲伤的开普敦居民,王妃的哥哥。两个月前,斯宾塞伯爵在葬礼上的讲话被视为对君主制的含蓄批评。现在他们之间有了和解。

然而王子对英联邦的立场仍然模糊不清。在某些成员国政府中,仍然有一些有影响力的声音认为,他对该组织没有足够的兴趣;有人认为王子应该很好地避开他母亲的领地,也有人想切断英联邦与君主制的联系。当澳大利亚宣布将在新千年的前几周就君主制举行全民公投时,王室无法满怀信心地展望21世纪。不过当一些共和党人试图利用公投时,结果却意外表明,大多数人选择保留现状,他们仍然信任君主制而不是政客来维护他们的宪法权利。

不到三个月后,在对加勒比海的一次访问中,亲王向英联邦发表了他多年来最直率的颂词。他称赞英联邦是"一种极好的资源",体现了"一种特别的体面与人性"。同年,新的英联邦秘书长入主马堡宫。唐·麦金农是经验丰富的新西兰前外交部长,直言不讳、爱好骑马。他热衷于与亲王接触,并"拉近他与英联邦的距离"。麦金农公开(而正确地)声明英联邦元首的职位不是世袭的,这一刺激性的言论登上了各大媒体的头条。皇宫的有些人认为这是一种含蓄的批评。事实上,麦金农说他只是想提升亲王的形象。"人们需要了解他。"麦金农说,"他不能只说:'我1965年就在(英联邦)了……'"

麦金农发现，在他2000—2008年任职期间，继任者话题不断浮现。有一次，他说英国外交部要求就继任安排制订详细的行动计划。他拒绝了，说现在时机并不成熟，并且无关紧要。他认为查尔斯王子是合适的人选，不应该担心"惹恼女王"。正如他所说："我想在早些时候人们认为这是他母亲的领地。但我向女王提出了这个问题，她说：'英联邦对我们所有人来说都足够大。'"他喜欢引用尼日利亚前总统奥卢塞贡·奥巴桑乔关于这个问题的观点："我们不觉得自己很渺小，需要拒绝君主制才能感到自己很强大。"麦金农说，他见过的所有英联邦领导人都认同这个观点，尽管他仍然认为继任不应该是自动的。"未来你可能会碰到某个君主，他可能会做出两三件令人惊讶的蠢事，所以我们不想让继任成为自动的事情。但我们也不想显得十分迂腐。"

还有一个问题是，亲王的圈子里也有一些有影响力的人物，敦促他忘掉英联邦，专注于巩固他在国内的地位。托尼·布莱尔将该组织视为一个令人恼火的时代性错误，这一观点得到了亲王阵营中一些现代派的认同。他们争相在亲王的耳边发表意见。

亲王的大部分核心慈善工作——从环境到青年发展机会——与21世纪英联邦的工作自然地契合。国家建设和战胜种族隔离的辉煌时期，现在已经让位于对人权和可持续性的低调促进。在时代的涡流和"吸引眼球的倡议"之下，英联邦，像亲王的许多工作一样，被视为是有价值却无趣的。

不过亲王现在对自己的私生活更加满意了。他与卡米拉·帕克·鲍尔斯重燃爱火。她与准将（他把婚姻破裂的过错揽在了自己身上，虽然"卡米拉还是受到了媒体的责备"）离了婚。这对昔日的夫妻，有两个孩子、五个孙子孙女，会保持良好的关系。

2005年，威尔士亲王和帕克·鲍尔斯夫人在温莎市政厅举行了婚礼，随后在圣乔治教堂举行了祝福仪式。帕克·鲍尔斯夫人从此成为康沃尔公爵夫人。唐·麦金农也在观礼的宾客当中。他记得，人们对一个多年被媒体报道大肆渲染的男人涌起了善意……客人、家人和这对夫妇本身都有明显的解脱感。当然，那时候也有一些离奇时刻。他还记得在婚礼招待会上，女王友好地冲他挥手致意。他走过去，发现她正跟温莎农场的员工聊得热火朝天。"唐曾经在新西兰务农。"她告诉他们，"他会懂你的小母牛的问题。"

公爵夫人陪在身边后，亲王有了灵魂伴侣。在旅途中，有人可以和他分享皇家访问的压力和欢乐。麦金农打算让亲王在英联邦扮演更高的角色，他邀请这对夫妇参加2007年坎帕拉峰会的外围活动。"我希望他在外交部长会议上做出贡献，希望他能会见很多年轻人。"麦金农说，"如我所料，亲王非常享受这次活动。"

在接下来的几年里，在女王和她的新私人秘书克里斯托夫·盖特的全力支持下，亲王开始转变形象，几乎是不可察觉地转向候任国王的角色。他将代表女王出席2010年新德里英联邦运动会开幕式。他远远不是替代品这么简单。在君主缺席的情况下，东道主希望印度总统能主持开幕式。但运动会委员会和皇宫坚决认为应该由亲王主持。他用经典的外交辞令宣布奥运会开幕，总统帕蒂尔随后宣布："让运动会开始吧。"

在女王2012年的钻石禧年庆祝活动中，亲王承担了大部分长途访问，以确保她的禧年信息在各个领地得以流传。到目前为止，亲王已经对英联邦进行了广泛而密集的访问，以至于比他更了解英联邦的人只有他的父母。

一年后，也就是2013年，他代表女王参加了在斯里兰卡举行的英联邦峰会，因为前段时间女王宣布她将不再做长途访问。亲王的65岁生日，正好在会议期间。秘书处一位内部人士说，科伦坡峰会非常微妙。许多政府首脑都拒绝参加，抗议拉贾帕克萨总统镇压泰米尔少数民族，尽管总统辩称，他设法结束了多年来的屠杀。英国首相戴维·卡梅伦抵达时对该国北部的人权状况深感担忧。卡梅伦承认他并没有让亲王的处境变得轻松。"这对他来说，显然很困难，因为我在双边会议上非常严厉地抨击斯里兰卡总统，而且拉贾帕克萨的行为引发了激烈的争吵。"

虽然人权是峰会的主要问题，但也有人试图提出英联邦继任者的微妙问题。白金汉宫和英联邦秘书处都在推动政府首脑们就英联邦的下任元首人选达成一致。在伦敦举行的2013年英联邦日招待会上，女王来到马堡宫签署英联邦新宪章。麦金农的继任者、英联邦秘书长卡姆莱什·夏尔马发表讲话,向她对英联邦的领导表示敬意,然后敏锐地补充说:"威尔士亲王在这一努力中给予你的支持,加深了英联邦与王室的联系。"作为回应,女王感谢了夏尔马对王室和英联邦之间的联系及其持久价值所说的肺腑之言。对英联邦的老手们来说,这个信息是明确的:英联邦是时候认可亲王为候任元首了。"这里的观点是,这个机会是他努力得来的。"白金汉宫的一位高级顾问说,"所以这个时刻人们可以站起来说,他们不想要查尔斯。但他们什么也没说!"

白金汉宫对此早有计划。由于没有什么不满的声音,王室官员渴望在科伦坡的峰会上推进此事。毕竟亲王本人也会在那里。继任事宜必须由某位领导人在会上提出,但最好不是英国政府,以免引起共和党或反帝国人士的攻击。女王的官员与新西兰总理约翰·基有过会谈。

"皇宫来找我们,问我们要不要推进此事。"基说,"我们正式致信说,我们将支持并推进这一提议。没有君主制,英联邦就不可能存在,我非常支持女王和王室。"不过最后,亲王及其下属却踩了刹车。他们觉得太早了,不希望此事被提及,因为亲王也在峰会之上。基说,克拉伦斯宫不希望让人看到他们在推动这项计划。因此除了一场草率的讨论,什么问题也没有解决。但是在讨论期间,似乎每个人都对亲王继任一事感到高兴。

除此之外,所有参会的领导人离开时,对亲王和英联邦的态度都是毫无质疑的。在亲王代表女王举办的峰会晚宴上,亲王原本只需要说一些感谢的套话,然后宣布晚宴开始。但亲王还说了许多别的。他对着好几张便条而不是一份草稿说,在对40多个英联邦国家进行了150多次访问之后,他觉得英联邦"生机勃勃"。他回忆起在斐济和巴哈马等地代表女王出席移交仪式的情景——人们曾期待他彻夜跳舞,他还记得曾与马耳他总理多姆·明托夫有过一次令人筋疲力尽的滑水橇之旅。明托夫的浴帽和耳塞令他终生难忘。

他谈到了童年的记忆:澳大利亚的罗伯特·门齐斯爵士,加纳的克瓦梅·恩克鲁玛(他还是个小男孩时,曾送给他一套弓箭),以及因为哈斯廷斯·班达博士的好意,他在马拉维的街道上受到100万人的欢迎。在如数家珍地回顾了这些英联邦伟人之后（最后一个是加拿大的皮埃尔·特鲁多），他热情地赞扬了英联邦的"家庭价值观"。听众们此时确信，在场没有任何一个人对这个组织的了解能够超过威尔士亲王。戴维·卡梅伦说，王储在处理这次暴躁的峰会时表现得非常娴熟，尤其是在招待所有首脑的时候。"他对每个人都非常了解，这让我着实吃惊。"卡梅伦说，"他跟每个人都有话说。他的演讲很有说服力。"

卡梅伦提议，将2017年的英联邦峰会从遭遇飓风的瓦努阿图改成2018年在伦敦举行。这对亲王来说是一次重大转折。几乎可以肯定，这是女王最后一次参加英联邦峰会，意味着各国首脑的出席率会是史上最高，也意味着继任问题可以顺理成章地解决。

在峰会召开前，亲王同女王一起为背井离乡在英国生活的英联邦人举办了宫廷招待会，其中许多人是亲王亲自提名的。客人里有出生于巴基斯坦的卡莱尔香料店老板萨吉·加福尔、英格兰橄榄球运动员比利·武尼波拉和马科·武尼波拉（父母是汤加人）以及出生于新西兰的厨师长裘德·克雷马（在康沃尔郡波尔特莱文村经营一家屡次获奖的餐厅）。亲王与他们全都有过交谈。

所以峰会开始的时候，一切都已经安排妥当。随着53个领导人齐聚伦敦，无数多层面的英联邦人际关系浮出水面。在视察青年论坛和人民论坛等各种热身活动时，亲王表现得如鱼得水。"青年论坛越来越老了。"在一间满是青年活动家的房间里看到公爵夫人时他开玩笑说。他有话要对他们说。当一个年轻人解释说他来自喀麦隆时，亲王兴奋地回忆起在皇家游艇上访问过那里。那时候，船上的制冷系统被水母堵住了。"我这辈子从来没有这么热过！"29岁的乔纳森·巴坎特谈到了在特立尼达利用对气候适应能力超强的植物建造飓风防御设施的问题。王子激动不已："这么多年，我一直认为，大自然掌握着所有答案！"他也很高兴见到一位来自塞舌尔的年轻经济学家，他成功地发起了抵制塑料袋的运动。他们很快就深入地谈起了未经处理的污水问题。

第二天，他与到访的政府首脑们单独会谈（女王无法会见所有人），并在克拉伦斯宫举办露天茶会，招待亲王信托基金的国际分支代表。发言者里有一

419

名来自巴巴多斯的警官,他在信托基金的帮助下抨击侵犯青少年的犯罪行为;14岁的罗兰·维拉是一名马耳他中学生,他说信托基金彻底改变了他的人生。正是这种错综复杂的全球关系构成了现代英联邦。在峰会开幕式上,女王希望亲王能继续担负"我父亲开创的重要工作",亲王成了舞台的中心。即将卸任的马耳他总理宣布这是所有人的共识。随后亲王帮助女王为第一次参加峰会的领导人举办了招待会。在晚宴前,已经92岁的女王站了一个多小时,和所有代表团问候、致意。亲王陪在她身边,做着和她同样的事情。他和这群人在一起感觉非常轻松自在,就像他们和他在一起一样。第二天,亲王成为英联邦下任元首的任命只不过是走形式。"很明显,人们希望威尔士亲王出任英联邦的下任元首。"峰会的东道主特蕾莎·梅事后说,"人们的想法惊人地一致,这就是英联邦大家庭,这就是延续性。"

"他继续发挥着过去与未来之间的桥梁作用,全身心投入气候变化、亲王信托基金以及具有英联邦强烈色彩的慈善活动。"秘书长斯科特兰女爵说,"他经历了一切。"

那些同他一起履行英联邦职责的人确信,亲王就是这个职位最合适的人选。"天知道他为了和那些人见面会谈奔波了多远。他很有见识。我想他肯定会取得巨大的成功。"安德鲁·帕克·鲍尔斯说。他还坚信康沃尔公爵夫人也是宝贵的资产。"她会做好的,会尽力的。她一贯如此。"

主持过那么多次移交工作的亲王,最后会发现,英联邦的交接将比多年前人们想象的容易一些。领地的情形可能会有一些不一样,毕竟在那些国家,女王是自动成为他们的国家元首的。有些官员期待,政权更迭会加速一些国家走向共和国模式,但一次又一次,公众本身已经表明他们顽固地抵制宪法改革。而在亲王决定减少自己的长途访问并将其委托给他的儿子之前,还有多长时间呢?

至于英联邦以外的地方,现在大多数人都认识亲王,就像他们认识女王一样。人们一直认为,不会有太大的变动。"一旦亲王登上王位,一切都正好。"德国时事评论员、王室传记作家托马斯·基林格说,"君主政体比现在的所有人都要古老,国王的宝座上,曾经有过许多有趣的人。女王的长寿其实给了查尔斯一把伞。战后,我们的第一任总理上任时已经73岁,所以年龄不是问题。"

在一个动荡多变的世界里,连续性是亲王最有力的法宝之一。他在知名话题上的直率观点一度让外交官和高级官员们感到震惊,但现在已经失去了新奇感。他的访问有了一种更严肃、更像政治家的感觉。现在,他的随行团里有了政府高级代表,而不是艺术家。关于违宪干涉政治事务一事,也就是他用黑蜘蛛一样的字体写给部长们的信,后来被证明是针对非政治问题(比如獾或智利鲈鱼)的严肃信函,而不是强硬的游说。以前的大臣们并没有抱怨。实际上,他们很欢迎他的意见。

前外交大臣黑格勋爵表示,他收到过许多亲王的备忘录,但都不是关于外交事务的。"我在担任威尔士国务卿时就很了解他。我以前经常收到'黑蜘蛛'备忘录,特别是在农业和环境方面。我觉得它们很有意思。我没觉得这有什么不合适的。他并没有试图推翻民主进程。"在做了一辈子外交工作后,外交部资深人士罗杰·杜·布雷爵士认为亲王是宝贵的资产。"他有自己的想法。"他说,"让他尽情思考吧。"

第十三章
家庭

公爵

正如戴维·卡梅伦所说,女王一直依赖家族成员在"地方上"代表她。她经常说:"我不能无处不在,我不能无事不做。"自她继位以来,家庭成员就不得不代她行事,而做得最多的就是爱丁堡公爵。他对女王的支持性角色一直在拓展。不过60多年来,他本人在国际上也扮演着越来越重要的角色。在女王统治初期,是爱丁堡公爵承担了许多代表她的重担。早期访问的重点是英联邦的时候,他访问了许多偏远的英语地区。尽管《王冠》可能把这些访问描绘成闪耀的邮轮之旅,但它们其实有着开创性的外交和科学目的。这一切传达给21世纪的观众或许很难,但看到他声情并茂地讲述南海和印度洋的动物和植物,1957年的电视观众们却是如痴如醉。

当女王不能亲自出席时,公爵成了英联邦运动会的老面孔。正是他推动了"大英帝国和英联邦运动会"到"英国英联邦运动会"(1970年开始)再到"英联邦运动会"(1978年开始)的逐步转变。

随着英国王室和外交部的工作重点在60年代开始转移,公爵将扮演一种探路者的角色,类似于威尔士亲王后来所扮演的。1960年,女王应邀访问阿根廷和智利,但她婉言谢绝,因为英联邦义务以及她正怀着安德鲁王子。她提议派爱丁堡公爵于1962年前去。出于商业和政治原因,英国外交部都表示赞成。

那是冷战最紧要的时期，谁都不想再来一个菲德尔·卡斯特罗。1961年外交部的一份内部备忘录指出，这样的访问可能会阻止"世界其他国家进一步叛变成古巴模式"。1961年3月，公爵的私人秘书吉姆·奥尔写信给南美洲的所有大使馆，对他的访问提供了有用的见解。他说，正式职能"应保持在最低限度"，不鼓励"答谢活动"；所有的行业参观"都应该与英国有着特别的关联"；"只要有机会，公爵就要打马球"；不欢迎任何军事活动。"我们极度希望，没有任何军事活动。"奥尔补充说，"事实上，公爵不希望带着任何一套军装前去。"

公爵经常会被派去参加那些君主不是很适合参加但又需要王室出席的活动。1971年，她没能参加英联邦峰会，也不可能出席伊朗国王为纪念波斯帝国2500年而举行的荒唐而奢侈的庆祝活动。她也不想参加那场为期四天奢华到令人瞠目的活动——在波斯波利斯古城附近一座占地160英亩的、专门用帐篷打造的城市。伊朗国王会把巴黎的餐饮店们空运过去。一同运去的还有一个人造森林，真正的鸟儿会栖息在假的树枝上。一块汽车那么大的冰块每天都会用直升机空运过来，只是用来冰镇香槟。最精彩的是5个小时的宴会，菜品有鹌鹑蛋、鱼子酱、香槟雪芭和50只烤孔雀。整场活动耗资2.75亿英镑，引得世界各国纷纷谴责，尤其是流亡的革命者，7年后他们会用它来煽动革命。但是，国王是英国的盟友，在一个世界上所有国王都会参加的活动上，温莎家族需要露面。所以女王派公爵和安妮公主去了。英国摄影师雷金·戴维斯也在那里，他是国王的私人摄影师。他记得公爵见到他并不高兴。"他在这里干什么？"公爵问国王。"他在为我工作。"国王回答。

多年来，公爵在国际上的主要角色一直是女王的陪同，他们一起访问了地球上的大多数国家。在他的其他身份之下——特别是作为世界野生动物基金会主席和国际马术联合会主席——他也能够对鲜有人涉足的地方进行正式访问。不过他最伟大的世界成就无疑是爱丁堡公爵奖，现在已经是它的第七个十年了。

但在全世界，有成千上万担任着权威职位的人——有些最后成了国家的统治者——曾经从公爵的绝妙想法中获益。第一次世界大战结束时，一位名叫罗伯特·海德的牧师成立了"儿童福利协会",目的是"拯救儿童,避免堕落"。他的想法是为来自贫困家庭和公立学校的少年举办一系列夏令营。约克公爵还没登基变成乔治六世时就积极地支持这一想法。海德的活动逐渐演变成"工业协会",1952年,它邀请爱丁堡公爵成为其赞助人。他同意了,只要他"能派上用场"。他对战后现代工业对其雇员的影响特别感兴趣。公爵决定成立一个未来青年领袖论坛,无论他们是有抱负的高管、工会领袖还是政治家。牛津大学和哈佛大学一位充满活力的校友彼得·帕克[1]、"工业协会"崭露头角的新秀,组建了著名思想家委员会。1956年,爱丁堡公爵的英联邦研究会议(CSC)诞生。公爵特意选择了"研究"这个词,所以不会有人觉得非要有什么结论不可。近300位青年领袖——1/3来自英国,2/3来自英联邦——被邀请到牛津大学聆听公爵的电视讲话。在讲话中,他敦促他们不要"急于决定"任何事情,而要"更清楚工业对人的影响"。

按照王室的标准,这都是激进的东西。代表们分为不同的小组,在英国各地进行了两周的调研。这次经历极具启发性。一个研究小组发现,伦敦污水处理厂工人的士气是萨伏伊酒店员工的10倍,纯粹是因为管理风格不同。会议的效果很好,因此第二次会议于1962年在加拿大举行。一个小组组长后来回忆说,他的团队里有一位相当自大的澳大利亚工会官员,"总是迟到,待不了5分钟就开始闲逛"。这位工会官员,也就是鲍勃·霍克,后来是澳大利亚的总理,而这位小组长就是未来的加拿大国防部长。CSC将持续吸引来类似的申请人。未来的国会议员兼内政大臣艾伦·约翰逊说:"这是我一生中最难忘的事件之一……毫不夸张地说,1992年的CSC丰富了我的人生。"

久而久之,公爵把一生的工作交给下一代。安妮长公主跟随他,成了英联邦研究会议的赞助人。谁也没想到,尤其是公爵,它能走得这么远。"最初

---

[1] 彼得·帕克将一路担任英国铁路、三菱欧洲、国家剧院、英国航空公司和英国旅游局的主席或高管。他曾两次被封为爵士,并一直担任英联邦研究学会的受托人,直到2002年去世。

的想法是，在商业、政治和工会方面，把战后的英联邦重新联结在一起。"公主说，"我想他肯定以为这只是几次的事，以后就没有必要了。"和公爵的其他许多想法一样，它会超越所有人的期望。

安妮长公主、约克公爵和威塞克斯伯爵及伯爵夫人

安妮长公主对自己的第一次海外之旅——1954年在女王环球之旅即将结束之际与哥哥乘坐皇家游艇——只有模糊的记忆。学生时代结束后，她开始学习王室外交的基本知识。1970年，女王在新西兰尝试第一次"巡行"时，公主与父母和威尔士亲王在一起。公主说她自己的第一次尝试发生在几天后的澳大利亚墨尔本。只有19岁的她，对这件事并不十分兴奋。"当你走向一个完全陌生的人时，你会说什么？你只能学习！"她的第一次巡行，也有一个奇怪的插曲。"我停下来和看到的第一个人说话。我问她来自哪里。她说她来自马耳他，还说我们以前见过。我说这是我第一次来澳大利亚，怎么可能见过。她说：'1954年你入住马耳他酒店的时候，我是那里的服务员。'我没想到她比我大那么多！所以即便那是第一次尝试，你也会意识到世界是多么小，人们在英联邦内的迁徙是多么容易。"

很快她就学会了享受这些经历，并说女王也喜欢。"人们非常友好，经常有自己的交流方式。有人可能会对你大喊：'我表弟回珀斯了！'就是这样的对话——人群中会出现很多这样的联结。"

在与女王和菲利普亲王一起出行的过程中，公主还完善了另一项王室技能——挥手："我记得去希腊雅典参加君士坦丁国王的婚礼时，看到王室成员挥手的方式，我觉得非常喜欢。和我们的完全不一样。"她笑着回忆起澳大利亚的学生们曾经献给女王一个富有创意的发明：挥手机器。"他们送给她一个东西，一根木杆顶着一只塞得满满的手套，转动木杆的末端，手套就会来回摆动。我想他们可能觉得这有点恶作剧，但女王陛下很高兴。"

一年后，公主第一次独自出访海外，她去的是肯尼亚。虽然查尔斯王子一同前去，但他会去丛林探险，而她有一个项目，接下来几年她的工作都是围

绕它展开的。自从从学校毕业后，公主就决定把精力集中在慈善事业上。"我父亲确实强烈建议我说，你应该只挑选一两个从早期你就可以真正参与的项目。"她说，"我想他是觉得对女王和他自己来说，人们的期望是他们可以承担起以前做过的所有事情。但这样的话，你就没有时间真正了解一个组织。"最后她参与的项目里，就有"拯救儿童"。"不是我选的它，是他们来找的我。"她说。

肯尼亚之行给了她一个机会，可以看到这个慈善机构的行动，也可以促进它。陪同她的是儿童电视节目《蓝彼得》的制作小组，还有主持人瓦莱丽·辛格尔顿。这是皇宫新闻秘书比尔·赫塞尔廷管理媒体的又一精心之作。他是前一年具有历史意义的电视纪录片《王室》的策划者。如果想要公众了解现代王室职责的性质，就要让他们看到这些职责的履行。公主最不喜欢的就是老式的剪彩仪式。在担任外交使团副团长期间，罗杰·杜·布雷爵士记得收到公主访问斯堪的纳维亚的计划草案。"一位非常值得尊敬的大使送来了一份计划草案，里面都是些和婴儿有关的活动。我把它撕碎，还给他说：'带她去那些尖端的、高科技的、有趣的地方。带她去汽车工厂。'她玩得开心极了。"

然而比尔·赫塞尔廷对公主肯尼亚之行的计划，并没有得到英国外交部的好评。英国驻内罗毕高级专员埃里克·诺里斯爵士认为，媒体的出现是一种粗暴的打扰。他是外交部的老派人士，认为自己的主要角色是王室旅行代办人。他告诉他在伦敦的上级，王子和公主"希望访问尽量私密"。他警告说，"赫塞尔廷关于媒体的计划与我们的目标——为王室殿下们提供和平与安静——并不相符"。

公主的访问为她的工作和"拯救儿童"带来了大量的媒体报道。埃里克爵士还是不感兴趣。"新闻界的绅士们，尤其是摄影记者们，经常纠缠不休，表现得不像人们希望的那样好。"他在随后的信中写道，"非常艰难的两周。"他还对《蓝彼得》团队一直跟着公主的事嗤之以鼻。"大部分的拍摄都是和瓦莱丽·辛格尔顿小姐一起完成的。我认为辛格尔顿小姐的众多优点里并不包括谦逊。"然而公主回首往事时却满怀深情。回看访问的录影片段时，她立刻认出了行程中的第一所学校,并解释了这所学校是如何从一个不起眼的地方发展成为东非最好的学校之一。她曾多次访问那里。

在女王和公爵的一些访问中,东道国会安排一个合适的"同伴"陪同公主。1972年女王对土耳其进行国事访问期间,陪同她的是礼宾司司长的女儿、22岁的贝尔基斯·范尔森。外交部告诉皇宫,她是一个"迷人、活泼、成熟的女孩……和外国人相处起来很自在"。她虽然擅长滑水橇,但"对马没有特别的了解"。

1973年,公主与马克·菲利普斯船长结婚后,她就不需要同伴了。多年来,她对外事访问的娴熟没有改变。长期以来,她一直是最繁忙的皇家旅行者之一,通常只有很少的随行人员(在皇家"轨道"之外,比如,作为国际奥委会成员出访时,她根本没有随行人员)。她是第一个对蒙古、越南和马达加斯加等地进行正式访问的王室成员。"长公主最出色的就是,她工作非常努力且高效,而且维护费用非常低。"英国前外交部负责人西蒙·弗雷泽爵士说,"她就是这样。"

在2001年离开皇家海军后的十年里,约克公爵一直是英国海外贸易的无偿"特别代表"。他在2011年放弃了这个角色,因为与美国一个被定罪的性侵犯者的一些商业接触,他总是被媒体头条报道。[1]此后他一直致力于在国内推广企业和新技术,同时帮助女王招待来访的世界领导人。外交部里有批评他的人,也有喜欢他的人。有些人还记得他那明快的风格很受人欢迎。

前唐宁街私人秘书、大使转型的学者汤姆·弗莱彻,说他在回顾审查外交部战略时曾经咨询过约克公爵。"他对此很感兴趣。他近距离观察过很多外交官。"弗莱彻说,"他对外交部的强项和弱项都直言不讳,给了我一些很好的

---

[1] 杰弗里·爱德华·爱泼斯坦,美国投资家,2008年因教唆未成年少女卖淫而被判罚18个月的"羁押与工作假释",2019年再次因未成年人性交易案被捕,同年8月10日,他被发现在监狱中死亡,死因众说纷纭。爱泼斯坦与众多世界名流有来往,约克公爵安德鲁王子是其中之一。——编者注

反馈，让我能够调整部署，特别是在应对类似海湾地区时。王室的眼光比政府更长远。你需要投入许多，才能培养影响数代人的关系。如何确保威廉王子和哈里王子拥有长期、负责任、会陪伴他们50年的关系，他思考了很多。"

和长公主一样，她的弟弟威塞克斯伯爵爱德华王子很早就决定专注于一些核心项目。1999年他与索菲·里斯·琼斯结婚的那天，王室宣布他从父亲那里继承爱丁堡公爵的头衔。他接管了堪称公爵最伟大的工作"爱丁堡公爵奖"。年轻时，爱德华王子把这个奖项完善地划分成铜奖、银奖和金奖。现在随着它在海外的不断发展，他担任起该奖项的国际业务主席。作为英联邦运动会基金会的副赞助人，他还对这个公爵非常喜欢的国际组织投入了大量的时间与精力。

威塞克斯伯爵夫人也非常重视青年慈善事业。在国际上，她的一个首要工作就是与"可避免的眼盲"做斗争。这是女王钻石禧年信托基金会的主要目标，伯爵夫人是该基金会的副赞助人。她关注着这项工作在整个英联邦的推进，但永远不会忘记她2017年访问孟加拉国偏远地区时发生的事情。那时，她去了当地的一家卫生诊所。"坐在我身边的一位女士抱着一个非常可爱的小宝宝，我向他挥手。"伯爵夫人说，"她立刻把他放在我腿上，我跟他玩了起来。我把他转过来的时候，注意到他有点斜视。"伯爵夫人的女儿露易丝小姐在婴儿时期也有类似的眼病。她看到7个月大的尤纳德有这种症状，马上意识到了他需要早期干预，才能加强眼部肌肉，不会变成"懒惰眼"。"我看得出这个婴儿肯定是斜视，所以我让在场的专业人士给这个孩子做一下检查。"她非常清楚，这必须很小心，"我可能吓坏了那个可怜的母亲。不过那里有一些非常善良的人，他们确保了这个家庭能够得到正确的帮助和治疗。他现在受到很好的照顾，他肯定会完全好起来的。"

戴安娜，威尔士王妃

没有一位王室大使会像威尔士王妃戴安娜那样。她与威尔士亲王于1992年分居，1996年正式离婚。她独自生活的短短几年可能令礼宾部门抓狂，无论在国内还是国外。离婚后她的身份并不明朗。作为半独立的成员,她在王室到底是什么地位呢?事实上,她偶尔出国访问是想达到什么目的,如果不是以王室的名义?

在分居的那一年,王妃第一次独自出访海外,她去了世界上最贫穷国家之一的尼泊尔。国际媒体的随行团,人数是尼泊尔国际电话线数量的三倍,只有戴安娜才有这么大的吸引力。就连《时尚》杂志也派出了一支队伍,全都戴着红色的"时尚"棒球帽,希望王妃能先看自己的镜头(徒劳无功)。大山王国的政府不知道该如何迎接王妃。在英国外交部的建议下,机场没有国歌,也没有正式的欢迎仪式。因此,英国有一篇报道说的是"破旧的红地毯待遇"。尼泊尔人非常气愤,争论说为王妃铺的红地毯一点也不破旧。

缺少人气,是因为这是一次"工作"而不是"正式"的访问,但她全程都有外交大臣琳达·查克尔陪同(后来被提升为查克尔女爵)。她们成了强大的外交组合:慷慨的女爵拿着英国对外援助支票簿,王妃给世界上偏远地区的慈善机构带来声望和媒体关注。乘坐直升机、路虎及徒步游览喜马拉雅山麓的过程中,她们不停地互相学习。

"我有一张她和我的可爱照片。"女爵说。"我是坐着照的,穿着一件旧裙子,白领白袖,裙摆却不再是白色的了!我想,这可不是王室访问时能穿的衣服。"那时候,女爵由她当时的丈夫克莱夫陪同,王妃身边有她的姐姐莎拉·麦考德夫人。但是按王室标准来说,这个配置十分精简。

查克尔夫人很喜欢王妃,就像喜欢亲王一样。"在家庭破裂时,你要能够与双方交谈,但最重要的是你必须倾听双方的心声。所以我就这么做了。"她说,"王妃正在适应新的生活,那是一个非常奇怪的时期。"即便如此,琳达·查克尔的耐心还是受到了考验。那天晚上,她和丈夫已经睡着。"我们住在大使馆武官的家里,因为大使家没有那么多房间。"她说,"突然,我听到前门有砰砰的砸门声。大使差点发狂。他说:'你知道王妃殿下在哪里吗?'我说:'你问过她姐姐吗?'"大使已经问过了。查克尔夫人再也忍不住了。"我只能说:'好吧,去问警察!'我的工作可不是把她锁起来。"

第二天早餐时他们说起此事,气氛变得很尴尬。查克尔夫人回忆说,王妃有点害羞地解释了她昨晚去过哪里。"她和尼泊尔王储私自外出,开着他的跑车去兜风了。他让警察封锁了所有的道路,他们飞驰在加德满都的市中心。我记得,克莱夫问她是否系上了安全带。她说这辆车没有安全带。"[1]

如果这是一次正式访问,如果王妃是王室的正式成员,那么她就必须听从大臣们的建议。但是对于一个飙车兜风的半王室王妃,又有什么规定呢?她一定要听女爵的话吗?"她不会听——如果她不想听的话,就不会听。"查克尔夫人说,"但我必须更多地承担起外交官而不是大臣的职责。"

次年,王妃在津巴布韦访问,参观了关于艾滋病和麻风病患者的项目。近800名津巴布韦富人(主要是白人)花大价钱在哈拉雷参加了一场盛大的慈善招待会,并穿上了相应的礼服。他们很惊讶也有点失望地发现王妃只穿了一件简单的日礼服,没有任何珠宝。不过对她来说这可不是盛装打扮的旅行。当地旅游局还表达过恼怒之意,因为她的行程几乎完全集中在贫困问题上,根本不包括像维多利亚瀑布这样的著名地标。她深知"同情疲劳"的危险,给她的私人秘书帕特里克·杰弗森发了一封信,承认今后需要改变这些访问的性质。"改变活动很重要!"她写道。考虑到这一点,她很快就会参加在巴黎举行的一次非常迷人的募捐活动,并首次(也是最后一次)前往莫斯科。

当时的英国驻俄罗斯大使布莱恩·法尔爵士说,王妃想来这里已经有一段时间了,但是英国外交部坚持认为她应该等到1994年女王的国事访问之后。"戴安娜对他们来说是个大问题。他们一直试图阻止她出访,特别是在女王之前,这是可以理解的。"他说。日期定在1995年6月,重点是儿童医院。英国外交部只提出了两天的访问计划,但布赖恩爵士希望时间能长一点,如果王妃愿意的话。他联系了皇宫,也跟女王的私人秘书、王妃的姐夫罗伯特·费洛斯谈

---

[1] 8年内,悲剧先后降临在他们两人身上。王妃在巴黎阿尔玛桥隧道不幸身亡,4年后,王储枪杀了他的大部分家人,结束了原本有着240年历史的尼泊尔君主制。

过，说稍微长一点的访问可能会取得什么成果。布赖恩爵士的老板很生气。如果有人可以决定王妃应该去哪里，她应该做什么，那也只能是外交大臣道格拉斯·赫德。"我犯了重罪。"布赖恩爵士笑道，"道格拉斯大发雷霆，说他才是和戴安娜有关系的人，还有外交政策等等。我到底在干什么？这次访问将严格限制在两天之内。"

布莱恩爵士和他的妻子德尔玛，发现王妃是个"超级简单的房客"，尽管她对每个人都很谨慎，包括大使馆的工作人员。"你不能进她的房间，甚至不能清空她的废纸篓。"法尔夫人说。大使从一开始就陪着她。布莱恩爵士回忆说："她抵达莫斯科后，在去大使馆的路上，我们拜访了卢日科夫（长期担任莫斯科市长的尤里·卢日科夫），卢日科夫一直说苏联的事，说了40分钟。最后，他屏住了呼吸，王妃说，'现在是我说话的时候吗？'我意识到：'这次访问会好起来的！'确实是这样。"

法尔夫妇问王妃是否愿意绕道去参观一个唐氏综合征儿童中心，管理这个中心的是一位英国记者的妻子，王妃愉快地答应了，虽然它并不在行程内。

王妃从莫斯科回来不久，外交大臣就换了人。道格拉斯·赫德被马尔科姆·里夫金德取代，王妃立刻与他取得了联系。"很突然地，我收到一条消息说：'威尔士王妃想知道你是否有空？'"马尔科姆爵士笑着说，"我意识到我并不是因为我的聪明才智才被邀请的。她想知道自己在海外能做些什么，她对自己能够如此影响他人感到震惊。"王妃刚刚收到一份邀请，她知道这是有争议的。里夫金德说，"她被邀请去阿根廷，我解释了为什么去阿根廷会很敏感。"布宜诺斯艾利斯的一家儿童慈善机构邀请她参加一个募捐活动，不过这个邀请背后显然有阿根廷总统卡洛斯·梅内姆的印迹。梅内姆是一个自诩为"花花公子"的人。这将是自十三年前英国与阿根廷围绕福克兰群岛战争以来，英国最高调的一次访问。"我说我看不出有什么大问题。但问题是，阿根廷人是否会利用这次访问。我想帮上忙，因为我觉得她是一项宝贵的资产。"马尔科姆爵士说。

王妃也想讨论她的长期计划。马尔科姆爵士回忆说："这是一次广泛的谈话。'我的旅行将受到哪些限制？我想好好利用我的时间，我的确收到了很多邀请。'我个人的看法是，全世界都希望见到她，无论她是否是威尔士王妃。谈话结束后，我写信向她表示感谢，她给我回了一封信，里面写着：'你能抽空来见我，我很高兴。我知道你有多忙。'我知道这只是一种礼貌，但它是多么迷人。虽然她有很多问题，但她也有自己的天赋和能力。"

王妃用"凯·斯塔福德"这个假名——在她预定的英国航空公司航班上根本骗不到别人——飞到了阿根廷。在那里，在宏伟的布宜诺斯艾利斯老邮局大楼（伊娃·庇隆[1]的总部曾经就在那里），她出席了盛大的晚宴和歌舞表演。当（盲人）管弦乐队决定用一首欢快版的《我明天早上就要结婚》来结束歌舞表演时，王妃的东道主有些吃惊，但王妃觉得很搞笑。她还会见了轻浮的总统梅内姆（没有谈起福克兰战争），在威尔士移民建立的一个偏僻小镇巴塔哥尼亚喝茶，去看了鲸鱼，礼貌地无视在她淡蓝色夹克衫上罩上橙色救生衣的指示。尽管这次访问在外交上如此敏感，但期间没有一件事能像几天前的那个活动——英国广播公司的《全景》——引发巨大的争议。仅仅在英国，就创下了2300万观众观看的电视节目新纪录。

这个活动是正式离婚的催化剂，但它让王妃对制定自己的日程更有信心。她接受了邀请，到芝加哥参加1996年西北大学癌症中心慈善舞会，为癌症研究筹集了100多万英镑的善款，并与退休的脱口秀节目主持人菲尔·多纳休共舞。她在库克县医院见到生病的孩子时也感动得流下了眼泪，库克县医院是她最喜欢的两部电视剧《李林先锋》和《急诊室的故事》的所在地。这次访问充斥了国内外新闻媒体整整两天。

当年年底还有一次类似的悉尼之旅，同样是围绕一个大型的募捐晚会，一些慈善工作紧锣密鼓地进行。现在，她的离婚已经敲定，她不再是威尔士王

---

[1] 伊娃·庇隆（1919—1952），又称庇隆夫人，阿根廷总统胡安·庇隆第二任妻子，在阿根廷拥有巨大影响力。——编者注

妃殿下,而是威尔士王妃戴安娜。皇宫解释说,殿下这个称呼是因为她嫁入了王室,因此在离开王室时就不能再用了。不管怎样,全世界都会继续称她为"戴安娜王妃",这是她从一开始就未曾有过的头衔。她的明星气质很明显没有减退。悉尼之行在白金汉宫引起了焦虑,因为王妃是在女王对泰国的国事访问中途前往澳大利亚。许多报道女王的媒体从曼谷转向澳大利亚。尽管女王从不认为自己是在与前儿媳竞争,但王室和外交部内部都暗藏着恼怒情绪,他们认为,国家元首早就准备好的官方访问不应该被王妃四天的非正式之行抢了风头,更何况她去的还是女王的领地。

访问的礼仪规程引起了东道主的无尽关注和媒体的极大兴趣。她的东道主张任谦心脏研究所向工作人员分发了一份备忘录解释王妃的新头衔。"在任何情况下,她都不能被提及或称为戴安娜王妃。"备忘录说,"不需要行屈膝礼。"但虔诚的澳大利亚人立即无视了这些指示,不管去哪里,他们都叫她"戴安娜王妃"。因为王妃半王室地位的不确定性,有一个车队会去机场接她,但这与警方和总督无关,而是由当地一家丰田汽车经销商赞助的。考虑到王妃来的时候只带着一位侍女还有一位秘书,所以其实根本用不上车队。

澳大利亚媒体对王妃的一举一动和英国媒体的言论都非常感兴趣。那天的晚宴,810人为轻煎金枪鱼和餐后娱乐每人支付了1000澳元。悉尼《每日电讯报》甚至给一位记者下达了任务,记录王妃的一举一动,包括刀叉动作:"她吃了三块煎金枪鱼中的一块,一半烤番茄,没吃墨鱼面。"

显然意识到这次访问的时机可能会惹恼女王,因为女王的泰国之行从新闻版面上消失了,王妃特意在她的访问中加入了英联邦层面的内容。在参加英联邦慈善机构的午餐会时(悉尼《每日电讯报》的"御膳"记者,仍在努力工作,观察到她没有吃烟熏生牛肉),王妃突然写写画画起来。然后她问是否可以讲几句话。她称赞英联邦"给人一种归属感,一对一的感觉"。

她的东道主决心控制这次公开访问的每一刻,一直到她在悉尼会议厅用餐后"巡行"的确切路线和时间。其实就连女王都没有过"巡行"的脚本。王妃设法在严格的安排中注入了一些个性。"我能抱抱你吗?因为我真的喜欢你所做的一切。"因癌症失去了半条腿的13岁的艾玛·琼斯说。"当然。我喜欢拥抱。"王妃回答。于是艾玛搂住了王妃。

从慈善的角度来看，这次访问非常成功。但这位王妃下定决心，不要只做王室傀儡（或部分傀儡）和筹款人。离婚时，她资助了大约100家慈善机构。她想利用自己的地位做些更实质性的事情。她的目标之一是让世界在一个紧迫但有争议的国际问题上转变思维：地雷。她以前的一个慈善机构，英国红十字会，正在为禁止这些在战争结束很久后留下来残害人们（尤其是儿童）的致命陷阱而奔走。王妃准备前往安哥拉，世界上地雷伤亡率最高的地区之一。这在政治上是非常敏感的。她的老朋友、海外援助大臣查克尔女爵非常支持她。她说："我比她先去，作为先遣队，和当地警方一道，安排这次访问。"但英国政府的其他部门即便不阻挠，也显得非常谨慎。在外交部内部反对者很多，尤其是英国驻安哥拉大使馆。据王室线人透露，大使很"难搞"。他不想让王妃去雷区附近的任何地方，还向外交大臣投诉。国防部也不高兴。英国政府不仅拥有自己的地雷储备，而且不愿意支持一项禁令，直到国际社会就这一问题达成一致。一位国防大臣——后来被确定是豪伯爵——告诉《泰晤士报》："我们不需要她那样自作主张的人。"然而，王妃穿戴着扫雷防护装备穿过安哥拉雷场的画面，比迄今为止任何宣传都更能突出和普及这一问题。那年夏天，她还会去波斯尼亚做一次类似的访问，也会产生类似的影响。这就是王室不能介入的原因，而她显然在这方面发挥了重大作用。在她私生活的种种不确定性中，这似乎是一个坚实的、催人奋进的基础，从中发展出她的处事方式。

同年晚些时候，122个国家签署了一项禁止地雷生产和使用的新条约，但戴安娜却没能看到。她也没有活着看到"国际禁雷运动"在那年冬天获得诺贝尔和平奖。她在巴黎一场车祸中丧生，全世界都不敢相信，即使一些从没机会了解她的国家。整个世界陷入了深深的悲痛。她的周年纪念至今仍能引起共鸣，因为她最伟大的两项遗产现在是英国王室故事最重要的篇章，她本身就是令人敬畏的大使。

剑桥公爵及公爵夫人

像他们的父亲还有女王一样，剑桥公爵和萨塞克斯公爵都表现出对英联邦的强烈喜爱。离开伊顿公学后，威廉王子度过了一个"间隔年"，在伯利兹接受丛林军训，在英国务农，在智利南部偏远地区参加了一次罗利行动[1]。电视摄像机被允许拍下这次行动，包括王储的继承人擦洗厕所的画面。但给人留下最深刻印象的，却是王子在非洲的镜头之外的经历。肯尼亚将再一次在王室的成人仪式中扮演主要角色。在2001年的几个月里，王子有了许多感悟。他在肯尼亚北部的勒瓦野生保护协会做农场工人。从牛津大学毕业后就开始了外交生涯的汤姆·弗莱彻，当时在内罗毕的英国高级专员公署工作。作为办公室里的年轻人（他和王子的年纪最接近），他被分到了这个任务，要确保它的成功。他觉得这次经历，比起埃里克·诺里斯爵士为王子的父亲及姑姑等上一代人所做的工作要愉快得多。

"最主要的是对整件事情保密，把他秘密带到勒瓦。"弗莱彻说，"只要他到了那里就没事了。所有媒体都会被拒之门外。只有一个非常小的团队——杰米·洛瑟·平克顿（王子的私人秘书）和近身保镖。他们的角色总是被轻描淡写，实际上却至关重要。"

弗莱彻时不时地来看看，尽量不拘泥于礼节——在合理的范围内。"我想我叫了他几次'殿下'，然后就尽量避免了。你可以当着他的面叫他威廉。"他记得王子"很随和，很害羞"，很想融入其中。"他每天都在外面跟一个肯尼亚人修篱笆，做任何一个间隔年的孩子都会被要求做的事情。"

在肯尼亚的同一个地方，威廉王子会和农场主人的女儿约会，会向未来的妻子求婚度蜜月。显然他毕生对环保的热情源于他早期的旅行。王子最早赞助的是一个野生动物慈善机构塔斯克。由于担心国际野生动物保护组织的特权

---

[1] 罗利行动起源于1984年，组织志愿者和义工参与社区及环保工作。——编者注

问题，王子自此将非洲野生动物作为他国际工作的中心内容。他成立了一个特别工作组，专门处理动物器官交易问题，并聘请前保守党领袖黑格勋爵担任主席。它的大部分工作都是关起门来进行的，不在媒体的关注之下。作为一名前政治家，黑格仍然对王室势力的影响力感到敬畏，他指的是，威廉王子2015年在中国电视台播出的节目。当时中国的主席即将对英国进行国事访问。"我觉得，英国首相或许都没法让13亿中国人收听广播，"黑格说，"更别提英国外交大臣了。也许美国总统或者好莱坞某位AAA级巨星能做到。但除了威廉王子，英国没有人能做到。"

女王和威尔士亲王决心让威廉王子主动适应他未来的角色，而不是被迫去适应。在圣安德鲁大学的四年以及随后服役的四年中（先是陆军，接着是皇家海军的短期服役，最后正式转入皇家空军），王子基本上是孤军奋战，为他在王室的未来打下基础。他偶尔会有公开或私人的海外旅行。2005年的访问就是其中之一。在观看不列颠之狮橄榄球巡回赛的同时，他还参加了纪念"二战"结束60周年的活动。和以往一样，这一切都是和女王详细讨论过的。

不过在英国皇家空军从事飞行事业后，他的步伐有所改变。女王意识到孙子们需要在王室生涯的形成阶段有独立的存在，她任命了英国最有经验的外交官之一，帮助威廉王子和哈里王子规划他们在国际上的未来。2009年前英国驻华盛顿大使大卫·曼宁爵士被任命为王子们的高级顾问，一直延续至今。

2010年1月，威廉王子的第一次海外正式访问是应女王的要求，代表她在惠灵顿为新的最高法院开幕。当时的新西兰总理是约翰·基，也就是现在的约翰爵士，解释说她曾想过亲自前去。她最后的决定与她是否方便做长途旅行无关，而是因为她觉得是时候提拔年青一代了。"她本可以亲自来，因为一年后她去了澳大利亚。"他说，"并不是因为她不能做长途飞行。她真的很想把年轻的王室成员介绍给英联邦。她有一个深思熟虑的计划。"

次年，在一系列自然灾难后，威廉王子迅速回到这一地区。2011年2月，新西兰基督城的地震是该国历史上和平时期最严重的悲剧之一，给这个漂亮、为橄榄球疯狂的城市带来了持续多年的创伤。而就在三个月前，派克河矿难导致29人死亡。澳大利亚也是如此。维多利亚州遭遇了人们记忆中最惨痛的一次洪灾。女王希望威廉王子向那里的所有人表示哀悼。在他与凯瑟琳·米德尔顿举行婚礼——同时受封剑桥公爵——的几个星期前，他来到新西兰，只带了一个包括大卫·曼宁爵士在内的小小的随行团，做了一次极富感情的访问。约翰·基爵士记得，他陪同威廉王子参观了南岛被摧毁的社区。

"我们住在西海岸的一家酒店，当晚吃了晚饭。"约翰·基爵士说，"威廉最多在那儿待了一天。他看起来筋疲力尽，我说：'你应该去睡觉。'这家酒店就在海边，他的房间在我的隔壁。早上，我在阳台上写演讲稿，他在他的阳台上对我说：'你觉得我可以自己去散步吗？'我说：'往那边走。'他爬下去就走了。这就是新西兰的好处——你可以这么做。"看到基亲自写演讲稿，公爵感到很惊讶。他以为政客们都是让手下做这种事。

这次访问，让澳大利亚和新西兰地区像喜爱他父亲一样喜爱他。

三年后，他再次回到这里。那时他已经是剑桥公爵，带着他的妻子和儿子乔治王子。他不再是见习者，而是成熟的皇家大使。英国外交部负责人西蒙·弗雷泽爵士对这个时期的两次皇家访问记忆犹新。他说："在我那个时代，最有意思和最戏剧性的一次访问是女王对爱尔兰的国事访问，但真正打动我的是威廉王子和凯特很早就去了远东。它的影响真的很大，意义重大。"英国刚刚推出新一轮市场活动，配合女王的钻石禧年和2012年伦敦奥运会。"为了支持奥运会，我们一直在做一个名为'伟大'的活动。我认为将这个活动与经济外交和皇家访问联系起来是促进国家发展的好办法。但这些东西必须不断地重新振作和发明。"

剑桥公爵的外交技巧肯定会在2015年的中国之行中受到考验，这是30年前女王国事访问之后对中国最受瞩目的一次王室访问。在中间的这些年里，双边关系曾经受过莫大的压力。在濒危野生动物方面，公爵对中国有自己的看法。但他知道，他去那里是为了架起桥梁而不是说教。他的访问对促进中国打击象牙进口起到了温和而不可否认的作用。公爵被邀请与习近平主席会面，这一事实同样具有重要意义。就在六个星期前，外交大臣雨果·施怀雅甚至没能约见上香港特首。而剑桥公爵却在一定程度上获得了许多西方国家元首没有得到过的与最高层接触的机会。如果中国领导层愿意会见世袭君主制的继承人，英国就会直接发挥自己的优势。王子与25名中国部长共同议事，时间长达45分钟。更难得的是，前5分钟的画面上了电视直播。

和他的父亲和祖母一样，公爵现在很擅长这种国际大舞台上的敏感外交任务。2018年6月，他成为第一位正式访问以色列的王室成员。他很清楚，像他的父亲一样，英联邦元首的职位并不是继承而来，而是要靠自己去争取。他很热衷于在英联邦事务上担负起自己的职责，比如，在2018年英联邦伦敦峰会上他起到了核心作用，也与许多政府首脑做了一对一私人会谈。

自2016年英国脱欧公投以来，英国外交部把剑桥公爵夫妇当成了镇痛软膏。"他们去欧洲，是一个谋划已久的政策，说的是：'我们仍然希望跟你们保持最密切的关系。'"外交部一个高级官员说，"英国脱欧时，英国内部分歧很大，欧盟内部分歧也很大。至少我们的重点是国家的团结。我们有一个广受欢迎的王室，这是一笔非同寻常的财富。它可以用非政治的方式重申联系、纽带和友谊。因此在某种程度上，君主制找到了新的位置。"

没有人会真正相信，英国与欧洲关系的微妙调整会被几次王室访问左右。关键是要让外交气氛保持温暖，要强调英国在根本上没有改变，某些欧盟时代的机构在脱欧后也将保持不变。这是一个双向的渠道，在最高层运作，但是是在完全不同的气氛下。这就是为什么2016年公投之后几个星期，剑桥公爵出访德国，在出席北莱茵－威斯特伐利亚州70周年纪念活动时，与德国总理安吉拉·默克尔举行了会晤。第二年，公爵带着家人奔赴波兰和德国进行"脱欧镇痛软膏"之旅时，还有一次更重要的午餐。"威廉现在可以去扮演严肃对话者的角色了。他在巴黎见了奥朗德总统。他见了希拉里·克林顿，还有奥巴马夫妇。他在波兰也是这么做的，他跟安吉拉·默克尔也是如此。"外交部一位高级官员说，"默克尔刚刚从她主持的二十国集团峰会上回来。这次峰会要求很高，但她完成得很好。她很想见见威廉和凯瑟琳。"公爵似乎很小心地避免发表意见。"对他来说，这次会谈更像是单方面的询问。但他能够传达这样一个信息:英国希望继续做朋友,两国关系良好。我在部长级会议上见过很多部长,相比之下他相当出色。"

就连皇宫里的老手也没想到德国对剑桥公爵夫妇的到访会有这样的反应。"我对德国的热情程度感到惊讶。在海德堡,欢迎他们的人群几乎赶上了他们婚礼之时。"皇宫一位高级助理说,"那时候,他们还是一对性感的年轻夫妇。现在他开始掉头发了,有了三个小孩,但大家的议论仍是一样的。这样的反应是基于什么?谁知道呢?但它就在那里,而且非常重要。"

这样的访问计划,着眼的远远超过当今的政治周期。因此在波兰,英方特别希望公爵和莱赫·瓦文萨一起穿过格但斯克造船厂的大门。这样的时刻总有一天会帮助他们与尚未出生的一代人建立联系。大卫·曼宁爵士说:"50年后,波兰人在谈起威廉时会说:'他见过瓦文萨。'"这也是公爵及其团队很想在斯图霍夫集中营会见幸存者的原因之一。让当今世界大多数人震惊的是,女王曾与温斯顿·丘吉尔共事,因为对年轻人来说,丘吉尔是个像维多利亚女王一样久远的人物。从现在算起,半个世纪后很少有在位的公众人物(如果有的话)可以说,他们见过安吉拉·默克尔或奥巴马等政治领导人,或者说在集中营会见过大屠杀幸存者。但年迈的威廉五世国王将能够以喜爱和权威的口吻谈论这些经历。这就是王室可以提供的连续性。

萨塞克斯公爵及公爵夫人

如果说塑造一个相对现代的角色对剑桥公爵来说是一个挑战的话,那么对他的弟弟来说就更是挑战了。"威廉的未来就像在电车轨道上一样,我们知道会发生什么。"一位王室高级成员说,"这对哈里来说就不同了。他有更多的空间,但没那么多权力,而这是很困难的。在21世纪,身为一个王子,你有哪些意义?我们为什么要培养你?你应该做些什么?他知道这些就是问题所在。"结果王子成为王室中最着重国际化的成员,而这一切不仅体现在新娘的人选之上。

2003年离开伊顿公学后,哈里王子也开始了一个间隔年,和威廉王子差不多，在澳大利亚和非洲的农场里工作。他去了南非山区的莱索托王国，并与国王莱西三世（在安普尔弗斯上过学，1997年威尔士亲王参加了他的加冕礼[1]）的弟弟塞伊索亲王会面。塞伊索和哈里虽然相差18岁，但都是失去母亲的王室弟弟，都渴望建立某种东西来成就自己。莱索托的海拔最低点是世界上最高的，此外还有另一个特点：它是世界上艾滋病感染率最高的国家之一。许多儿童成了孤儿。这两位王子创立了一个慈善基金"勿忘我"，意思是"不要忘记我"，给他们一个家、受教育的机会，给他们希望。从那以后，这一直是哈里王子最关心的问题。

当它开始运行时，哈里王子已经从桑赫斯特皇家军事学院毕业，成了皇家骑兵卫队的少尉。他在伊顿公学的联合军训部队时就已经名列前茅，很快他就证明了自己是个天生的骑兵军官。2006年，他原本希望去伊拉克服役，但高级军官们担心他会被敌人认出来，从而对他的士兵构成威胁，所以他没能去成。不过他的坚持得到了回报，2007年他作为赫尔曼德省前线空中管制人员第一次出访阿富汗。十周后，因为媒体泄密，他不得不提前返回。然后他参加了陆军航空部队直升机飞行员再培训，证明自己是同期里最优秀的，赢得了在著名培训课程中驾驶阿帕奇攻击型直升机的资格。他的朋友们说这是他的一个转折点。"两件事对他产生了关键影响。"王室一位资深成员说，"一是他成了一名出色的直升机飞行员。成为阿帕奇的飞行员——行业里的巅峰——是件大事。另一个是他发现自己有调动人们的能力。"

2012年秋天，他刚代表女王出席伦敦奥运会闭幕式，之后就去了阿富汗。这一次，他驾驶着阿帕奇。塔利班的死亡威胁并没有阻止他完成巡游。2013年，他被认证为阿帕奇指挥官。这一年在很多方面都是转折点。到目前为

---

[1] 那是莱西国王的第二次登基。第一次是1990年在他的父亲莫修修二世被军方逼迫流放时。1995年，老国王回来后，莱西忠诚地让位。但是第二年，老国王死于一场车祸。没有足够大的教堂举办四个小时的加冕礼，莱西不得不在国家足球场加冕（披着豹皮，头戴羽毛头巾）。

止，英国在阿富汗的伤亡人数已远远超过福克兰群岛。王子非常清楚，大量受伤的男女军人需要长期的支持和达成这些支持的新方式。同年他加入了"与伤者同行"慈善团体并前往南极。

当他从陆军航空兵转为伦敦的参谋军官时，他完全有能力提出一个新的大构想。正是在2013年，他前往美国观看美国伤残军人锦标赛。"哈里参加了勇士运动会，比赛结束后，他只是说：'我们要在英国办这种比赛。'"他的一个队员说，"然后他花了9个月的时间，做了很多琐碎的事情，比如在委员会里筹款，和国防部打交道。对他来说这是一个非同寻常的时期。"

"不可征服"运动会立即大获成功。在人们的善意及完美的时机之下——英国仍然享受着2012年伦敦奥运会和几乎全新的奥林匹克公园的余晖——第一届"不可征服"运动会吸引了来自13个国家的300名参赛者。

那些目睹王子从害羞少年成长为英国最受欢迎的公众人物之一的人说，军队成就了他，正如他本人曾多次承认的那样。但是2015年，是时候重新出发了。他会开创自己的新事业，一个可以展示21世纪王子重要性的事业。

"不可征服"几乎已经是一份全职工作了。与只在美国境内轮换地点举办的勇士运动会不同，哈里王子希望"不可征服"运动会在世界各地举办。第二届运动会于2016年在佛罗里达举办，当时的第一夫人米歇尔·奥巴马扮演了中心角色，给了白宫许多出场的机会。就连女王也被请去录制一个宣传片。大西洋两岸都有大量的国际媒体报道。经过不断的尝试与验证，赛事规模不断扩大，并在2017年转移到多伦多，而悉尼则被选为2018年的东道主。按照任何标准衡量，即便是皇家的，在不到五年的时间里，将一项全新的、未经尝试的体育赛事从无到有，再转变成大众认可的、电视广泛转播的固定国际赛事，都称得上是一项重大成就。

戴维·卡梅伦说："哈里在'不可征服'表现得非常出众。"美国前驻伦敦大使马修·巴尊也认为："哈里王子在'不可征服'所做的一切——我想你可以从他与人打交道的方式中看到他母亲和父亲最优秀的一面。他穿着马球衫，在外面做着自己的事，但同时也为那些原本会被遗忘的人发声。"他在重大场合的举止和他对这份工作"现代、不太拘谨"的态度,仍然给巴尊留下了深刻的印象。巴尊记得,有一次,哈里王子在他的官邸温菲尔德宫举办了一个大型的"不可征服"活动,数百名伤残退伍军人参加,"喷火战机"乐队在现场演奏。"我有点失态。"这位前大使说,"我太激动了,说:'让我们为哈里王子陛下鼓掌。'作为一个美国人,'殿下'这个词太奇怪了,但你会觉得我应该这么说。不管怎样,我把麦克风递给哈里王子时,才反应过来我说错了。他拍了拍我的肩膀说:'谢谢你给我升职!'我觉得他这样说很可爱。"

"在过去的几年里,他有了自己的成就。"哈里王子创立的第一家慈善机构"勿忘我"的董事会成员、对其莱索托运营了如指掌的查克尔女爵说。她说,王子是理想的、亲力亲为的赞助人。"他对孩子们很有办法,很有一套。"多年前,查克尔夫人曾陪同他的母亲出访,第一次见到了童年时期的王子们。"一两年前,我遇见了威廉王子,他说:'我记得你。'我说:'是的,先生,你在我的腿上坐过!'"她看到他们做着许多与他们的父亲和继母并行的工作。"我觉得他们以一种非常恰当的方式打破了常规。"这位前大臣说,"我想戴安娜会非常自豪的。我肯定她会。我是说,她在我的时代就打破了常规,决定支持禁雷运动。"

2017年,"打破常规"也延伸到了他的私生活。哈里王子宣布与梅根·马克尔订婚,这是自1934年肯特公爵与希腊玛丽娜公主结婚以来,第一位进入王室的外国公民。出演美国电视剧《金装律师》的明星能够轻松地进入英国王室,说明了君主制是与时俱进的。将近一个世纪以前,王室的次子第一次娶了一个"平民",人们感到相当兴奋。伊丽莎白·鲍伊斯·里昂夫人最终成了王后,因为当时的英国政府和英国教会都不赞成爱德华八世娶一个离过婚的美国女人。那位辛普森夫人甚至都不是演员。

在21世纪的英国,马克尔女士以前结过婚,这一事实并没能引起人们多大兴趣。毕竟威尔士亲王也离婚了,又娶了一个离过婚的女人。在全民公投后的英国被指责屈服于国内民族主义压力的时候,让一位来自美国的王妃出现在皇宫的阳台上(即便她会在适当的时候获得英国公民身份),是再及时不过的了。君主制毫无疑问地放眼世界，欢迎全世界来到这个家族的中心。至于马克尔的演艺资历，似乎是一种积极的财富，无论是在应对聚光灯方面，还是为组织增添更多魅力方面。对于公众和媒体评论员来说，尤其是对于少数人群来说，最重要的突破是王室成员与混血儿通婚。马克尔女士的母亲是非裔美国人，父亲则有荷兰和爱尔兰血统。未来的萨塞克斯公爵夫人曾经公开而尖锐地谈到了她的种族问题。"我没有黑到可以说自己是黑人，也没有白到能说自己是白人，我只能在中间。"然而就女王和王室而言，原则其实很简单：哈里幸福，我们就幸福。女王很高兴地做出了一些让步，虽然小，但以前的王室准新娘却绝不被允许，比如和王室一起过圣诞节，或者在婚礼的公告中第一次使用"女士"这个词。对哈里王子来说，这也意味着多年来令人痛苦的猜测即将结束，比如安提瓜总理加斯顿·布朗在2016年王子访问期间说的："我想，我们很快就会有一位新王妃了。"王子的脸立即红了，那时他们还远远没有订婚。总理还说："非常欢迎你来这里度蜜月。"

在他们的订婚访谈中，哈里王子谈到了"明星们走到了一起"。人们注意到，他们还热情地谈到了对英联邦的希望。制订婚礼计划时，王子正在计划另一次重要的英联邦之旅。哈里在订婚当晚对英国广播公司说："你知道，很多年轻人在英联邦四处奔走，我们希望把大部分时间花在英联邦之上。"作为"女王青年领袖"计划的热心大使，王子在婚礼前一个月的英联邦峰会上发挥了领导作用。他刚刚被正式任命为英联邦女王的青年大使，在开幕式上向女王毕生致力于这项事业表示敬意，并承诺也会这样做。"我承诺与你们合作，为你们的领导搭建更好的平台。"他对峰会的青年论坛说，"我也非常感谢即将嫁给我的梅根，和我一起参与这项工作。"2018年5月19日清早，他的新娘来到温莎的圣乔治教堂时非常清楚地表明了这一点：她戴着纪梵希面纱，上面绣着英联邦53个国家的国花。这一举动不仅感动了英联邦的许多人——英联邦秘书长斯科特兰女爵骄傲地说："我们陪着她，看着她走过那条红毯。"——也让女王非常高兴。在1953年女王的加冕礼上，诺曼·哈特内尔设计的礼服上就绣着英国四个组成部分的代表性花卉（威尔士的水仙、苏格兰的蓟花、英格兰的玫瑰和爱尔兰的酢酱草），还有当时英联邦7个国家的国花。而梅根·马克尔把53个国家的国花都绣了上去，美丽的手工刺绣提醒着人们，英联邦已经走过了这么长的旅程，难怪那条面纱是如此地长。

查克尔夫人认为，哈里王子可以做他哥哥做不了的事情："我相信，他会是一个非常宝贵的接班人，接替菲利普亲王年轻时的职责。威廉会有太多的管理职责，而哈里可以担当起菲利普亲王的角色。"

哈里王子举止随和，思维机敏，与年轻人相处融洽，他把自己塑造成一个顽皮、不惧权威、相比起严肃的"继承人"来说显得有些"多余"的王室人物。而正如某些评论员所说，王室生活对萨塞克斯公爵夫人来说也是一种文化冲击。早在她遇见哈里王子之前，在还是电视剧女演员的时候，梅根·马克尔就热心于慈善事业。她在慈善方面的发展良好，并不仅仅是因为明星身份的加持。它偶尔还跟王子的工作相互辉映，比如她对美国劳军联合组织的支持，这个组织与哈里王子的"不可征服"运动会合作非常紧密。2014年，马克尔女士参加了美国劳军联合组织的一次巡演，为世界各地的美国军队演出，最后一站是阿富汗。正如美国人所说，她说到做到。

2018年5月19日，新晋萨塞克斯公爵夫妇的身影出现在温莎圣乔治教堂的台阶上，这对君主制来说，是一个欢乐的时刻，正如新婚夫妇之于每个家庭。不过对女王来说，这也标志着新篇章的开始。在一个月的时间里，她看到自己的长子被认可为下一任英联邦首脑，看到王子这一代安定下来，热切地期待着英联邦成为他们日程上的头等大事。"温莎队"的状态似乎前所未有地好。

女王很清楚，没有什么比自满更让君主制陷入危险。但在这样一个日子里，当世界大部分人都在紧盯着地球上最经久不衰的童话故事的最新一期时，谁能说，安静地主持这一切的、心满意足的女"族长"，不是世界的女王呢？

致谢

1994年的春季和秋季之间，短短几个月内，女王接待了美国总统，并且成为英国历史上唯一一位访问俄罗斯的君主。她完成了一次对中南美洲及加勒比地区八个英联邦国家为期三周的远洋航行。她带领满满一游艇的世界领导人穿越英吉利海峡，来到法国，在诺曼底海滩上，她受到成千上万名老兵的致敬。那是她（也是他们）一生中最感人的阅兵式之一。就在一个月前，她与法国总统一道，为一个拿破仑时代就梦想的项目——英法海底隧道——揭幕。

这不仅仅是露个面的事。这些都是国事场合，需要丰富的外交技巧、庄重及魅力，对到了一定年龄的人来说，需要一种政治家风范。在她68岁的时候，实际上出现了一位正值巅峰的女政治家。整个世界似乎为之倾倒。况且，那个时候，女王在英国的中心角色正因为王室一系列的婚姻及财务危机而变得黯淡无光。有些人说这些危机甚至威胁到了君主制的存在。

20世纪90年代中期就是这样。作为一个新入门的王室及政治领域的记者，我很着迷于报道这些事件，从那时到现在一直如此。在国内，现代化和"酷不列颠"的理念正日益受到吹捧，而君主制则被描绘成过时的、不接地气的，它那些有用的功能被视作理所当然，而那些更为"装饰性"的功能则被质疑与批评。王室似乎已经无足轻重。然而在海外它从未失去丝毫威望。它真的非常重要。有时候，君主制或许只是让人好奇的东西，但女王却是人们心中独一无二、和善而稳定的堡垒。

直到今天，人们还这样认为。无论英国的主流氛围如何，世界其他地方对君主制的看法从未真正改变。而这位世界上最著名的国家元首又是为何获此成就的呢？许多人帮助我找到了答案。我对他们充满了感激。

首先，我要感谢女王陛下，允许我进出皇家图书馆，对白金汉宫及温莎城堡的人与事有着优先知情权。感谢安妮长公主殿下和威塞克斯伯爵夫人接受我的采访。写这本书的念头，其实源于在许多国家与许多人的谈话，但真正推动事情发展的是2018年在英国举办英联邦峰会的决定。作为衡量女王全球地位的基准，这似乎再好不过了。我最想感谢的是这次峰会的主要组织者萨曼莎·科恩，女王的前助理私人秘书、萨塞克斯公爵及夫人的现私人秘书，感谢她看到给君主制在世界上所扮演的角色写一本书、拍一部纪录片是多么值得。这不是什么官方或授权的项目，但我还是想感谢王室团队加速了成书的过程，包括女王陛下的前首要私人秘书盖特爵士及其继任者爱德华·杨、长公主的私人秘书尼克·怀特、王室总管海军中将安东尼·约翰斯通—伯特、外交使团团长阿利斯泰尔·哈里森、皇家图书馆馆员奥利弗·厄克哈特·欧文等。我同样感谢私人秘书办公室的许多前任成员，包括威廉姆·赫塞尔廷爵士、费洛斯勋爵、詹弗林勋爵、西蒙·吉姆森和查尔斯·安森。还有王室巡游不可或缺的伙伴，皇家游艇"不列颠尼亚"号。我想感谢乔克·斯莱特爵士、罗伯特·伍达尔德爵士、指挥官安东尼·莫罗等人，与我分享了和王室在海上共度的时光。

我要特别感谢白金汉宫皇家通讯部的萨丽·奥斯曼和科勒特·桑德斯，及其同事史蒂夫·金斯通、玛尼·盖夫尼、汉娜·霍华德、劳拉·金、大卫·坡格森、路易斯·泰特和黛西·诺斯维。我还要感谢威尔士亲王殿下和康沃尔公爵夫人的团队，尤其是克里夫·埃尔德顿、朱利安·佩勒、伊娃·威廉姆斯、阿曼达·福斯特、娜塔莉·佛斯特、康斯坦丁·因勒美和露西·马修斯，感谢他们给予的国内和国外方面的帮助。我要感谢肯辛顿宫的米盖尔·海德、杰森·肯奥夫、卡崔娜·麦克基弗、艾米·匹克里尔、詹姆斯·霍尔特、夏洛特·普尔、希拉·伯里和娜奥米·史密斯。我还要感谢皇家典藏部门的弗朗西斯·敦克尔、卡洛琳·德·古伊塔特、萨拉·戴维斯和萨丽·古德瑟尔。

英国政府（当届及往届）里的许多人都很友善地跟我聊了女王在全球所扮演的角色。在女王的历任英国首相里，我要感谢特蕾莎·梅、戴维·卡梅伦和约翰·梅杰爵士。在她的历任外交大臣里，我要感谢鲍里斯·约翰逊、黑格勋爵、玛格丽特·贝克特女爵、杰克·斯特劳、马尔科姆·里夫金德爵士、欧文爵士。我尤其要感谢前内阁大臣、前英联邦大臣、现英联邦皇家主席豪威尔勋爵，前海外发展部大臣查克尔女爵，前外交部国务大臣贾德勋爵。我还要感谢前外交部负责人西蒙·弗雷泽爵士和前内阁秘书巴特勒勋爵给了我许多建议。

英国只是女王的16个领地之一、53个英联邦国家之一。在其他国家里，我要感谢加拿大总理贾斯汀·特鲁多，新西兰总理杰辛达·阿德恩，前新西兰总理约翰·基，前新西兰总督及驻伦敦高级专员杰瑞·马特佩里，前澳大利亚外事大臣、前驻伦敦总督、现外汇政策主席亚历山大·唐纳。女王作为英联邦元首时，马堡宫先后有六位英联邦秘书长为其服务。其中，在世的五位非常友好地与我分享了许多想法：桑尼·兰帕尔爵士、埃梅卡·安约库、唐·麦金农爵士、卡玛莱斯·沙玛和斯科特兰女爵。在秘书长里面，大卫·班克斯是英联邦事宜的珍贵向导，还有马堡宫的彼得·马歇尔爵士、帕特西·罗伯逊和斯图尔特·莫尔。我还要感谢尼尔·福特和巴尼·乔杜里，感谢英联邦峰会的负责人蒂姆·希钦及其内阁办公室团队，感谢英联邦商业及投资委员会主席马兰德勋爵，感谢英联邦战争墓地委员会的彼得·弗朗西斯和蒂姆·贝尔内，感谢他们给予我的帮助。

每次国事访问和王室访问都是大使、高级专员或总督及团队数个月事无巨细讨论筹划的高潮与精华。许多英国外交部的前成员都特别友善地谈论了他们的经验，其中就有剑桥公爵及夫人、萨塞克斯公爵及夫人的现任高级顾问大卫·曼宁爵士、布莱恩·法尔爵士及夫人、安东尼·阿卡兰德爵士、朱利安·金爵士和汤姆·弗莱彻，还有一些人不能透露姓名，我却同样感激他们。我还要感谢前美国驻英国大使马修·巴尊，他的"女王是我们这些人的象征"

的观察，也是这个项目得以成功的催化剂之一。

女王的外交生涯是一幅波澜壮阔的画卷。我无法记录每一次国事访问或者皇家访问，因为那需要许多篇幅。但是，我选了现代王室外交中最有趣、最重要的时刻，从许多"前排人物"那里收集了许多信息，包括最尊敬的约克大主教约翰·森塔穆、国会议员尼古拉斯·索姆斯、陆军准将安德鲁·帕克·鲍尔斯、昂斯洛伯爵夫人、阿拉斯泰尔·布鲁斯、雷金纳德·戴维斯。

同时，《女王的旅程》也衍生成独立电视台的纪录片。再次作为作家/制片人与牛津电影公司合作，我感到莫大的荣幸。我尤其感谢尼古拉斯·肯特、费伊·汉密尔顿、迈特·希尔、弗洛瑞·克朗姆和玛丽莎·埃尔福特梅杰尔，他们从一开始就是我的朋友和同盟。我还想感谢女王的摄影师彼得·威金森，以及独立电视台的乔·克林顿-戴维斯。

我还要感谢的是王室传媒界的兄弟姐妹们，感谢他们的一路陪伴，他们的幽默和丰富的资源。同样的感激要献给外交部的团队朋友们，是他们与我们一同努力，把一个念头变成了一本书，偶尔还要把我们从错误的方向救回来。虽然这在当时好像是一件吃力不讨好的事，但现在，我要衷心地感谢他们。同样还要感谢保罗·戴克、里夫·卡尔法扬和《每日邮报》的专题团队。

在追踪了针对60多个国家的80多次王室访问之后，我要感谢我的老朋友和老同事伊安·琼斯，著名的摄影师，我同他一起报道了大多数访问。我还要感谢詹姆士·韦塔克和艾伦·汉密尔顿，两位经常被想念的旅伴，极端情况下王室报道艺术的大师级人物。同样要感谢的还有法国媒体在英国的元老、女王法语传记作家马可·罗氏，德国记者的佼佼者、女王德语传记作家托马斯·基林格。

许多人十分慷慨地贡献了自己的时间、建议及善意。我要感谢维斯利·科尔、扎基·库伯、约翰·阿曼、塔拉·道格拉斯-霍姆、苏珊·吉尔瑞斯特、朱迪斯·斯莱特、克莱尔·波普维尔、伊丽莎白·艾迪、顿坎·杰夫瑞、蒂姆·哈维-塞缪尔、佩妮·哈维-塞缪尔、莉齐·皮特曼、迪恩·戈德森、雅各布·里斯-摩格、伊恩·克劳利、芭芭拉·史蒂文斯、迪内西·帕特耐克、昂斯洛伯爵、艾伦·帕克、汤姆·伯恩斯、蒂姆·琼斯、克里斯多弗·麦克科利博士、詹姆士·贝瑟尔、西蒙·费恩、约翰·布里德卡特、克里斯·欧文、娜塔莎·欧文、马克·罗伯茨、安东尼·弗利兹、苏珊娜·弗利兹、詹妮弗·威廉姆斯等。

我很幸运地得到了许多著名历史学家、传记作家和学者的专业建议,尤其是安德鲁·罗伯茨、西蒙·塞巴格·蒙蒂菲奥里、威廉姆·肖克罗斯、查尔斯·摩尔、阿曼达·弗曼博士、约瑟夫·奈伊和理查德·菲兹杰拉德。

如果没有以下保管人的话,这本书肯定会单薄、无趣得多。我最感激的是奥利弗·厄克哈特·欧文在温莎城堡的团队,感谢皇家档案馆的经理人比尔奥利弗·斯多汀及其同事们。

剑桥大学丘吉尔档案中心(许多重要收藏的储存地)的安德鲁·莱利及其团队最为明智、周全。我要感谢艾伦·拉塞尔斯的家人,允许我们引用他对丘吉尔的论著,感谢艾玛·索姆斯允许我们参考她父亲索姆斯勋爵的论著。英联邦秘书处的图书及档案管理员希拉里·麦克伊万,为我在马堡宫的研究提供了宝贵的帮助。我经常对国家档案馆工作人员的办事效率及友善感到惊讶。他们运作得简直太好了。我还要感谢外交与英联邦办公室设在汉斯洛普公园知识管理部里的历史信息自由团队。我从未见过他们,但他们对我提出的大量信息公布要求非常客气、专业。我的许多要求都得到了满足。感谢你们。

在企鹅兰登书屋,我要特别感谢我的出版方,瑟琳娜·沃克,感谢她一贯的热情与敏锐的建议,感谢汤姆·摩森帮助这本书付梓。感谢我优秀的编辑曼迪·格林菲尔德,我的索引员亚历克斯·贝尔,还有格蕾丝·隆,乔安娜·泰勒、瑞秋·肯尼迪、娜塔莉亚·卡萨托和琳达·霍奇森,还有我那不厌其烦的经纪人查尔斯·沃克尔及其助理弗洛伦斯·海德。

我尤其要感谢朋友和家人。许多人为了这本书付出了周末、假期及所有的空闲时间。我对理查德·哈德曼、蒂娜·哈德曼、玛瑞恩·克劳利、雨果·哈德曼、维多利亚·哈德曼、贾斯汀·扎沃达和维多利亚·扎沃达深怀歉意。我尤其要感谢我的姐姐哈瑞特·赫维森,她投入了许多时间在打印及校对上，还有梅兰妮·约翰逊，感谢她对整本手稿的慧眼如炬。这些任务的要求是很高的。最后，我尤其感谢我的妻子戴安娜，在一本接一本的书占据我们宝贵的家庭生活时光时，她永远在支持我。《女王的旅程》也是我献给我们的孩子的一本书。